2017年度江苏重大题材文学作品创作工程入选项目

天地有正气

江苏省见义勇为基金会　组织编写

赵长国　编著

南京师范大学出版社

图书在版编目（CIP）数据

天地有正气 / 赵长国编著. -- 南京：南京师范大学出版社，2019.3
ISBN 978-7-5651-3832-4

Ⅰ. ①天… Ⅱ. ①赵… Ⅲ. ①英雄模范事迹-江苏 Ⅳ. ①K820.853

中国版本图书馆 CIP 数据核字（2018）第 210932 号

书　　　名	天地有正气
编　　　著	赵长国
责任编辑	庞　昊　许晓婷
出版发行	南京师范大学出版社
地　　　址	江苏省南京市玄武区后宰门西村 9 号（邮编：210016）
电　　　话	（025）83598919（总编办）　83598412（营销部）　83598297（邮购部）
网　　　址	http://press.njnu.edu.cn
电子信箱	nspzbb@163.com
印　　　刷	江苏凤凰通达印刷有限公司
开　　　本	787 毫米×960 毫米　1/16
印　　　张	33.25
字　　　数	466 千
版　　　次	2019 年 3 月第 1 版　2019 年 3 月第 1 次印刷
书　　　号	ISBN 978-7-5651-3832-4
定　　　价	88.00 元
出 版 人	彭志斌

南京师大版图书若有印装问题请与销售商调换
版权所有　侵犯必究

正气永存

  手捧这本书,感觉沉甸甸,不是因为书的厚度,而是书中文字承载着正义的力量,彰显了人性之美,传播了文明风尚,展示了时代精神。见义勇为,是一个永恒而沉重的话题。书中每篇故事,既感人至深,又发人深省,更催人奋进。

  见义勇为是中华民族的传统美德。孟子说过:先义后利,舍生取义。泱泱华夏五千多年的发展历程,无数仁人志士见义勇为,舍生取义,写入史册,唱响了可歌可泣的正气之歌,铸就了永不褪色的民族精神,书写了中华文明史上浓墨重彩的绚丽篇章。

  伟大的时代需要伟大的精神。党的十八大以来,在以习近平同志为核心的党中央的坚强领导下,在社会各方面的大力倡导和积极推动下,见义勇为精神不断传承发扬,见义勇为英雄人物层出不穷,进一步丰富了社会主义核心价值观的深刻内涵,彰显了新时代崇德向善的良好精神风貌,激励我们为实现"两个一百年"奋斗目标和中华民族伟大复兴的中国梦而奋勇前行。

  值得欣喜的是,近年来,江苏大地也涌现了无数见义勇为的英雄义举。本书精心摘选、真实记录了其中的50多位见义勇为英雄及其事迹。他们都是普通公民,既有中老年长者,也有刚走上社会的年轻人;既有江苏本地人,也有外来务工者。他们在危难之际,义无反顾的抉择,喷薄而出的勇气,散发着暖心耀眼的正义之光。这正义之光,折射了善行无疆、大爱至朴的人性之美,集束了无私无畏、舍己为人的英雄品格。他们是"平安江苏"的忠诚卫士,是当之无愧的社会楷模,永远值得尊敬、值得学习、值得弘扬。

天地英雄气,千秋尚凛然。该书名为《天地有正气》,让我想起文天祥《正气歌》中另一佳句:"是气所磅礴,凛烈万古存。"我们相信,这些动人事迹能激励更多人,用自己的实际行动找寻到生命的真谛。见义勇为,是正气的力量,是人性的光辉,一定会成为我们这个时代的亮色和追寻的坐标。

让社会正气永存,让人间大爱长驻。

弘　强

江苏省见义勇为基金会理事长

2018年11月

大义之举的深情抒写

中国当代的报告文学作家当中,具有军旅背景的不少,赵长国先生是其中的一位。他自1972年参军、1997年转业从警至今,大半生行走在军旅之途。因此,他的纪实文字也大多与公安、武警和军队密切相关。从新世纪之初的《永不褪色的记忆》到近年出版的《回眸逝去的岁月》,其中的大部分篇什多是如此。

铁血柔情写风流。作者以非虚构的方式书写国家卫士的侠肝义胆和爱恨情仇,也可称为另一种意义上的"亮剑"。

现在,这部长达四十余万言的《天地有正气》亦是秉承了赵长国报告文学写作的一贯风格,当然,题材上的拓展是显而易见的。

全书凡十章,详尽再现了江苏大地见义勇为各类典型人物和事例。强烈的现实性和真实性,是《天地有正气》的显著特点。当下中国正处于急剧的社会转型时期,各种矛盾问题层出不穷,亟待解决。作品通过再现大量见义勇为的人和事,向我们传达出这样一些强烈的信息——在社会公平正义遭到侵害、公民生命或财产受到威胁之时,能够不顾个人安危挺身而出、见义勇为甚至献出生命之人,负有大爱、大德、大勇和大义,理应受到全社会的尊重和褒扬。因为从某种意上来讲,他们代表着健康的社会生态,占据着良知道义的制高点。《天地有正气》聚焦这样一些极富"正能量"的人物,不能不说是一个充溢着强烈现实性的选择。而作者对于报告文学文体真实性的认知为这种选择和表现打下了坚实的基础,在他看来,"'真实'是报告文学创作'非虚构'性质最基本的要求,也是一部报告文学作品的灵魂和生命力所在","即使出于高度赞美之必须,也应该尽可能追求与事实最大的'近似值',绝不可再搞'高、大、全'那一套"。因为"哪怕有一点点夸大其词,小则混淆视听影响宣传效果,大则影响人们对正义的认知,甚至祸害见义勇为事业"。正是将这种认知贯穿于《天地有正气》写作的始终,作品的真实性因此得以充分实现。

应该说,二十多年来江苏省所出现的见义勇为人物和事迹数量是一个庞大的数字,《天地有正气》力求比较全面深入地再现之,其材料之充足、个案之丰富、人物之典型,给人留下深刻印象。

分门别类、层次清晰地表现江苏见义勇为的人物和故事,使得《天地有正气》的叙述尽显条理和从容。读者可以从个案描述中获得切身的感受。

作品在叙述上亦讲究技巧,既写出人物见义勇为事迹的过程,也穿插介绍人物的生平、性格和日常生活,还辅以真实袒露见义勇为者心迹的口述实录,力求挖掘出人物义举背后那些鲜为人知的精神动力,写出人物的公德心、正义感和责任感,写出人物的行为美、情操美和境界美。这当中,作者没有局限于新闻报道式的表达,而是注重文学化书写,将大量细节和场面描述渗入其间,令叙述获得神采。譬如写"反扒夫妻"宜兴市公安局城北派出所反扒队员周小明、李彩英夫妇抓贼的故事,具体生动而形象传神。例如写其对工作的投入——"抓贼已经完全变成了我们的本能,有时走亲戚坐车,去商场买东西,我们的第一反应就是观察有没有可疑人员。有一次,答应朋友一起吃饭,可是在半路发现扒手,就把吃饭的事给忘了。"类似的叙述总是令人难忘。

作品中还常常出现作者"我"的采访过程纪实,这无疑强化了报告文学的现场感和非虚构性。如再现对救助落水者的新天地食品有限公司董事长滕年龙的采访——"临时借用的一间会议室里，就是我们两个人。我俩并排坐着，彼此挨得很近。我诚心诚意，他推心置腹，素昧平生的我们，心的距离越来越近。谈笑风生中，竟然聊了一个多小时还言犹未尽。"还有对其田野调查工作的描述——"在'连轴转'的采访中，我们放弃了许多可以休整的机会，甚至为了能卡在上午上班之前赶到目的地、如约进行采访，我们时常在早上四五点钟就起床，急匆匆从甲地赶往乙地，长途奔袭中只能在疾驰的车子上再'眯'一会儿。"这些富于纪实性的文字，既是作者创作过程的真实写照，也凸显出有别于虚构文体的报告文学写作特质。

《天地有正气》不仅有着饱含深情、诗意和激情的叙述文字，也有大量的非叙事性话语。譬如作者谈到见义勇为者的特点时这样写道："生死关头的大义之举，应该是见义勇为者人性光辉的突然迸发；而散发其中的光和热，一定是他们日积月累的能量聚合。"这无疑是对见义勇为者品格的高度概括。而"正义，是见义勇为的魂""正义，是伟大民族的魂"则提升了见义勇为的本质与内涵。作品中还有作者的呼吁和反思，即呼吁从国家政策层面保护见义勇为人员的基本权益，建立救助体系以帮助因见义勇为导致人员伤亡的家庭生活困难者；反思在见义勇为中如何保护自身安全、避免不必要的牺牲，以及"在日常社会生活里，平凡的我们该怎样保持做人的良知，又该怎样安放自己的良心？""面对见义勇为英雄，我们应怎样面对生命里的得失、荣辱？"这些话语有反思、有抒情，富含哲理、发人深省，犹如火炬，导引我们见贤思齐，将善心化为善举，将正义化为行动，在复兴中华的历史伟业中，祛除黑暗，迎向光明。

王 晖

南京师范大学教授、博士生导师，报告文学评论家

2018年11月

目 录

写在前面的话   001

第一章   **生死一念间**

徐兆学——连救四人负重伤   006
马丕宣——化作春泥更护花   028
朱士领——新时代的"欧阳海"   047
王祖修——舍己救人老道工   056
乔兆宏——越是危险越向前   062
缪小福——双臂接住跳楼女   068

第二章   **赴汤的英雄**

张志成——泾安河畔英雄歌   080
杨向明——"最美教师"献大爱   091
赵吉仁——甘用生命搏激流   108
高茂宗——冰河中的热心肠   116
戴庆贤——大海浪尖渡苍生   123

第三章　烈火映丹心

周江疆——美丽青春融烈火　　　　　　　　　　　138
杨后玉——烈焰之中逞英豪　　　　　　　　　　　151
王宝才、王宝明——危难时刻有勇士　　　　　　　161
周福如——奋不顾身战火海　　　　　　　　　　　166

第四章　正邪面对面

马井才——路遇不平一声吼　　　　　　　　　　　184
刘金城——勇洒热血斗歹徒　　　　　　　　　　　191
葛记军——凛然正气英雄汉　　　　　　　　　　　199
高光明——挺身而出追劫匪　　　　　　　　　　　209
孙华明、金祥、赵国良、颜春山——平民英雄铸群雕　219

第五章　群体的力量

59名盐城农民工——洪灾救生动京城　　　　　　　228
赵东启、赵东伟——攀楼救人"托举哥"　　　　　　243
倪超、杨超骞——"滑板双侠"擒窃匪　　　　　　　247
周小明、李彩英——"反扒夫妻"守平安　　　　　　253
**于葆林、张定华，张骏骅、孙国强、何广友、代文海、黄圣涛、李小清、
赵雪山等见义勇为群体**——众志成城斗凶顽　　　　269

第六章　　为富亦为"仁"

滕年龙——冒险相救娘儿仨　　282
董建华——奋勇救出五条命　　289
蔡汉石——纵身一跃见真情　　295

第七章　　巾帼逞英豪

殷雪梅——梅有暗香扑鼻来　　306
陈亚林——驾车冒险追巨款　　322
许双梅——慧眼识凶护弱女　　332
焦彬彬——血战邪恶胆气豪　　341

第八章　　车轮扬正气

任洪宇——胸有正气行自壮　　348
潘振银——途中智擒人贩子　　352
顾建明——勇敢夺下引爆器　　360
韩小云——正气凌云冲九霄　　366
李巧生——千里智斗擒恶魔　　374
马荣大、王小兵、王世波、韦建国、韩发明——车轮滚滚一路歌　　389

第九章　侠义"新市民"

施玉亮——血洒百米追凶路　　　　　　　　　　404
汪本德——面对枪口不退缩　　　　　　　　　　409
顾桂华——麋鹿之乡美名扬　　　　　　　　　　416
魏良武——无名英雄传佳话　　　　　　　　　　423
胡家路、何来火、徐晓飞、张建顺——总把异乡当故乡　　432

第十章　无悔"志愿者"

王爱东——古黄河畔"萤火虫"　　　　　　　　440
王　新——事故现场"大救星"　　　　　　　　466
陈友宽——社区治安"啄木鸟"　　　　　　　　477
张　猛——水上救生"专业户"　　　　　　　　487
朱金荣——自愿捐献"熊猫血"　　　　　　　　498

结　语　　　　　　　　　　　　　　　　　　　506
一路感动（代后记）　　　　　　　　　　　　　515

写在前面的话

风霜雪雨,大江东去。

岁月奔腾不息,把多少勇者壮歌洒落历史长河。

人类世界,永远是一个矛盾综合体。有压迫,就有抗争;有战争,就有和平;有灾祸,就有救援。

现实生活,看上去平淡无奇,事实上暗流涌动。时光运转中,总少不了居心叵测的坏人、恶人,也免不了不期而至的危难、灾难。所幸的是,危难时,总有一些人古道热肠,遇险相救,见难就帮;关键时,总有一些人深明大义,紧要关头,挺身而出;面对邪恶时,总有一些人正气凛然,殊死搏斗,甚至不惜流血牺牲……

人海茫茫,世道沧桑。

尽管我们有过很多失落,抑或有过很多不如意,甚至也有过喋喋不休的抱怨,但我们也在分享着大时代的进步成果,也在分享着全社会的彼此温暖。一如层出不穷的见义勇为行为,让人们经常遇到具有菩萨心肠的善人、好人,感同身受那些仁义忠勇的大德、大爱。

见义勇为作为人类文明的道德符号,永远是一个时代进步与发展的"试金石"和"晴雨表"。在中华民族历史上,多少仁人志士为舒张正气而舍生取义,多少英雄豪杰路见不平而拔刀相助。活生生的现实生活中,又有多少英雄儿女在国家、集体利益或人民群众生命财产遭受侵害的危急关口勇往直前,义无反顾地付出汗水、鲜血甚至以生命相许。

在社会主义道德体系中,尊老爱幼、助人为乐、爱岗敬业、见义勇为等同样崇高、可敬。但见义勇为往往是用鲜血乃至生命铸就的,见义勇为行为每每要经历流血、负伤、致残甚至牺牲的考验,可以说,每个见义勇为的瞬间壮举,都是冒着可能牺牲个人生命、牺牲身体健康风险的舍己奉献。正因为如此,才使得见义勇为精神站立于社会主义道德的高峰之上,光芒四射,荣耀中华。

斗转星移,继往开来。

新中国成立特别是改革开放催生见义勇为基金会诞生以来,在祖国神州,在华夏大地,一位位见义勇为的英雄,一次次奋不顾身的壮举,绘就了一页页感天动地的正义画卷。

正义,是见义勇为的魂。一位见义勇为英雄,就是弘扬正义的一面光辉旗帜;一群见义勇为英雄,就是正义之路的一座时代丰碑。

正义,是伟大民族的魂。作为我们这个时代的英雄群体,见义勇为者不啻是正义的化身。他们用一个个正义之举,生动诠释了现代华夏核心价值取向,集中展现了中华儿女崭新精神风貌,无疑也是人类社会历久弥珍的精神财富。

伴随着改革开放和"两个文明"建设的雄壮步伐,中华民族见义勇为伟大事业方兴未艾。

富庶文明的江苏,见义勇为蔚然成风。在见义勇为事业铺就的正义之路上,一批又一批见义勇为者款款走来,见义勇为英雄辈出,灿若群星。他们高举正义大旗,向着真善美,向着文明和谐,一路且歌且行!

二十四年来,江苏受到表彰奖励的见义勇为人员数以万计,我无法在此一一叙说他们的事迹,也无法一一列举他们的名字。其实,即使有生花妙笔,也难能穷尽描绘他们那波澜壮阔的英雄人生,更无法完美洞悉他们那丰富多彩的内心世界。

滴水见太阳。

我在这里讲述的,只是这个群体中几则英雄故事以及他们平凡的人生片段。

2003年9月14日。

阜宁县杨集镇小街,张吴桥。

一辆超过报废年限的大货车因刹车突然失灵,沿着桥坡滑行下来,径直冲向正在赶集的人群,眨眼间一人当场丧命,一人双腿被压断,但大货车仍继续向多人撞去……盐城市阜宁县杨集镇角巷村村民李正洪见状冲上前去,奋力推开众人,而他自己却献出了年仅40岁的宝贵生命。李正洪后被追授"江苏省见义勇为英雄"称号,被追认为革命烈士。

生死一念间。

在江苏,有许多见义勇为英雄像李正洪一样,在生死关头做了勇士。他们在惊险瞬间,把生存希望留给别人,把生命危险留给自己。他们中,有的光荣负伤,有的永远离开了人间……

生的伟大!死的光荣!

每一页见义勇为的英雄篇章,都是一首荡气回肠的勇者之歌。

第一章

生死一念间

徐兆学

连救四人负重伤

失控的小轿车冲撞而来,徐兆学为抢救群众身负重伤。他说,如果用我的一条腿,换四个人的生命和三个家庭的完整,也值了……

徐兆学

盐城市第三人民医院住院部。

墙壁是白的，地面是白的。

病床是白的，床上的被褥是白的。

医生、护士穿的衣服是白的，穿在患者身上的住院服也是白的……白色，纯净而安静。

安静的心，是一种很高的人生境界。她是完整的，没有市侩的分界；她是纯净的，没有世俗的纷扰。

有的时候，安静就是生命的全神贯注，心底只有默默的坚守和无私的爱。

外科。10床。

徐兆学安静地躺在病床上。

他那张依然饱满而刚毅的脸上，纯净而安详。

见我来采访，徐兆学强撑身躯，半坐病榻。他说话很慢，很吃力地从喉咙里发出并不是很清晰的声音。

他断断续续地告诉我，那次救人造成右腿粉碎性骨折，打进了三块钢板。如今时常疼痛，每逢阴天会疼得他无法入眠。

徐兆学的妻子高海英轻轻挽起丈夫的裤管对我说："你看，他现在右腿比左腿短了一厘米多。阴雨天一来，腿就痛。他这条腿噢，比天气预报还灵。"

高海英，50岁刚出头，身材高挑、匀称，脸色显得疲惫而憔悴。这些天，她一直陪护在丈夫的病床前。她说："那一次出事，我当时吓傻了，好长时间都没反应过来。直到他被送到市区医院我才哭出了第一声……他做的好事，我都支持。我会好好服侍他的。他的命，也是我们全家的命啊……"

说这些话的时候,高海英脸上一直带着笑意,但我分明看到有泪珠从她的眼角滑落。我相信,这是一个温淑贤惠、重情重义的女人。

徐兆学是急性淋巴性白血病患者,这一次是因为左动脉肿瘤来做手术的。眼前的他,颈部左侧贴着一块大大的、厚厚的纱布,覆盖着刚开过刀的伤口;透过一根长长的、细细的透明塑料管,小瓶子里的药液缓缓输入他的身体……

徐兆学的事迹原本就有点悲壮,患有白血病的他更让人怜悯和心疼。从采访角度,我多想探究他有着怎样的人生经历,是什么样的信念支撑病魔缠身的他仍然顽强地工作,又是什么样的动力让他在生死攸关的时刻舍己救人……可此时此刻,望着躺在病榻上的徐兆学,我又怎么忍心再去问这问那?

看来,我只能通过其他途径搜集他的事迹,阅读他的人生。

匆匆握别中,我把对英雄的钦佩和崇敬、怜悯和祝福,连同我的体温,留在了徐兆学同样温暖的手心里。

盐城市盐都区公安分局政治处副主任宋孝林把一大沓关于徐兆学的材料送到我的手上,加在一起足有三四斤重。

用了整整三天时间,我在这些无声的文字和图片中徜徉,用我的阅历和作家的眼光,探寻、追踪英雄的人生足迹,核实、复原英雄的点滴事迹,参悟、感受徐兆学的英雄情怀……

哦!好生了得!

原来,此乃大英雄也!

不仅仅是因为那次见义勇为的英勇行为,在此之前,徐兆学在当地就是家喻户晓的"盐城好人"、社会楷模。

2007年7月20日,《盐城晚报》首发关于徐兆学的长篇人物通讯《我要向生命打一张借条》,并配发编后语。

2008年6月5日,《盐城晚报》再度刊发长文《人生因信念而夺目》,详细讲述徐兆学的动人故事。

2008年6月5、7、8日,《盐阜大众报》分别以《永不消退的军人本色》《永无止境的奋斗人生》《永不放弃的命运之搏》为题,分上、中、下三期,在头版头条醒目位置隆重推出宣扬徐兆学先进事迹的优美篇章。

2008年6月6日,洋洋数千言的《与病魔抗争的一条硬汉》在《东方生活报》刊出,将坚强的徐兆学真实呈现在大众视野中。

2012年7月15日,《盐城晚报》刊登重磅消息:身患白血病仍忘我工作,《我要向生命打一张借条》的主人公徐兆学再出义举——面对失控轿车,他连救四人被撞伤。

2013年1月4日,《解放军报》在头版头条刊发人物通讯《"向生命打一张欠条"——退伍军人徐兆学的精气神》,同时配发短评《永远保持那么一股劲》。

2013年1月30日,一篇题为《徐兆学:活着拼命干,死了不遗憾》的内部资料,登上新华社《内参选编》。

2013年4月8日,《人民前线报》刊发长篇文章《解读盐城好人徐兆学的道德密码》。

……

从1983年入伍到2006年的二十三年间,徐兆学共获得42个立功受奖的证书和奖状。2007年以来的八年间,他先后获得"改革开放30周年感动盐城人物""南京军区践行当代革命军人核心价值观新闻人物""江苏省军区优秀教员标兵""江苏省三创之星""江苏省道德模范""建国以来感动江苏50位人物""全民国防教育先进个人""全国民兵工作先进个人""全国见义勇为最美人物""全国见义勇为英雄"等重要褒奖和突出荣誉;入围"全国爱岗敬业好人榜",获第四届"全国道德模范"提名;获江苏省军区给予的二等功、三等功各1次;中共盐都区委、盐城市委和盐城军分区党委、江苏省军区党委先后作出向徐兆学同志学习的决定……

这么多的荣誉,这么多的褒奖。

尘世中,几人能及?!

每一张奖状、每一本证书里面,都凝聚着徐兆学辛勤的汗水和付出;每一枚奖章、每一条绶带背后,都承载着关于英雄的动人传奇和美好故事。

徐兆学的先进事迹,够得上写成一本厚厚的书。他人生的三次重要抉择,足以凸显英雄的美好心灵。

当初,是端"铁饭碗"当医生,还是入伍当兵?在得与失的天平上,他毫不犹豫地选择献身国防。到后来,是选择当股东,还是到区人武部当普通职工?他舍弃30万元的股份和可观的红利,坚决投身他所热爱的人民武装事业。再后来,罹患堪称不治之症的白血病,是坐着"等死",还是与生命抗争?他毅然选择"活着拼命干,死了不遗憾",继续做他想做、能做的好事、小事。

徐兆学,1964年8月出生在盐城市盐都区北龙港镇一个贫穷渔民家庭,13岁时父亲病逝,母亲拉扯他们五个兄弟姐妹艰难度日。少年时代的家庭困境,孕育了徐兆学不向命运低头的自强品格。

1979年7月,徐兆学拿到了高中录取通知书,然而由于家庭经济拮据,他放弃了学业。"不是不想念书,而是家中的生活太困难了。哥嫂养家不容易,自己早一天出来做事,家庭就少一点负担。"这样的苦衷一直深藏在徐兆学心灵深处。

经人推荐,徐兆学成了一名"赤脚医生",后来考取盐城卫校,毕业后被分配到北龙港卫生院。从此,他吃上"皇粮",有了一份让人羡慕的工作。

然而,征兵工作开始后,从军——这个强烈的儿时梦想,让徐兆学跃跃欲试。他毅然决定:放弃工作,入伍从军!

"'铁饭碗'端得好好的,当哪门子兵啊?"母亲坚决反对;为弟弟操碎了心的哥哥徐兆明，几度劝说无效；就连女朋友也含泪给他下了分手"通牒"。

徐兆学的倔强举动，在那个时代一度成为别人的笑料——放着工作稳定、待遇优厚的好日子不过，反而要去自讨苦吃。

既然选定了路，就要坚定地走下去。

1983年10月，徐兆学应征入伍。1983年12月，对军营满怀憧憬的徐兆学，成为上海市公安局反恐防暴大队的一名武警战士。入伍不到一年，徐兆学被大队评为训练标兵，并在同年度兵中第一个当上了班长。

1984年12月中旬，英国首相撒切尔夫人访华，在上海访问期间，徐兆学所在中队担负随从警卫任务。他带领全班战士全天候坚守警卫岗位，最终圆满完成任务，树立了中国武装警察的良好形象，撒切尔夫人竖起大拇指给予称赞，徐兆学个人受到公安部嘉奖。

站岗巡逻、反恐处突、武装押运、押解人犯……每一次执行任务，徐兆学都尽心尽力，带领全班忠实履行职责。徐兆学当班长三年，全班两次荣立集体三等功，他个人也多次受到公安部、上海市公安局嘉奖。

1987年11月，徐兆学退伍返乡，被安排到盐城市缫丝厂任人武部干事，后来他又相继担任该厂保卫科长、人武部长。

1991年7月，盐城遭受百年不遇的洪涝灾害。

缫丝厂涝情严重，全厂告急！

徐兆学带领青年民兵突击队，日夜奋战，筑起拦水坝，使工厂的生产得以继续。

厂里女工宿舍和厂区之间有一段距离。为了保证女工上下班安全，徐兆学组织民兵每天用小船从宿舍区到厂区来回接送厂里的500多名女工。

徐兆学老家北龙港镇也遭遇了水灾。当时，他母亲卧病在床，大哥三番五次打来电话催他回家排涝，但徐兆学仍坚守岗位，一个多月没有离开厂区一步。

1991年至1994年期间，上级计划分配的蚕茧已不能满足缫丝厂的生产需求，需到周边如东等地收购。领受任务的徐兆学，一边收茧，一边找船运货。时值盛夏，要想把七八条运载蚕茧的船安全护送到厂并非易事。蚕茧价值昂贵，徐兆学他们担心路上被盗，一到晚上索性就睡在茧包上，根本顾不上河边蚊子叮咬，让人无法入眠。运一趟茧，仅水路行程就要七八个昼夜，而在缫丝厂工作的九年多时间里，徐兆学承担了40余次这样的"护航"重任。

　　在徐兆学担任缫丝厂人武部干事、部长的九年多时间里，工厂连续九年被所在区政府、区人武部评为"人民武装工作先进单位"，两次被市政府、军分区评为"先进厂矿企业人武部"。

　　1997年10月，缫丝厂实行企业改制。盐都区人武部领导找徐兆学谈话，就是否愿意转到区人武部工作征求其本人意见。

　　按当时情形，作为企业中层干部，企业改制后徐兆学将顺理成章拥有30万元股份，并且每年可获得分红8万余元，这对家庭经济拮据的他来说，无疑是一个好的出路。但是，对徐兆学而言，这也意味着他从此将永远离开自己热爱的人民武装事业。

　　出于对部队的特殊感情和对军事工作的热爱，徐兆学最终在别人不解的目光中选择了人武战线，成为盐都区人武部民兵训练基地一名普通的军事教员。

　　人武部编制调整后，人少事多。徐兆学在当好军事教员的同时，先后兼任过水电工、驾驶员、报道员，他接手的每一项工作都干得非常出色。

　　徐兆学在人民武装工作岗位上顺风顺水。不料，一场人生灾难悄然降临在他的身上。

　　2002年1月28日，是徐兆学人生的又一个分水岭。

　　正在组织民兵训练的他，突然间鼻孔血流不止，晕倒在地。众人将他送进医院，诊断结果如晴天霹雳：急性淋巴性白血病！

在得知病情的一刹那，徐兆学这个铮铮硬汉惊呆了：不舍、担忧、恐惧、绝望……当年他才38岁呀！正是人生最美好的年华啊！

刚住院的一段时间里，每当夜深人静的时候，徐兆学曾一次次地问自己：我还能活吗？还能活多久？

他心有不甘：岂能让年轻的生命就此画上句号……

徐兆学因病住院治疗期间，盐都区人武部领导和同事们经常去看望、鼓励他，部领导协调有关部门为他解决了部分医疗经费，还派人到医院陪护。渐渐地，徐兆学增强了生存的信心，生的渴望驱散了笼罩在他心头的死亡阴影。

徐兆学庆幸自己还有时间同命运抗争。他开始翻阅有关白血病方面的书籍，还经常向医生请教与病魔做斗争的方法。

在长达六个月的药物化疗期间，徐兆学经受了常人难以想象的痛苦：头发，几乎掉光了；经常恶心、呕吐，吃不下饭；人，瘦得皮包骨头，只剩下70多斤……他以顽强毅力和乐观精神，主动配合治疗，坚持每天锻炼。经过两年多的治疗，他的病情得到初步控制。

出院仅一个星期，徐兆学就坚持要上班。部领导看到他脸色苍白，心里不是滋味："兆学呀兆学，你怎么能把自己的命不当回事呢？！"

"说句心里话，谁不想活？特别是像我这样从生死关前走过一趟的人，对人生的意义看得更清楚了。也正是这样的经历让我更坚信，可贵的生命需要有意义的事业来支撑！我知道，人无论活多久，总归要面对死亡，而自己的病不好治，随时都可能要命。可是，等着死是一天，干有意义的事也是一天，还不如多做一点有意义的事。"这是徐兆学说过的原话。

"等死，意味着不再活着。既然病魔找上门，那我就打一张借条吧，在有限的生命里多做点事。当告别这个世界时，我要说：活着拼命干，死了不遗憾。"当年，徐兆学在日记中写下这样一段话。

人生与拼搏同在,生命与事业相随。

徐兆学,奋斗的人生与时代脉搏同频,奔跑的生命和社会韵律共振——

地处黄海之滨的盐城军分区,是我国军事斗争准备的前沿之一。作为盐都区人武部的民兵军事教员,徐兆学恪守使命重于生命,在身患绝症的情况下,依然珍惜坚守自己的工作岗位。

2005年4月,盐城市政府、军分区组织城市防空袭演练,徐兆学主动请求担任教练任务,在训练场上带领民兵摸爬滚打。

2005年6月,江苏省军区首次组织大规模民兵分队实弹射击考核。徐兆学再次请战,部领导坚决不同意,把他从大部队出发的车子上拉了下来。

徐兆学叫上一个有车的朋友,驱车三个多小时赶到集训点——黄海之滨的高炮靶场。他说:"我现在是个倒计时数日子的人了,这样大的行动今后还能遇到几次?"

部领导见实在撵不走他,便下令:"你只准看,不准干!"

靶场海风大、湿度大、蚊子又多,环境相当艰苦,他顾不上这些,坚持带病组织训练。半个月后,代表盐城军分区参训的盐都区民兵导弹分队,在考核中创造了全国民兵导弹射手首发命中的纪录。

就是这样,拖着病躯的徐兆学,晨对漫天朝霞,日托风霜雪雨,晚送朗朗星辰,用他的不懈奋斗,深情回报着盐城革命老区这片美丽富饶的土地。

患病十多年来,徐兆学先后参与组织17次专武干部、民兵营长集训等,完成23个课目教学任务;8次参与省军区高炮实弹射击等训练演练;带领民兵参加上级比武,摘得32块奖牌;在各类媒体发表新闻稿件50多篇……

徐兆学,重病在身,可他还是不忘帮助别人。

2006年8月,人武部两名干部家属经军分区批准随军生活,可当时那两名干部都在外地参加上级组织的集训,如不尽快办理落户手续,将影响孩子及时入学。就在他们焦急万分、一筹莫展的时候,徐兆学主动出面,与公安机关和教育部门联系,帮助他们及时办理了家属户口迁移和子女入学手续,解决了他们的后顾之忧。

武警内蒙古某部下士荀超当兵走后一个月,父亲就重病卧床。同在医院治疗的徐兆学看到他们一家生活困难,不仅给予了经济上的支持,帮助荀超处理家务要事,还经常打电话、写信鼓励他好好工作。徐兆学抱病干武装、真情换兵心,成为盐城市征兵形象代言人。许多适龄青年在徐兆学的感召和引导下投身军营,延续着他建功军营的梦想。

《盐城晚报》"帮办""爱心"版,成为徐兆学助困、救难的桥梁。在晚报上求助的困难人群中,有相当一部分他都看望、捐助过。

他花了7000多元钱,为一位非亲非故的贫困老人修缮房屋;他先后帮助过7位癌症病友,为他们捐钱、捐物、买药;他带头为"5·12"汶川大地震、"4·20"雅安地震灾区捐款、捐物;他曾把刚拿到手的1万元奖金捐给了比他更困难的人,把见义勇为奖金悉数赠送给盐城市一中考上大学的3位品学兼优的贫困生;他也曾帮助20多人创业、再就业,向8名贫困户提供技术和资金,帮助其脱贫致富……

"人,不能忘本。我自己是吃过苦的农村孩子,看到别人生活困难就会感同身受。如果不去帮一把,自己心里也过不去。当年,一起入院的20多个白血病病友,如今只有我徐兆学一个人还活在世上。人生的坎坷和生活的磨难,使我对帮助过我的人和需要我帮助的人,有着更为深刻的感情。谁都会有难的时候,能帮一把就帮一把。也许我的帮助只是杯水车薪,但一个一个善举播散开来,就是大爱,就有美好!"徐兆学这样说过,他总是相信人心向善的力量。

奉献军营,爱军精武;恪守本职,安于清贫;挑战死神,奉献社会。徐兆学每一次人生选择,都是那么豪迈。那爱岗敬业的默默坚守,那面对灾难的坚强不屈,那温暖别人的博大胸怀,恰如他故里水乡郁郁葱葱的青青芦苇,气度超然,风骨洒脱,不择环境而栖身,不惧风雨而挺立,不逐名利而生长,勇立清流而青翠,冷对浮华却生机,笑迎日月而蓬勃。

也许就是这股力量,使得他在平常时刻"看得出来",在诱惑面前"站得住脚",在危急关头"豁得出去"。那一次,舍己救人的英勇行为,就是徐兆学光辉人生的集中闪现——

从盐城市盐都区北龙港社区集镇东首,拐弯向北即进入中心河西岸,盐都区龙兴居委会水产村就坐落在中心河西岸一侧,村里的老人们大都是20世纪六七十年代上岸定居的渔民。

岸边,是大大小小的鱼塘,一望无际,紧密相连。岸上有一条不足2公里长的乡间公路,路基比村庄的地基高出许多。

这条乡间公路,是水产村通往集镇的必由之路。徐兆学堂哥徐兆选的家,就紧挨着这条公路。

2012年7月10日,按照农村习俗,这天正是徐兆选的老伴去世后的"六七"之日,亲戚朋友纷纷赶来徐家祭奠,作为堂兄弟的徐兆学当然也不例外。

祭奠地点选在公路旁边一块并不算大的坡地上。

几个小孩正在玩耍。亲戚们站在公路上一边拉着家常一边等待祭奠仪式的开始,一切显得都很平静。

上午11时20分左右,徐兆学站在路边正与堂嫂说着话,突然传来一阵"噼噼啪啪"的声响,有人大声叫喊:"人让开!车子、车子……"

徐兆学抬头一看,大约七八米开外,一辆轿车如惊恐之蛇一般,在并不宽敞的路面上左右扭动游窜而来。

停放在路边的十几辆电瓶车接二连三被撞倒。

顿时,此前站在路上的人群骚动起来。有人大声喊叫,有人急忙避让,有人慌张地冲向公路斜坡,还有人正在说话,似乎什么也没察觉。

开着那辆银灰色小轿车的是一个20岁左右的女子。

原来,这个年轻女子拿到驾照才四天。她朝这边驶来的时候,看到路上人多,有点心慌,手里的方向盘不听使唤——轿车偏了方向,"砰砰砰"撞倒了停在路边的一排溜自行车、电瓶车。她想刹车,却一下子重重踩在了油门上……

"不好,这人错把油门当刹车了!"徐兆学瞬间明白了是怎么回事。他疾步向前,向着那个已经慌了神的女驾驶员大声喊叫:"松开油门!踩刹车!踩刹车!……"

然而,这辆轿车不但没有刹车减速,反而越开越快,发疯似的直向路上的人群冲来。

悲剧,即将发生!

说时迟,那时快,只见徐兆学冲到路中央,奋力将站在路上的人们推向路边,一个、两个……

路上还站着四个人。其中有两位六七十岁的老奶奶正若无其事地说着话;还有一位年轻妇女手里抱着一个小孩,站在路中央一动不动——她叫蔡雨(化名),36岁,怀里抱着的是她的儿子,差一个月就满两周岁了。她原本是来"看热闹"的,没想到会遇到这突如其来的"飞车",被眼前的一幕吓蒙了。

车轮滚滚,生死瞬间。

"兆学,快让开……快让开呀……"大家挥手、跺脚,拼命叫喊,可徐兆学似乎什么也没听见。他先后将两位老人拉到路边,又返身冲向蔡雨母子。

只见他上前一把抓住蔡雨的衣服,使出浑身力气,用双手把母子俩推向路边。

刹那间,车子右前轮撞到徐兆学的右腿,将他整个人撞出好远。

开车人急打方向盘,驶出四五米开外才踩到刹车。闯了大祸的她,呆在车里手足无措。面对前来质询的村民,她坐在车里一动也不动,苍白的脸上写满懊悔和无奈。

当亲友们围拢上来,徐兆学已瘫倒在地:他的右下肢鲜血直流,折断的小腿"错位"在膝盖之上,折断的骨头已经刺破皮肉,甚至右脚脚尖已经朝后……

"他当时推开我,我还不知道发生了什么事情,只听到像是爆竹'啪'地响了好大一声。"被救者蔡雨说,后来才知道那一声竟然是徐兆学腿部骨头被折断的声音。

徐兆学被众人抬上救护车,送到盐城市第三医院骨科进行抢救。

他原本就是白血病患者,这一次又是右腿胫腓骨骨折、外踝粉碎性骨折,手术难度较高。经专家会诊,最终确定施行植入合金钢板和同种异体骨手术。在医学上,这是骨科临床最高级别的四级手术。

英雄徐兆学,又一次大难不死。右腿遭受重创的他,终于能够独立行走。一个顽强的生命终于又可以稳稳站立在他热恋的大地上!

住院时,有位医生曾用关爱的口吻对徐兆学说:"你知不知道白血病患者流血过多会是什么结果?难道你不要命啦!"

徐兆学说:"知道。但我更知道,如果用我的一条腿换四个人的生命和三个家庭的完整,也值了!"

2012年7月14日,《盐阜大众报》在头版首家刊发长篇通讯《生死瞬间,英雄尽显本色》;7月15日,《盐城晚报》在一版重磅导读《救人受伤,再现大爱》,并在四版刊发了长篇报道;7月18日,盐城电视台一套《今晚播报》栏目以《"最美军人"徐兆学,推开四人腿被撞》为题,作为头条新闻进行报道;7月22日,《盐阜大众报》再度在头版突出位置,深度报道徐兆学的事迹。

盐阜大地迅速掀起了"向英雄致敬,向英雄学习"的热潮。

原来,徐兆学见义勇为远远不止这一回。

1985年4月22日下午,三名持枪歹徒在民警追捕中闯入上海市南市区大浦桥路段的一户居民家里,将一对父子劫持为人质,并要挟警方在规定时间内为他们提供外逃车辆,否则就要撕票。

歹徒穷凶极恶,解救行动人命关天!

这边,公安民警不停地向歹徒喊话,故意拖延时间,分散歹徒注意力。那边,徐兆学带领两名战友攀上楼顶,从南北两面下到四楼,同时撞开窗子,持枪喝道:"不许动!举起手来!"

面对天降奇兵,歹徒猝不及防,还没等反应过来,就被徐兆学他们制伏了。就这样,没费一枪一弹,徐兆学他们成功解救人质,活捉歹徒。

1985年9月22日,上海造漆厂发生火灾,火场上热浪滔天,油漆燃烧的火焰高达20多米,大量化工原料随时都有爆炸的危险。徐兆学奉命带领全班战士,冒险将库房内50多吨易燃易爆化学物品转移到了安全地带。

1994年7月,盐城遭遇特大洪涝灾害,盐都北龙港、大纵湖、楼王三镇农田被淹,部分房屋倒塌,人民生命财产安全受到严重威胁。徐兆学带领民兵应急分队40多人,守护朝阳河大堤九天九夜,先后封闭堤坝缺口12个,排除险情10多次,转移群众近千人、物资60吨。那一次,徐兆学被所在区表彰为"抗洪英雄"。

1999年3月5日上午8时30分左右,做服装生意的陈坚(化名)骑着自行车沿盐城市区解放北路由南向北疾驰,途经望海大厦附近时突然摔倒,头部撞在水泥路牙上,顿时血流如注,昏迷不醒。正在解放北路参加学雷锋活动的徐兆学和回盐城探亲的空军某部班长高震闻讯后,急忙将其送到盐城市第三医院急诊室。经过两个多小时的抢救,陈坚才苏醒过来。这期间,徐兆学和高震始终守护在陈坚身边,跑前跑后,并看护保管伤者的款物。当陈坚的妻子赶到时,他已脱离危险。徐兆学将一直替陈坚保管着的12515元钱,一分不少地交给了陈坚的妻子。

同年3月11日下午,徐兆学去市中医院看病途中捡到一只钱包,内有贵宾卡、电话卡及一张金额为2000元的活期存折。他顾不上看病,按照存折上显示的开户地址,赶到新世纪文化城储蓄专柜查询,并留下了自己的电话号码和详细地址。第二天,失主领回了丢失的钱包……

哦!看上去见义勇为行为似乎是一个人一次偶然的闪光,其实投射出来的是人生岁月里早已积蓄的正能量!

我查到一份珍贵资料。那是徐兆学的儿子徐玮当年写的一篇文章，作为英雄徐兆学先进事迹的一份佐证，其叙述之生动、细节之真实、情意之真切，尽在字里行间：

我爸爸经历很坎坷，却总是笑对人生。他用自己的忠诚、勤奋、敬业、奉献以及和病魔顽强抗争的勇气，赢得了领导和同志们的认可。他是我最敬重的人，也是我心中永远的骄傲！

我出生在1989年9月。我记事时，爸爸是厂里的保卫科长，整天忙于工作，有时我们十天半月都见不上面。每年夏天，爸爸都跟随厂里蚕茧收购组外出，负责安全保卫工作。一个星期天的上午，爸爸收拾好换洗衣服，对妈妈和我说："我出去收购蚕茧，下个星期六下午回来，星期天带小玮到公园去玩。"

说完，他就急匆匆地走了。我跟在爸爸后面，大声喊道："爸爸，你说话一定要算数呀，不能骗人。"

我多么盼望爸爸早点回来，星期天带我到公园去玩。

在漫长的等待中，一个星期终于过去了。星期六一大早，妈妈就叫我起床做作业，说明天爸爸要带我到公园去玩，今天一定要把作业做好。

下午，妈妈到菜场买了好多菜，早早地烧好了晚饭，等爸爸回来。可一直等到天快黑了，还不见爸爸回来。妈妈坐不住了，带着我到厂里找爸爸。

到了厂里一问才知道，准备换班的保卫干事潘叔叔生病了，爸爸主动为潘叔叔顶班，又跟着收购组外出收蚕茧了。

十多天后，爸爸终于回来了。然而，带我到公园去玩的承诺也就这样泡了汤。

1997年10月，爸爸调到区人武部工作。从以前的业余教员成为专职教员，他深感自身业务素质与岗位职责的要求有差距，便如饥似渴地学习军事业务知识。

他从单位里找了很多资料，带到家里一边学习一边编写教案，经常忙到深夜,有时在睡梦中还在喊口令、下训练课目,搞得全家人哭笑不得。妈妈埋怨他说:"你有多少东西要写呀,上班干不完还带到家里来,大学教授也没有你这么忙,睡梦里还大喊大叫,不知道的人还以为你得了精神病呢!"

对妈妈的埋怨,爸爸总是一笑了之。有一次,爸爸在训练中把右脚扭伤了,动一下都疼得咧嘴。可是,他惦记着第二天军分区来考核民兵训练的事,哪能安心躺着?他又贴膏药,又搽红花油。为了快点好,他一个晚上就用了半瓶红花油。结果事与愿违,他的右脚整个地红肿起来。就是这样,第二天他还是早早地起床,不顾我和妈妈的劝阻,一瘸一拐地去上班了。

训练场上,民兵们在爸爸的组织下摸爬滚打,每个人的衣服都湿透了,像从河里爬上来一样。在近40°C的高温下,他一遍一遍地给大家讲要领、做示范,手上的皮都磨破了,还渗出了血。我问爸爸:"爸,一定很疼吧?"

爸爸却说:"小傻瓜,当然疼了。儿子,这工作是苦、是累,可有意义,爸爸喜欢!因为喜欢,所以也就不觉得疼了。一个人的心在哪儿,根就扎在哪儿。既然选择了这职业,就要好好地干!等你长大参加工作以后你就会明白,从事自己喜欢的职业,这是一个人最幸福的事情了。"

1998年冬天的一个晚上,爸爸下班带回一个工具包,我好奇地打开一看,里面都是些起子、扳手、测电笔等工具和水电维修方面的书籍。妈妈问他把这些东西带回来干什么,爸爸说是部里叫他兼任水电维修工。妈妈一听不高兴了,对爸爸说:"干工作苦点、累点不要紧,你对水电一窍不通,爬高摔下来怎么办?被电着了怎么得了?这个活咱不能干,你不肯说,我找你们领导说去。"

爸爸一声不吭。晚饭后,他认真地对妈妈说:"领导叫我干水电维修工是对我的信任,我不能打退堂鼓。谁也不是天生的水电维修工,不会我可以慢慢地学嘛……安全问题,你放心吧,我会注意的。"

从此以后的一段时间,家里可遭了殃。爸爸一有空就在家里练习起了水电维修,水龙头、抽水马桶、电灯被拆来拆去,漏水、停电成了家常便饭。一次,爸爸捣鼓电路时,将家里的线路搞短路了,反复检查找不到原因,害得全家摸了几天黑,最后还是找来专业的电工师傅才修好。爸爸硬是凭着这股"钉子"精神掌握了水电维修业务。

2000年3月,人武部新闻干事转业,爸爸又成了新闻报道员,当时妈妈为他捏了一把汗。妈妈担忧地说:"搞新闻不是那么简单的事,不是谁都能干的,你行吗?"

爸爸充满信心地回答:"任何工作都是从不会到会,不懂我可以慢慢地学,我一定能成为一个合格的新闻报道员。"

星期天,爸爸去新华书店买回了许多新闻写作方面的书籍,还把办公室的旧报纸、书刊全搬回家里阅读,搞得家里到处都是旧报刊。这一回爸爸真的是着迷了。开口新闻、闭口报道,有时深更半夜还打电话向转业的李叔叔请教。

爸爸的文化水平并不高,最多只能算是高中程度。他就是凭一股不服输的精神,在新闻报道工作中取得了较好的成绩,拿回家好几本新闻荣誉证书。

2002年1月28日,一场意想不到的灾难突然降临到我家。爸爸被诊断为急性淋巴性白血病,他经受的肉体和心灵的痛苦可想而知。可在妈妈和我的面前,他从来没有说过"难受"之类的话,始终以坚强的毅力和乐观的态度与病魔抗争。病情稳定一点的时候,他念念不忘的还是他的工作,只要有人武部的领导来看望他,什么教案要修改、电路要更换、新闻报道要加强等等,是他常说的话题。

出院后的第二天,他就要去上班,妈妈见怎么劝也没有用,只好请了一个星期的假在家里陪着他,他也答应暂时不去上班。

一个星期后,妈妈上班了。妈妈前脚走,他后脚也上班了。妈妈知道爸爸上班的事情后,流着泪对他说:"真拿你没办法,不是不让你去上班,是想等你身体养好一点再去。你知不知道,你倒下来,我和儿子怎么办?你是我们家的顶梁柱啊!"

可爸爸说，知恩图报是我们中华民族的传统美德，也是他做人的准则。是党培养了他，组织上帮助了他，众人的无私关爱鼓励了他，也给了他第二次生命，他只有多做一些工作，才能报答领导和同志们的关心与厚爱。

2007年4月，爸爸带着民兵防化分队参加军分区组织的盐城市化学事故应急救援演习。白天，他精神抖擞地组织民兵训练，训练间隙还写新闻稿件。在大多数人看来，爸爸的病已基本好了，可以和正常人一样工作了。但他每天都要服药，晚上还要到医院挂水，夜里经常因全身酸疼而睡不着觉。

近几年来，爸爸一直是这样过来的。

敬业地工作给爸爸带来了许多荣誉，爸爸倍加珍惜，却从不拿出来展示。在我家大衣柜的底层，整齐地摆着三个老式皮革包，里面分类放着爸爸的奖章、奖牌和荣誉证书。他说，这是他一生最宝贵的财富。不忙的时候，爸爸就拿着一块布，小心地擦着奖章和奖牌，还一边擦一边对我和妈妈说："我只是做了应该做的工作，组织上却给了我这么多的荣誉，我还要好好地干哪！"

同事、朋友到家里做客，爸爸也从不把那些荣誉品拿出来显示；就是到了好多人说的所谓的"关键时刻"，爸爸也没有动过要利用荣誉换取利益的念头。

爸爸在缫丝厂工作的时候，我家加上奶奶共四口人，租住在城西村七组陈爷爷家两间只有20平方的厨房里。厂里为改善职工的居住条件，造了两幢职工宿舍楼，当时爸爸作为中层干部，应该分到一套。因厂里军嫂较多，爸爸说：军嫂夫妻分居两地，困难比我们多，单位盖房子不容易，让军嫂先住吧！

他主动把房子让给了丈夫在舟山服役的朱阿姨。朱阿姨的丈夫金叔叔回来探亲的时候，夫妻俩专门为此事到我家登门感谢。我们家以后一直住在厂里重新分的一间半平房里，直到1998年12月搬到人武部家属院。

近几年来，我的家庭可以说是多灾多难。我爸爸兄妹五人中，2002年，我爸爸得了白血病；2005年，我大姑母因患肺癌去世；2007年，二叔经检查患直肠癌……一连串的不幸使我的家庭负债累累。

爸爸平时很节俭，衣服总拣最便宜的买，一双皮鞋要穿好几年，但对有困难的人，他总是热心帮助。2001年8月，我二叔患胆结石，因家庭困难拿不出钱来动手术，爸爸二话没说，拿了家里准备买冰箱的3000元钱给二叔做手术。2005年11月，爸爸的一位病友无钱买药而一筹莫展时，爸爸拿出家里仅有的2000元钱买了药送到病友的家里。

爸爸对军营的热爱，对武装事业执着的追求，深深地影响了我。2007年，我从盐城师范学院毕业，放弃了应聘做一名教师的机会，毅然投笔从戎，应征入伍到爸爸曾经服役过的上海市武警总队当了一名战士，接过了爸爸的枪，圆了我儿时的梦。

爸爸身患白血病，在人武工作这个岗位上，演奏了一首首激昂的人生乐章，逐步实现着他回报社会、回报党和人民的理想和目标。

在爸爸的身上，我看到了一个共产党人对党发自内心的忠诚，对事业执着的追求，对同志满腔的热情，对生活无比的热爱。

我为自己有这样的父亲而感到骄傲和自豪。

我要把爸爸对党、对人民的这种情怀深深地铭刻在心中，继承下去，像爸爸那样，做一个合格的、名副其实的战士，把自己的一生献给党！

采访中，我一直在挖掘，英雄徐兆学的人生动力到底是什么？

2013年3月5日，在盐城师范学院社会学院为纪念毛泽东"向雷锋同志学习"题词发表五十周年而举办的"青春观察"专题座谈会上，胸前挂满奖章的徐兆学结合自己的成长历程，畅谈自己学雷锋、做好事的体会，也抒发了他的大爱情怀：

雷锋每做一件好事，都说"这是我应该做的"。这就对了，只要认为应该做的，就努力去做。不因人们的漠然和世故而懈怠，不因别人的非议和误解而放弃。学雷锋,做好事,选择坚持不懈,选择持之以恒,三月里做,四月里也做,五月里还做,就会成为一种自觉、一种动力,就是一种精神境界、一种先进文化。

如果做好事是为了做给别人看,或为了图表扬,或看到别人做自己不得不做,那是做不好好事的,也是不能持久的。不妨从小事做起,看到地上的废塑料瓶,捡起来,放进垃圾箱;看到要饭的,不要你掏几千、几万,就掏几块钱,先解决他一顿饭,免除他暂时的饥饿之苦……从小事做起,从点滴做起,真想、真做才是真正的追随。不做假、不玩虚,时时保持爱心和激情,就能超越庸常,成就卓越。将来你当了官、当了老板,达则兼济天下,成为一个好官、好老板,而不会成为腐败分子和黑心老板。

自己站立的地方就是中国。平静地做了应该做的事,生活便充满阳光,社会便充满希望……

徐群群,《盐城晚报》民生报道部首席记者。她于2012年7月15日在《盐城晚报》发表的报道《"感动盐城人物"徐兆学再现大爱之举——面对失控车,推开4人腿被撞断》,获得当年度中国晚报协会"赵超构新闻奖";与此同时,她在《盐城晚报》发表的"舍己救人英雄徐兆学"系列报道获特稿奖。

"赵超构新闻奖"是全国晚报最高奖。我有幸读到获奖者徐群群关于采访徐兆学的一段记者手记。一名记者的真实感受,是对一位见义勇为英雄的深度解读:

做记者工作八年来,徐兆学是我接触最多、了解最深的采访对象。跟踪采访徐兆学让我一次次感动。

身患白血病、英勇救人时右腿骨折,但他从不对任何人抱怨一句,很多伤痛默默放在心底,一个人消受。他没把自己当成一个病人,亦从未把自己看作一个英雄。他所做的,只是遵循了自己的内心。

生活永远不会一帆风顺。不知道什么时候，就会和你开个天大的玩笑。但坚强面对生命，乐观面对生活的人，永远值得尊敬。

乡间公路上新手驾车，为避让人群慌将油门当刹车，几位村民处在生死瞬间，一名人武战线职工舍身救人……我的心始终被一种强烈的情感撞击着：一个英勇拯救他人生命的白血病患者，一个身居基层无职无权的普通共产党员，一位临危不惧、挺身而出的退伍军人，一位生命不息、战斗不止的钢铁战士……

牢记宗旨，心系人民；舍身忘我，品质高尚。

徐兆学，用铁胆忠魂，谱写了一曲共产党人立党为公、执政为民的英雄赞歌！

徐兆学，用热血奉献，成为小康盛世、和谐社会新一代中国共产党人的真实写照……

伟大源自平凡，平凡孕育伟大。

今天，英雄徐兆学还在与死神赛跑。

"学习徐兆学，就要照着学"，已成为盐城军民的响亮口号。数百个"照着学小分队""徐兆学爱心团队"如雨后春笋般出现在盐阜大地上，传递着人间温暖，聚集着浓浓爱心……

马丕宣

化作春泥更护花

在校园内施工的大吊车突然倾倒。千钧一发之际,校长马丕宣勇敢上前抢救两名遇险学生,自己却被砸倒在庞然大物之下……

马丕宣,生前系江苏省徐州市丰县原史小桥乡大堤口小学校长。

十八年前,在校园施工现场,庞然大物般的吊车突然倾倒之际,他为抢救两名遇险学生,献出了自己年仅36岁的生命。

带着本书创作任务,我辗转来到马丕宣烈士的故乡,怀着崇敬的心情追踪英雄足迹,寻访一个平凡人走过的不平凡的人生之路。

李素玲,马丕宣遗孀。她是丰县城关镇史小桥幼儿园老师,现居住在丰县凤城镇北环路49号。

接受采访时,李素玲小心翼翼地向我捧出几件珍贵史料:

两本日记——一本是马丕宣的笔迹,扉页上写着"刎颈之交";另一本是李素玲的笔迹,扉页上写着"献给我逝去的丈夫——为了他给我的那些幸福美满的日子,为了我们今生的相爱及来世的相约"。

206封书信——那是马丕宣生前与李素玲夫妻眷恋、真情相爱的真实写照。

马丕宣生前身后获得的一摞荣誉证书——那是社会对烈士历次褒奖的历史见证。

一沓刊登有马丕宣事迹的报刊原始资料——那是人民对英雄的热忱颂扬。

一篇由马丕宣用钢笔书写的有七张纸篇幅、题为《无悔的选择》的自述材料和一张第二届全国春蕾园丁推荐表复印件——那上面记录着一位小学老师献身教育的心路历程。

一本马丕宣使用过的标注为"数学第八册"制式的"备课簿"——每一页标明的教学课题、教学目标、重点难点、板书设计、教法与教具、效果分析与课后思考等栏目里,写满了工工整整的字迹,授课安排的最后时间定格在1999年4月3日,也就是说,截至英雄牺牲时,他已经提前九天拟好了教案,这无疑是一个园丁爱岗敬业的无声记录。

还有一件,是一张老版蓝色、编号为DR63413269的100元大钞——那是《新华日报》记者徐勇当年上门采访时捐给李素玲的,她一直珍藏至今,这足以表明她对饱受社会关爱充满感激之情……

我知道,这些都是她多年来用心收藏的记忆符号,珍藏着她和马丕宣的陈年往事,也珍藏着一个妻子对英雄丈夫的深深眷恋。

一种特有的凝重,挂在李素玲脸上。在我身旁坐下以后,她很少说话,采访开头的时候,她甚至只用点头或摇头做出表示。提起丈夫马丕宣,李素玲未及开口就已经泪水涟涟……

1963年4月,马丕宣出生在原史小桥乡史双庙村一个普通农民家庭。母亲体弱多病,哥哥先天性痴呆,全靠忠厚勤劳的父亲支撑一家人的生活。8岁开蒙时,父母就教育他:只有好好念书,长大才能有出息。

从小学到中学,马丕宣获得20张奖状,每学期都是优秀生,学习成绩一直是班上前三名。但由于当时师资和教学条件的限制,高考落榜成了绝大多数苏北乡村中学农村学子的共同命运。1983年6月,马丕宣高考落榜,因家境贫寒放弃了复读再考的机会。同年9月,教育系统招聘合同制教师,马丕宣过关斩将,最终如愿以偿。

最初,马丕宣被分配在当地的李大庄小学任教。

20世纪80年代,苏北农村普遍贫困落后。李大庄小学只有两排土墙教室,所谓课桌,是用砖垒的墩,上面放一块木板,挤五六个学生,按当地群众形象的说法就是"黑屋子,土台子,里面坐着一群泥孩子"。

马丕宣在一份自述材料中这样表达当时的心情:"第一次走进这样的环境,面对教室里几十个天真活泼的孩子,望着一双双充满渴望的眼睛,我意识到自己肩上的担子有多重。"

他在当年的一篇日记中也写道:"我将用我全部的爱,去呵护和浇灌祖国的幼苗,让那些含苞欲放的春蕾,开出娇艳的花朵,吐出沁人肺腑的芬芳。"

凭着对学生的爱，凭着对教育事业的执着追求，马丕宣全身心投入到教书育人之中，先后七次被评为乡级先进工作者，三次被评为县（市、区）级先进工作者。村民们都说"李大庄来了个好老师"。

1998年9月，马丕宣被委任为大堤口小学校长。经过不到一年的努力，大堤口小学校园环境和师生精神面貌焕然一新，教学成绩由原来的全乡倒数第一跃进到全乡中上游水平。

在师生们的心目中，马丕宣是一位好校长、好同事、好老师。与马丕宣共事过的同事，都说他是个热心人。学校翻建房屋、美化环境、修葺围墙、改装线路、冲洗厕所等脏活累活都少不了他的身影。

马丕宣的同事、时任李大庄小学校长的李克田，清楚地记得英雄生前的几件小事：

1997年8月30日，我们几个学校领导研究教学分工，由于人事变动，带语文课的人多，带数学课的人少，必须抽一个带语文课的老师改带数学课。抽谁呢？权衡之下决定抽调马丕宣。

马老师多年来一直带毕业班语文课，现在要调换教学科目，他会同意吗？我抱着试试看的心理，请来马老师说明这一想法，没想到他很愉快地接受了。他说："学校的工作，干什么都一样。再说了，也不能叫领导为难呀！"

在学校里，马老师总是闲不住，除正常的教学工作外，日常琐事他样样都主动干。

1997年5月底，学校为了迎接上级评估验收，墙壁需要粉刷。为了使这项工作尽快完成，马老师顾不上吃饭，趁中午放学时间，骑三轮车去县城买涂料，往返40余里。

平时，他发现校园内一片废纸，总要捡起来；发现一把扫帚放置不当，他总要拿起来重新放好；校园里哪棵花弄歪了，总是他去扶正过来。

马老师是个有心人。记得有一次,上级要进行卫生检查,而学校里的厕所向来是卫生死角,当我们带学生去打扫时,发现厕所的粪便已经被清除干净。事后才知道,这是马老师利用放学后的时间打扫的……

马丕宣爱生如子,细心呵护每个学生,以博大的胸怀和炽热的爱心,哺育一棵棵幼苗,也消融了一颗颗冰冷的心。

一年冬天,他看到一个叫笑笑(化名)的学生衣着单薄,缩在座位上发抖,他默默地脱下自己的外衣裹在笑笑的身上;一个阴雨天,有两个学生没带雨具无法回家,他用雨衣裹住他们,自己卷起裤腿,护送着他们一起走进风雨之中;学生志超(化名)病了,他亲自将志超送到医院,并垫付了16.8元医药费;学生晓金(化名)因父母离异,跟着年迈的奶奶生活,一向活泼可爱的她渐渐变得少言寡语,他三次家访,进行心理疏导,并为她申请了"希望工程"捐助,终于晓金的脸上重现笑容。

学生肖梨(化名)的父亲不幸病逝,母亲离家远去,她成了孤儿,经常以泪洗面。马丕宣发动全班同学关心她、帮助她,让她在大家庭中找回失去的亲情和温暖。节假日,他把肖梨接到家中和自己的孩子一块玩耍。肖梨13岁生日那天,马丕宣和妻子一起为她买来生日蛋糕和一身新衣服。他每月从自己微薄的工资里抽出20元钱作为她的学习费用,还号召全校同学给她捐款500多元。后来,徐州市妇联、团市委、张家港云盘小学也向肖梨伸出援助之手,给予其资助。在马丕宣老师和全社会的共同努力下,肖梨终于读完小学,顺利进入初中,并成为品学兼优的好学生。

学生飞飞(化名)的父亲患了肝炎,家庭生活极度困难,从她上幼儿班开始,都是马丕宣替她交学费,直到她小学二年级;欢欢(化名)没有了妈妈,上不起学,马丕宣为他交了两个年度的学费;学生小玉(化名)考取了沛县师范学校,正在为交不起学费犯愁,马丕宣送去200元解了燃眉之急。

那年9月初,新学期开学几天了,一年级学生汪新(化名)还迟迟没有到校。马丕宣赶到他家一看,发现母子俩正在为交不起学费而流泪。他当即掏出165元钱给他们用于交学费,并亲切地说:"好孩子,不要哭,我是来接你去上学的。"

汪新重新回到学校。母子俩欢天喜地,感激不尽。可他们哪里知道,给汪新交学费的钱是马丕宣从别人那里借来的。

1986年暑假,马丕宣和爱人商量,利用假期去"捡破烂",贴补家用。为了避开学生,他们选择走得远一点。他拉着平板车,和爱人一起在徐州、沛县、大屯一带,收了将近二十天的废旧物品,挣了200多元钱。回来之后,望着这些钱,他想起了学生马雪(化名)。马雪的母亲去世了,家庭很困难,上学期的学费就是马丕宣为她垫上的,新学期又要到了,不知道她的学费准备得怎么样了。回来第二天一大早,马丕宣便来到马雪家,将收废品挣来的钱中的100元交给了她的父亲,马丕宣情真意切地说:"又该交学费了,这点钱先拿去用吧。"

马丕宣从教十七个年头里,从每月21.5元的工资开始,接济、资助过50多位贫困学生,使20多位失学儿童重返校园,共捐助资金5000多元,这在当年可不是一个小数目。1998年5月,马丕宣被授予"江苏省优秀春蕾园丁"光荣称号。《徐州日报》1998年6月1日第三版、《彭城晚报》1998年11月27日第五版,专门对马丕宣"爱心护春蕾"的优秀事迹进行了报道。

马丕宣说过:"我的家庭虽然并不富裕,然而,孩子们的不幸遭遇牵动着我的心。我会尽自己微薄的力量,奉献出自己满腔热忱,让那些遭受不幸的孩子感受到人间自有真情在!"

屈指算来,那些当年接受过马丕宣接济、帮助的孩子们,如今都该长大成人了。他们可曾记得那段艰辛岁月以及在那段岁月里马丕宣老师对自己的滴水之恩?他们能不能从马丕宣老师身上感受到"人间自有真情在",并让"乐善好施"成为自己的自觉行动?

在家人们的心目中,马丕宣是一个好儿子、好丈夫、好父亲。

妻子李素玲，1996年被评为全乡"十佳孝星"，1997年被评为全乡"十佳敬老模范"。马丕宣和妻子李素玲心心相印，尊老爱幼，曾作为史小桥乡"十佳孝星"到各村巡回演讲，成为全乡妇孺皆知的好榜样。夫妻俩被县文明委评为"丰县孝星"，被徐州市妇联等单位评为市"十佳模范好夫妻"。1998年，他的家庭被原史小桥乡政府评为"十星级文明户标兵"，被县文明委评为"十星级文明户"。

早年，马丕宣父母年迈，哥哥因病失去劳动能力，两个孩子在上小学，家里还有七亩责任田。妻子李素玲向来体弱多病，有一年她拖着虚弱的身体在玉米地里除草，因体力不支昏倒在地。马丕宣白天教书，晚上还得干农活，星期天、节假日好多时间要用来参加自学考试、各类培训，因为日常生活差、工作任务重，他的身体日渐瘦弱，最瘦的时候体重不到100斤。

母亲就医、妻子看病，都要花钱。培训学习、资助学生，全靠他和妻子微薄的工资。因为地种不好、管不好、收不好，他家37棵苹果树收的苹果没卖过钱，地里种的粮食除了全家口粮，也几乎没卖过钱。直到马丕宣离世前，他还欠债3000多元。这些债务，好多是先前借来资助困难学生的，他本想从自己以后的工资里慢慢偿还。

他捡过破烂，也在冬天编过草筐换钱贴补家用。邻居家有了机动三轮车，他家只有一辆平板车；别人家都有了新瓦房，他家老屋依旧。马丕宣牺牲前一年的夏季，他和妻子计划新盖两间东屋，由于家里缺钱，只是自己动手制作了几块水泥预制板，而房子一直未能动工。

直到牺牲时，他的家里仅有一台14英寸"凯歌"牌黑白电视机和一台老式收录机，这还是十多年前他和李素玲结婚时购置的。屋内除了一个自制的书架和满满的书籍，再没有一件像样的家具，甚至连洗衣机也没有。

马丕宣衣着十分简朴。他共有两套西服，一套是当年夫妻二人去徐州电视台领奖时，在同事一再劝说下狠狠心买下的，另一套是乡教办为全乡教师统一定做的，而他平时根本就舍不得穿。

在殡仪馆,美容师为英雄马丕宣换衣、整容时发现,他穿的一条旧毛线裤上补丁摞补丁,那还是新婚时妻子为他编织的,一件衬衣上破了三个洞,而脚上穿的袜子烂得几乎没有了后跟……

也许正是这种清苦贫寒的家庭生活、忠厚正直的家庭教育和淳朴善良的村风民俗,还有他自己对人生、对事业矢志不移的执着追求,潜移默化地锻造了马丕宣艰苦奋斗的精神和助人为乐的品格,使得他在千钧一发的关键时刻迸发出美好人性的灿烂光辉,以见义勇为的本能选择成就了舍身赴义的英雄壮举——

1999年3月25日,星期四。

天气阴沉。

这天一大早,在县教师进修学校参加培训的马丕宣匆匆赶回大堤口小学,因为他放心不下学校的工作:乡教办组织新广播操观摩,他要具体安排有关同志带队参加;因参加培训耽误的课程,他想抓紧补上;学校花园的围墙有几处坏了,前段时间他抽空修补了一些,今天想再挤点时间把它补完;还有一件最重要的事让他挂念在心,当天要在学校院内移植两棵雪松,师生安全问题马虎不得,他想亲自在场指挥。

安排好各项工作,马丕宣一边上课,一边等待吊车的到来。

要移栽到学校院内的那两棵雪松都很大,必须用吊车起重。按照原先的计划,为避开学生,吊车应在中午11时30分左右进场,但因故推迟到下午1时30分才进校施工。

此时,正值学生到校高峰,而吊车设在校园道路中央,路过的学生只能绕道而行。

马丕宣和史先坤、邱瑞斌、魏以兰、刘秋萍等几位老师,一面招呼过往的学生,一面协助施工。

下午2时30分,吊车固定完毕,开始作业。

哪知道,吊车起动、雪松刚刚被吊离地面时,突然东侧一根固定吊架的地锚被拔了起来,高高的大吊车失去重心,随即向西北方向倾倒。

这时，刚刚到校的该校四年级学生魏某某和幼儿班学生史某某正经过吊架倾倒的方向。在这千钧一发之际，站在吊车旁的马丕宣大喊一声："不好！快躲开！"

话音未落，只见他一个箭步冲上前去，两手奋力一拨，把两个学生分到身后。

大吊车轰然砸了下来。

两个孩子得救了。

马丕宣头部受到致命一击，倒在殷红的血泊中。

人们以最快的速度将已经昏迷的马丕宣送往县人民医院抢救。

因伤势过重，抢救无效，当日下午4时24分，英雄马丕宣的心脏停止了跳动……

1999年3月31日，马丕宣同志追悼会在丰县殡仪馆隆重举行。

"鞠躬尽瘁堪称教师楷模，舍生取义呵护祖国花朵。"人们以这样的挽联，寄托着对英雄的哀思。当地群众对英雄的敬仰、追思之情溢于言表——

村民马丕法泪流满面地说，马丕宣出事前不久，村里浇地，他家劳力少，浇麦有困难，马丕宣前来帮忙，整整熬了一个通宵。

邻居张乐讲起自己曾患急性阑尾炎，没钱医治，是马丕宣找人将他送到医院，借了钱为他交了住院费。

一位捡破烂的老人回忆，1991年暑假，他不小心被酒瓶扎破了脚脖子上的血管，鲜血直流，是素不相识的马丕宣拉来平板车将他送医，又想办法和他的家人取得了联系。

1988年劳动节，李大庄村委会组织全体教师去泰山旅游，正赶上下雨。旅游车下到中天门，发现少了两位女老师。当时，天色已晚，马丕宣顾不上天黑路滑，雨中又原路返回，一直爬到中天门索道口，等找到两位女老师赶上旅游车，已经是晚上9点多钟了……

好心的人们都说，马丕宣本来是可以免于这场灾难的。在吊车倾倒的一刹那，他完全有躲开的机会和时间，甚至只要他站着不动，也不至于被砸到头部。

人们无法知道英雄马丕宣在那读秒的时刻究竟想的是什么，也许当时他什么也没有想，也来不及去想，只是聚集心底的人间大爱，使英雄的光辉在那个特定时刻本能地迸发出来，自然而强烈地驱使他果断地将生的希望留给了别人……

是的，在采访中我常常想探究：在那些生死关头，我们的见义勇为英雄们究竟想了些什么？他们有过怎样的抉择？活着的英雄，尚可用记忆和语言复原当时的心境；而那些光荣献身的英雄却再也无法开口，他们当时的真实心境便成了永远的谜——壮举过后，人们的一切猜测和推断，都无法抵达那时那刻勇士们经历的心路。

见义勇为行为往往发生在"急、难、险、重"时刻，这就意味着：惊险是在瞬间来临的，没有任何先兆，令人始料不及；英雄是在瞬间产生的，没有思想准备，没有任何犹豫，一切就是那样自然而然地发生的。

一个又一个刻不容缓的时刻，一次又一次见义勇为的出手，一位又一位可歌可泣的英雄……他们，也许根本就来不及思考和抉择，事实上也不容他们权衡和取舍。

由此，我宁愿相信——生死关头的大义之举，应该是见义勇为者人性光辉的突然迸发；而散发其中的光和热，一定是他们日积月累的能量聚合。

见义勇为英雄马丕宣，从乡村校园走来，在人民心中永生！

丰县教育局号召全县师生学习马丕宣同志"关键时刻挺身而出的忘我精神，追求一流、精益求精的敬业精神，教书育人、热爱学生的园丁精神，大公无私、乐于助人的奉献精神"。

丰县县委、县政府决定在全县范围内开展向马丕宣同志学习的活动，并申报追认马丕宣同志为中共正式党员、革命烈士。

1999年10月12日,中共徐州市委作出决定,号召全市人民向马丕宣同志学习,弘扬时代精神,积极投身改革开放和社会主义现代化建设。

1999年11月15日,根据马丕宣生前事迹改编的大型舞台剧搬上舞台,共在全县巡回演出74场,许多观众被感动得热泪盈眶。

1999年底,马丕宣被列入丰县名人,他的名字与古代的刘邦、萧何,与近现代的李厚基、王敬久等当地名人排列在一起;他的事迹被收入1999年《江苏年鉴》。

2000年4月2日,江苏省人民政府追授马丕宣"江苏省见义勇为英雄"荣誉称号;同年9月21日,马丕宣当选为"徐州市第二届精神文明建设新人新事",受到表彰。

2017年5月,马丕宣的名字和当地其他见义勇为英烈一起被永久雕刻在徐州市见义勇为英烈纪念广场的石碑上……

难得烈士遗孀李素玲接受了我的采访,并提供了丰富的资料,从文学创作角度而言,我总觉得还缺点什么,但是又不忍再多问下去。

眼前的李素玲,衣着得体,面容朴素。偶尔抬头望我的时候送过来的那双眼神,就像一汪忧郁的深潭,掩饰不住心底的苍凉和悲伤。

重提丈夫生前往事,沉浸在回忆和思念中的李素玲一次次泣不成声。我无法为她做些什么,只能默默地递过纸巾,示意她擦去泪水。

我,读得懂她的眼泪。

英雄离去,最揪心的是他年轻的妻子。那一年,李素玲才32岁啊!

突然间,我的心头涌上一个个问号:他们是怎样恋爱结合的?在妻子眼里,生活中的马丕宣到底是一个怎样的人?她会怎样理解丈夫的大义之举?十八年了,她是怎样熬过来的?为什么至今还没有组建新的家庭?是什么动力让她为英雄已坚守十八年之久?现在的她过得好吗?她的孩子们如今怎么样?……

李素玲只是一个劲地抽泣,根本无法完整回答我的提问。此情此景竟让我心灵深处瞬间掠过一丝愧疚和自责:一个作家为了创作一部作品，面对面采访烈士遗孀，试图刨根问底再一次刺痛一颗柔弱的心灵，让她陷入回忆的悲伤，这是不是有点自私和残酷？

我的心，软软的。我轻轻地对她说："为了宣传我们的见义勇为模范，为了能记录一个真实可信的平民英雄，请原谅我的采访触痛了你的心。如果……如果可能，请你回去以后平心静气地写出来，说不定我能用到书里，让读者更加全面地了解英雄的人生和情感，让世人记住一个真实可敬的马丕宣，也以这样的方式让你永远保存对英雄丈夫的记忆，这样好吗？"

李素玲没有回答，只是轻轻地点了点头。

一个多月之后，我收到李素玲发来的邮件。于是，有了以下催人泪下的文字：

我是马丕宣的妻子李素玲。曾经，我也有一个温馨幸福的家。丈夫贴心贴肺，孩子聪明可爱，公婆慈爱善良。和我们同在一个屋檐下的丈夫的哥哥虽是智力障碍者但不惹是非。

回忆是痛苦的，有时候也觉得挺幸福。也许痛苦已经过去，也许正是那些曾经的幸福让我活到了今天。

1985年3月，我成为一名民办幼儿教师。第一天去学校，心里既兴奋又紧张。即将迈进校门的那一刻，丕宣从身后赶上了我，我们相视一笑，我猜想，他是这个学校的教师吧。

当时，他应该是看出了我的紧张，细心、和蔼地问我："到学校办事情还是找人？需要帮忙吗？"

就这样，他把我带进了李大庄小学幼儿园。

后来，我们幼师队伍整顿、考试，课余时间和丕宣有了更多的交流。我感觉他为人谦和，做事认真，热心细心。慢慢地，我们彼此有了好感，成了恋人。

三年恋爱，我们经历了很多。1988年12月，我们终于真正走到一起，组建了自己的小家。

生活中我深深感受到，我的丈夫是个好学上进、爱岗敬业、尊老爱幼、乐于助人的好人。

他总是忙碌。我理解他的工作认真、为人师表和对教书育人的执着追求。他曾对我说："我要让我的学生知道，马老师是怎样的一个老师，让他们成人后回想起来，为做我的学生而自豪。"

邻里有困难，他总是主动去帮忙；浇麦、耕地、打药、施肥，他总是尽全力热心相助；看到村边的道路、田埂坑坑洼洼、高低不平，他悄悄拿着工具去修路、筑埂，从来不声张。

1998年一个冬季的傍晚，丕宣在骑自行车回家的公路上遇到一辆因缺油抛锚的外地汽车。司机怯生生地请他帮助，他毫不犹豫地把自行车借给这位司机去加油站买汽油，而自己却在原地等了一个多小时。感激不尽的司机买油回来后塞给丕宣两包香烟，丕宣生气地说："你也太小看人了，帮助人要图好处，还算什么助人为乐？"

这位司机连声说："今天我交好运了，碰到了你这样一个好人。"

尽管家境不宽裕，但我们夫妻俩对老人尽心尽力，细致照顾，两位老人逢人就夸儿子、媳妇好；对智障的哥哥，我们悉心照料，从不嫌弃；每次改善生活，我们都是让老人、哥哥、孩子先吃好。

我们家是难得吃上一顿肉的。1999年农历二月初二，按民俗是"龙抬头"的日子，丕宣买回半只鸡。做好饭菜，他让我盛了一碗鸡汤给父母，又给哥哥和两个孩子各盛了半碗，他和我只是就着剩下的一点汤水，吃了两个馒头。这件事让串门的邻居看见传了出去，成为街谈巷议的美事。

1997年3月6日，是公婆二老结婚五十周年纪念日。丕宣和我精心设计了家庭宴会，我们和孩子共同给老人敬酒、夹菜，还献歌献舞。丕宣说："你们二老为我们操碎了心，以后我们会加倍报答父母的养育之恩！"

历经沧桑、不善言语的公婆，在笑得合不拢嘴的同时，也流出了幸福的泪水。

1993年，我因病在县城住院。丕宣白天在校忙工作，夜晚去医院照顾陪伴我，四十八个日日夜夜，每天骑着破旧的自行车往返奔波40多里路，风雨无阻，从未间断，而他没请过一天假，也没耽误一堂课。

丕宣一心扑在工作上，家务农活、养老育幼的事，大都落在我的肩上。望着我单薄的身体和日渐消瘦的面孔，他曾不止一次满怀内疚地对我说："素玲，我对不住你。家里穷，负担重，你跟着我没少受罪，我从心里感激你。若有来世，我们还做夫妻，让我好好报答你。"

他真不该说这样的话。没想到，这么早，我们夫妻竟然就真的阴阳相隔了……

丕宣十分疼爱我们的一对儿女。他每天再忙也要与儿子和女儿唠上几句，问问他们的学习情况，教育他们从小要尊敬师长、努力学习，不与同伴比吃穿，要与同学比成绩。看着儿女满墙的奖状，他乐呵呵地对我说："这是咱俩的财富，是金钱买不到的财富。"

出事前一天晚上，他教女儿背会一首唐诗。那是唐代边塞诗人卢纶的《塞下曲》：林暗草惊风，将军夜引弓，平明寻白羽，没在石棱中。

万万没有想到，这是一对父女之间最后一次的亲情交流……

1999年3月25日，我的丈夫马丕宣为了抢救两个孩子，丢下了我们，无声无息地走了……

从此，我的家失去了一个顶梁柱，我的心里没有了春天。看着年迈多病的公婆和丕宣那智障的哥哥，看着两个吓傻了的孩子，我真不知道该怎么过下去……

熬过了一个个艰难的日子，也得到政府、群众和各级见义勇为基金会诸多支持和帮助。我，活了下来！

想想丕宣的好，想想公婆老年丧子的痛，想想智障的哥哥还需要照顾，想想我和丕宣的孩子一个9岁、一个才7岁……

我不能倒下，我必须坚强！

我选择了站起来，担起全部的家庭重担。我想让丈夫含笑九泉，想让老人安享晚年，想替丕宣照顾好哥哥，想让我们的孩子开开心心。于是，眼泪流进肚内，微笑面对亲人。我在丈夫坟前发誓：我一定好好活下去，赡养好老人，照顾好哥哥，把我们的两个孩子抚养成人……

丈夫走了之后的第二年，公公患上脑血栓，住进丰县人民医院。当时正是假期，我带着两个孩子白天、晚上一刻不离地陪着老人。白天，两个孩子争着喂爷爷橘子，给爷爷唱歌，逗老人开心。晚上，我和孩子就睡在病床边的地板上。

半个多月的精心陪护，公公可以下地挪动了。他每次去厕所我都不放心，总要陪着进去看着，怕极度虚弱的他跌倒摔伤。记得第一次伺候公公小便，老人哭，我也哭。我说："您没有了二儿子，大儿子指望不上，孙子又这么小，您还有我呢……就当我是您的儿子吧……"

每当那样的时刻，我总会在心里对自己说，在病重的公公面前我已经不是女人了，他儿子能做的事，我应该也一定能做好的。

2006年，公公再次住院治疗，我女儿高一，儿子中考，那是没有了丕宣之后我们这个家最艰难的一段日子。

孩子中考，老师开家长会要求全力以赴做好后勤。可是，当时那种情况怎么顾得上孩子？我只好在家和医院之间来回奔波，利用白天照顾老人的空隙赶回家给儿子做饭，晚上狠心把两个孩子留在家里，我陪老人住在医院。焦头烂额的我，恨不得自己能分身有术……

公公临终前说啥都不愿意再治疗。弥留之际，老人已经不能说话，他吃力地在纸条上写道："不要打针，好不了了。"

我懂老人家的心，可我也心如刀绞，在公公面前放声大哭："您不能离开我们，这个家再没有您，我有事跟谁去商量啊……"

料理完公公的后事，我来不及喘息，照顾儿子迎接中考。后来，儿子和他姐姐一样考入丰县中学，且是"平价"就读。

公公走后，婆婆就更离不开我了。平时上班、照顾婆婆，我像个机器人一样高速运转。每次给婆婆洗头、洗脚，不善言谈的婆婆总是念叨："你对你的妈妈也没这样好啊！都是我让你累着了。"

我就笑着说："没事,我累不着的。"

2012年,婆婆病重。也是假期,女儿和我一刻也没离开她。临终,婆婆一再喊着我的名字。我懂得老人家想说的话,我对婆婆说:"您放心吧!咱的孩子都长大了,我也能把哥哥照顾好,相信我吧!"

婆婆走得很安详。我也一如既往地照料着智障哥哥的衣食住行,每次哥哥不能自控地发脾气,我就让着、哄着。2016年9月4日,可怜的哥哥也因病久治不愈而撒手人寰,享年76岁。他终身未娶,无儿无女,是我代表丕宣为他料理了后事,我和丕宣的一双儿女按照农村习俗为他们的大伯伯披麻戴孝,送上最后一程。

对于老人,我做了媳妇该做、能做的一切;对于哥哥,我做了一个弟媳能做和不能做的事情;对于孩子,我努力展现坚强、阳光的一面。

我知道我的丈夫在看着我。没有了丕宣,我就是他,我能感觉丕宣一直都在。把公婆和哥哥都送到丕宣那里的时候,我常常在心里念叨:"丕宣,我把老人和哥哥都交给你了,现在你可以来接我了……"

十八年,就这样走了过来。

我尽力了,给了公婆一些老有所依的安慰。

我尽力了,给了哥哥一个知疼知热的依靠。

我尽力了,给了孩子们一个阳光、健康的妈妈。

我的丕宣是因见义勇为而牺牲的英雄,我也算为我的丈夫见义勇为了……

我们的两个孩子那么可爱,那么懂事。我有一个坚定的信念:孩子们没有了爸爸,我不能再让他们失去妈妈。一切为了孩子,是支撑我活着的重要动力。

当年,孩子年龄小,爸爸的突然离开把孩子们吓傻了,也许更害怕有一天妈妈再不见了。所以,敏感的女儿上课时会偷偷流泪,细心的老师找到我,说不管怎样不要耽误孩子。我突然想到我姐姐曾经说起过,给孩子们转学去丰县县城,女儿会不会是害怕妈妈以转学为名,丢下她和弟弟?

那天放学后,我把孩子们叫到面前:今天妈妈把你们当作大孩子,我们开个家庭会。你们姐弟上大学、结婚之前,妈妈绝对不会离开你们,也不会丢下爷爷、奶奶和大伯。因为妈妈在爸爸那里发过誓,一定要照顾好他们,一定陪你们好好长大。相信妈妈……

就这样,两个孩子没有了心理负担。他们都很努力,先后以优异成绩考入丰县中学。

我很满足、很骄傲,两个孩子成绩都这么优秀。后来,女儿考入南通大学工商管理专业,儿子考入淮海工学院土木工程专业。

懂事的女儿,在大学期间从没问我要过一分钱生活费。她的学费靠助学贷款,假期里,女儿就去打工,挣钱零用。

女儿开学的时候,我曾偷偷地把1000元钱塞到她的背包里,春节回家时女儿却给了我一张2000元的存折。懂事的女儿告诉我:"妈妈,只要肯吃苦,在外面挣钱也不难的。你不要担心我,我只在我们学校的餐厅干活……"

想到这些,我就觉得亏欠我的孩子们太多,因为我的家太难了,老人生病要用钱,哥哥服药要用钱。孩子们到了高中,因为不是义务教育,还要交学费……

到儿子去读大学,也是一样。儿子说:"姐姐是女孩,妈妈别让她太辛苦了。我可以的,我已经是男子汉了。"

儿子读大学期间也是自己解决生活费,很有信心的儿子还宽慰我:"妈妈,其实我们在学校真的不苦。我也看不惯有些同学大把大把地花父母的钱,勤工俭学的同学都会有出息的。"

后来,女儿通过校园招聘到了南京苏宁云商集团股份有限公司工作,当年被评为优秀员工,继而升职为培训部副部长兼党务干事。儿子大学毕业后一边上班,一边复习考硕士研究生。

我为我的丈夫骄傲,也为我们的孩子骄傲。痛苦的日子里,我曾无数次祈求丕宣在天有灵,庇护我们的孩子平安幸福,所有的苦和累都由我来承受。如今，看到两个孩子这么努力、勤奋、自强、自立，我真的感到欣慰，因为我没有耽误他们，我没有拿着烈士证书去给政府、领导添麻烦，孩子们也是凭着自己的努力在拼搏。

我知道，我并不坚强。自从丈夫走了之后，我心里没有过一刻踏实、安宁的时候，整天提心吊胆地生活。每天想的是，我的老人、哥哥和孩子千万要健康、开心，只要他们平安快乐，我怎样都不重要，我怎么都能忍受。

这不是唱高调，是我必须这么做……

随着岁月的流逝，孩子们长大成人了，我也萌生过重新组建家庭的念头。几年前，有同事帮我介绍了一位同行，他妻子病逝，两个孩子也已成家，相识后感觉他的为人还不错。我表示，如果选择你，原因有两个：一是我们同行，相信你的素质可以；二是你家姐姐病故，将来我死后还可以回到丕宣身边。

相处一段时间后，他到我家来看过一次，说我走不出过去的回忆，家里竟然还放着丕宣的照片，他还说将来的事将来再说……

就这样，我放弃了。我在心里想过，曾经丈夫那样懂我爱我，如今也想找个懂我疼我的人，可是真的很难。所以，无奈的时候我就对丕宣说，做你马丕宣的妻子，我李素玲一生无悔。丕宣，等着我……今生的缘分让我们仅仅牵手十一年，期盼来世吧！但愿来生与你再相聚，相伴到白头……

在这个人世间，我们都是普通人，都是有血有情的人，只是境遇不同、经历不同罢了，我倒希望平平淡淡生活呢！有时，我也惊奇自己是怎么过来的。

好在我活过来了！

一路走来，好心人很多。大家的一句话、一个暖心的帮助，都是我活着的理由和力量。好多事我写不出来，好多话我说不出口，只有不争气的眼泪溢满我的心田。

对,我的心田!在我的心田里,总算可以把我的丈夫马丕宣放在一个我认为他会喜欢的地方……

现在,我们的家重新走到了阳光地带,孩子们都已经自立自强,经济上我们虽然还不宽裕,但是有我和孩子们的共同努力,我相信我们家的生活会一天天好起来。

对于我的将来,顺其自然吧。如果能有一个人陪我度过后半生,那么我会是一个重拾幸福的女人。如果找不到"家",我就守着自己曾经的幸福,一个人慢慢变老,直到有一天丕宣来接我。

只求丕宣别忘了我……

读罢这封邮件,一股强烈的情感冲击波向我袭来。

我的心灵为之震撼。

我能感觉到,烈士马丕宣的英灵在李素玲笔下的字里行间游走。一个普通女人的情感世界展露无遗,一位烈士遗孀的酸甜苦辣跃然纸上,一种令人崇敬的深明大义力透纸背……

痛失丈夫的李素玲,原来就是这样替烈士尽孝,为英雄守候!她的苦难和煎熬,她的辛劳和付出,她十八年的忍受、十八年的坚守,何尝不是另一种形式的见义勇为!

见义勇为英烈的遗属,同样值得尊敬!

朱士领

新时代的"欧阳海"

一辆脚刹失灵的货车,撞向一群过马路的小学生。生死攸关时刻,欧阳海式的英雄朱士领如离弦之箭般冲了过去……

朱士领

那是一个火红的年代。

雨后春笋般涌现的人民英雄，以无比豪迈的英雄情怀，鼓荡起建设新中国的徐徐春风，吹遍欣欣向荣的神州大地。

1963年11月8日。

一辆满载旅客的列车在急速行驶，一匹驮着炮架的受惊军马窜上铁路。就在火车与军马即将相撞的千钧一发之际，一个矫健的身影跃上铁路，奋力把军马推出铁轨。眼看就要发生的列车脱轨事故避免了，列车上数百名乘客的生命保住了，而这位战士却为此献出了年轻的生命。

他的生命似流星，瞬间陨落。但是，伟大的战士欧阳海英勇谱就的壮丽颂歌，至今脍炙人口，吟唱不绝。

时光的隧道，穿越时代的记忆。

岁月的脚步，踏过匆匆的流年。

2010年9月17日，下午。

一辆脚刹失灵的货车，像脱缰的野马，撞向一群过马路的小学生，眼看一场多人伤亡的流血惨剧即将发生。生死攸关的时刻，一个瘦弱的身影如离弦之箭般冲了过去。随着一声"快闪开"的大吼，五名学生被推离车头，而这位舍身救人的勇士却被碾伤在车身下……

中央电视台第七频道在播出这则新闻时，直接采用现场监控录像的镜头，将这一壮烈场面真实呈现给全国观众。自此，人们牢牢记下了这位英雄的名字——朱士领。

人们称赞他——"当代欧阳海"。

初秋的空气里，弥漫着杨树叶散发出来的阵阵清香。

宿迁市泗阳县众兴镇大兴社区的公路上，来往的车辆川流不息。

2010年9月17日下午5时30分，朱士领像往常一样协助老师护送小学生们过马路。时年43岁的他，是泗阳县保安公司派驻大兴小学的保安队员。安全护送学生离校，是他每个工作日里都在做的事。

那天，是朱士领儿子10岁生日。朱士领心想等送学生过了马路，就去给儿子买个大蛋糕。心里这样盘算着，他仿佛看到儿子欢天喜地的小脸。

泗阳是"中国杨树之乡"，而众兴镇正是最适合杨树生长的地方。日益发达的"杨树经济"潜移默化地陶冶着乡村的精神文明，作为苏北革命老区，这里民风淳朴。因此，每次小学生过马路，路上的车辆都会自觉停下来等待。这一次，也不例外。

每一次都是安然通过马路，老师和学生们都习以为常。

然而，就在这天下午这个时刻，祸从天降。

大兴小学二年级五名小学生正穿越斑马线之际，一辆刹车失灵的箱式货车，自西向东从已经停止的一辆汽车左边超车而出，极速撞了过来。

事发突然，所有人都没有反应过来。车头前，几名小学生霎时惊呆了，竟然忘记了躲闪。

就在人们惊愕之时，紧随学生们身后的朱士领，迎着车头冲了上去。"闪开！"他大喊一声，张开双臂，奋力将几名学生从车头前推离险境。

五个孩子得救了。

朱士领被货车撞倒在地，随即被卷入车身下，被拖出十几米远。朱士领事后说："当时感到一阵眩晕和麻木，恍恍惚惚地意识到：我完了……"

失控的货车终于拼尽全力停了下来。浑身是血的朱士领已经昏迷不醒。人们围拢上来，呼唤着倒在血泊中的英雄。朱士领竟然有了瞬间的知觉，他断断续续地问了一句："孩子们……怎么样……"就又昏了过去。

车身下的一大摊鲜血在扩散着。肇事车驾驶员赵某某呆若木鸡地站在一旁手足无措。目睹惨状的大兴小学一位女教师急得眼泪哗哗往下淌，在现场的几名小学生吓得放声大哭，大声喊着："叔叔，你快醒来呀！快醒来呀！……"

医院急救室。用剪刀剪开被浓浓血迹粘连在皮肉上的保安服,见惯了重伤者的急救医生还是被惊呆了。经泗阳县人民医院检查,朱士领全身多处受伤:锁骨、左腿骨骨折,臀部髋骨粉碎性骨折,肋骨左三右二断裂,左肩明显错位。

生命垂危!

急救手术!!

三次输血!!!

医生们和朱士领一起,与死亡抗争。

等朱士领苏醒过来,已经是十二天之后。

据朱士领回忆,在昏迷的那些天里,他好像做了许多的梦,恍恍惚惚中觉得身体轻飘飘的……终于脱离生命危险醒来的那一刻,在别人递上来的一块硬纸板上,他吃力地写下:"谢谢!孩子们怎么样?"

朱士领告诉我,这是他死而复生、回到人间最先想问的一句话。当得知那几名学生都好好的,他也就放心了,脸上露出欣慰的笑容。

2010年9月30日,朱士领由重症监护室转入骨科普通病房。

三个月以后,朱士领出院了。因为左腿打进了两块钢板,回到家里的朱士领又忍痛在吊架上吊了一个多月。

2011年4月,经过长时间精心治疗和护理,尽管腿骨还没有完全长好,但挂着拐杖的朱士领,终于可以站起来了。

锻炼!使劲地锻炼!

起先挂着双拐,后来只用一根拐杖。

一开始,一步、两步,后来,一米、两米,再后来就丢开了拐杖,朱士领终于可以挪着双脚勉强地走路……

在抢救英雄生命的过程中,泗阳县公安民警、县教育系统教职员工、大兴小学师生及社会各界人士,纷纷为朱士领捐款。省、市、县各级党政机关、公安机关、教育部门、见义勇为组织等主要领导都对朱士领表示了极大关心,先后到医院看望,送去慰问金,并要求不惜一切代价抢救英雄生命,照顾英雄家庭,不仅解决了朱士领抢救和住院期间的全部医疗费用,还帮助其家庭解决了生活上的一些实际困难。与此同时,相关部门及组织通过积极申报,对英雄实施了褒奖。

朱士领舍身救人的英雄事迹,在社会上引起强烈反响。国家级、省级多家新闻媒体记者纷纷赶赴泗阳县,对他的事迹进行采访报道。中央电视台派出摄制组,实地采访拍摄,以最快的速度向全国观众再现了朱士领舍身救学生的感人画面。朱士领的英勇事迹很快传遍大江南北,其高尚的见义勇为精神受到社会各界的崇敬。众多网友纷纷发帖,表达对英雄的敬仰之情。

熟悉朱士领的人们,交口称赞他"好样的"。在大家的印象里,朱士领本来就是个善人、好人。他和蔼、敦厚,从不与人红脸,做事兢兢业业。人们说,在关键时刻,他能做出那样的举动,一点也不奇怪:

泗阳县保安公司保安队长董超:朱士领善良朴实,在保安公司工作多年,一直认真负责。他把学生当成自己的孩子,下雨天遇到没带伞的学生,他总是一手打着伞,一手把学生抱到教室。

大兴小学校长王乃聪:朱士领到大兴小学工作后,工作勤勤恳恳,任劳任怨,学校领导和师生都十分喜欢这个不爱讲话但乐于助人的保安队员。他家拆迁,准备建新房,原来打算本学期开学时辞去保安工作,但是因为他工作表现突出,我们多次挽留,他才答应留下来继续工作。没想到,他是那么勇敢!

朱为国老师:敬业精神是人们基于对一件事情、一种职业的热爱而产生的一种全身心投入的精神。朱士领就是一个全身心投入工作的人。他虽然是一名普通的保安队员,但是他爱岗敬业,一丝不苟。从朱士领身上,我学到了敬业精神。作为普通人,我们只要立足本职工作,干好自己该干的事情,把每天平凡而重复的工作做好,那就是不简单。

房丽云老师：保安工作是平凡的，但朱士岭用血肉之躯，为学生牢牢把守住生命之门……

当时，朱士领伤势很重，生命垂危，妻子张月香和女儿很快赶到医院，女儿当场失声痛哭。深明大义的张月香强忍悲痛，轻抚女儿的后背，她对前来慰问的学校领导和老师说："朱士领救人是应该的，能不能活过来就看他自己吧！"

朴实的话语，令在场的人无不动容。

作为妻子，张月香永远忘不了丈夫死而复生的情形。她说："我丈夫当时伤得太重，需要长久的康复治疗。现在已经有了明显好转，尽管留下了终身残疾，但是他的命保住了，这比什么都强，我们全家都很庆幸。他救人的那件事，做得是对的，也是他一贯的品格。"

朝夕相伴的妻子，最能理解丈夫的英雄行为。张月香清楚地记得，朱士领当年在工厂上班时，就和一位叫李胜军的工友，在路边救过一个满脸是血的人。那个人喝多了酒，走路时撞到树上，头破血流。当时，很多人围观，但没有人伸手帮忙，是朱士领和李胜军及时把那个人送到医院救治的。事后，他们还买了当年算是贵重礼物的"蜂王浆"去看望过那个人。

在妻子眼里，朱士领是一个很温和、脾气好、心肠热的好男人。作为员工，他工作认真，无论做什么事都一心一意。作为伴侣，他是知疼知热的好丈夫，结婚二十多年，夫妻俩一直恩爱如初。作为父亲，他也尽己所能。孩子们住校念书，每周五下午，朱士领都要抽空去接他们回家。他说孩子早点见到爸爸会很高兴，在回家路上还可以和他们沟通交流。而回到家，他总要和孩子下盘棋，聊聊天，想法子让孩子们高兴。

那次，儿子10岁生日是在惊险中度过的。朱士领在那天的英勇壮举，是一位父亲送给儿子最好的生日礼物，那是关于生命正能量最好的传承。

目前，朱士领一家住在泗阳县众兴镇严集居委会九组94号。

妻子张月香以前一直在家务农，后来经泗洪县工会主要负责人出面与县教育局协调，特意安排在大兴小学做后勤工作，以便照顾朱士领的日常生活和康复治疗。

大女儿就读于泗阳进修学校幼师班，二女儿上了卫校，儿子在志远私立中学读高中。

朱士领在家养病之余，参加了泗阳"春晖爱心团队"，经常和团队的爱心人士一起开展公益活动。他们的团队致力于爱心宣传，办"道德讲座"，为有困难的人或危急病人募捐，做了很多好事。他本人也几次捐款，少则几百，多则上千。雅安地震时，他同样捐了款；他还为宿迁市关庙小学捐赠图书近100本。

采访中，朱士领和我有一番推心置腹的交谈。

他说自己是死过一回的人了。事后，有人曾告诉他，在医院的数天抢救中，他一直昏迷不醒，认真负责的医生们什么医学高招都用上了却仍不见成效，无奈中几乎要放弃治疗，是一位姓胡的麻醉师还不死心地上前摸摸他，说还没有死透，可能还有救。于是，"死马当作活马医"地再行吸痰术，终于打通了呼吸通道……

不幸中的万幸！

也许命不该绝，见义勇为身负重伤的朱士领最终苏醒过来了。不过，一切善良的人们心里都很清楚：见义勇为行为，生死本无定数。在突如其来的生命抉择中，当无法回避地站在生与死的临界点，是畏缩不前还是义无反顾？说到底，权衡的是人心、人性，考量的是仁义、道义，需要的是热忱、热血！

朱士领说："车轮底下救学生，既是我的工作职责，也是我做人做事的必然选择。治病救人的医生们，以高超的医术夺回了我的生命。许多单位和各界人士为我爱心捐款，地方政府也拿出许多钱抢救我，社会为我的死而复生付出了那么多，并给了我莫大荣誉。直到现在，我虽然不能再去上班，但我当保安的时候每个月900元的工资，我所在单位仍按月照发；我的康复治疗费用也都由政府出钱……所有这些，都是我朱士领用尽此生也报答不尽的。我50岁出头了，说老也不算老。大事我是做不了了，只能多做点善事，奉献爱心，回报社会……"

这，就是一位见义勇为英雄的朴素情怀！

朱士领先后被授予"泗阳县首届道德模范""宿迁市十大杰出青年""感动宿迁十大人物""江苏省劳动模范""感动江苏教育十大人物""江苏省见义勇为先进分子""全国见义勇为英雄""全国十大优秀保安员"等荣誉称号，荣登"江苏好青年百人榜"和"中国好人榜"，荣获"全国五一劳动奖章"。

壮哉！欧阳海式的英雄——朱士领！

王祖修

舍己救人老道工

一列火车风驰电掣而来,一老一少正穿行在铁路道口。生死刹那间,61岁的道口值班员王祖修,拼命将两人推出险境……

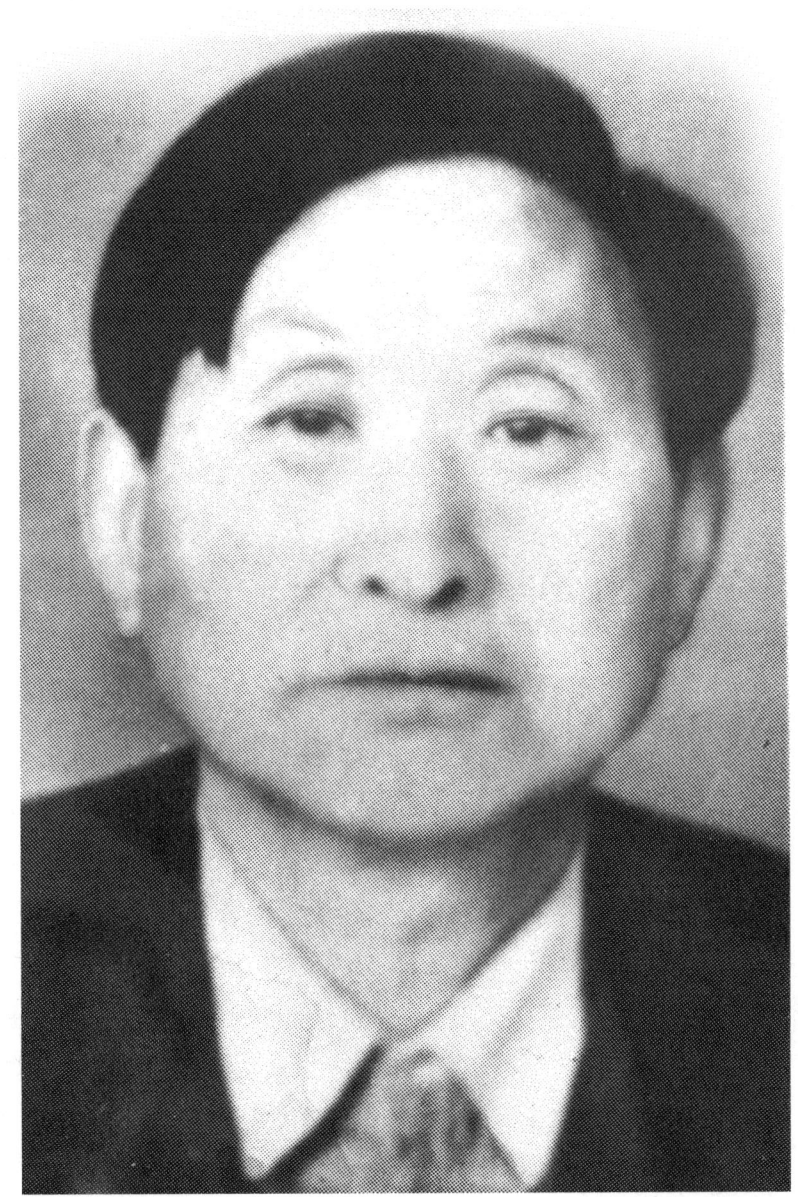

王祖修生前照

我在查阅资料的时候发现,最早报道这则新闻的是《镇江日报》的两位记者。为此,我遐想,如果不是那两位记者在新闻敏感性驱使之下的奔跑劳碌,也许本文主人公的英雄事迹至今还湮没在民间的口口相传之中。

宣传见义勇为,记者和媒体功不可没。我们应该向辛勤劳作的媒体人致敬!

那天,临近中午时分。

正在进行采访的《镇江日报》记者习斌接到同行贾又敏的电话:"句容东河道口,一位老道工为了挽救正在通过铁轨的祖孙俩的生命,壮烈献身了……"

有个叫吴之如的乘客就坐在这趟列车上,是他用手机向熟识的贾又敏报的"料"。

没有丝毫的耽搁,习斌第一时间与贾又敏会合,拦了一辆出租车,直奔句容市宝华乡东河村那位老道工家中。

这里已经围满了人。村民们你一言、我一语,向记者讲述起老道工救人牺牲的经过,习斌和贾又敏的眼眶湿润了……

第二天,《镇江日报》头版头条率先刊出新闻:老道工舍己救人英勇献身!

稿件见报当天,习斌和贾又敏再次赶到东河村,深入村民当中,挖掘英雄生前那些看似寻常却感人至深的故事:原来,生活中的老道工一生用良心处事、用爱心为人;他工作任劳任怨,从不计较个人得失;关键时刻,他总是先想着他人……

采访本翻过一页又一页,积累的素材越来越多,英雄的形象在两位媒体人心中越发高大。

次日,《镇江日报》头版头条再度刊出他们采写的长篇人物通讯。很快,救人献身的老道工的名字传遍古城镇江,飞越长江两岸。全国多家报纸先后刊载了这位救人英雄的事迹。

王祖修,1938年12月生,中共党员,高中文化,曾在生他养他的东河村做了二十年会计,后来到沪宁铁路上当了一名道口监护员。

贯穿句容市境内的长长铁路线,是连接沪宁的黄金大动脉。王祖修值守的是句容宝华段东河铁路道口。

1999年12月12日,上午10时许。

从南京西站开往上海的游215次列车,风驰电掣地向东河道口驶来。正在当班的王祖修做好了一切道口监护准备。

突然,王祖修发现正前方有一位老人和一名儿童正在穿行道口,两人浑然不知死神即将降临。

他拼命地吹响哨子,想警示穿越道口的老幼两人。

可是,对方没有反应!

就在列车头前的"大铲"将要"铲"起两人的刹那间,王祖修飞步冲了过去,拼命将两人推出铁轨。

这一切都进入了火车司机的视线,并且司机也已经采取紧急刹车措施,但是来不及了,火车仍以巨大的惯性,一下子将王祖修撞出10多米远。

列车停下了。一位老人和一名儿童绝处逢生,救人英雄却壮烈牺牲了。

王祖修就这样匆匆地走了……

英雄王祖修先后被追授为"句容市优秀共产党员""镇江市见义勇为先进个人""江苏省见义勇为英雄""全国见义勇为先进分子",并被江苏省人民政府追认为革命烈士。2000年,他的生平事迹被收入《镇江年鉴》。

英雄,是特殊材料制成的人,是用在刀刃的一块好钢。这样的好钢,定是经过日常生活大熔炉千锤百炼而铸成的。

东河道口,一列列火车排山倒海般掠身而过,释放出来的一股股强大气流吹得人摇摇欲坠,胆战心惊。就是在这样的工作环境中,王祖修曾多次将生死置之度外,抢险救人——

1995年5月的一天,一个江宁籍的男孩在过东河道口时,不知道什么缘故,看到飞驰而来的火车不但不躲,反而直愣愣地站在道口中央。读秒时刻,正当班的王祖修奋不顾身冲了上去。他刚把那个男孩抱离铁轨,火车就飞驰而过。

1998年7月的一天,东河村村民宋景(化名)开着满载预制板的拖拉机通过东河道口时,拖拉机前轴突然断裂,载重的机身动弹不得。而此时,铁道上行线、下行线都隐约传来隆隆的火车声,宋景慌得没了主意。当班的王祖修见此情景,不顾自己年老体弱,拼命拉过带着铁核的防护旗,一面向火车发出危险信号,一面沿着铁轨奔跑,脱下上衣,用力地甩动。幸亏铁轨两头的两名火车司机都及时发现了信号,立马采取紧急刹车措施,在离道口不到20米远的地方,两列火车几乎同时戛然而止。一起恶性交通事故避免了,可王祖修的大腿却被防护旗铁质底座划得鲜血淋漓……

时隔十八年了。

通往东河村的乡间小道旁,生命的绿色在脚下延伸。

当年,王祖修用生命救下的一老一少,也是东河村人。那位老人是时年88岁高龄的宋荣真(化名)老太太,如今已经作古;那名儿童是她年仅4岁的重侄孙女温静(化名),如今已经是20多岁的人了。读初中时,温静将王祖修写进了命题作文《印象最深的人》里,写的就是王爷爷怎样给了她第二次生命的动人故事。她说,当年的那一幕她记忆犹新。那危急时刻,她听到了王爷爷吹起的哨子声,可她拉不动耳背的曾祖母……

十八年光阴过去了,王祖修用生命与列车赛跑的那个东河道口已经成为历史。如今,道口已变成涵洞,行人可以轻松、安全地进出东河村。唯一不变的是,东河村依然枕着铁路发展,善良的人们依然记着这位将瞬间壮举定格为永恒的见义勇为英雄——王祖修!

乔兆宏

越是危险越向前

残存有毒气的油罐车内,已有两人相继昏倒,乔兆宏跳进去救出了别人,却奉献出了自己宝贵的生命……

乔兆宏生前照

人生有很多偶然，说不定哪个拐弯处，便与生命攸关。我的采访本上记录了很多这样的见义勇为故事：

一个小孩不慎掉到深井里，时年60岁的村民陈立银硬是用手撑着井壁，挪到井下七八米处，在众人协助下将孩子救了上来，而自己差一点回不到井上。

农民吕国军，不顾脏和臭，跳进粪坑将一名奄奄一息的小孩打捞上来，保住了一个幼小的生命。

2013年6月1日上午8时，工人刘刚（化名）在疏通下水道时中毒，倒在了窨井中。下去营救的工友毕君（化名），也中毒晕倒在刘刚身边。陈为（化名）系好绳子跳下窨井救人，意料之外的是绳子突然断了，陈为也晕倒在窨井中。在附近做绿化的务工人员、时年47岁的徐得华听到有人呼救，急匆匆跑过来，他看到三个人交叠着躺在窨井下一动不动，便问周围的人："为什么不下去救人呀？"人们告诉他，之前有两个小伙子下去救人，已经晕倒在下面，如果再下去恐怕还是要中毒的。徐得华说："再不下去救，这三个人就都没了呀！"他不顾人们劝阻，找来两根绳子，一根系在自己身上，一根拿在手上，跟边上人说："我下去救人，听我喊你们就往上拉。"他下到窨井里，调整呼吸，将下面的人用绳子系好，叫上面的人一个个地往上拉。在众人帮助下，他最后一个回到地面。经抢救，刘刚、毕君、陈为三人全部苏醒，脱离了生命危险……

越是危险越向前。可以想象，如果不是见义勇为者英勇相救，上面提到的那掉进深井里和粪坑里的两个孩子，那被毒气闷倒在窨井下的三个工友……他们，将面临怎样的噩运？

人命关天！一个见义勇为的行为，足以让受到死神威胁的人重获新生。然而，奋勇救人者同样也要经受生与死的考验。例如，上面提到的徐得华和下文将要说到的乔兆宏，同样是舍己救人的勇士，徐得华是幸运的，他勇敢地救出了闷倒在窨井下的三位工友，自己也无大碍；英雄乔兆宏的见义勇为行为与徐得华英勇救人的经过极其相似，但是，乔兆宏从残存有毒气的油罐车里救出了别人，自己却再也没有回到人间。

乔兆宏，1975年2月4日出生，家住江苏省兴化市陈堡镇向沟村五组。24岁从部队退伍回乡后，他先是从事个体运输，后来成为客运班车驾驶员，2010年被泰州市某公司聘请为危险品运输车驾驶员。对待这份特殊工作，乔兆宏非常细心谨慎，从未出过差错。

2012年2月8日上午9时许，乔兆宏把油罐车开到兴化市周庄镇盛兴汽车修理厂，例行检修保养。油罐车专业清洗工老束，干这一行已经有十几年了，但乔兆宏仍不放心，还是陪着他上了油罐车顶。

不料，不大一会儿，老束突然在油罐车内倒下了。原来，油罐车内残存有氯化氰，致使老束氰中毒。

乔兆宏赶紧喊来修理厂老板潘金（化名），说："老束在下面可能出事了。你准备在上面拉，我下去看看。"

潘金拦着说："我穿的工作服，我下去弄他，你在上头接吧。"于是，潘金顺着梯子猫腰下到老束身边，想将他扶起来，可老束的身体根本不听使唤。

潘金使劲将老束挪到罐口下方。可是万万没有想到，他刚想透口气，只觉一股刺激性气味扑鼻而来，潘金也失去了知觉，昏倒在油罐车内。乔兆宏一看苗头不对，大喊："救命！"

其他维修人员赶紧围了上来，有人报了警。看着倒在油罐车里的两个人，大家束手无策，只能干着急。

"不行，不能再等了。我下去，你在洞口接。"乔兆宏一边对油罐车押运员姜小雨说，一边直接从油罐车顶的洞口跳了进去。

姜小雨伏在洞口，看见乔兆宏一个大跨步冲到潘金跟前，抱着他站起来。后来，姜小雨回忆说，潘金一米七几的个头，一百大几十斤的体重,乔兆宏硬是一厘米一厘米地把他从洞口托举起来。

姜小雨和另一个工人一起努力,将潘金拉了上来。姜小雨探头再看,乔兆宏跟跟跄跄地向老束身边挪去,还想去拉老束,但他刚到老束身旁,就一头栽倒了。

民警赶到后,乔兆宏和老束一同被救出油罐车。潘金和老束经抢救脱险,乔兆宏却再也没能醒过来。

医生说,最后晕倒的乔兆宏中毒最深。因为他在救人时耗费了大量体力,并吸进了大量毒气,才导致无法生还。

关键时刻,托举别人让他人获得重生,乔兆宏的生命却永远定格在38岁。

泰州市、江苏省以及国家授予的一系列见义勇为崇高荣誉,是乔兆宏拿命换来的啊!

英雄,壮烈离去。把时年39岁的妻子、13岁的女儿,无依无靠地留在老家向沟村,留在空落落的三间低矮平房里。唯一的那张全家福,成了亲人们的绝版记忆。

盛夏的一个中午,在泰州市见义勇为基金会金冬林主任的陪同下,我在泰州市海陵区新塘小区见到了英雄遗孀朱秀花及女儿乔颖。

朱秀花在此陪伴女儿上学,临时租住的一间小房子在一幢两层楼的二楼。这间房子是楼上后面的一间,前面带走廊的一间被别人租住,也就是说,这里不能走正常楼梯上下楼,只好靠另外架设的铁架楼梯出行。

铁架楼梯的台阶是用铁皮焊接的,从下向上望去,很陡。我特意数了数,铁皮台阶共有17级,经常走人的台阶表面已经被踩得油光发亮。

月租金550元、只有十几平方米的一间小房子,被隔成两部分。里间只够放一张床,供母女俩平时居住;外间除去厨房、厕所,只剩下转身的空间。她们和我就坐在床沿攀谈起来,而我只能把采访本垫在自己的膝盖上记录她们的心声。

从朱秀花口中我得知,乔兆宏上面有个哥哥,在老家。父亲乔茂胜、母亲马来珍,都是60多岁。老家的三间老屋,除一间主屋,公婆住一间,另一间用于朱秀花母女回去时居住。80多岁的祖婆婆则住在一个临时搭起的小棚子里。

老家有五亩地,每年种些麦子和水稻养家糊口。公婆身体不怎么好,基本不能做重活。公公因为重病开过刀,最近又发病了。就在我采访的当天,朱秀花母女已经收拾好行李,正准备回去看望老人。

说起丈夫牺牲之后家庭经历的艰难,朱秀花禁不住眼泪汪汪。

她说,最揪心的是自己患病的时候,总是邻居帮忙送医院。这样的情况有好多次。

最累人的一次是从老家搬到租住地。望着那么陡的楼梯,力不从心的她只能搬搬歇歇,歇一会儿再搬,硬是自己一个人把零零碎碎的家当弄上了楼。

最难受的事情是换煤气的时候,要把沉重的煤气罐从楼下弄到楼上。每次从很陡的临时楼梯往上扛的时候,她的心都在流血:丈夫要是还在,该有多好啊……

朱秀花说,乔兆宏是个好丈夫,特别会疼人,只要不出车,什么家务他都抢着做。结婚十三年来,他们从没红过一次脸,从没吵过一次架。他走了之后,现在家中的大事小事只能由她一个人扛。有一天夜里,女儿想爸爸,母女抱在一起哭了半夜……

家里的情况很困难,朱秀花从老家电子厂拿了一些活儿在家做,每个月收入只有1000元左右。多亏兴化和泰州市见义勇为基金会给予了无微不至的关心和实实在在的帮助,不仅在经济上给予支持,还多方联系、协调,一直对英雄的女儿乔颖的学业给予关怀和支持。

2018年,乔颖被辽宁对外经贸大学录取,入学前,兴化和泰州市见义勇为基金会又分别对其进行了慰问并送去了慰问金。

缪小福

双臂接住跳楼女

一名女子跳楼轻生,危急时刻,时年65岁的缪小福张开双臂将其接住。跳楼女得救了,见义勇为的他却被撞伤了……

缪小福

一只讨饭篮子,一个讨饭碗,是缪小福收藏至今的两件"宝贝"。拿出来给我看的时候,未及说话,他已经老泪汪汪:"我小时候苦啊,太苦了……"

是的,小时候,缪小福很苦,苦如黄连。我知道,那两件"宝贝"是他人生的一个重要符号,也深藏着他痛苦的童年记忆。

缪小福,1947年12月28日出生于江苏省原溧阳县绸缪乡缪家村。7岁时父亲过世,寡母无力抚养五个孩子,无奈之下带着他最小的妹妹改嫁,剩下的哥哥、姐姐、另一个妹妹和他,全都被人领养。

他先是被临县一户钟姓人家收养。不到两年,一场大火把钟家烧得精光,后来他又被一位陈姓孤寡老人收留。20世纪50年代连年饥荒,陈姓老人家也养不活他了,1959年他回到老家缪家村,12岁的他住在一处破墙匡里,靠讨饭度命。

吃饱都成问题,缪小福却坚持了一件事——学习。他上不起学,就经常去学校外面"旁听"。学生们放学了,他主动进教室打扫卫生,捡起人家用剩下的铅笔芯,自己拿回来写字。他还剪下羊毛插在竹竿里当毛笔用,用锅底灰兑水做墨,用来练习写字。说到这儿,缪小福拿出一首题为《赞草鞋》的诗给我看,他不无得意地说:"怎么样?不错吧!我自己写的,你看还押韵吧?"我一看,满满一张纸,整整三十八行,读来朗朗上口,诗意十足,很有韵味。

后来,在村集体和好心人的帮助下,他在原先的老宅废墟上搭起了三间草房,从此有了固定的家。1963年,被人家抱养的哥哥也回到了他的身边。

在苦水中泡大的缪小福,1964年参军来到江苏省独立十一师二团一营三连，开始了他新的人生。缪小福积极要求进步，在部队这所大学堂里锤炼自己，他相继被评为"五好战士"、特等射手、技术能手，并担任副班长。

1969年3月，缪小福光荣退伍，回乡参加生产劳动。经姐夫介绍，他与别桥镇西浦大队时任大队妇女主任骆凤清成了亲。骆家就这么一个女儿，缪小福做了上门女婿。

1970年，缪小福被分配到江苏华鹏集团的前身溧阳电机厂工作。就是在这个大集体单位，使他有了归属感，一直干到61岁，最后从华鹏集团退休。

复员后结婚成家，又有了工作，按理说应该是苦尽甘来，不料在后来的岁月里，缪小福又经历了许多人生磨难。他和妻子骆凤清前后生了三个儿子，结果只剩下一个——二儿子3岁时缺人照料，淹死在池塘里；大儿子入伍后，在一次训练中光荣牺牲，成为革命烈士。

多舛的命运，不仅没有让缪小福悲观厌世，反而使他更懂得感恩和回报。

他把见义勇为奖金和每年的慰问金都用来帮助贫困学生，接济没钱看病的邻居，捐助给出了车祸的人，他先后七次接济一位白血病患者共4万多元。而轮到自己家里拆迁的时候，他只得举债填补购置新居的房款缺口……

以前，住在南门街甘露寺社区，他在巷子里放着一排溜的开水壶。不管春夏秋冬，他四处捡柴、生火，义务为街坊邻居们烧开水，高峰期他一天要为大家烧40壶开水。平时，只要他有空，总是把弄堂门口打扫得干干净净，社区清洁工开玩笑地说，如果居民们都像缪师傅那样，那自己可就要下岗了。

几年前，有些留守少年无所事事，成天晃荡，他看在眼里急在心头。于是，他走进一个又一个网吧，找到那些留守少年，"请"他们来家里"做客"，苦口婆心地教育他们，还无偿提供伙食及学习场所。有的外来务工者也很乐意把自己的孩子交给他"托管"。他小小的家里经常有十多口人吃饭，那是他和留守少年以及外来务工者子女在共同用餐。

知道缪小福脾气的人都说："缪师傅有三不怕：一不怕吃苦，二不怕吃亏，三不怕吃气。"

缪小福60多岁的时候，亲娘患上老年痴呆，再嫁后所生子女找到缪小福，想让他把老人家领回去。缪小福接受了，他说："我这么大年纪了，总算有娘了！"

为了替人家省几块钱的煤气费，他开着电瓶车去很远的地方替邻居义务充灌液化气；有人需要樟树治疗伤痛，他四处奔波帮忙，找到后劈开了再送去；社区老人要出去搞活动，他就开着电瓶车接送……

好事做多了难免被人误解，有人质疑老缪是"作秀"，家人开始也有怨言，说他这样做吃力不讨好。缪小福说，正是因为自己的人生经历很苦、很难，让他觉得应该多为别人排忧解难。所以，他依然乐呵呵地帮助别人。这不，新小区楼底下的一个儿童滑滑梯就是他置办的。

2013年，缪小福一家从城南路35号搬迁至建设西路景盛苑小区。在他的新家，虽然收拾得整整齐齐、满满当当，但我总觉得有点奇怪：所谓家具，竟然有新有旧，款式不一，颜色各异，大小也很不协调。

"哦！这些家具都是捡来的。"缪小福一语道破天机。原来他家的钱都捐出去了，新房子里的"家具"都是别人不要的、被他捡来的。一张旧餐桌，配了四把样式各异的椅子；主卧的一张床板，是一个旧家具店老板送的；几个花木架子，是从垃圾站旁边拖回家的；电视柜、写字台、大衣橱、鞋架子也都是捡来的旧货……

"我有1000多元退休金，见义勇为基金会每年都来慰问，还带我出去旅游，我和老伴很满足了。"如今的缪小福退休在家也没有闲着。

他参加老年大学，学会了剪纸。2015年3月，他的剪纸作品"三阳开泰"获得第二届"相约北京"全国艺术大赛二等奖。

磨刀具、买宣纸、制镜框……2016年春节前，缪小福早早地做起了各项准备工作。一把剪刀、一双巧手,纸屑纷飞间,一幅活灵活现的"金羊纳福"就剪了出来。

春节期间,他每天在家忙碌,剪出了"五羊开泰"系列、"福""囍""寿"字系列、"喜鹊登梅"、"梅花迎春"等上百幅作品,并一一用镜框装好。

他的这些作品都去哪儿了?武警溧阳中队官兵收到了,溧城镇甘露寺社区居民收到了,溧城镇景盛苑老年活动中心的老人们收到了,溧城镇爱心工作站收到了,别桥镇、戴埠镇村民收到了,清溪、泓口等社区的一些居民也收到了……

剪纸送祝福,城乡年味浓。一年多来,他共送出剪纸作品300多幅。一幅幅剪纸作品,表达了缪小福对人们的深情祝福。他说,老百姓对剪纸艺术的喜爱让他很感动,这也是他坚持创作、奉献爱心的动力。

除了剪纸,"推草鞋"也是缪小福的拿手绝活,在当地成了一景。溧阳话"推草鞋",就是手工编织草鞋的意思。在许多革命题材电影、电视剧中,观众常能看到红军穿着草鞋闹革命的镜头。如今,随着人们生活水平的提高,已很难再见到草鞋的身影,"推草鞋"这项民间技艺更是几乎失传。而像缪小福这个年纪的人,年轻时种过田,一般都会自己"推草鞋"。晴天穿草鞋干活利索,雨天穿草鞋走路防滑,这草鞋在当时可谓是农民一宝。

清明节的时候,小区里的好多居民带着孩子到新四军江南指挥部缅怀先烈。回来后,大家说起陈毅、粟裕和新四军战士脚穿草鞋打鬼子的事,缪小福就插了句嘴,说自己也会做草鞋。年轻人一下子来劲了,要他"推"双草鞋给大家看看。

缪小福想方设法从乡下老朋友家里找来了稻草,自己动手做了个"草鞋耙头",又找了个木榔头,先把稻草用榔头打软,再搓些草绳,就这样,缪小福在自家的阳台上推起草鞋来。小区里的年轻人一边为他打下手,一边听他聊起红军战士穿着草鞋爬雪山、过草地的故事,革命年代的"草鞋精神"让年轻人深为感动。

渐渐地，缪小福"推草鞋"的知名度越来越高，他也越来越忙碌。草鞋推了一双又一双，先后做成的200多双草鞋都成了人们喜爱的礼品和纪念品。老年朋友拿到草鞋，想起了自己年轻时穿着草鞋的难忘经历；年轻一代则把草鞋摆在了书房，别有一番韵味；乐锦艺术团上演《红色娘子军》，一次就要去22双草鞋做道具。

现在几乎没有人再穿草鞋了，就是在农村，会"推草鞋"的人也越来越少，但小小草鞋伴随着一代又一代人度过了那漫长、艰难的岁月，留下了深刻、难忘的记忆，革命前辈的"草鞋精神"将激励后人继承传统，走向未来……

听缪小福讲述他大半辈子的经历，说到动情之处，他还不时站起来用肢体动作表示一下。他说："因为吃过苦，所以才知道别人的苦，才知道没有什么会更难！"

他是一个经历过苦难的人，又的确是一个幸福的人。感恩和回报社会应该是他做好人、做好事的动机；善良、友爱、仁义，这也许就是他见义勇为行为的初衷。

就是这样一位可爱可敬的老人，用他平实的语言、多彩的人生打动了我的心。而他的见义勇为壮举，更令我在感叹之余对眼前这位老人油然而生出许多敬意。

2010年11月29日早晨，溧阳市溧城镇城南路一个居民小区内，缪小福和老伴正在家中包馄饨，忽听外面有惊呼吵闹声。缪小福出门一看，才知道原来三楼住户一名女子要轻生跳楼。

据缪小福回忆：

当时我就觉得奇怪，大清早的，外面怎么会这么吵呢？我穿着拖鞋就出了门，打算看看究竟发生了什么事情。出门一看，大约百余人聚集着，还不时地议论着什么，我就问旁边的人："出什么事情了？"

对方说："你自己抬头看看吧！"我一抬头，才看到三楼朝西的窗户上有一名女子整个身子已经探出了窗口，一名男子强拉着她的一只手。

那女子整个人的身体已悬挂在窗外，一只手被屋子里那男子死死抓住，女的还在挣扎着要往下跳；不但这样，她还边挣扎边咬那男子的手。窗户内，那男子死死抓住女子的一只手哭喊："我快抓不住了！谁来帮帮我……"

情况十分危急，围观的人群发出一片惊呼声。

救人要紧！我当时唯一的念头就是：这要是掉下来还得了？不死也得残疾啊！我径直冲到窗台正下方，张开手臂打算接住跳楼女子。哎呀！也没别的法子想，我就是想着用手张开来，抱住了她就可以缓冲一下，说不定会结果好一点。这可是一条活生生的人命哪！

想到那一幕，我至今都感觉惊险。我刚刚冲到窗台下张开双臂，跳楼女子就从高处落下，我一把抱住她先落下的双腿。她个子挺高的，有1.65米左右吧。我抱住了她的腿，她上半身的重量就直接冲压了下来，她的头磕在墙壁上刮出了一条一寸多长血淋淋的口子。而我被她这么重重地"砸"一下子，自己也有点吃不消了，当时就感觉气喘不过来，胸口痛……

缪小福，当年9月刚刚被评为社区的"助邻之星"，就是这位老人，在突如其来的危难时刻，成为百余位围观群众中唯一冲上去救人的人。

被缪小福一把接住的女子，是三楼住户张女士。41岁的张女士和丈夫是溧阳本地人，有一个女儿还在上学。事发的这处房子是他们租住的，当天早上因为夫妻吵架而发生过激行为。

当时被救下后，张女士身上仅穿着棉毛衫和棉毛裤，鞋也没有穿，缪小福见了就脱下自己的拖鞋让她穿上，一旁的老伴则赶紧从家中抱来被子包住张女士。

随后，缪小福夫妇拉出自家的电瓶三轮车，将张女士送到溧阳市人民医院救治。经CT检查和住院治疗，张女士并无大碍。不过，缪小福却被张女士跳下楼时的惯性冲力压伤了,尽管进行了及时诊治,但缪小福还是胸闷了好几个月并留下了后遗症,至今他仍时常胸腔发闷疼痛。

事后来看,这样的结局应该说是够幸运的了。然而不难想象,在当时那样的关头,从上面跳楼的轻生女和在楼下张开双臂接人的救人者,双方都处在生死一瞬间啊……

缪小福勇救跳楼女的事迹传开后,人们对他的义举纷纷表示敬佩。鲜为人知的是,缪小福的救人经历绝不仅仅这一次。

1976年夏,正在屋外纳凉的缪小福被一个小女孩抱住大腿:"缪叔,快去救我妈!"原来,小女孩的父母因为家庭琐事发生激烈冲突,女孩的父亲拿着大秤砣扬言要砸死妻子。缪小福赶紧冲入邻居家,夺下了女孩爸爸手上的大秤砣,成功制止了可能发生的命案。

1980年9月,帮厂里推销产品的缪小福在乘车返回途中,坐在他身边的一位老人呕吐后不省人事,车到溧阳,他二话不说赶紧把老人背进医院急救,并垫付了医疗费,老人得救后多方打听才找到了救命恩人。

1983年,乡下外甥的一位朋友背着奄奄一息的未过门的对象找到缪小福求助,缪小福发现骨瘦如柴的女子肚皮鼓胀,而女方跟来的家人认定是准女婿导致未婚先孕,大打出手。缪小福了解到双方身无分文,便垫付了医疗费让医生诊断,结果查出女子肚里生了巨大肿瘤。施行手术切除后,不仅救了女子一命,还解除了双方误会,小两口从此把缪小福称为"救命的娘舅"。

1988年8月8日,缪小福一清早去乡下割稻子,上厕所时发现一个弃婴已无声息,急忙报告居委会主任,主任劝他"好事做到底"收养这个弃婴,并为他开出了证明。缪小福把弃婴送到医院救活后,苦口婆心做通了妻子的工作——从此他们有了一个女儿,夫妻俩一直把她抚养成人。这个女儿很争气,大学毕业后找到工作,成了家,对养父母缪小福夫妇孝顺有加。

还有一次,缪小福到澡堂洗浴,发现一个小伙子在浴池"晕汤"了。

他当即上前施救,直到小伙子平安苏醒才放心离去。

说起这些,缪小福只是淡淡地说:"我只是碰到一个帮一个,我一个人的力量太小了,要是大家都能伸出双手来帮助身边需要帮助的人,社会就会很和谐了。"

缪小福不顾个人安危、英勇救人的先进事迹在溧阳大街小巷传为佳话。缪小福曾工作过的江苏华鹏集团有限公司在召开缪小福先进事迹表彰大会的同时,宣告成立"华鹏见义勇为基金",并首次设立见义勇为基金50万元,用于表彰奖励华鹏在职和退休员工的见义勇为行为及社会上为"华鹏人"所做的见义勇为行为,以期在公司内部形成互帮互助、助人为乐、见义勇为的良好风尚。

2011年2月,缪小福被溧阳市委、市政府授予"道德模范十佳人物"称号;2011年4月,在溧阳市精神文明建设指导委员会举行的"寻找身边的感动"活动中,缪小福荣获溧阳市"感动之星"称号;2011年6月,他被常州市人民政府授予"常州市见义勇为先进分子"荣誉称号;2012年4月,缪小福被评为"常州好人""中国好人"。

当选"中国好人"时,网络媒体给缪小福的评介是:"侠之大者,为国为民。"是的,见义勇为的缪小福可以当之无愧地被称为"大侠",他的这种"侠义精神"值得全社会推崇和效仿。

常州市杰力农机精密铸造有限公司生产部副部长、时年49岁的冒瑞林,冒着生命危险先后把六名落水者全都救上了岸,其中有五个小孩,最大的8岁,最小的才3岁。

　　盐城市射阳县合德镇凤凰村村民彭九洲,为救溺水学生,把自己宝贵的生命永远留在了明湖水库。那年,他才21岁……

　　水是生命之源。有时候,水也犹如猛兽,会吞噬人的生命。

　　江苏境内不少地方属于水网地带,湖泊众多、河塘密布、沟渠纵横,落水、溺水事件时有发生。见义勇为英雄水中救人的故事各有各的情节,但有一点是共同的,那就是被救者和救人者同样命悬一线,赴汤的英雄们舍己救人的精神都感人至深。

　　舍生忘死,水中救人,在江苏省见义勇为事迹中占有较大比例。赴汤的英雄们一个个矫健的身影和动人的事迹,永远留在清澈荡漾的碧波中,有静静的河水作证!

第二章

赴汤的英雄

张志成

泾安河畔英雄歌

60岁农民张志成,有过四次下河救人的英勇壮举。最后一次救人时,他宝贵的生命永远地留在了曾经养育他的泾安河……

张志成烈士塑像

他，一个老实巴交的普通农民。除身份证上留有他的免冠照，竟然再也找不到一张他平时的照片。

他，一位令人敬仰的平民英雄。曾经四次下河救人，最后一次救人时，他把自己宝贵的生命永远地留在了冰冷的河水中。

张志成，江苏省扬州市宝应县泾河镇泾河村农民，牺牲时享年60岁。

他的骨灰被安葬在江苏省扬州市宝应县革命烈士陵园。这里只有两尊人物塑像，一尊是我党情报事业先驱华克之，另一尊便是张志成。

他家门口有一座小桥，原先叫"伏兴桥"。张志成在这座桥下救人牺牲后，省、市见义勇为基金会和当地政府出资重修此桥，并以他的名字命名为"志成桥"。

用这样的方式褒奖见义勇为英雄，在江苏尚属首次。这是当地政府和人民群众对一位平民英雄的崇高礼赞！

穿镇而过的大运河，从春秋时代流到现在，见证了古城扬州的兴衰变迁，也与宝应县泾河镇人民共同走过了岁岁年年。

泾安河，与大运河相连接。

"志成桥"是泾河村村民出入必经之路。桥北头约30米处的第一户人家，就是张志成生前的家——宝应县泾河镇泾河村15号。

张志成的遗孀、66岁的王桂兰，已经被丧夫之痛折磨得极其虚弱。她拉着我手的时候，我感觉到她的身体颤巍巍的。采访中她一直在哭，断断续续地讲述着丈夫生前对她的好。

张志成7岁丧母，11岁时父亲也撒手人寰，是叔叔张桂金一手带大了他。张志成和王桂兰结婚时，还是借张桂金家的一间厢房成的亲。直到后来才盖了草房，继而换了瓦房，最终新建了楼房。

在全村同龄人当中,张志成是第一个出去打工的人。他去过上海、江西,到过南京、镇江。他下过井、烧过窑、卖过冰棍、捡过破烂,也做过用自行车带人的生意。多少年来,张志成一直肩负家庭重担。如今,顶梁柱倒了,王桂兰的生活大厦也垮了……

大儿子张名俊,40岁,视力不好,干起活来还是有点影响;二儿子张名海,37岁,眼部残疾,没有劳动能力;二媳妇,智力上有点问题,看到我这个陌生人,总是背对着我,胆怯地不敢相视,我不忍问她的名字。

张名俊清楚地记得,当年5月1日,他特地从外地赶回来,打算热热闹闹地给父亲操办生日寿宴,却被父亲一口回绝了。父亲说:"家里需要花钱的地方多着呢!"

后来,张名俊继续打工去了。想不到,那一次相见竟是父子的诀别……

父亲牺牲后,张名俊一直在家照顾母亲。他屡次代父接受表彰,张名俊说,要像父亲一样,一辈子做好人、做好事。

在"志成桥"上,面对静静流淌的泾安河,赵有福、张寿明、张贵金、张寿云等村民,还有泾河派出所教导员张云宝,以及村、镇干部等,争先恐后地围着我诉说英雄生前的往事。

"他一直乐于助人,是村里出了名的大好人,那次太可惜了。"

"他是一个普通的老农民,却能跳河救人,这一点让我们很是感动。"

"60岁的年纪,还要去救人,真不简单啊!想起他,我就要淌眼泪……"

60岁,是生命的长度;好人,是一辈子的厚度。

"好人",是众人对张志成的一致赞誉。

张志成所在村组共有20多户。平时,谁家有事,他都是随叫随到,脏活、累活、危险的活,他都抢着干;哪家的水泵打不上水,他会去帮助修好;天冷的时候,哪家的拖拉机发动不起来,第一个想到的就是去找张志成;农忙时段,哪家收割忙不过来,只要说一声,张志成就会前去帮忙;他家有拖拉机,无论哪家要用,只要讲一声,他总是二话不说就伸出援手,哪怕把自家的地先放一放再犁;而借用他家的拖拉机,他从来不要报酬，有时候还要倒贴柴油费。

"他对集体的事也很积极。以前还没有外出打工的时候，不管村里招呼什么他都踊跃参加，出义务工、出公差等，都跑在前头，从不计较。"泾河村村支书马锦明说。张志成虽然是个农民，没有什么文化，但他有一副热心肠，让人不得不敬佩。

是的！张志成一直是个热心人。

当年，张志成还是个毛头小伙子的时候，有个村民因家庭矛盾喝了农药，蜂拥而来的村民们面面相觑。

"快灌肥皂水洗胃！"有老人提醒，可没人敢动手。

"我来！"张志成当即俯下身，一口一口地施行灌水洗胃，喝药者不时喷出来的带有农药的污水，溅得张志成满脸、满嘴都是。

十多年前，一起打工的童财（化名）突发肠穿孔，疼得在床上直打滚，张志成背起童财就从二楼往下冲。他本就瘦弱，而童财比他重30多斤，背着童财，他的后背已经弯成了弓。

从宿舍到大路边，有两里多的路程。为争取时间抢救工友，他背着童财咬着牙拼命地向前跑，到路边拦车时，他已经累得脸色发紫，黄豆粒大的汗珠直往下掉。

送到医院，童财被医生推进去检查，张志成累得倒在座椅上。转危为安后，医生对童财说："如果送来得再迟一点，可能你的命就没啦，你得好好谢谢这个救你命的工友哦……"

热心、善良、担当，是见义勇为者的潜在特质。"好人"，是人们对见义勇为者最质朴的评价。但更多的时候，见义勇为行为要面对生命的危险，这也是不争的事实。

张志成的家门口就是泾安河。泾安河上有一座没有栏杆的小桥，以前叫"伏兴桥"。从张志成家门口到伏兴桥，约有30米的距离。就是在这座小桥下，张志成曾经四次下河救人性命，留下了一页页舍己救人的大爱诗篇——

1999年秋收时节,本组村民赵宣(化名)驾驶新买的拖拉机途经伏兴桥。赵宣初学驾驶,技术不精,由于操作不当,开拖拉机过桥时连人带车翻进河里。不谙水性的赵宣,在挣扎中渐渐沉入河水中。

在家门口听到声响的张志成,立马奔向河边,一头跃进河里,托起赵宣的头,将他慢慢推向岸边。在成功救起赵宣后,张志成还同其他村民一起将落水的拖拉机拖上了岸。

2003年的一天,张志成正在自家院子里忙碌着,忽然听见呼喊:"有人掉到河里啦,快来救命啊!"

张志成马上从家里冲了出来,看见本村女孩张琴(化名)正在水里挣扎,他毫不犹豫地跳入水中。水很深,河水阻力很大。他使尽全力,把张琴推向堤边。赶来帮忙的村民拿来竹竿和绳索加入救人的行列。在大家的共同努力下,张琴终于获救。当时的女孩张琴,如今已为人母。

2006年10月,上游放水,泾安河水流湍急。本村17岁高一学生郭智(化名)中午去学校路上途经伏兴桥,一不小心掉进河里,拼命挣扎中滑进河中心的深水区,渐渐失去意识。

岸边,有个小女孩发现郭智落水,大声呼救,郭智的奶奶和张志成都听到了。奶奶不会游泳,却急着要跳河救孙子,被张志成一把拽住:"不要下去!你这么大岁数了,我来!"

张志成连衣服、鞋子都没来得及脱就跳进河里。费尽周折,他终于将郭智救到岸边。

现在,郭智已大学毕业参加工作。惊闻张志成牺牲的噩耗,郭智与未婚妻一起特地从外地赶回来吊唁。对着恩人的遗像深深地三鞠躬,再抬起头时,小伙子眼圈里已浸满泪花。郭智说:"那次落水,我连呛了好几口水。就在我奄奄一息的时候,我感觉有一个人托住了我,那个人就是张叔叔……如果没有张叔叔出手相救,就不可能有我的今天。"

走出灵堂,郭智走到当初自己落水的桥头,抑制不住地哭出声来。当年懵懵懂懂的他,心里只有单纯的感动,如今已长大成人的郭智,再次回到家乡,听人说起张志成因为救人而牺牲的故事后,更多的是一种震撼:"这次我才知道张叔叔不仅救过我,前前后后他还救过几个人。这样的英雄值得敬佩,我要像他那样做人……"

77岁的张桂金,是张志成的叔叔。他目睹了英雄最后一次救人的全过程。接受采访时,张桂金老泪横流:"当时,我还拉了他一把,可就是没拉住啊……"

2013年10月29日,早晨。

张志成早早起了床,与叔叔张桂金商量下午割稻子的事。他原在镇江打工,这次是专门回家张罗秋收的。

"救人啊,快来救人啊……"上午7时许,张志成突然听到邻居七旬老太急切的呼救声。这一喊,跑出来四五个村民,张志成冲在最前面。

"志成,把衣服、鞋子脱了再下去。"叔叔张桂金边跑边喊,还拽了一把张志成的衣角。张志成把衣角一甩,挣脱叔叔的手,丢下一句话:"我去救人,你快去喊人!"

只听扑通一声,张志成跳进了冰凉的河水中。

张桂金亲眼看到张志成从河坡上跳下了河,"河水很急,他一跳入河中,就被水冲出了四五米远"。

落水者是同村妇女、时年57岁的张蓝(化名)。当天早上,她用三轮车拖了一车黄豆秸秆,从桥北头骑到桥南头,正准备上坡驶入公路时,突然有一辆货车疾驶而来,她赶紧刹车避让,下意识地想退回桥上。

桥头与公路之间有一个明显的坡度,她这一避让,车子迅速后溜,连人带车掉进了泾安河里。

就在前一天,因农田灌溉需要,上游开闸放水,泾安河水位一下子涨到近3米,湍急的水流打着漩涡。

河面上,张蓝一沉一浮,向下游漂出约100米远。当张志成靠近时,出于求生本能,张蓝死死抱住了前来搭救的张志成。

水深流急,张志成已是花甲之年,也许凭他的体力已经不足以将张蓝救回岸边,他只能在水中承受着张蓝的重量,竭尽全力把她托出水面,等待其他人前来救援。

"志成的头出不了水,两人都在挣扎,向下游又漂了大约10米,就看不到他们了。"当时,张桂金焦急万分。

前来救援的村民沿着河岸追寻二人的踪影,有人试图用棍子将他们拉上来,但是失败了。当二人漂到一家汽车修理厂门前的时候,厂里的一名工人拿出一根绳子扔到水中,张蓝抓住了绳子,张志成顺手推了一把,张蓝被拖到了岸边,保住了性命。

就在大伙准备再用绳子将张志成拉上岸时,发现他已经无影无踪地消失在水流湍急的泾安河里。

河面上,再也看不到张志成的身影。修汽车的张寿根、同村的赵怀喜双双跳入河中,搜救张志成。

村民越来越多。又有村民先后跳下河,一个猛子、一个猛子地往水下扎,还是没有找到他。

接到电话,村支书马锦明立即赶到现场,可水面上早已看不到张志成了,马锦明立即报警求援。几分钟后,泾河派出所所长高卫平带领民警赶到河边。

时间一分一秒地过去,希望一点一点地消失。高卫平在指挥现场打捞的同时,联系上了县里的专业打捞队。

中午12时左右,张志成终于被打捞出水,但他已经永远闭上了眼睛。人们惊讶地发现,英雄仍然保持着救人时双手上推的姿势。无论是现场村民,还是打捞队员,见此情景无不为之动容。

两天后,中央电视台新闻频道以"妇女落水,村民挺身救人遇难"为题,对张志成舍己救人的事迹进行了报道。

云蒙低沉,草木含悲;苍天流泪,大地悲鸣。

2013年10月31日上午9时30分,救人英雄张志成追悼会在宝应县殡仪馆告别大厅举行。悬挂的一幅挽联上写着:"平凡人不平凡事迹感动当代,树新风立榜样精神永传后人。"

"敬爱的爷爷,您作为一个普通的农民,用自己的实际行动告诉我什么是见义勇为,什么是大爱无疆！敬爱的爷爷,您请放心,孙儿一定会牢记您的话,好好学习,奋发向上,长大后做一名对社会有用的人。爷爷,您一路走好！"张志成的小孙子、当年12岁的张健大声读着自己写给爷爷的话。泪水,从稚嫩的小脸上滑落。

参加告别仪式的人群中,被救者之一的郭智代表村民们发言:"张叔叔是我的恩人,如果当时没有他挺身而出,完全不会游泳的我可能就不会有今天了……是张叔叔给了我重生的机会,我要以他为榜样,尽己所能去帮助他人……"

张志成,在泾安河中永生！

扬州市委、宝应县委相继作出向张志成学习的决定。

张志成被追授为"扬州好人标兵""江苏省见义勇为英雄""中国好人",并被江苏省政府追认为革命烈士。

张志成牺牲后,时任省见义勇为基金会常务副理事长朱义泉走访慰问时,与时任宝应县副县长、县公安局主要领导共同商定命名"志成桥"的设想,他认为这既是对英雄的认可,也是一种纪念英雄、宣传英雄、弘扬见义勇为精神的重要载体。后来在向上级汇报时,扬州市委主要领导在同意命名"志成桥"的同时,提出可以再立一座雕像,以表达对英雄的敬仰和纪念。朱义泉副理事长立即表态"这两个都搞"。

2014年1月18日,扬州市委、市政府在宝应县革命烈士陵园隆重举行张志成同志追思会暨张志成烈士雕像揭幕仪式。江苏省委宣传部、省文明办、省见义勇为基金会负责人及扬州市委、市政府主要领导出席并为英雄雕像揭幕。

张志成烈士的雕像安放在烈士陵园广场。雕像身后,宝应人民英雄纪念碑巍巍屹立,"人民英雄永垂不朽"八个大字熠熠生辉。

国家级雕塑家,扬州大学艺术学院副教授、陶瓷研究所所长常再盛,用雕塑艺术还原英雄面貌。雕像高2.3米,花岗岩底座,上半身是具象的人,下半身是抽象的石头,通过高度写实的手法,把人和石头结合起来，塑造了张志成作为平民英雄的朴质和淳厚，体现英雄的坚忍不拔。雕塑人物形象丰满，眼神凸显平民英雄的善良与坚毅。

2014年10月29日下午，也就是在英雄牺牲整整一周年后，宝应县泾河镇"志成桥"建成暨命名仪式如期举行，省见义勇为基金会常务副理事长朱义泉和扬州市见义勇为基金会会长冀仁贵参加仪式并为"志成桥"揭幕。

以英雄名字命名的"志成桥"宽4.5米，长17.5米，桥两边都有大理石栏杆，村民们再也用不着担心从这里掉下河了。

泾河镇组织创作文艺节目，用群众喜闻乐见的形式宣传英雄事迹。排演的淮剧《平民英雄张志成》，参加了全县文艺比赛，并在党员干部冬训班上进行表演。春节期间，该剧还到各村及企业巡演。

由袁启华和祝天云编剧、以张志成为原型的电影《平民英雄》，已经领到了摄制电影许可证。

解放军原二炮文工团扬州籍军旅歌唱家乔军、作曲人王立东，从媒体上得知张志成的事迹后，激动之余决定为英雄创作一首歌曲，并连夜赶往泾河村搜集素材。回到北京，乔军在录制歌曲过程中多次哽咽不止，深情演唱时也几度潸然泪下——

> 你是一个宽厚的庄稼人
> 血里铸就金子般的灵魂
> 风雨中展现你大爱的精神
> 清贫中坚守你感恩做人
>
> 河水呜咽送英雄
> 乡亲泪滴悼好人
> 百姓心中树丰碑
> 神州大地爱长存
> 你是一个平凡的普通人
> 危机中尽了自己的所能

浪涛中挽回了几多生命
生死中果敢你选择永恒

河水呜咽送英雄
乡亲泪滴悼好人
百姓心中树丰碑
神州大地爱长存

张志成是个农民,最终却成了人们敬仰的英雄。

芸芸众生,没有人生来就是英雄。换句话说,在成为英雄之前,他们也和我们一样都是平凡的人。

张志成是个孤儿,他命运坎坷,没少受到乡邻照顾,因此他对社会、对身边的人总怀揣感恩之心。他生前没有留下什么豪言壮语,但有一句憨憨的话让村民们记忆犹新:"人活着就要知恩图报!"

他的人生经历确实比较特殊,但每一个物质的人又都是"社会人",哪个人不是在社会的恩泽、他人的关爱中成长?张志成的可贵之处,就在于他始终记得社会的好、他人的好、庄邻的好,并始终用行动回报社会、回报他人、回报庄邻。

英雄张志成一辈子热心助人,十多年间四次救人;他将仁义融入自己的血液,把感恩变成人生的自觉;关键时刻的挺身而出,是他朴素人性的自然流露,和很多舍己救人者一样,张志成的见义勇为行为,事实上就是这样一种善良的自觉性乃至习惯性的选择。

怀揣仁义之心,懂得知恩图报。这样的朴素理念不仅造就了农民英雄张志成,也应该作为做人做事的基本遵循和道德素养而成为社会共识。从这个意义上说,张志成用生命托起的,不仅是绝处逢生的落水者,更是高尚的人生典范!

杨向明

"最美教师"献大爱

"最美教师"杨向明为抢救落水儿童不幸牺牲,他平凡而伟大的人生,就这样定格在风华正茂的42岁……

学习杨向明同志先进事迹座谈会

人间五月天,从容而美丽。

蓝蓝的天际,写满诗行。盛开的鲜花,幽幽而香。

他,刚过不惑之年,人生如日中天。万万没有料到,一次见义勇为行为,让他原本美好的生命就此戛然而止。

此时此刻,用电脑键盘敲下关于他生平事迹的文字,我不禁遐想:

如果,没有那个5月1日的下午;如果,当时他没有听到那声呼救;如果,不是那次深水中生命相许……

如果在当时,哪怕他迟疑片刻再行动,哪怕稍微权衡一下跳河救人的利弊和可能出现的后果,那么这个故事最多只是一个少年不幸落水的结局。至于后来关于他见义勇为的行为,也就会被时光的脚步岔开,而他个人、家庭以及整个事件的痕迹就会是另一种迥然不同的境况——他或许还会置身于明亮的教室里解惑释疑的讲台上,或许还会挽住老父亲散步在暖洋洋的夕阳下,或许还会和亲密的爱人牵手在红彤彤的朝霞里,或许还会陪着心爱的女儿徜徉在满目葱茏的公园中,抑或为全家人张罗一桌晚餐,在厨房里喜盈盈地忙碌着……

然而,生命没有"如果"。

正是因为那次深水中的舍身忘我,世人记住了他闪光的名字:杨向明。为抢救落水儿童,自己遭遇生命垂危;在与死神顽强抗争六天六夜之后,他还是不幸离开了人间。他平凡而伟大的人生,就这样定格在风华正茂的42岁。

他的父亲曾向我解释过,杨向明的名字喻意"向往"与"光明"。是啊!就是那一次生命的付出,杨向明用他的赤诚"向往"和舍生忘死的举动,成就了一个英雄的诞生;他以人生的最高奉献,将"光明"的种子深深播撒在泰州人民心里。

众多媒体称赞他为"永垂不朽的时代英雄""情满人间的道德模范""为人师表的教师楷模",当地的人们送给他一个赞美有加的称谓——"最美教师"。

哦!救人英雄杨向明!他走了——没有顾得上再看至亲最后一眼,没有来得及和可爱的学生们握手告别,甚至没有机会看清楚他舍身相救的那个落水少年的模样。

哦!道德模范杨向明!他走了——他的QQ空间内依然留有他的照片、日志、留言,仿佛还在和他热恋的这个世界对话。

哦!最美教师杨向明!他走了——美好的生命悄无声息地融入生他养他的泰州大地,把英雄的高大身影永远留在了潺潺流淌、生生不息的玉带河……

玉带河,是宋代泰州知州王瑑于南宋绍兴十年(1140年)所开,迄今已有近千年的历史。

"穿城不足三里远,绕廓居然一水通。"晚清诗人康发祥的《竹枝词》所描述的便是古代泰州"双水绕城"的美景。她曾经碧波荡漾,似一串银色项链镶嵌在泰州古城。可惜自晚清以后,这条泰州"市河"被大量填埋,现在仅存的玉带河已不足原来的一半。

2014年9月,泰州市政府启动玉带河整治工程,玉带河清波再现,河水通畅、河岸清洁、桥梁稳固、栏杆出新,水面高度重回4米"亲水线"。两岸高楼耸立,小区密布,花红柳绿。

东城河路12号楼与河对面16号楼之间,有一座小桥。桥下便是深深的玉带河。河面并不是太宽,但河岸陡峭,用石材和水泥砌成的、几乎是直上直下的斜坡长满了青苔。

那次,杨向明见义勇为的壮举,就发生在这座小桥下。

2013年5月1日,人们沉浸在五一国际劳动节的快乐之中。

午饭后,13岁的小越(化名)和三四个小伙伴来到这座小桥附近的玉带河边玩耍。

下午3时30分左右,他们在河这边与河那边的一位小朋友玩起了"扔瓶子"游戏。扔了几个回合,一个饮料瓶掉入河中。小越跑过小桥,翻过一侧的栏杆,拿起一根木棍,倾斜着身子站在河沿,试图去捞饮料瓶。不料脚下一滑,他一头栽下了河。

适逢小长假,又是下午,周边行人极少。其他几个小伙伴大声呼救,可没有人回应。几个孩子急得哭了。

那天下午,妻子任晓红喉咙疼痛,杨向明陪着去看医生。驾车经过玉带河附近,在小桥西侧倒车时,听到有孩子在大声呼喊"救命",杨向明立马停车救人。

杨向明打开车门,下车就往小越落水的地方奔。市民王伟荐目睹了这一切——

当时,家住东城河路3号楼的王伟荐正在阳台上晾衣服,楼下的"救命"声吸引了她的注意力。她看到,杨向明奔到河边伸手去拉小越,但是够不着,没抓住。

杨向明衣服都没脱就毫不犹豫地跳下河,拼命游到小越身边,一把抓住小越往岸边游来。谁知,小越突然从背后用手抱住杨向明的脖子,水中的杨向明无法挪动,渐渐地游不动了,开始往下沉。

回过神的王伟荐,立即拿起家中的游泳圈往楼下跑去。

有人在岸上大喊,让杨向明掰开小越的手,自己先上岸,再想办法救小孩,但他始终没有放手。

很多群众闻讯赶到河边,其中包括李群力。他急匆匆拿来一根3米长金属钢管,伸到河里去救人。

杨向明和小越两人在水中一浮一沉,都只剩下双手还伸在水面上挥舞。李群力拿着金属管去迎接他们的手,希望他们能够抓住,但两人的手都没有任何反应。

人们看到,杨向明的手挥着挥着就不见了。不知是出于求生的本能,还是由于杨向明在水下托了一把,水中的小越竟突然往上一跃……

遗憾的是，他没能抓住救命的金属管，最终还是沉入河里，再也没有露出水面。

救生者杨向明和落水者小越，一时都成为被救的对象。

中国电信泰州分公司退休干部、时年65岁的张云，听到嘈杂声奔到河边，第一个下河救人；相继赶来的泰州石化总厂技术运行部调度员、时年48岁的李章进，原泰州橡胶总厂退休员工、时年64岁的栾仕信，也跟着跳下了河。

赶到岸边的热心群众越聚越多。有一位在附近卖草莓的王老板，丢下一车草莓赶来帮着救人；市区美丽华大酒店凤凰路店采供部采购员、时年38岁的朱保民，也跟着下到了河里。

他们一起在水中扎猛子找人。河水里无法看清人在哪里，只能在水中用手摸、用脚踩，搜索了好一阵子，他们才找到杨向明，张云等三人合力将杨向明托出水面，救到岸边。两名热心群众配合张云他们将杨向明拉上了岸。

紧接着，张云他们又下河搜索，终于找到了已沉到排污管下方的小越。

杨向明和小越被众人抬上救护车，直奔医院。

救人现场只留下杨向明的一只鞋，孤零零地等待着主人，而另一只鞋则随着河水漂向远处……

当日下午4时14分，杨向明被送至泰州市人民医院抢救室。

他深度昏迷，对外界刺激没有任何反应；两侧瞳孔散大，没有对光反射；血压低于正常，没有自主呼吸。

杨向明见义勇为的英雄壮举，感动校园，牵动泰州人民的心。重症监护室门口，每天都有特意赶来的人们捧着鲜花，祈祷英雄早日醒来。每当重症监护室有医生、护士出来，大家都拥上前去，问英雄现在怎么样，情况好不好。监护室走廊那几张浅蓝色塑料凳子上，杨向明所在学校领导、师生与众多亲友们一起，度过了一个又一个漫漫长夜。

奇迹没有出现。经过六天六夜的全力抢救，最终还是没能留住英雄的生命。

公元2013年5月7日18时09分，英雄杨向明永远闭上了眼睛……

2013年5月13日上午，细雨蒙蒙。

杨向明同志追悼会在泰州殡仪馆寄思园举行。英雄的遗体静静地仰躺在百花丛中。遗像两旁悬挂着一幅写有"精心育英才无愧至尚楷模，舍身救学童堪称最美教师"的挽联，高度概括了杨向明短暂而光辉的一生。

寄思园大厅内外，挤满了前来吊唁的人群。数千名泰州市民纷纷赶来，送英雄最后一程。

79岁的老人凌根海，专程骑着三轮车、带着老伴赶来。他说："晓得杨老师的感人事迹后，我内心很是感动，今天特地来送一送英雄。"

海陵区高桥社区69岁的退休工人徐庆龙，一大早就从家中出发了。汗流浃背的徐庆龙说："我的电瓶车骑到西汽车站没电了，锁好电瓶车，我就徒步走过来。无论路途多远，都要来为英雄送行，表一表我们的敬意。"

海陵区北山社区退休老人、老共产党员赵连壁，也来到寄思园。他特意带来前一天晚上在一张硬纸板上写下的一篇近200字的悼念短文《送别最美教师杨向明》。他说："我不会弄年轻人玩的微博，这是我自制的土'微博'，用它来表达我们全家对英雄的敬仰。"

70岁的退休教师符若水，带着杨向明老家的40多位乡亲，一大早就从泰兴赶来了。符若水强忍泪水说："向明，我们来了……我们带你回家……"

被雨水打湿的衣衫，被泪水模糊的眼眶，任哀思漫延的心……所有的一切都被浸泡在无边的悲痛里……

低回的哀乐声中，时年73岁的杨向明的父亲杨镇祥老泪纵横，烈士遗孀任晓红早已哭成泪人，杨向明的女儿杨业一只手抱着父亲遗像，一只手轻轻搀扶着母亲,满脸都是泪。老年丧子、中年丧夫、少年丧父——人生三大不幸,都落到了这原本幸福美满的一家人身上,老少三代人一个个痛不欲生。

一个人感动一座城,一座城痛别一个人。

从此,见义勇为的天空又多了一颗闪亮的星。

中共泰州市委、市人民政府作出《关于开展向杨向明同志学习活动的决定》。

由江苏省委宣传部、省文明办等省级机关九个部门牵头召开的"学习杨向明同志先进事迹座谈会"如期举行。

泰州市道德讲堂很快揭牌。举行的首场活动内容之一便是讲述"最美教师"杨向明的故事,来自全市各行各业200多名市民代表,噙着热泪,共同感受英雄的力量,接受道德的洗礼。

由杨向明家人倡议设立的"杨向明弘毅助学金",经审批正式问世。烈士家属首批捐献部分抚恤金,用于资助品学兼优的困难学生。

泰州实验学校"杨向明中队",宣告正式成立。

江苏省见义勇为基金会会同泰州市见义勇为基金会,在第一时间对杨向明先进事迹进行了深入了解,报请省政府,追授杨向明为"见义勇为英雄"。时任江苏省见义勇为基金会常务副理事长朱义泉盛赞:"杨向明用年轻的生命,谱写了一曲感天动地的大义之歌。"

江苏省文明委作出《关于开展向杨向明同志学习活动的决定》,向杨向明家属颁授了"美德流芳"荣誉牌匾。省文明委主要领导说,近年来,泰州涌现出张云泉、何健忠、陈燕萍、刘绍安等一批全国、全省重大先进典型人物,"最美教师"杨向明是泰州英雄楷模群像上最新闪亮的一员,是全省教育系统师德建设中的一座丰碑,也是共产党员的新楷模,是"凡人善举"的杰出代表。他的英雄精神,为谱写好"中国梦"的江苏篇章提供了强大动力。

人们对杨向明的钦佩与感动，其实是对真善美的一种向往，是对社会更美好、更和谐的一种期盼，是社会正能量的凝聚和显现。当然，也是对杨向明生平事迹的充分肯定，是对其英雄精神的由衷褒奖。

然而，英雄是怎样炼成的？这也是我在本书创作中一直苦苦探究的重大命题。杨向明的成长过程，恰恰折射出平凡岁月对英雄潜移默化的锻造。

那天，我辗转来到泰州市凤凰路苏源花园杨向明父母的居所。

杨镇祥，原泰兴市蒋华镇中心小学校长，2001年退休。曾荣获"泰兴市优秀共产党员""泰兴市优秀知识分子"等荣誉称号。

他满头银发，染满岁月风霜；瘦瘦的长脸上皱纹深浅可见，那是人生岁月给他刻下的印记；他温和、慈祥，显得淡然而平静；看上去身体还算结实，思维依然敏捷，丝毫没有老年人的迟钝。

他穿着整洁，一套三居室的家收拾得利利索索。在经历至亲离去四年之后，他已经渐渐回到正常的生活轨道上。

杨向明牺牲后，杨镇祥和老伴董桂芳没有回到老家泰兴，而是选择留在泰州市区，与儿媳妇、孙女生活在一起。杨镇祥说："我现在最大的心愿就是把儿媳妇、孙女两个人照顾好。倒不是考虑我们自己养老，主要是想让九泉之下的儿子放心。"

杨镇祥一直夸赞儿媳妇是一个很优秀的人。任晓红从中师读到大专、本科，再读研究生，早年从一个乡镇医院护士长，干到泰州市一家妇幼医院护理部主任，现在在一家中西医结合的大型医院工作，也是一名共产党员。杨镇祥说："我们家有好几个共产党员，可以成立一个党支部了。"

杨镇祥的孙女、杨向明的女儿杨业已被南京师范大学教育科学学院小学教育专业录取。这意味着，她有望继承父业，成为杨家第四代教师。

杨镇祥告诉我，他平时常常会翻翻儿子生前读过的书和儿子的照片，看着看着就会不自觉地和儿子说起话来。

交谈间隙，杨镇祥捧出一沓资料、图片。那是他精心搜集整理、保存至今的关于杨向明英雄事迹报道的报刊剪辑；还有一张纸上工工整整地记录着杨向明的生平简历、受到表彰及获奖情况，这都是老人亲手整理的。我知道，平日里抚摸这些无声的文字和图片，也是一位父亲和在另一个世界的儿子进行对话的一种特殊方式。

杨镇祥说："儿子是我们四个孩子中最小的一个，前面三个都是姑娘。全家都很宠爱杨向明，记得他八个月大的时候生了一场大病，我和他奶奶带他到泰州看病，我们五天没有洗澡，晚上就睡在病床边的地板上，后来终于把他救活了……唉！回想起来还真不是滋味——毕竟养这么大了，而且他人生正当年，又是那么优秀，好好的一个人转眼之间就在人世间消失了……我们为自己痛心，更为他痛惜啊……"

说到这里，杨镇祥憋了很久的老泪哗哗地流淌下来，他哽咽了好几分钟。

我这个人天生心软。眼前，老人在哭，我也跟着流泪。泪水打湿了摊在膝头的采访本，也打湿了我的心……是啊！白发人送黑发人，世间有多少人能够读得懂杨镇祥老年丧子之痛？又有谁能够真正理解和分担老人的万般悲伤？每一个做父亲的，都难以承载骨肉分离之痛啊！

杨向明孝顺年迈的父母。在泰州任教的四年中，他每天忙完工作之后总不忘打个电话，问候还在泰兴老家的父母；到了周末，他总要尽可能赶回家乡看望二老。

杨向明体贴深爱的妻子。他知道身为医护人员的任晓红工作辛苦，于是他自己几乎包揽了所有家务；夫妻俩鹣鲽情深，就连平时散步的时候，他都不忘握着妻子的手。

杨向明关心心爱的女儿。杨业当年正逢高考，他每天中午、晚上下班回家，都会精心为女儿准备好营养美味的饭菜；女儿的换洗衣服，总是他亲自过手，一件件清洗得干干净净。

杨向明牵挂同胞姊妹。由于工作调动，离家较远，并且教务繁重，又要照顾妻子、女儿，但他还是会抽空回老家，看看生活在那里的姐姐、姐夫。

然而，在面临生死考验时，他毅然挺身而出，舍下年迈的双亲、深爱的妻子、心爱的女儿和同胞姊妹，将大爱奉献给了一个素不相识的孩子。

"他一直都很善良、随和，待人真诚。在那种情况下，他做出这个举动，我们一点也不意外。"也许，父亲杨镇祥的这句话，为英雄杨向明平凡而又伟大的举动及其内在动因，做了最原始、最真实的解读。

"儿子牺牲了，对我们做父母的来讲是一件很悲痛的事情，但我们也很骄傲，为有这样的好儿子感到宽慰。在那种危急时刻，如果不去救人，就称不上是一名共产党员，就不是我的好儿子……"慢慢平静下来的杨镇祥，话语间透出坚毅的神情。

这就是杨镇祥——英雄杨向明的父亲。正是他，不仅作为父亲，给了儿子生命，也作为儿子人生的第一任老师，领着杨向明一步步走上英雄之路……

杨向明，1972年10月出生在泰兴市蒋华镇清水村的一个普通教师家庭。按照杨氏族谱，这一辈男孩名字的第二个字都为"向"，因而杨镇祥给儿子起名"向明"。杨镇祥说："希望他永远向着光明与美好。"

历史上，杨家一门忠烈，英名远扬。如今，在泰兴市蒋华镇，杨家也算是一个桃李芬芳的"园丁世家"。

杨向明的爷爷和父亲都是当地受人尊敬的老教师，杨向明的姐姐、姐夫中也有当教师的。就在杨向明成为教师之后的第五年，这个家庭被泰兴市授予"教师世家"牌匾。

杨向明的奶奶一生乐做善事，被当地村民称为"活菩萨"。奶奶最疼杨向明这个小孙子，去哪儿都带着他。也许杨老太的那颗善心无形中也影响着杨向明。那时，有人上门乞讨，奶奶都会让小向明去给人家盛一碗白米饭。后来，再遇到类似情况，用不着大人说，小向明就主动跑去厨房盛饭递给乞讨者。

虽然在家中是"宝贝疙瘩"，但杨向明并没有恃宠而骄。姐姐们都把好吃的省给他，但他从来都只吃自己的那一份。杨镇祥说："儿子的这个习惯,让我这个做父亲的深感欣慰。"

读小学六年级的时候,杨向明担任数学课代表。他每天负责往黑板上抄写题目,检查全班的数学作业,为同学讲解难题;班上有几个数学成绩跟不上的学生,杨向明就在每天放学后把他们留下来,指导督促那几个同学把数学作业做完才回家。

初中毕业后,杨向明听从父亲的建议,报考了当时的泰兴师范学校。和他很要好的一位郭姓同学说,在师范学校的那几年里,杨向明人缘特别好,他随和、善良、乐于助人,大伙碰到大事小事需要帮忙的,第一个想到的就是这个老同学;班上组织去帮一位困难同学家收麦子,他磨得满手血泡却一声不吭,坚持到最后……

1991年8月至2009年8月,杨向明在原蒋华镇蒋华小学整整工作了十八年。2009年8月,杨向明调入泰州市实验学校。在那里,又留下了他近四年勤勤恳恳的奋斗足迹。

走进蒋华小学一楼的诚信展览室,一幅幅介绍老英雄刘绍安事迹的图片资料格外引人注目。蒋华小学唐校长指着墙上的照片说:"这里是我们学校作为全国'做个有道德的人'活动联系点的展览室,这些照片大都是杨向明生前拍摄和布置的。当年,刘绍安为践行生死之约来到蒋华,如今,从蒋华走出去的杨向明,是我们蒋华这块热土上又一位践行'生死之约'的英雄。"

杨向明在蒋华小学工作期间,担任过教师、教导主任、团支部书记。大家异口同声地评价他是学生的好老师、校长的好助手、青年的好榜样。

蒋华小学教师邵剑凤说,她很幸运在任教之初就遇到了杨向明这位好师父。那一次,她为参加泰兴青年教师课堂教学比赛做准备,杨老师不仅帮她设计教案、制作课件,还顶着烈日骑着摩托车带她到周边五个学校试讲。结果,那次比赛她获得全市一等奖。像邵剑凤一样,在杨向明的帮助下,蒋华小学有八位老师拿过全市一等奖。

在杨向明担任学校教导主任兼团支部书记期间,他坚持早到校、晚回家,积极组织开展各项活动:牵头组织教师廉洁从教演讲比赛,为所有教师开展"心育"专题培训;作为蒋华小学未成年人思想道德建设活动小组的核心成员,他参与组建"刘绍安中队",精心设计活动方案,策划"诚信在传递"赠书活动;等等。

当年生源较多,学校教学楼不够用,就将低年级教师办公室扩建做了教室,低年级教师挤在阁楼一间原休息室里办公。冬天特别冷,杨向明就自己买来"发热垫"供大家焐手。谈起这件事,同事花菊芳噙着泪说:"一张发热垫,温暖了那个冬天。后来,夏天的时候,杨主任又为我们申请了一台电风扇。他就是这么好,就像个大哥哥。我们年轻教师有什么困难,都愿意先向他反映,而他总会想办法帮助解决。"

在泰州市实验学校,与杨向明同在一个办公室的夏宣美老师说,杨向明是一个很热心的人,别人让他帮忙,他总是很爽快地答应;下班了,同事们经常"蹭"他的"顺风车"回家,以至于大家都喊他"车夫"。因为他有车、自己会开车,不管回家还是出去学习,他总是主动承担"司机"的义务。

在同事周海斌眼中,杨向明就是一个大小伙子。周海斌说,杨向明个性率直,容易相处,遇到谁都是一脸微笑;他爱岗敬业,教学严谨,学生的作业本总是摆放得整整齐齐;班级出黑板报,他总要拿着尺子细心量好每个字的间距;平时,他总是身体力行,通过这些细节,教诲学生端正做人做事应该持有的态度。

杨向明关爱同事,也爱生如子。

有一次,学生唐军(化名)在学校摔破了额头,鲜血直流。正在学校值班的杨向明帮他按住伤口,抱着他就往医院奔去。唐军父母闻讯赶来,孩子已得到及时医治,而唐军受伤后流出来的鲜血染红了杨向明的白衬衫。

细心的杨向明对待学生就像对待自己的孩子一样。在他的抽屉里备有一个常用药品盒,遇上学生感冒、咳嗽、拉肚子以及一些小伤小痛,随时可以派上用场。

以前，他在泰兴老家教书，本该经常去泰州看看正在上初中的女儿，但他总不能如愿，双休日往往都得用来准备教案，批改作业，很多时候顾不上自己的孩子。他常说，教师是天底下最阳光的职业，而女儿戏说："我老爸是阳光下最忙的小学教师。"

是啊！杨向明在日复一日的忙碌中把浓浓的父爱献给了他的学生，以至于学生把他当成了"爸爸"。据与杨向明同班执教六年的凌爱美回忆，班上有位女同学由于父母离了婚，她性格变得孤僻起来。杨向明发现后经常开导她，带她和自己的女儿一起去吃肯德基，还号召其他同学和她一起玩。后来，这个同学的性格开朗了很多。有一年教师节，她给杨向明写了一张纸条：杨老师爸爸，您是我最亲的人！

从此，"杨老师爸爸"的称呼就在班上叫开了。这样的师生真情让杨向明的同事感动不已，感慨颇深。

爱学生、爱孩子，是英雄杨向明执着奉献的动因之一。正如蒋华小学唐校长所言："勇救落水孩子，是杨向明爱学生、爱孩子最本质、最真切的体现。他用自己宝贵的生命诠释了什么是真正的人民教师！"

二十三年教学生涯，杨向明先后培养了多名镇、市级骨干教师，有多篇论文发表或获奖。他本人曾荣获蒋华小学第二届"周小虎教学奖"一等奖、泰州市"精英风采杯"教学能力大赛一等奖，先后被评为泰兴市"优秀教育工作者""教育科研先进个人""团队工作先进个人""知识型职工"。

蒋华村，是杨向明的故乡。人们捧出一沓沓资料和照片，回忆英雄在家乡的一件件爱心善举，诉说杨向明在村里生活、工作数十年间的一串串感人故事。

"5月1日前都没下雨，向明出事后，天一直就没好过。尤其是向明走后，天天下雨。这是苍天动容，天在落泪啊！"村民们往往用这样的天象巧合来暗合英雄壮举感天动地。

在村民眼中，杨向明是一个好朋友、好邻居、大孝子、"活雷锋"。

2013年，村民吕红的父亲中风，回家乡过春节的杨向明当场掏出

1000元资助其看病。在他的带动之下,大伙共同捐款1.18万元,为吕家救困解难。就在牺牲的前一天,杨向明还托人给村里一位孤寡老人捎去200元。

杨向明全家从村里搬到镇上已经好几年了。2008年,听说村里要铺水泥路,他让父亲给村里送去2000元。后来路修了一半,钱不够,他又给村里送了一笔钱。

助人为乐,一直是杨向明的善良情怀。对身边的人乐善好施,对素昧平生而有难处的人,他也时常慷慨解囊。

丁芹(化名),家住泰兴市分界镇官庄村。2011年11月,杨向明从媒体上得知丁芹丈夫患上尿毒症,一次就给她家汇去5000元。

在74岁的老人朱谷(化名)眼里,杨向明也是他们家的大恩人——杨向明每年资助他孙子1000多元生活费,直到孩子大专毕业。朱谷说:"杨老师还默默资助过好几个特困家庭,为上百名学生购买过衣服和文具等。"

2008年秋,颖成(化名)同学患红斑狼疮,生命垂危,面对巨额医药费,他贫寒的家庭一筹莫展。杨向明组织班级开展了"人人献出一份爱,救救同学颖成"的爱心募捐活动,并带头捐款500元。在众人帮助下向疾病宣战的颖成,后来被评为泰兴市首届"十佳美德少年",杨向明也因此获得了市"团队工作先进个人"的称号。

杨向明,一个大写的人民英雄!

渗透在杨向明生命里的见义勇为、舍己救人的高尚情操,爱岗敬业、无私奉献的职业操守,关爱学生、乐于助人的优秀品格,勇于开拓、追求卓越的进取精神,无疑在当代青年群体、教书育人的园丁队伍中树立了一座光芒四射的不朽丰碑!

有媒体人这样说过:"杨向明最后一次救人光荣献身,也许是个偶然。但是,从人们的讲述中,更加印证了他人第一、助人为乐精神早就沁润他的骨子里。可以说,即使那次他不当英雄,他迟早还会是个英雄……"

这位媒体人的话语，说得何等深刻！

在采访和创作中，我也一直在想，见义勇为者瞬间的英勇行为，应该是源自他们早已潜藏在内心深处的高尚品质。在平凡的生活里，英雄们早就凝聚了助人为乐、他人第一的大爱情怀，早就铸就了舍己为人、舍生忘死的勇气和胆魄。以至于遇到特定时刻，他们的心里也许只有别人，唯独没有自己。

这也是我每每深情叙述每一位见义勇为英雄闪光时刻的动人事迹之后，还要不惜篇幅重温他们人生经历的理由。我总想围绕主人公，去捕捉更多感人的故事和细节呈现给读者，通过英雄平凡的点点滴滴，触摸他们丰富多彩的内心世界，探寻他们见义勇为的内在动因，并尽我所能把英雄完整的人生和其之所以高大的形象，真实地呈现在读者的面前。我也想以此证明和诠释，每一次见义勇为的行为、每一位平民英雄的壮举，绝不是"偶然巧遇"，也不是"迫不得已"，更不是"一时冲动"。

当然，与此同时，我还想挖掘和借鉴英雄的成长经历，启迪我们自己，在看似波澜不惊的现实生活中，怎样安于平凡、落脚平时，怎样乐于平实、乐享平安，不断完成对人生观、世界观、价值观的雕琢和塑造！

一如英雄杨向明的出现，绝不是偶然的。采访中，我深深感受到，杨向明的英雄行为来自他平凡生活里点点滴滴的爱心积累，是他道德修养长久历练的必然结果，与他始终励志笃行、为人师表、爱生如子的师德追求密不可分，与他一贯谦虚和善、助人为乐、无私奉献的优秀品质和人生价值观紧密相连——对父母，他孝顺体贴；对妻儿，他温柔呵护；对学生，他关爱备至；对朋友，他热情相助；对同事，他宽容豁达；对工作，他勤勉敬业；对困难群众，他慷慨解囊、仗义疏财；勇救落水孩子的生死关头，他挺身而出，义无反顾……

只有不断的正能量的累积，才会有瞬间的壮举。杨向明的崇高源自平凡。他在平凡中蕴含着大慈大勇、大爱大美。而他在危急关头舍生取义，纯粹是一种美好人性的自然迸发——

面对落水少年，杨向明完全可以停住脚步，判断一下跳河救人可能出现的后果,可他没有!

他完全可以和妻子商量后,换上就在汽车后备箱里的救生衣再去救人,可他没有!

深水中,落水少年抱住他的脖子时,他完全可以掰开对方的双手,保全自己的生命,可他也没有!

即使自己不谙水性,即使已被拖得筋疲力尽,即使最后一刻仍可独自上岸全身而退,但他始终没有放弃!

人们有理由设想:也许当时的杨向明,唯一的念头就是救人。至于能否成功,至于自己可能面临的凶险和后果,他应该没有去考虑,因为实际上也不容他思考。

有现场监控显示,从下车跑到桥上,再跨过栏杆去救人,整个过程杨向明只用了8秒钟。正是这短短的8秒钟,让人们从中感受到杨向明救人之心是何其急切;正是这短短的8秒钟,凝聚了杨向明对他人生命的珍视和对社会的责任;正是这短短的8秒钟,充分体现了杨向明舍己为人、无私奉献的精神境界……

英雄出自平凡,平凡孕育英雄。

这既是生活和生命的真谛,也是英雄辈出的源头。

我们崇尚英雄、学习英雄,何不从小事着眼,从平凡做起!

赵吉仁

甘用生命搏激流

一个孩子被卷入激流,农民赵吉仁毫不犹豫跳河救人。落水的孩子得救了,筋疲力尽的他却被洪水无情地吞噬了生命……

赵吉仁,男,1957年出生,生前系江苏省镇江市丹徒区丁岗镇姥山村村民,光荣牺牲时年仅46岁。

2003年7月5日,因持续暴雨、上游水坝决堤,丹徒区丁岗镇姥山村村前的一条小河河水暴涨。

中午11时许,村里五个在华墅中学补完课的孩子冒雨回家,途经河边小路时,其中一个孩子不幸被卷入激流。前往接女儿放学的赵吉仁见状,立即跳入河中救人。几经努力,在其他闻讯赶来的村民帮助下,落水孩子终于被救上岸,筋疲力尽的赵吉仁却被激流和漩涡吞噬,英勇献身。

当年,江苏省人民政府追授赵吉仁为"江苏省见义勇为英雄"、革命烈士。

十四年过去了。

当年获救的那个落水女孩,不但完成了中专学业,还在丹阳市找到了一份不错的工作,过着平静的生活。在当地村民眼里,赵吉仁的名字一直是"英雄"的代名词。

近年来,因为拆迁,原来的村子已经不复存在。赵吉仁救人献身的那条小河还在,虽也改变了模样,但河水还在静静地流淌。每到雨季,每当经过这条小河,不少村民都会想起,曾经有一个与自己一样普通的人,在这里用生命诠释了什么是见义勇为,什么样的人才是真正的英雄。

赵吉仁的名字中有个"仁"字,他以生命为代价的见义勇为行为,把中华民族传统的仁义道德,演绎到了极致。

"他要是没走,今年就该60岁了。他走的那天是农历六月初六……"这样的一个日子,已经深深刻在烈士遗孀吴梅兰的心上。

吴梅兰，生于1961年8月22日，比丈夫小4岁。她初中毕业后在家务农，和赵吉仁同在一个生产大队，彼此知根知底。1981年结婚的时候，她才20岁。婚后第二年夫妻俩有了孩子，接下来又生了一个，家庭负担越来越重。

那时候，很多人选择外出打工。赵吉仁、吴梅兰夫妇家里有六亩水田需要耕种，还有两个孩子要照顾，不能两个人都出去，赵吉仁便留在家里种地，也养鸡、捉黄鳝去换钱，偶尔还在附近做些零工。吴梅兰则跟随外出打工的人们来到兰州等地。漂泊在外，她打过零工、当过工人，也自己做过皮鞋去卖。

丈夫牺牲后，吴梅兰回到家乡。新区见义勇为基金会出面协调，安排她在镇江市碳素制品有限公司做后勤工作。2009年，她光荣地加入了中国共产党。2014年底，因为颈椎、腰椎不适，吴梅兰不得不在家休养。因村子拆迁，她一直靠低保补偿金维持生活，现住在镇江市新区平昌新城新茂苑。

事发当天，吴梅兰远在外地打工。得到丈夫牺牲的消息，火急火燎地赶回家之后，她才知道所发生的一切。当然，她也知道，自己生命中的天，从此塌了……

目击者讲述丈夫救人牺牲的每一个细节，对吴梅兰都是刻骨铭心的记忆。她悲恸万分，她肝肠欲断，但她更理解丈夫的英雄行为。做了二十多年夫妻，她深知丈夫的秉性，他生前助人为乐的一件件往事都印在她的脑海里。她说："他是个本分人、老实人，也是个好心人、善良的人，光知道为别人着想。没想到，他助人为乐把自己也搭进去了，丢下老的老、小的小一家人，也把我丢在了半路上……"

这些话，吴梅兰是流着泪说的。

我懂。这样的经历，不是每一个人都能承受得起的，何况她这个还算年轻的女性、带着两个孩子的母亲！

十四年的光阴过去了。吴梅兰说，多少苦、多少累，她都经受了；多少艰难、多少眼泪，已经让她渐渐学会了坚强。

如今,她已经不愿再过多地提起往事。她说现在更想说的是"谢谢"——谢谢这么多年来各级党委、政府对自己的关心和爱护,谢谢社会各界对自己这个家一如既往的帮助与支持。

令吴梅兰感到欣慰的是,在社会各界特别是各级见义勇为基金会和许多好心人的帮助下,两个女儿都已经长大成人、成家立业,自己也做了外婆,小女儿赵笑还圆了大学梦。吴梅兰说:"我守住了这个家,也把孩子领上了人生的路。这是当初我自己在心底对丈夫的承诺,也是支撑着我一路走来的信念……"

大女儿赵静,1983年出生,初中毕业,早已成家,有了两个女儿。现在,夫妻双双在江阴打工,日子过得很好。

小女儿赵笑,2010年从扬州一所大学毕业,现在镇江市新区公安局做辅警。结婚成家后,她已经有了一个1岁多的儿子。

如今30岁的赵笑,当年目睹了事发经过。就是当年的那一场暴雨,让当时正处于碧玉年华的她永远失去了父亲,也在她的心里打下一个心结:"当时我也是刚刚才站到安全的地方,爸爸怎么一句话都没和我说,就跳下河救人了呢?明知道自己身体不大好,他怎么还敢往河里跳?……"

随着时光流逝,渐渐长大的赵笑逐步明白,父亲的见义勇为行为是自发的,也是壮烈的。她说:"现在,我理解了父亲当初舍生忘死的举动,他不是为了当英雄,而应该是一种做人的本能。现在,就是我遇到那样的情况,也会像父亲一样跳下河去救人!"

吴梅兰不善言谈,加上旧事重提,难免心酸多多。她哑哑嘴说:"我嘴笨,还是让小女儿给你讲吧!"

赵笑说:"我接受过很多次采访,也讲过很多回了。既然你想听,我就再讲一遍,都是我的心里话,不知道能不能回答你想知道的问题。"

赵笑断断续续的讲述中,她从一个特殊视角所呈现的对"平民英雄"的解读朴实而生动。一个女儿对英雄父亲的由衷敬仰和刻骨思念,都饱含在措辞深情的言谈之中。

我的父亲赵吉仁,是一位普普通通的农民。他年幼的时候,就失去了父爱,家里姊妹又多,从小饱尝了生活的艰辛。初中毕业他开始在家种地,后来时代变了,也偶尔出去打零工,维持全家生计。

2003年7月5日,对于我来说是一个刻骨铭心的日子。那一天,父亲永远地离开了我。当年,我才16岁,在丁岗镇华墅中学读初三。

那天上午,狂风呼啸,暴雨倾盆。

中午11时许,在校补课的我们放学了。走出校门,大雨还在不停地下,我们看到很多农田、道路被水淹没,白茫茫一片。

持续暴雨使上游水库溃堤,当我们走到河边时,平日安静的小河正有湍急的洪流卷着大浪而来,发出"哗哗"的声响;河面上波涛汹涌,河上的小桥快要被河水淹没。

我和同村的赵磊、赵雪丹、赵慧、郑淼(化名)小心地走过小桥,又踏上河边的一条近道。这条我们天天走的小路,也已经被席卷而来的洪水淹没。

水,漫过脚面。

我们手拉着手,慢慢地走在看不见路面的小道上。脚下的泥土很滑,随时都有摔倒掉下河的危险。

这时,赵磊妈妈来到了路口。她看到我们几个在小道上滑来滑去,就嘱咐我们从另一条路走。可是,当我们回过头一看,来路已被大水淹没,小桥也被浸泡在水中,身后是白茫茫一片,已经无路可退。

我们只有手拉着手,慢慢地摸索着前行。

在最前面的赵磊走过了最险要的地段,我也紧随其后。谁知道,走在最后的郑淼,突然脚下一滑、小手一松,整个人栽进了河里……

"孩子掉到河里了,救命啊!救命啊!"赵磊妈妈急得大叫起来。

这时,赶来接我放学的父亲迅速跑了过来,他一句话都没有说,也顾不上脱掉雨衣、雨裤、雨靴,就跳进了河里。

"当心啊!"赵磊妈妈一边大声提醒我父亲,一边继续呼喊"救命"。

我们也一起呼喊"救命"。

有好几个村民听到呼救声都向小河边奔来。

这时,我看到父亲在水里抓住了郑淼。他一手用力将郑淼往岸上托,一手紧紧抓住河边的草,几位村民帮忙往上拉。可是,河坎上太滑,根本站不住脚,施救十分困难。

几个回合过后,由父亲托举上来的郑淼被岸边的人拉住了。她,得救了。

也许是用力过猛,没想到父亲的手一直抓着的一撮草被连根拔了出来。他在激流冲击下瞬间滑向了河心……

在别人忙着往上拉郑淼的时候,我叫喊着:"快去救救我爸爸……救救我爸爸啊!"

湍急的河水裹挟着父亲。

我眼睁睁地看着他快要坚持不住了。村里的殷国庆叔叔跳下河去,伸出手臂拉住了父亲。

殷叔叔一手将筋疲力尽的父亲往岸边拉,一手同样抓住岸边的一撮草。可是,根浅叶嫩的小草怎能经受得住这股力量?

瞬间,一撮草又被连根拔起,殷叔叔和我父亲一起被激流冲走。

暴涨的河水击打着父亲和殷叔叔的身体,两个平时水性很好的男子汉在水中挣扎。

殷叔叔最终上了岸。

可是……也许因为救人心急,下河时没来得及脱下雨衣、雨裤、雨靴,负荷太大,又在救人过程中耗尽了全身的力气,我的父亲就这样被无情的河水吞没了……

我在河边撕心裂肺地叫喊着:"爸爸!爸爸!救救我爸爸……我爸爸哪里去了……快救救他啊……"

当父亲终于被打捞上来时,他的一只脚上穿着雨靴,两只手臂高举过头,手里还紧紧攥着一撮草……

我的父亲，就这样走了。我和奶奶、妈妈、姐姐整日以泪洗面，我更是不相信父亲真的永远离开了我们。我面对苍天呼唤着父亲：女儿还没来得及再跟您说一句悄悄话，女儿还没来得及再为您倒一杯茶，女儿还没来得及再亲亲热热地叫一声"爸爸"……您就忍心这样匆匆地走了？您怎么能舍得下年迈的奶奶、多病的妈妈、尚未满18岁的姐姐和我？

父亲牺牲后，我们家一下子陷入无尽悲痛中。就在我们最痛苦、最艰难的时候，各级政府与社会各界给了我们极大的关怀、帮助和温暖。

2003年8月，父亲被追认为革命烈士，江苏省人民政府追授父亲为"江苏省见义勇为英雄"；丁岗镇镇政府为我妈妈解决了工作问题；区、市、省见义勇为基金会的历任领导每年都到我们家来看望、慰问，资助钱款，帮助我们解决生活困难和我上学的问题。还有好心的村民们，在农忙时节帮助我们家栽种、收割。

因为家中失去了顶梁柱，失去了唯一的男子汉，我和姐姐越来越懂事了。我们姐妹俩宽慰奶奶，也协助妈妈。虽然生活非常艰辛，但我们还是在社会各界的关怀下，终于挺了过来。

父亲从小就教育我，助人为乐是美德。他是这么说的，也是这么做的，只要有人找父亲帮忙，他都乐意去做。

记得有一次，邻居赵融（化名）为灌溉庄稼在渠边抽水时，不慎触电昏倒在地，手全烧糊了，手指头上连肉都没了。是父亲首先发现了他，并冒着触电的危险，用一块木板隔开电源将他翻过身来，随后将他送到了医院。医生说，要再迟一步，赵融肯定没命了。

记得还有一次，同村的小朋友赵美（化名）在门前的河边和小伙伴们玩耍，不小心滑到了河里，小伙伴们吓得大叫"救命"。是正在打谷场晒谷子的父亲奔了过去，跳到河里把赵美救了上来。

父亲还经常帮人修自行车、修农具、补鞋、打水、接电路、做农活……虽然都是一些生活中的小事，但他这种助人为乐的精神一直熏陶着我。

父亲不是党员，不是干部，也不善言辞，但父亲善良、质朴、勤劳、宽厚的品质一直影响着我。

父亲没有英俊潇洒的外表，没有渊博高深的知识，更没有家产万贯的财富，虽然默默无闻，但他淳朴、善良，用生命的奉献在我心中树起了"平民英雄"的高大形象！

是的！父亲用生命树起的英雄形象，始终矗立在我的心中，时刻指引着我人生的航向。

我为自己有这样的父亲而自豪，我也要让父亲因为有我这样的女儿而含笑九泉。

我以父亲为榜样，经常帮助别人，关心同学，资助灾区；我坚持勤俭节约，勤奋学习，乐观向上。在大学学习期间，我在生活与学业上严格要求自己，被同学们选为班长，年年被评为"三好学生""优秀学生干部"；2010年6月12日，我正式加入了中国共产党，成为一名年轻的共产党员。

现在，我有了自己的家，我和丈夫都有自己的工作，我们也有了一个儿子。我的工作岗位虽然很平凡，但我总是很认真地去做好每一件事。

我想通过自己不断的努力，告慰父亲、回报社会，也以此报答母亲在父亲牺牲过后没有放弃家庭、对我们的精心养育之恩……

赵吉仁，一个平民英雄逝去了，他把美德留给后代，把仁爱留在了人间。

高茂宗

冰河中的热心肠

面包车不慎冲入桥下,车内驾驶员危在旦夕。英雄高茂宗冰河救人,奋不顾身……

2008年2月17日晚上8时,电视里正在播出2007年度"感动中国"人物颁奖典礼的盛况,一个个催人泪下的动人故事,感动观众,感动中国。其中,年轻军人孟祥斌跳入河中勇救落水者而壮烈牺牲的英雄事迹感天撼地。

就在颁奖典礼正式播出的当天,连云港市东海县交通运输客运公司驾驶员高茂宗也与那位年轻军人一样,跳入冰冷的河水里救人,被当地群众誉为"孟祥斌式的英雄"。

2009年1月,高茂宗被连云港市人民政府授予"见义勇为先进分子"荣誉称号。同年10月,高茂宗被江苏省人民政府授予"江苏省见义勇为先进分子"荣誉称号。

一晃大几年过去了。救人英雄高茂宗现在怎样?他生活得好吗?

这天上午,在东海县公安局政治处解宣庆副主任陪同下,我来到新落成不久的东海县交通运输客运公司二楼会议室,这里也是"高茂宗爱心团队"工作室。我一进门,爱英雄、学英雄的浓浓气息就扑面而来。

进门右侧的一面墙上,是关于高茂宗先进事迹的宣传报道剪辑专栏;进门左侧的一面墙上,是高茂宗个人荣誉专栏,由多张高茂宗获得的奖状和荣誉证书喷绘而成;室内右侧山墙上,挂满了受过帮助的人送给高茂宗或送给公司的锦旗;左侧山墙上则是"高茂宗爱心团队"的人员名单、章程、职责、工作内容和目标等。

就是在这里,我与高茂宗如约见面。

高茂宗,身高1.72米,长得敦敦实实。利利索索的平头,额头上明显脱发成半圆形秃顶,那是岁月的辛劳留下的印记;炯炯有神的双目,春风满面的笑容,轻松与自信的表情,看得出他满足于现在的平凡;他说起话来谦虚、低调,给人以质朴本分、不事张扬的印象。

他是从忙碌的岗位上抽空来接受我采访的。他红润的脸颊上,还有汗珠在滚动。

高茂宗,1978年3月11日出生在东海县温泉镇罗庄村五组。1996年12月入伍,在吉林省四平市装甲兵某师服役。他当过炮兵班班长,两次被评为"优秀士兵",并光荣入党。在军营里,他利用业余时间自学成才,取得大专文凭。

2001年,高茂宗退伍,在家务农,与泥巴打交道,一干就是五年。

2006年1月,高茂宗成为东海县交通客运公司一名客车驾驶员。

高茂宗说:"2009年10月16日,是我一生中特别难忘的日子。我作为连云港市见义勇为代表,非常荣幸地参加了江苏省第九届见义勇为表彰大会,时任省委、省政府主要领导会见了我们,我当时很是激动……"

高茂宗用手指着摊在会议桌上的与领导的合影和一摞荣誉证书,回忆的思绪把他带到那应该久远的时刻——

2008年2月17日下午5时许,高茂宗像往常一样,驾驶苏GF5052中巴车正常行驶在南辰客运班线上。这是他跑过不知多少次、已经烂熟于心的长途线路。

当他由北向南行驶到东海县石榴镇东安南湖一个废弃的窑厂附近时,跟随在他客车后面、由连云港市某编织厂业务推销员缪利(化名)驾驶的一辆蓝色五菱之光面包车,正常超车向前驶去。

哪知道,刚超过高茂宗的中巴车驶出不到一分钟的时间,那辆面包车竟因为驾驶不慎直接冲入路东桥下的河水中。

"不好!出事了!"高茂宗来不及细想,靠近路边紧急停车。

"前面的车子掉到河里了,救命要紧。"他一边告知自己车上的六名乘客,一边提醒有手机的乘客快向"110"报警,而他自己来不及脱掉身上的羽绒服,就纵身跳入河水中。

天寒地冻。

气温-2℃。

河面上有些许薄冰。

河水冰冷刺骨。

面包车的车门反锁,加上水下的压力,紧闭的车门怎么也打不开。

驾驶室里的缪利危在旦夕。

高茂宗迅速返回岸上,找来一块大石头,再次跳入冰河中。

他铆足劲,连续砸了四下,终于把驾驶室的车窗玻璃砸开。

那是救人的一线生机!

高茂宗拽开车门,解下系在缪利身上的安全带,将其拖出驾驶室。

受到突如其来的惊吓,神情紧张、不知所措的缪利,冻得脸色发紫,连呼吸都很困难。

情况十分危急。

高茂宗顾不及羽绒服里灌满积水,自己也冻得直打战,又连拖带抱地把缪利弄到自己的中巴车上。

中巴车迅速启动,向附近的一个小村庄疾驰而去。

这世上还是好人多。村头的一户好心人家慷慨地拿出两身衣服,并帮着给缪利和高茂宗换上。

"好事做到底吧……"高茂宗心想。他担心缪利受到惊吓和身体受伤,便将自己车上的几名乘客安排到下一辆班线客车上,然后打开双跳,驾车一路狂奔,把缪利送到县城医院。

由于冰河中救援及时,经医院检查,缪利除受了点轻微划伤、伴有胸闷之外,并无其他大碍。

当时,缪利由于过度紧张,隐隐约约地只记得那天救护他的是东海县汽车北站的客车,而没有记全高茂宗那辆中巴车的车号,事后他找了八天也没有找到救命恩人。

缪利干脆寻找南辰线客运车辆,对驾驶员进行逐个查对。2月25日下午,他终于找到了相救于他的英雄高茂宗。

2月26日8时,死里逃生的缪利带着一封热情洋溢的感谢信和一面绣有"不畏冰冻严寒，救人冲锋在前"的锦旗，专程感谢救命恩人。他紧紧地握住高茂宗的手，动情地说："多亏你救了我！要不是你，我可能就被困在车厢内窒息死亡，或者被冰冷的河水淹死、冻死……"

往事追忆至此，高茂宗的讲述戛然而止，一脸的沉重里写满了对生命的怜悯和尊重。接下来，他真诚地表达了以下的意思："别人处在危难之中，我是退伍军人、共产党员，岂能坐视不管？当然，当时如果我不下水救人，也会有其他人下去救的。我们公司领导对我很重视、很关心，公司员工对我很理解、很支持，我的家庭和生活也一天天好起来。现在，我的任务就是更好地做好自己的工作，回报公司，回报社会……"

聆听高茂宗的心声，我突然想起一句古话"君子好成人之美"。冰河救人的高茂宗，可谓冒着生命危险去"成人之美"了。他的事迹也告诉我们，即使想做一个普通意义上的好人，平时也要努力修养一颗君子之心。

东海县交通客运公司党支部副书记杨运洲告诉我，他们公司对高茂宗这样的见义勇为英雄很重视，精心培养并给予关爱。他热情地向我介绍了日常工作和生活中的高茂宗。

高茂宗在公司工作多年，从来没有发生过事故，是大家公认的驾驶能手，每年县里的春运安全表彰都有高茂宗的名字；他爱岗敬业，热情服务乘客，在同行中树立了标杆；他多次拾金不昧、乐于助人，做了很多好事，经常受到公司的表扬以及县交通局、县文明办、县委宣传部领导的赞许。

有一次，几名河南籍游客将行李包和手机遗忘在高茂宗的车上。高茂宗通过手机上的通讯录迅速与失主取得联系。失主赶来取失物时，拿出数百元钱表示感谢，当即被高茂宗婉言谢绝。

高茂宗开的班车，遇到残疾人、有急事的人、携带行李多的人，他总是很热心地把他们送到新的乘车点。

后来，他到公司稽查队做稽查工作。平时，遇到有的驾驶员家中临时有急事，他就主动顶上去开长途班线车。

深更半夜，旅客急匆匆赶到车站，却没有了班车，如何是好？于是，高茂宗买了一辆面包车，在业余时间送客的同时，经常深夜开车义务送有困难的旅客回家。有一年中秋节夜里，一个妇女带着孩子没有赶上班车，在公司值班的高茂宗二话没说，驱车50多公里，把那对母子送到家中，使其能及时与亲人团圆，而他分文未取。

高茂宗不仅车开得好，为乘客服务得好，而且有一双辨别窃贼的火眼金睛。

2006年初，高茂宗刚当驾驶员的时候，被公司安排在东海至南辰班线上。这是一个长途班线，时有小偷跑到他开的客车上作案。当乘客的财物被盗窃后，高茂宗也曾受到抱怨，为此他很伤脑筋。时间长了，高茂宗练就了辨认窃贼的本领。发现有小偷上车要作案，他都会用特殊的方式及时提醒乘客，必要时他甚至还站起身来大声呵斥，让窃贼难以得逞。后来，小偷只要听说是高茂宗开的车，便不敢再上去作案了。

高茂宗冰河救人的先进事迹，在港城引起强烈反响，得到各级新闻媒体和各级党政部门的高度重视和关注。《连云港日报》《苍梧晚报》《江苏工人报》等陆续进行宣传报道，相关报道被省内媒体广泛转载，人们称赞他"见义勇为舍生死，再现英雄'孟祥斌'"。

东海县交通客运公司为褒奖高茂宗，特授予其"舍身救人模范客车驾驶员"称号；当年，高茂宗被县政府授予"春运先进个人"称号，被县文明办授予首届"道德模范"称号，县委宣传部将其作为年度先进典型予以广泛宣传。在受到市、省见义勇为表彰之后，高茂宗又被选送参加第五届"全国十大见义勇为好司机"评选。2011年1月，高茂宗获得连云港市"感动港城交通十大人物"提名。

东海县交通客运公司以高茂宗命名成立了"高茂宗爱心团队"，并努力将该团队打造成为"中国道路交通运输领袖品牌"。

为了让高茂宗便于照顾家庭，东海县交通客运公司特意将他从日夜奔波的驾驶员岗位调整到日常只上白班的稽查岗位。

2012年5月,经东海县交通运输局研究决定,破例将高茂宗招为正式职工,从此他有了稳定的职业和收入。

高茂宗在县城无房无户口,孩子上学遇到困难,东海县交通客运公司、交通局公司领导和县、市见义勇为基金会相关领导出面协调,帮助他10岁的女儿、8岁的儿子顺利入学。

高茂宗老家的三间老屋破旧不堪,前不久新建简陋住房,东海县交通客运公司也给予了适当帮助……

东海,水晶之乡。

见义勇为英雄,有一颗水晶般的心。

水晶之乡的人们,以温暖的情怀抚慰见义勇为英雄的心灵,以实实在在的行动理解和支持见义勇为事业。

我们欣喜地看到,见义勇为英雄在东海、在江苏这片大地上,受到了应有的爱戴和尊重。

戴庆贤

大海浪尖渡苍生

提起那次勇闯大海的生命救援，55岁的渔民戴庆贤至今记忆犹新。他说，他一生也忘不了那惊心动魄的一幕，不仅牵涉到被救者的生命，连自己也差一点葬身海底……

时任江苏省见义勇为基金会理事长王寿亭与戴庆贤亲切握手

2015年6月,那一场突如其来的龙卷风,就像锋利的刀子,把长江沉船灾难那悲惨的一幕刻进国人的脑海深处。那锈迹斑斑的船底、极度虚弱的获救者、疲惫不堪的救援者,以及暴雨如注中那英勇悲壮的救援场面,就像2008年"5·12"汶川大地震中停摆在下午2时28分的那口大钟一样,永远不会从中国人的记忆中消失。

灾难似幽灵,说不定什么时候就突然降临人间,无情祸害人类。人们无法预测,什么时候会有灾难落到自己的头上。而灾难降临的时刻,当事者最渴望的便是能有大义大勇者伸出援手。

戴庆贤,就是这样一位在灾难中伸出援手的见义勇为英雄。

他的身影,没有人们心目中的英雄那么高大,甚至可以说略显单薄。海风吹红的国字脸上,眉毛浓黑,眼眸清亮,鼻翼端正,双唇厚厚的;说话时声音浑厚,中气十足;举手投足间,透出一股大海的气息。

进门的时候,我看他走路的样子似乎腿脚不够灵敏。戴庆贤告诉我,这是那次海上救人留下的毛病,事后发现膝盖骨折,治疗、休养了六个月才基本康复,但留下了后遗症,导致他现在走路有点跛。每逢阴雨天气,磕伤的膝盖还会隐隐作痛。

拉起裤管,我见到他膝盖上残留着一片紫黑的伤痕。戴庆贤自我安慰说:"不过,我这点小伤与获救的几条人命比起来,算不了什么!"

1962年7月30日出生于寻常百姓家的戴庆贤,家住江苏省启东市东元镇家禄村八组,现为启东市海复镇个体渔民,主要以捕鱼为生,并拥有一个自己的文蛤养殖场。

在当地,他是个人人夸赞的好老板。前几年,戴庆贤买了一条船,雇了几个人一起出海。他给雇员的工资比一般的船民们都高,包括不用出海的休渔期,给雇员的工资也一分不少,替他们每个人交了保险,逢年过节还会送些礼品、发个红包。

给我的感觉,他是个重情重义的汉子。

戴庆贤很健谈。交谈之间,他不停地抽烟。他说曾经几次戒烟,后来没有坚持住,又"复吸"了。此时此刻,飘散的烟雾中有他艰难回忆的思绪,似过眼烟云般浓缩他半个多世纪如海浪般的跌宕人生。

他成长在海的怀抱,分享大自然的恩赐,也把"沧海英雄"的美名,留在南黄海畔的海天之间。

提起那次勇闯大海的生命救援,戴庆贤至今记忆犹新。他说,他一生也忘不了那惊心动魄的一幕,不仅牵涉到被救者的生命,连自己也差一点葬身海底。

哦!那是一次大冒险、一场生死劫,也是一曲悲歌吟、一首英雄赞!

启东,地处万里长江入海口北侧。三面环水,形似半岛,集黄金水道、黄金海岸、黄金大通道于一身,历来是出江入海的重要门户,也是江苏日出最早的地方。作为中国"海洋经济之乡",启东素有"江海明珠"之称。

船与海,海与船,彼此相互依存,记录着"载舟覆舟"的历史沧桑,也流淌着沿海人民终年"靠海吃海"的跌宕岁月。

戴庆贤不是船老大。当年,他也没有渔船,但后来却成了勇闯大海、救人性命的见义勇为英雄,这在南黄海边一时传为佳话。

2001年9月22日下午1时左右,滨江临海的启东蒿枝港刮起七八级大风,黄海滩上腾起海潮的喧嚣。刚刚出海归来的戴庆贤,正在自家的养殖场里午休,突然间被一阵急促的呼喊声惊醒:"不好了,赶海的老牛车翻了……有人掉到海里了……"

原来,这一天,某紫菜场的三辆牛车拖着一群男女,摇摇晃晃地向大海驶去。一路上,他们有说有笑,并没有意识到死亡的威胁正向他们袭来。这些出海的村民,是启东市茅家港一个养殖业主雇用的,他们正要到滩场上放置紫菜网。

海边的人们养成了根据潮汐进行生产和生活的习惯。然而，这一天的潮水来得快、来得急，海面的怪风鼓动着潮头滚滚而来，这种现象在当地叫"怪潮"。

"不好，大海出怪潮！"惊慌失措的人们顾不得收拾网具，跳上牛车挥鞭返往岸堤。

前头的两辆牛车侥幸越过激流，后边的那辆牛车转眼间就被奔涌而来的潮水吞没了。牛车失去重心，坐在车上的人们发出一片惊叫。拉车的两头老牛只露出黑色的脊背，自顾自地在海面仰头喘息。

少顷，那辆牛车被滚滚的海浪掀翻。车上的九个男女，只有一个水性好的侥幸脱险，其余八人全都落入海中。

前头那两辆牛车上幸运上岸的人，目睹后头那辆牛车被卷入海潮，一个个无可奈何，只能眼睁睁地看着落水的乡邻在风浪中向他们招手求救……

人命关天！戴庆贤第一个念头就是赶快找船出海，于是便发动摩托车直扑港口。

蒿枝港，水道狭窄，平日只能停泊一些近海作业的小渔船。大潮汛时，许多上吨位的渔船都驶往数十里外的吕四渔港避风。眼下，港口里的渔船大多空荡荡的，船上不见一个人影。只有一艘五六米长的小舢板上站着一个人，正扬手向船桩抛缆绳，准备下船。

戴庆贤跳下摩托车，一个箭步窜过去，扯过缆绳头说："你别走，快跟我下海救人！"

细高个子的船老大潘爽（化名）圆睁着眼睛："你说啥，让我出海？"

戴庆贤跳上小舢板催促说："是的，有人掉到海里了……快！调头出海，我们一起去救人！"

一听说要冒着七八级的大风出海救人，潘老大心里难免有点害怕："我看你是个疯子！人家大船都往港里赶，你叫我驾着小舢板出海，想让我去送死啊！"

急红了眼的戴庆贤吼道:"见死不救,还是个人吗?少废话,救人要紧!"

平时,潘老大的小舢板只能在风平浪静的时候近海捞鳗鱼苗,捕些小鱼小虾。今天遇上突发的大风怪潮,情急中驶进蒿枝港避风,没想到被人揪住缆绳强令出海。唉!就依了他吧,毕竟人命关天啊!

就这样,原本也是软心肠的潘老大调转船头。在岸上观望者惊奇的目光中,小舢板驶出港湾,开往外海。

狂野的潮涌高达2米有余,戴庆贤双手抓住栏板,膝盖跪在船底。一个接着一个的滔天巨浪,将小舢板一忽儿推上浪尖,一忽儿抛入谷底。而每一次颠簸,他都会被一下子抛向空中,再重重地摔落下来。每一次摔落下来的时候,膝盖总要磕击船板。没过几下,他的膝盖就被磕得鲜血直流,混杂着海水生疼,然而他全不在意。

潘老大也许被戴庆贤的凛然正气感染了。他紧紧抓住舵把,竖起耳朵,紧张地听从戴庆贤的调度。不料,咆哮的海浪击碎了舢板舵杆的固定轴。操舵的潘老大便将舵杆死死地按在腋下。他很清楚,如果失手,舵杆就会被大浪卷走,而这艘失去方向的小舢板,就再也回不到海岸边。

这是一组异常惊险的镜头:出没在风口浪尖的小舢板,载负着两条汉子,也维系着落水者生的希望。

开足马力的小舢板,一次又一次被迎面的巨浪冲击得左右摇晃。机械的动力和看似强大的人力,在大自然的肆虐面前,几乎不堪一击。

小舢板艰难的航行中,隐隐发现前方的波浪间冒出一团黑影。

戴庆贤熟悉这片海域,猜测海水下应该是拉紫菜网的地方。他们艰难地靠过去,才发现那黑影是一头落水的牛。

牛入了大海,那牛车上的八个男女呢?

戴庆贤想象着那些落水者在风浪中生死挣扎的情景,急得眼睛都红了。他让潘老大控制好小舢板,自己忍着疼痛跪在船板上,用三四米长的竹篙在海水里搜索。

不久，又发现了一个黑影，是另一头落水的牛，牛角上似乎还挂着什么东西，戴庆贤他们驶近了才看清那是人的胳膊。

那人正是长时间死死抓牢牛角的落水者陈冰（化名）。

是那只牛角救了他。

不！是英雄戴庆贤他们救了他！

借着浪势，戴庆贤探出身子一把揪住陈冰后背的衣服，大声喊："快拉紧，我们救你来了！"

被拖上舢板的陈冰，瘫软得缩成一团，冻得铁青的嘴唇瑟瑟发抖。戴庆贤赶忙脱下自己的衣裤将他包裹起来。

只穿着一条裤衩的戴庆贤，蹲在船头，手扶舱板，继续搜寻周围的海面。一直至下午2时30分左右，戴庆贤又发现波浪间晃动着一只手臂。他对着潘老大连呼："快，开过去，开过去！"

潘老大掌着舵把，半信半疑地叹道："牛车翻了，落水者在水中一两个钟头了，还有命吗？"

戴庆贤依然充满希望："过去看看再说！"

苍茫海面，风急浪高。几米高的浪峰筑起一道道水墙，恶狠狠地摔下来，在船头砸开一个又一个浪窝。

戴庆贤擦一把脸上的海水，突然喊叫起来："快靠过去，那边有人！"

驶近一看，那里漂着一绺女人的长发，好像有一只手臂在海面上动。小舢板一次又一次地被浪峰推开，那伸出的手臂只能徒劳地在海面上轻微地晃动。

这个气息奄奄、近乎绝望的落水者叫朱芬（化名）。牛车翻沉时，众人争先恐后地抓住车辕杆，但不久就被风浪卷走了。而她身高体胖，借着大于他人的浮力，硬是挣扎了这么长时间，但最终还是渐渐失去了知觉。

是她的身体浮力救了她，还是求生的欲望救了她，不得而知。她只知道，是英雄戴庆贤他们救了自己。

事后她说，正当她昏迷之际，海面上隐隐传来隆隆的机器声，仅存的知觉告诉她有人来救自己了,于是她挣扎着用尽最后的力气将手臂伸出了水面。

在奔涌的海浪间,当戴庆贤再次伸出竹篙的时候,求生的本能使朱芬一把抓住了竹篙,但她已经没了爬上船的力气,肩膀靠着船舷,冻僵的手掌在船沿笨拙地滑动。

戴庆贤利用朱芬抓住竹篙的机会,使劲把她拖了过来。他伸出胳膊一把抓住她的腿,几乎是将她倒着拎了上来。

横躺在舢板上的朱芬,肚子鼓鼓的,显然是呛足了海水。戴庆贤扶起她,让她倒伏在脸盆上,以海上临时抢救溺水者惯用的老办法,为她压出了肚子里的海水。

朱芬蜷缩在舱板上,冻得瑟瑟发抖。戴庆贤在舱板下找到一条毛毯将她裹住,并扎上三道绳子把她和船板捆在一起,以防她滑落海中。

朱芬,是这次唯一的女性生还者。每每回想起当时的情景,她总会不寒而栗。她说:"牛车是侧着翻过去的,车上的人都被风浪卷走了,我也没例外,但我还是不断地鼓励自己,不能绝望,不能放弃,总会有好心人来相救的。"

也许,朱芬命不该绝。幸亏戴庆贤发现了她,使她死而复生。

接着,戴庆贤他们又救出了另外一个人。

就在戴庆贤救人期间,波浪里涌过来五具尸体,稀稀落落地从小舢板旁边漂过。一两个小时前,他们还在牛车上谈笑风生,而现在却阴阳相隔仰面朝天漂浮在海浪间。

苍茫的海天,急浪孤舟,又怎么能载得动那些随浪漂远、没有了生命的男女……

坐在我面前的戴庆贤揪着自己的头发,眼角溢出了痛惜的泪水。他哽咽着说,当时多么希望海面上能出现一条大船,鸣着汽笛赶来救援,把这些被海浪吞噬的同胞带回来啊……

可是,哪有大船的影子?只有呼啸的海风、奔腾的海浪和这条五六米长的小舢板。

戴庆贤几乎哀求道："要不,我们把他们捞上来吧!"

潘老大深知自己的小船能抵多大风浪,他说:"人死不能复生,我看还是算了吧……我这是小舢板,不是万吨轮。如果带上他们,我们很可能一起遭殃啊……"

是啊!他们来的时候已经千难万险,现在小舢板上又增加了三个人,倘若再捞上几具尸体,也许大家都回不去了。

小舢板上增加了人,"吃水"加重了许多。要是超载翻船,不要说救人,连自己在内的船上人都得搭上去呀……

说到这里,硬汉子戴庆贤忍不住更加急促地哽咽起来。他说,对于这个选择,不知道是对是错,自己一直耿耿于怀。时至今日,就在此时此刻,他的脸上还写满愧疚和自责:"嗨哟,当时情况紧急,我找不到大船……过后听长者说,那些漂浮海面的男女说不准还有救呢!而我却把他们放弃了,这让我的心一直不安哟……"

小舢板进港的时候,海堤上已经站满了黑压压的人群,许多人自发前来帮着把由戴庆贤救回来的人抬到岸上——他们都已经处于昏迷状态。

爬上岸的戴庆贤,这时才感到浑身乏力,一股寒意从脚底袭上心头。人们见到这个赤膊的汉子只穿着裤衩、双手抱着臂膀,摇摇晃晃地翻过海堤,寻找下海前扔在堤下的摩托车。

当他回到场部,闻讯赶来的妻子黄美珍见他这副狼狈模样时,心疼得直掉泪水:"你这样去冒险,万一回不来,让我们娘儿俩怎么活啊……"

戴庆贤笑笑说:"你看,我不是好好的嘛!我命大福大,海龙王对我网开一面,让我继续在人间做好事。"

就为这件事,当地政府举行了隆重的表彰会。同时受到表彰、披红挂彩的船老大潘爽坐在戴庆贤的旁边,他悄悄地说:"要不是你那天揪住我不放,我哪敢与你一起出海去救人!"

戴庆贤说:"你是一个好老大,能救回几条人命,全仰仗你的掌舵功夫。"

事后,有记者探问戴庆贤有什么感想,他说:"当时急着寻船下海救人,别的没想。"

记者问:"驾着一条小舢板在大风大浪里救人,你不害怕吗?"

戴庆贤说:"当时凭着一股热血勇往直前,出海后才知道大海真的不好惹,事后想想真的后怕!"

直到今天,戴庆贤的脑海里还时常呈现出那几个无法生还的落水者在海浪中漂浮的惨景。采访中,他当着我的面一再叹息:"嗨哟,我的海啊……那几个永远沉入大海的冤魂啊……"

大海情怀,孕育多少英雄豪杰。

沧海如书,写尽人间奇闻轶事。

戴庆贤,从小在海边长大。童年时代的他,曾拎着木桶到海滩捡泥螺,也曾坐在岸边等着父亲赶海归来。他的父母养育有五个子女,全家过着渔民生活。和渔民村的人们一样,岸上也有自己的家和那时还是集体耕种的土地。

16岁那年,为了减轻家庭负担,戴庆贤放下书包,在乡村田间参加劳动。第一次出征水利工程,他就像大人一样挑泥。从外滩取泥到近海堤岸,往返近百米,三个人一组接力挑运。他个头不高,肩膀扛不起重担,挑运时几乎贴着地拖拽。同组的民工并没有取笑他,还尽量让他挑少点、运近点。戴庆贤说,这使他一踏上社会就感受到人世间相互帮衬的温暖情意。

后来,好心的邻居介绍他到上海自行车三厂打工。他们几个打工仔挤住在一个狭小的亭子间,晚上只能打地铺,每人一点点空档,稍一翻身就会越过"楚河汉界"。然而,戴庆贤却对城里打工的生活很知足。

在上海的打工经历,让戴庆贤大开眼界。他第一次见到了那么多的高楼大厦,第一回领略了大城市的繁华景象。躺在上海的屋檐下,戴庆贤觉得生活真美好,对周围的一切感到无比亲切。想象着父母用他挣下的工资,将低矮的平房改成明亮的大瓦屋,他的心头无比舒坦。

戴庆贤说,当年春节回家,他从怀里掏出省吃俭用还带着体温的1万多元钱时,父母为此露出惊喜目光的情景,让他至今难以忘怀。

1983年,戴庆贤进入家乡的启东市建筑安装公司,当上了水电工。就是这名小电工,俨然成了"保护神",时常可以见到他挺身而出的身影,见义勇为似乎成了戴庆贤生活的一部分。他说:"做一个见义勇为者,我感到光荣和自豪。要是人枉有一副好身板,危难时刻不为他人、为社会做点贡献,还不如白白烂掉!"

也许是海浪的洗礼赋予了他率真淳朴的品质,造就了他坚毅果敢的性格;抑或是青少年时的生活感悟,给他播下了善良、助人的种子。从戴庆贤16岁时跳入冰河救出落水女孩算起,三十七年来他坚持见义勇为、助人为乐,先后七次参与抢险,解救遇险群众24名,为国家和集体挽回经济损失数千万元——

戴庆贤在上海打工时,偶遇一场大火。年纪轻轻的他,第一回当了英雄。

那是一个晚上,似睡非睡的他隐隐约约地发现窗玻璃映上一片火光,一拉开关,电灯也没亮。

凭经验,他估摸是什么地方电线短路引起火灾了。他摸黑翻起身,推开门走到屋外一看,真的是他所在的上海国棉十九厂棉纺仓库着火了,他赶紧大声呼喊:"不好啦……着火啦!"

这时,仓库窗口窜出了簇簇火舌。想到失火的仓库里堆放着上百吨原料棉,火势一旦失去控制,后果将不堪设想,戴庆贤鞋子都没穿,赤脚奔向火场。

火灾现场,热浪吹送着一股棉花被燃烧的焦味直呛鼻腔。戴庆贤回忆说:"当时,我在大上海不过是一个不起眼的乡下人,与那座遭遇火燎烟熏的工厂棉纺仓库并没有直接的牵连,即使袖手旁观,责任也不会追查到我的头上。不过,我真的舍不得满仓库的棉花呀……"戴庆贤说,他来自棉乡,对棉花自有一种特殊的感情。他知道每一包棉花从选种、育苗、施肥、整枝到拾拣,凝聚着多少人的心血和汗水。

戴庆贤毫不犹豫地冲了过去,先切断电源,再用拳头擂开门卫传达室紧闭着的门,让还在睡梦中的值班长拨打"119"电话报警求救。

当时,仓库大门挂着大铁锁。他不顾滚滚热浪,用钢筋剪刀扭断了锁鼻,推开铁门,第一个冲进了着火的库房。

在奋力扑火中,戴庆贤的衣服肩头部位被烧焦了,只飘着被刮破的布片,浑身被灼伤的皮肤随处可见,熏黑的脸上汗水流淌,可他全然不顾,继续与火魔搏斗。好在闻讯赶来的九辆消防车组成强大水力网,这才压住了凶猛的火势。

戴庆贤的义举对扑灭这场大火起到了至关重要的作用。厂方领导被这个乡下人的义举深深感动,他们亲自送给戴庆贤一面印有"见义勇为,救火英雄"的锦旗。

2001年9月12日凌晨,距戴庆贤家不远的东元渔船修造厂起火,睡梦中被惊醒的他又一次直奔火场。他顶着升腾的热浪,组织村民救火,为该厂挽回了500余万元的经济损失,而他自己的头发、眉毛却在火灾中被烧光了。

2003年1月22日下午2时许,在东元镇新益村地段,一个骑摩托车的村民不慎撞在树上,当场昏迷,正好路过此地的戴庆贤二话没说,立即将其送往医院救治。

2005年12月19日下午3时30分左右,一条捕蟹的浮子筏在协兴港外被不知名的货船撞翻,船上三名渔民生死不明。危难时刻,戴庆贤启动船只,向出事海域驶去。由于方位不明加上天色已晚,只能在外海抛锚。次日天刚亮,戴庆贤凭着多年对潮水的了解,沿着风向和潮水的夹角搜索,很快发现了失事的浮子筏,救出了唯一的幸存者朱坚(化名)。在生死线上苦苦挣扎28个小时后得以生还的朱坚事后感慨地说:"我这条命是老戴给的,再拖几个小时我也肯定没命了。"

有一次,戴庆贤路见一辆摩托车栽下蒿枝港畔的水泥桥头,他连忙奋不顾身跳入水中,将海门籍的吴氏父女救上岸,并送进医院抢救。

还有一次,他夜归途中,发现有人影徘徊在海堤上,他跟踪观察,从潮水里救起了那位姓朱的轻生者……

身为共产党员、南通市人大代表、启东市政协委员的戴庆贤,2008年汶川大地震时,他第一时间捐款;受他长期资助的三名贫困学生,最后都考上了大学;他捐资数万元为家乡修路造桥;他提交了多份有关维护海上治安、保护渔民合法权益的提案,被积极采纳……所有这一切,戴庆贤并不图回报。他说,这样的付出,获得的是心灵的满足。也正是从人们赞许的目光里,从赞叹的话语里,从媒体的赞誉中,从得到的荣誉中,他掂出了自己人生的价值。

近几年来,戴庆贤先后被评为"启东市见义勇为好市民""南通市水上搜救工作先进个人""南通市两个率先杰出人物""南通市见义勇为先进分子""南通市第25次文明新风典型""江苏省见义勇为英雄""全国见义勇为先进分子",获"全国道德模范"提名奖、首届中国公民道德论坛集中推介的"凡人善举代表人物"等荣誉。

见义勇为,沧海英雄的美名传遍大江南北。

盛名之下,戴庆贤一如既往,不改初心。

听说渔政部门要搞渔业救助组织,他第一个就报了名,并主动承诺他的一条作业船可以随时参与出海救助。他说:"生命就在一线之间。能够用自己的力量为他人挽回生命财产,是我应尽的一份责任。"

2002年5月,在江苏省人民政府举办的表彰会上,戴庆贤作为见义勇为英雄代表上台发言:"我今天帮助了别人,其实也是塑造了自己。在我有生之年,我将坚持不懈地把见义勇为进行到底。"

戴庆贤还说过:"人生的旅途难免会发生意外,危难时刻需要有人义无反顾、挺身而出,做一个勇者,做一个善者。"

是啊!我们的社会需要千千万万个像戴庆贤这样的勇者、善者。

人类使用火的历史与同火灾做斗争的历史是相伴相生的。

在人类发展的历史长河中，火，燃尽了茹毛饮血的历史；火，点燃了现代社会的辉煌。可是，正如传说中所说的那样，火是具备双重性格的"神"——有时它是人类的朋友，火给人类带来文明和进步、光明和温暖；有时它是人类的敌人，失去控制的火，就会给人类造成灾难。

火灾，是指在时间或空间上失去控制的燃烧所造成的灾害。在现实生活各种灾害中，火灾是极为经常、普遍地威胁公众安全和社会发展的主要灾害之一。

据报载，2004年11月20日凌晨3时许，河北省沙河市章村某铁矿发生火灾，造成68人遇难；2010年11月15日14时，上海市胶州路718号教师公寓起火，有58人遇难，70余人受伤；2015年10月11日，安徽芜湖一家小餐馆因液化气爆炸，瞬间引发大火，导致17人丧生，其中15—20岁的有14人……

俗话说，水火无情啊！

问题是，当火魔降临、火灾发生的时候，人们该怎样作为？

在烈火与人性的考验中，江苏一位又一位见义勇为英雄给出了自己的答案。

烈火映丹心。他们的名字是烈焰锻造的！

第三章

烈火映丹心

周江疆

美丽青春融烈火

工地宿舍楼突发火灾。28岁的周江疆两度冲入火海,为抢救员工而英勇献身……

周江疆生前照

那一天,夜晚9时。

工地生活区,纳凉的人们或坐或倚,享受着晚风清凉的馈赠。身为分公司负责人的他,一路行过,一样热情,向工友们挨个儿打了招呼。

时针,指向夜晚10时。

公司宿舍楼内,劳作了一天的工友们,纷纷入睡,鼾声如雷。他的办公室依然灯火通明,原本学金融的他忙于钻研工程业务,夜夜如此。

深夜11时,夜深人静。

他回到宿舍,那里有等他回来商讨订婚事宜的热恋女友。寻寻觅觅,28岁的他,终于找到可以相伴一生的意中人。下个月,他们就将举行订婚仪式……

此时此刻。

采访归来、撰写此文的我,好不忍心重温那个成就英雄又让人心碎的时刻——

先是焦味灌鼻而来,接着烟缕见缝而入。是什么被烧糊了?

他环视四周,未见异常。开门四顾,却见楼道一侧有火苗扑面而来,浓烟弥漫,气味呛鼻。

"不好,起火了!"他本能地拽起女友的手,在楼道内大声叫喊:"快醒醒,着火啦!快下楼啊!"

他拉着女友一起冲到楼下空地。可回头一看,只跟上来三个人。

糟了!熟睡的员工们还没有意识到祸从天降。他一转身,第一次冲向通往三楼的楼梯。

那是他熟悉得不能再熟悉的楼梯,楼梯两边的接待大厅、办公室、活动室、厨房、员工宿舍——每间宿舍里住的是谁,他闭着眼睛都能找到。

他拍着门,挨个叫着员工的名字:"老包、陈叔、仇阿姨……着火了!……快起来,快下楼!……"

被叫喊声唤醒的人们,顾不上整理衣冠,一个个夺门而出。

慌乱的呼喊声,杂沓的脚步声,烈火燃起的噼啪声,玻璃碎裂的乒乓声,不绝于耳……

回到楼下安全地带,人们惊魂未定。他再次清点人数,又有五名员工从火场撤到楼下。可是,还有两个人被困火海没有下来。

浓烟滚滚已经封锁楼梯,楼上房间的窗户里也已经火光隐隐。周江疆心急如焚,他挣脱被女友紧抓住的手:"我年轻,跑得快,大家都别动,我再上去看看!"

周江疆高大的身影,又一次闪现在三楼火场的浓烟中。

"有人吗?快醒醒!着火了!……"火光闪烁中,他一边大声呼喊,一边死命擂门。他知道,留给那两名尚未逃生员工的时间不多了!

其实,留给他自己的时间也不多了。火海中,越发滚烫的火舌向他步步逼近……

现场救援的消防官兵事后说,周江疆距逃生楼梯口只有两步之遥。

迈过这两步,就是楼梯出口。迈过这两步,便有清新空气。迈过这两步,生命依然有美好的明天……哦!哪怕火场零乱、一片狼藉,只要有你回来,就是完整的世界啊……可是,众人最终见到的是消防官兵抬出来的、已被烈火吞噬了生命的他——

他的身躯依然挺拔,只是被烧得僵硬了;他的面容依然英俊,只是因窒息憋成了紫黑色;他的双眼紧闭,手里还紧紧地握着一部手机……

被救出火海的同事一个个成了泪人,可怜的女友在哭天嚎地中昏倒过去……

时间定格在2012年7月2日凌晨。

人们说不清英雄为救人而献身的确切时分。那一刻,时间已经被狼藉不堪的火场、慌乱逃生的人群、悲痛欲绝的泪水所模糊……

像一枝花朵将将绽放,像一只雄鹰刚刚展翅,像一轮朝阳冉冉升空……所有的美好,都像停在楼下的他那辆新买的保时捷轿车——还没有来得及上好牌照。

周江疆,男,28岁,江苏海门人,通州建总集团有限公司第十分公司主持工作的副经理,该公司董事长的儿子,在火灾中两度冲入火海,为抢救公司员工献出了年轻的生命。

火海脱险的人,包括周江疆的女友在内,共有11人。其中,有两对是夫妻。

事后,在获救人员的回忆中,救人现场许多感人细节被还原,周江疆在烈火中绽放的人性光辉愈发清晰而美丽。

整栋楼的一层和三层是该分公司在使用。一楼存放工具;二楼供当地居委会使用,晚上没有人在;三楼是公司办公、员工食宿和活动区域,包括周江疆和他的女友在内一共住了12人,全部都是江苏人。

该分公司所在的三楼,仅周江疆的房间有两层密封性能很好的铁门,其他房间都是木门。事后去看他的房间,几乎无火痕,烟尘也不多,当时就算他躲在屋内不出门、等待救援,也有足够的救生时间。况且周江疆的房间斜对面,就是逃生的楼梯口,距离不过几步……

"如果不是为了救人,他是完全可以活下来的呀!"回忆起那场夺命火灾,获救者一个个对失去周江疆痛心不已。

一个"富二代",一个副经理,为何能在危急关头做出如此惊人壮举?又为什么能够如此撼动一个个普通人的心?

带着对英雄的崇敬和探究,在南通市见义勇为基金会副秘书长、办公室主任黄河陪同下,我来到海门市人民路建设弄海南新村,寻访英雄的人生过往。

这里是周江疆生前居住过的家。

这套房子,朝南有三个房间。中间的那间屋子,只靠西墙放了一排柜子,其余没有再放任何东西。东墙上则悬挂着周江疆的遗像:一束用黑布做成的花朵,挂在遗像镜框的上沿中央,长长的黑色飘带垂挂在两边;镜框里是一张周江疆的半身彩色照片;照片上的他,穿着预备役上尉军官的军服,英俊而威武;一双炯炯有神的大眼睛,似乎仍然在凝望他万般留恋的世界;一张胖乎乎的脸庞,写满他曾经生龙活虎的青春年华;天庭饱满的脸上带着会心的微笑,流露出他曾经自在知足的生活和青年人特有的壮志满怀与自信激昂……这样的一个人,这么年轻的生命啊!可是,他已经不在人世,英灵远游了……

读他的照片,我的心底在敬仰之余也积满悲痛。

周江疆有自己的大家庭。父亲杨国兴、母亲周裕香,都已年过花甲。他们姊妹三个,姐姐周扬,他是中间一个,妹妹周嘉敏,都随母姓。

接待我们的是周江疆的姐姐周扬。这些天,她因为上火,在医院打点滴。从医院赶回家的她,挂水的针头还插在手腕上,她的一个同伴高举着装满药水的瓶子,陪伴左右。

提起弟弟周江疆,周扬的脸上一下子堆满沉痛的表情。她说,弟弟从小长得乖,嘴又甜,大人们都很喜欢他。弟弟小时候就很懂事,邻居来借东西,他会很快跑去拿给人家。

20世纪80年代,父亲到新疆打工,做过豆腐、豆芽,炸过油条,工余时间自己去卖。后来,父亲自己承包工程,也办过皮鞋厂。再后来,创办了从事房地产开发的杨氏置业,自任董事长。

弟弟在苏州大学完成本科学业后,22岁到父亲的公司工作,开始只做一些资料、预算等方面的事,两三年后担任主管,接着担任烟台分公司副经理。因为名义上兼任分公司一把手的父亲不经常去,那里的项目便主要由弟弟负责,没想到他竟把自己的命丢在了那里……

泪水溢满周扬的眼眶,那里面沉淀有同胞姐弟的血脉深情,也夹杂着沉痛、不舍和浓浓的思念。

周江疆的父亲在外地忙碌,母亲去了亲戚家,我无法当面采访他们。好在有众多辛勤的媒体记者,留下了很多珍贵的新闻资料,走进周江疆的故乡,走近他的家人、同事、老师、同学,聆听见证者的声音,使我得以在此还原周江疆的生活轨迹，还原英雄的成长过程以及珍珠般的动人故事——

周江疆上小学时，同学黄艳（化名）经常流鼻血。一个夏天的午后，大家正在教室里玩得欢，忽然她的老毛病又犯了，流出来的鼻血洒满课桌，同学们手忙脚乱地用小手帕给她止血，却无济于事，有些胆小的孩子吓得哭了起来。周江疆端来一盆清水，用湿毛巾轻轻地盖在她的额上，又转身去买来两支冰棍，轻轻地放在她的额头，她的鼻血慢慢地止住了。如今，黄艳已经是一名社区党支部书记。

当时学校里有一项规定，要求每个同学在规定时间内跑完规定的里程，如果达不到要求就不能毕业，这对于许多娇生惯养的孩子来说是一道难题。老师们发现，每个星期六的下午或者星期天的清晨，在学校的操场上总可以看到周江疆的身影，他有时为同学们陪跑，有时拿着秒表帮他们计时。一天又一天，他陪了一个又一个同学。老师问他为什么这样做，他说："因为这样能使更多的同学达标过关，他们开心了，我就觉得很快乐。"

哦！原来，周江疆很小的时候就将帮助别人当作自己的快乐！

年轻有为，有亲和力；为人友善，勤奋踏实；没有富家子弟的飞扬跋扈……这些是周江疆众多同事、熟人对他的共同评价。

在分公司里，平时遇到工友，周江疆总要打个招呼，大家都亲切地直呼他"江疆"。项目副经理包建忠说："并不是因为他是老板，是董事长的儿子，我们才尊敬他，而是他的能力和素质让人打心底佩服。"

无论是对朋友还是对员工，周江疆都真诚相待。甚至出去应酬回来，他总也忘不了给加班的门卫带来新买的酒和饭菜。

有一段时间，周江疆发觉公司财务陈玉兵和他打电话时声音总是断断续续的，便细心询问，得知老陈的手机使用久了，信号不好，但由于手头紧，一直舍不得买个新的。周江疆了解情况后立马给他买了一部新手机,还在里面充了话费。得知老陈在老家盖房子手头困难,周江疆把身上带的2800元钱全部掏给了他。老陈谈起周江疆悲痛欲绝:"没想到,钱还没来得及还,人却不在了……"

"有人吗?还有人吗?"周江疆那一声声呼喊至今还在仇彩萍耳边萦绕。她是公司的炊事员,是最后一个在火灾中被救出来的员工。

她是被周江疆第二次冲上楼时喊醒的。当时,她还不知道发生了什么,赶紧爬起来想要去开门。一拉门把手,好烫!透过门缝,看到火苗快要窜进来了,她吓得赶紧从窗户跳到阳台。

好险!一眨眼的工夫,火苗就已经烧到屋里了。后来,她被消防官兵从阳台上救下了楼。

她不敢相信周江疆就这样走了。看到他被抬出来的样子,她一边哭一边叫:"怎么可能呢?怎么会呢?"

仇彩萍说:"他一点没有架子,平时一直亲切地喊我'仇阿姨',我也把这个善良可亲的老板当作自己的孩子一样照顾。我到公司的这几年里,他没有要求过我单独为他做个什么菜,从来都是员工吃什么,他就吃什么。他记得员工的生日,会去买蛋糕来庆祝,逢年过节也不忘慰问大家。去年,他说我工作辛苦,还主动提出来给我加工资。"

哦!原来,生活中的周江疆就如此仁义善良!

富裕的生活,美好的前景,没有湮没周江疆的责任感和对社会的爱心。2010年4月,周江疆率队推进"万泰海公馆"项目。在公司接手这个项目之前,由于资金等原因,该项目已被上一任施工方拖延了近两年。

一天下班后,周江疆和公司几名员工一起到工地附近的一个小饭店吃饭,邻桌老王的话引起了他的注意。原来老王家是拆迁户,老王的儿子正等着拿到新房成婚,由于工程一拖再拖,新房的钥匙老是拿不到手,直接影响了儿子的婚姻大事。

周江疆听后,深感责任重大。"住有所居"是群众安身立业之本,自己从事的正是一项重大的民生工程,直接关系到党和政府在人民群众心目中的形象。就在那刻,他暗下决心,一定要保质保量地让这个项目早日完工。

于是,他驻扎工地,加大建设力度,抢抓工程进度。他要尽快让群众住上质量优良、安全放心的新房子。

老王看着越长越高的新楼,高兴地说:"终于能赶上新房子给儿子结婚用了。"

父亲杨国兴清楚地记得,当年7月1日,周江疆被授予预备役上尉军衔的第二天,自己准备回海门看望妻子和70多岁的母亲,并提出让儿子一起回乡:"过完年到现在还没回去过,和我回去一起看看你母亲和奶奶吧。"

"您先回去吧,如果工地上没人负责我不放心,我下次再回去,好吗?"为了确保工程建设进度和安全,周江疆坚持奋斗在工作岗位上。

哦!原来,周江疆是这样一个有强烈责任心的男子汉!

杨国兴万万没有想到,那一次竟是他和儿子的最后对话,那日后的第二天竟成了父子的永别。

说起来,杨国兴也是受过苦的人。经过艰难创业,生活富裕起来,但他从没有忘本。他出资为乡里修路建桥;周江疆就读的原江滨国兴小学20世纪90年代兴建时,他捐资30万元,"江滨国兴小学""国兴楼",就是以他的名字命名的。

英雄周江疆走了,父亲杨国兴成为媒体追逐的焦点。在接受众多媒体采访时,肝肠欲断的杨国兴曾表达过以下意思:

白发人送黑发人。除了在追悼会上忍不住痛哭流涕,我很少在人前表现脆弱,只是在别人看不到的时候擦一把眼泪。一次次向媒体讲述,我的心也在一次次流血……

江疆在苏州大学学的是金融专业,对连锁经营很感兴趣,对建筑行业是个门外汉,但是为了分担我的负担,也为了锻炼自己,他选择到又苦又累又危险的建筑工地上工作;为了做好项目,他白天忙完工地的事,晚上还要攻读建筑专业的书籍。

从江疆懂事起,我常和他讲我童年的苦难、创业的艰辛,听到动情之处,他也会有所触动,说:"爸爸,你放心,我要比你做得更好、更多!"

他懂得我有今天是多么不容易。所以,他没有像有些"富二代"那样纸醉金迷,在花钱上也从不大手大脚。我在烟台整理他的遗物时,只找到不足5000元的现金。他每个月的花销全部都是靠职务工资,每次到财务领钱都会提前和我沟通。最近几年,他基本上没攒下钱,倒不是因为他奢侈,他劳动所得的大部分钱被他用来帮助了工地上的民工。我见他每次出去都是开一部旧车,安全性能也差,毕竟是分公司副经理了,谈生意、做工程,总得有点面子呀!于是,我就送了一部车给他。没想到……

这个孩子从小就有远大志向,勇于担当。清明节回老家扫墓时,在街上看到因一起车祸造成交通堵塞,他立即下车协助交警疏导交通。这一次火海里救人也是一样。我不在公司,他作为公司的负责人,就是要对所有员工负责。他已经不能开口,他怎么想的我不知道,但我相信他是出于这样的责任感,才会在危急关头毫不犹豫、奋不顾身。

江疆才28岁,还没有结婚,就这样走了……成了我心里永远的遗憾。当然,作为父亲,我也为他骄傲。我以前对他很严格,从不轻易夸奖他,但是今天我也要向儿子学习!

原江滨国兴小学校长、时年80岁的姜学球说:

江疆从小就是一个有爱心、有责任感的孩子。上小学时,他家离学校较远,父亲工作又忙,母子就借住在我们学校的一个小仓库里。有一段时间就在我家里吃午饭,他从不挑食。虽然家里很有钱,但他穿的衣服很朴素,从来不对外显富,更不讲自己的爸爸为学校捐资建造教学楼的事,有许多同学还以为那个住在仓库里的孩子是个贫困生呢。

他与同学相处友好,从未闹过纠纷,经常主动帮助同学。下雨天,他会主动留下来替值日同学打扫卫生、关窗锁门。

他是我最心爱的学生。我心目中的江疆,知书达礼、谦虚礼貌,关心他人、乐于奉献。助人为乐、敢于负责是他的一种习惯,所以才能在生死抉择的关头,不顾众人的阻拦冲进火海救人,爆发出超人的力量……

哦!原来,周江疆是这样一个情操高尚、乐于奉献的人!

周江疆的离去,为何能牵动这么多人的心?答案只有一个:感动于他的事迹,敬重于他的为人,认同于他的精神。

回顾英雄短暂的一生,从年少读书时的好学生,到工作后的好经理,周江疆一直用自己的善良、大义,感染身边的每一个人。可以说,他舍己救人是他平时个人修为的自然表现,是他平凡岁月里点滴善举的凝聚、高尚美德的升华!

周江疆在生死关头舍己救人的感人事迹,经过媒体报道传遍大江南北,其道德力量和人性光辉感动千万群众。从"海门市道德模范""南通市五一劳动奖章""南通市青年五四奖章""烟台市道德模范",到"江苏省见义勇为英雄""山东省青年五四奖章",再到"中国青年五四奖章"、入选"中国好人榜"……近20项荣誉纷至沓来。

中宣部发出《关于深化周江疆同志先进事迹宣传报道的通知》,包括中央电视台、《人民日报》、新华社在内的八家中央级媒体来到南通,对英雄周江疆生平事迹进行深度挖掘和集中报道。

一个又一个媒体记者,不辞辛苦,跟踪采访,纷纷讲述周江疆见义勇为的动人故事,宣传报道周江疆的成长经历及其英雄事迹所产生的巨大影响,并深入探究周江疆面对大火舍身救人的"三观"根源和社会意义。

初入社会甘于吃苦,别人有难伸手相助,爱岗敬业团结友善,舍己救人生命相许……作为80后的一名代表,周江疆的事迹让人感动,也让人们深深思考:生命的意义是什么?青春的价值在哪里?青年一代能否肩负起历史的重托？

当年7月10日下午，由共青团江苏省委、省青联、省青商会组织召开的"江苏省各界青年学习周江疆同志先进事迹座谈会"在南京举行。来自江苏各地各行业30余位青年代表参加座谈并发言，大家一致认为：周江疆舍生取义的事迹感人肺腑、催人奋进；他的英雄壮举诠释了当代青年的内涵与责任，他是当代优秀青年的典型模范；他奋不顾身、舍己救人的高尚情操，胸怀理想、志存高远的精神境界，勤奋努力、追求卓越的进取精神，关心他人、无私奉献的大爱情怀，值得全社会青年去学习；他的事迹、他的精神，对引导广大青年树立正确的人生观、世界观、价值观具有重大意义。

中央电视台《新闻联播》节目以"两入火海救人，28岁小伙不幸牺牲"为题，通过对事发现场的画面回放、对被救员工的采访，详细介绍了周江疆英勇救人的细节，同时配发短评《生死抉择——诠释人生最高价值》。央视评论员说："本已脱险，却两度重返危险。这一刻，周江疆丝毫没有顾念自己的千万身家和美好前程。在他的眼里，每个人的生命都是平等而宝贵的。在生与死的抉择中，他宁可用自己的死，去换取别人的生。周江疆用非凡的举动，诠释了人生的最高价值。"

共青团江苏省委一位副书记说："周江疆不仅物质上富有，更多的是精神上富足。他以青春和热血，给当代青年树立了一个道德的标杆。"

江苏省文明办一位副主任说："周江疆的英雄壮举充分证明，80后、90后是有信念、敢担当、讲奉献的一代。他是当代青年践行社会主义核心价值观的杰出代表。"

2012年7月6日，时任江苏省见义勇为基金会常务副理事长朱义泉赴海门慰问舍己救人英雄周江疆同志亲属有感："最美富二代，两度冲火海；舍己救他人，献身新时代！"

是啊！周江疆短暂的青春，在奋不顾身的一刻绽放出生命的光华。他的壮举与善行，是对社会主义核心价值体系的践行，也是有志青年人生崇高追求的彰显。

　　曾经，人们对80后、90后的一代人颇为担心，甚至有人以预言家口吻用"自私的一代""迷茫的一代""垮掉的一代"来为他们贴上标签。但"周江疆们"恰恰告诉世人：新时代的年轻人，已经高高站立在属于他们的社会大舞台；在改革开放伟大进程中成长起来的当代中国青年，是值得信赖的，是能够担当重任的；青年一代正在用实际行动证明，他们是能够肩负时代责任和勇于担当社会重任的新一代！

　　那场火灾过去五年多了。见义勇为英雄周江疆的事迹，连同他被冠上"最美富二代""最美80后""最美高富帅"等前缀的名字，被越来越多的人所熟悉、所赞美、所效仿。

　　是啊！英雄周江疆：

　　你是"最美富二代"——富在心地善良，富在品质优良，富在精神高贵。

　　你是"最美80后"——美在立志高远，美在敢于担当，美在英勇无畏。

　　你是"最美高富帅"——"高"在高尚人格，"富"在纯净心灵，"帅"在自觉行动！

杨后玉

烈焰之中逞英豪

从救援现场那两棵曾被烧空一半、至今还没有完全生长复原的意杨树干上,我仿佛看到"最美农民"杨后玉在冲天烈焰中英勇救人的身影……

杨后玉

他，一个残疾人。3岁那年，因为打针有误导致右腿坐骨神经损伤，落下病根，至今行走还有明显的颠瘸。

他，一个老农民。没有俊美的外表，却被誉为"最美农民"。

他，一个好模范。"淮安市见义勇为先进分子""江苏省见义勇为英雄""全国见义勇为模范"等诸多荣誉获得者，曾经受到中央政法委和公安部主要领导同志的亲切接见。

杨后玉——一个最美农民，一位平民英雄！

时间过去五年多了。见义勇为英雄那感天动地的壮举，不会因为时间的流逝而被人们遗忘。从救援现场那两棵曾被烧空一半、至今还没有完全生长复原的意杨树干上，我仿佛看到当时那熊熊燃烧的烈火，以及冲天烈焰中杨后玉英勇救人的身影。

距离杨后玉家约30米处，一条连接宁连高速黄花塘出口的水泥路横贯东西。

从当初狭窄泥泞的村庄便道到如今延绵宽阔的路面，这条宽约10米的乡村公路以畅流便利的交通见证了黄花塘古镇的历史与变迁，促进了当地经济社会的发展与繁荣。一直居住在路北的杨后玉一家人，看多了川流不息的车辆和行人，也听惯了来往车辆的轰鸣和喇叭声。

2012年4月5日傍晚，意外的事情发生了。

那天晚上大约7点半钟的时候，为整理秧池忙了一整天的杨后玉，一边洗脚，一边和家人一起像往常一样看起了电视。在农村，这是农民白天劳作之后的文化享受。

杨后玉清楚地记得，事情就发生在中央电视台《新闻联播》节目刚刚结束、《天气预报》节目才开始的时候，他清晰地听到一声巨响。杨后玉说:"是'嘭'的一声,还是'砰'的一声,我说不清楚,反正声音很大、很吓人的那种,让我的心一下子拎了起来。听声响好像是从我家东南角上传来的,我穿着拖鞋跑出去,想看看是怎么回事。"

杨后玉跑到大约100米开外的东南角公路上一看,眼前的惨状让他惊呆了。

一辆小轿车顺坡掉在路南边的水沟内。那是一条两三米深、已经断水干枯的路边水渠。

一股强烈的汽油味扑鼻而来。

车子撞在渠底两棵意杨树上,被撞得稀巴烂的车头已经着火,一串串火苗从被撞坏的发动机引擎盖缝隙里直往外蹿。

"不好!出车祸了……"杨后玉说,"我的心里顿时咯噔一下,第一个念头就是救人。"

火苗逼近驾驶室。

满身是血的驾驶员倒伏在方向盘上,嘴里发出痛苦的呻吟声。

杨后玉猛地冲上前去,他顾不得多想,操起路边的石块砸开车窗。他不顾灼热,手脚并用,使劲拽开变形的车门。然而,面对足有一百大几十斤重的驾驶员,身材瘦弱、腿脚不便的杨后玉怎么搬也搬不动,怎么拽也拽不出来,他几次尝试将伤者拖出驾驶室,都没有成功。

幸好,杨后玉的妻子梁芹及时赶来,两人合力连拖带抱地将受伤的驾驶员弄出车外。杨后玉夫妻二人搭手,刚把伤者抬起的时候,那个身受重伤的驾驶员微微睁开眼,透出渴望的眼神,用残存的知觉微弱地说:"有个……宝宝……在旁边……"

杨后玉转眼一看,发现副驾驶位置上确实有个七八岁的孩子。眼看着火苗向驾驶室袭来,杨后玉果断地对妻子说:"快!先把这个人送过去,回头再来!"

把伤者抬到公路对面的路边之后,杨后玉折回到事故车里。在副驾驶位置上,就在低头伸手抱孩子的一瞬间,他突然发现车后座上还有个女人。

"先救小孩吧,马上再来救她……"杨后玉闪过这样的念头。

他迅速将孩子抱出,送至安全处,又折了回来。

轿车的四个门已蹿出火苗。

整个车子随时有爆炸的可能。

车内那个不省人事的女子和杨后玉自己,都面临着死亡的威胁……

命悬一线。

争分夺秒。

救人英雄与时间赛跑。

杨后玉脱下上衣,扑打弥漫的火苗。

车内,烟雾缭绕,几乎什么都看不清。

杨后玉想把车内的女子抱出来,尝试三次,没有成功。

第四次,他铆足力气,终于抱出车后座上已经昏迷不醒的女子,急转身狂奔着冲出火场……

杨后玉的行动是一连串的快节奏。我写这一段的句式和段落,也是快节奏的。事实上,就是这样一个个惊险的镜头,把农民杨后玉的大义壮举,凝聚在一组雕塑般的英勇瞬间!

意料之外的是,刚放下救出来的第三个人,那个受伤的驾驶员断断续续地说,还有手机和六万块钱在车里。

帮人帮到底。好心的杨后玉转身又想去车内抢救钱物。妻子梁芹望着车子四周滚滚的浓烟和越烧越旺的火苗,上前一把拉住丈夫:"你不要命啦!"

也许是夫妻之间真的有感应,就在被梁芹拉住、杨后玉未及向前挪步的瞬间,传来一声巨响,事故车爆炸了。

顷刻之间,火焰吞没了整个车体,大火向上蹿了十几米高。冲天腾起的烈焰,甚至把那两棵粗壮参天的意杨树直径的一半都烧掉了,而树被烧空的上下距离有两三米。散架的轮胎滚落远处……

救护车和消防车赶到现场后,将伤者送往医院抢救,并将事故车燃烧的火焰扑灭,此时,已经灰头土脸的杨后玉夫妻光着脚、带着伤,悄然离去。

忙乱中，两人穿的拖鞋早已不见踪影。杨后玉的裤子被撕破，全身多处被划伤、流血。梁芹更是惊讶地发现，丈夫的头发和一侧的眉毛都被烧没了。

事后得知，被杨后玉夫妻及时救出的驾驶员一家三口，经治疗脱险，保住了生命。

杨后玉的感人事迹，相关媒体进行了大量报道。

2012年12月，杨后玉夫妇二人被盱眙县见义勇为基金会授予"见义勇为先进分子"荣誉称号。

2014年7月30日上午，杨后玉荣获第十二届"全国见义勇为模范"载誉归来，淮安市举行了隆重的欢迎仪式。一位市领导代表市委、市政府向杨后玉表示崇高的敬意，称赞他用残疾身躯挽救了三条生命，体现了一位农民淳朴善良、热心助人的高尚品德，展现了淮安人见义勇为、匡扶正义的崇高精神，是新时代的"最美农民"。

一个普普通通的农民，为什么能如此勇敢？

一个风和日丽的日子，在淮安市盱眙县公安局副政委陈坚、政治处主任姚家泉陪同指引下，我来到盱眙县黄花塘镇芦沟村，走近现实生活中的杨后玉，寻访乡亲们眼中的"农民英雄"。

芦沟村是坐落在路北的一个小村子，并排住有六户人家，杨后玉的家在村子的最西头。

西侧和后侧青枝绿叶的竹园，围绕着三大间老式的瓦房和三间西屋。没有围墙，主屋大门对着不远处的那条乡间公路。

门前的水泥场上摊晒着刚刚脱粒的小麦。杨后玉说，他家种有11.2亩土地。今年的小麦受到赤霉病的侵害，眼看到手的庄稼减了产，每亩只收了600多斤。

杨后玉家里收拾得干干净净，室内的陈设摆放有序。

堂屋的两面山墙上挂有杨后玉去省里和北京领奖时的珍贵合

影,还有两幅当地书法家赠送的书法作品,一幅是"赠杨后玉:见义勇为显英雄本色,匡扶正义扬时代风帆",另一幅上书"仁义为友,道德为师"。

杨后玉的妻子坐在房门口,与小孙子逗着玩。房门上方,挂着一个用红线编织的"福"字。杨后玉介绍,女婿在外打工,孙子已经五个月大了。挂在墙上的一幅做工精细的刺绣"我爱我家",形象地浓缩了这个家庭的其乐融融。

杨后玉,虚龄50岁。个子不高,瘦弱单薄,皮肤黝黑而粗糙。看上去,极具苏北地道农民的特质:纯朴忠厚,老实本分,勤劳而善良。他嘴角左下方有一颗清晰可见的黑痣,开口说话的时候总是露出憨憨的微笑,给人厚道、慈祥的感觉。

杨后玉没有什么文化,只读到小学五年级。夫妻俩一直以种田为生,农闲时候杨后玉就在附近打些零工补贴家用,日出而作,日落而息,过着男耕女织的农家生活。

杨后玉不善言谈。采访开头,他说得最多的一句话就是"谁赶上都会救的",便没有了下文。他笑哈哈地说:"我是个老农民,没见过大世面。那次到省里去开见义勇为表彰大会,召集会议的人喊了我几遍,告诉我去坐第二排第四个位置,我都没有回过神来,还闹了个笑话呢……"

就是这样一个再普通不过的农民,以生命安危做"楔子",谱写了一段见义勇为佳话。聆听关于杨后玉的故事,探寻英雄成长的足迹,不难看出正是黄花塘这片红色热土孕育了他——

黄花塘,距离县城25公里,是一座壮美的老镇。

据史料记载,这里本来不叫"黄花塘",而是叫"黄昏塘"。

清朝乾隆年间,这里是一片荒地。后来,安徽凤阳有个姓孙的人拖家带口来到这里落户安家,开荒种地,这片土地才有了生机。过了几年,从山东过来一批要饭的,孙家开仓放粮,这批难民得以糊口。为了感谢孙家救命之恩,难民们自发在庄西头为孙家挖了一口水塘,整整挖了三天,到第三天晚上才完工。于是,大家就把它称为"黄昏塘"。久而久之,"黄昏塘"就成了这里的地名。

1942年12月25日,新四军军部由江苏阜宁转移,次年1月10日抵达盱眙县"黄昏塘",一住就是两年零八个月。

人民子弟兵与当地老百姓结下鱼水深情,留下珍珠般的动人传说。为这里改地名,就是其中一个有趣的故事。

新四军来了以后,官兵齐动手,把被称为"黄昏塘"的那口小水塘挖成大水塘,吃水、用水更方便了。

一次,时任新四军副军长张云逸笑着说:"这是个好地方。春天油菜飘香,秋来稻谷金黄。毛主席说过'战地黄花分外香'哩,我看就把'黄昏塘'改为'黄花塘'吧!"

时任师长、新四军著名战将罗炳辉也笑了:"改为'黄花塘'好。新四军来了,要给老百姓带来光明,让黄昏过去,迎来胜利的曙光。"

从此,"黄花塘"不光是一口塘,还成为这个老镇的名字,载入中国革命的光辉史册。

在这里,新四军为民族独立解放、世界反法西斯战争的胜利树立了一座不朽的丰碑,也为新中国的诞生、建设以及人民军队的发展壮大,锻造了一批栋梁之材。

坐落在此、于2003年正式对外开放的黄花塘新四军军部旧址纪念馆,以翔实的资料、图片和实物,记载了新四军军部在这个弹丸之地指挥千军万马、驰骋苏北大地的赫赫战绩。如今,黄花塘新四军军部旧址已经成为全国百家红色旅游景点景区、江苏省重点文物保护单位和江苏省党风廉政教育示范基地。

听说我来采访杨后玉,镇里和村上来了不少人,大家挤在杨后玉家的堂屋里或坐或站,七嘴八舌地向我说起他们身边的英雄——

芦沟村村主任叶剑怀: 杨后玉的事迹发生在我们身边,大家都很佩服。村上的人都知道他平时的为人，他很乐于帮助庄邻。低保户张书华，老婆、孩子的身体都不好。他家做水泥场，杨后玉帮着忙前忙后，还前后零零碎碎地贴补了1000元钱。别看杨后玉识字不多，但是他的思想觉悟高，村里很重视，已经培养他为入党积极分子。最近的麦收季节，他主动为有困难的农户联系收割机，还为焚烧秸秆污染环境的事协助村里做群众的思想疏导工作。

芦沟村治安主任、民兵营长张日才：杨后玉是个残疾人，但是他团结邻居，很有爱心，为别人帮忙从来不惜力气。住在东边的杨念强老人，儿子在外面打工，还有70多岁的苏凤歧家、仲宏民家，不管遇到什么事，他总是随叫随到。这些细微的小事、好事，村上人都看在眼里，印象很深。

芦沟村会计高在华：杨后玉是个大孝子。他是被招婿上门的，可是他对岳父母比对自己的亲生父母还要亲，平时孝敬有加。去年寒天，岳母患胆结石，他和妻子在县医院服侍二十七天，贴进去1万多元钱，我们村上的人都知道这件事，都很敬佩他。

黄花塘镇副镇长沈洪波：黄花塘是革命老区。镇党委、政府以搞好党的建设、弘扬铁军精神为抓手，重视培育、营造社会主义新风尚。近年来，全镇涌现出孝老爱亲的"中国好人"、岗村居委会居民陈万红，"江苏最美基层干部"、镇党委副书记卞龙，"盱眙好人"、"全国优秀图书管理员"、新街社区农家书屋主人万从庭，还有"盱眙好人"、最近入选"淮安好人"候选人的杨庄村村民杨晓梅等一批在省内外叫得响的道德模范。杨后玉就是其中之一，他对邻居很热心，对群众有爱心，甚至在陌生人遇险的时候也不惜一切地去见义勇为，体现的是助人为乐的崇高境界。杨后玉没有多高的文化水平，但是他有朴素的意识、善良的本性、自觉的行动，这是大伙儿所折服的。特别是他在关键时刻做出的举动、表现的气魄，更令人肃然起敬。农村经济的发展，社会的政通人和，迫切需要像杨后玉这样的农民，为新时期新农村建设注入更多的正能量。

是啊！杨后玉没有豪言壮语，只有自觉的行动和默默的奉献。他在现实生活中展现的平凡之美、朴素之美、人性之美，生动地诠释了经历改革开放洗礼、祖国崭新时代的乡村之美、农民之美。

"最美农民"杨后玉，以舍己救人的英勇壮举，在革命老区黄花塘的人文宝库中，留下了浓墨重彩的一笔！

王宝才、王宝明

危难时刻有勇士

煤气灶爆燃的火光中,民工王宝才、王宝明两兄弟,冒险切断火源,避免了更大的火灾损失……

王宝才,时年51岁;王宝明,时年47岁。他俩是叔伯兄弟,都是江苏省泰州市姜堰区梁徐镇三林村村民,同在泰州港华燃气管道安装公司当临时工。

2013年5月10日上午,兄弟二人同在兴业小区进行管道燃气改造施工。

这天上午,泰州市海陵区兴业小区46幢402室的房先生在外办事,他的母亲和孩子留在家中。母亲本来在家做菜,突然临时有事,忘记关煤气灶就匆匆出了门。

当日中午11时许,房先生家的厨房着火了。

火势在蔓延,而厨房灶台下还有一个煤气罐。奶奶还没到家,房先生10岁的孩子从楼上直往楼下跑,吓得连头都不敢回……

兴业小区46幢101室居民倪龙英提起那心惊肉跳的一刻,似乎还惊魂未定。她比画着说:"我当时正在做饭,突然听到呼救声,原来是楼上邻居房先生家起火。我一进门,看到他家厨房里火光闪闪,灶台、纱窗都烧着了,连墙壁都熏黑了……报警已经来不及了,如不及时扑救,非常危险。我紧张得不知该怎么办才好,只好大声喊人救火……"

楼下,没有其他人。只有王宝才、王宝明正在安装燃气管道。听到呼救声,兄弟俩三步并作两步,冲上四楼。

据王宝明回忆,事发时,他们正站在一楼脚手架上安装管道,突然听到有居民呼救,说着火的厨房里另外还有个煤气罐。他们随即放下手中的活,一路小跑赶到房先生家。

厨房内已经是一片火海。

煤气罐究竟放在灶台下的哪个柜子里呢?他俩凑近煤气灶察看,突然,已经爆燃的煤气灶冲出的一团火苗扑面而来,两人的头、脸和手臂顿时感到一阵灼痛。

当时什么也顾不上了,就想尽快找到煤气罐。他们只能挨个打开橱柜,寻找煤气罐的位置。刚打开灶台下面一扇橱柜门,又迎面扑来一团火。火焰越来越大……他们强忍疼痛,试了几次,终于找到煤气罐,关紧阀门。

火焰随即变小,逐渐熄灭。

居民楼安全了。更大的火灾悲剧避免了。

两个民工下了楼。人们发现他们的脸部和手臂都被灼伤了,头发也被烧焦,兄弟中的一人眼睛还受了伤。

据医生介绍,两人面部和手臂均Ⅱ度烧伤。尤其是王宝明左手皮肤受损较重,面部被烧伤,嘴唇及四周有创面,脸肿得让人都认不出来了。后期如果不能顺利进行防疤治疗,很容易形成小口畸形,有可能影响嘴唇的正常咬合、吃饭、发音等功能。

王宝才、王宝明各自的妻子都在家务农,日常生活主要靠这两个劳力在外打工维系。王宝明的孩子还在上大学,妻子徐巧兰心脏不好,刚刚安装了心脏起搏器;王宝才的孩子当年也才12岁……

失火户主垫付了2500元住院费;两人所在施工队送来了5000元;泰州港华燃气公司送来慰问金1600元;兴业社区居委会干部在居民和社区志愿者中发起募捐,筹集到5875元"救命钱"送到医院,其中1000元是"爱心奶奶"周剑秋的爱心基金;市公安局、市见义勇为基金会、海陵区人民检察院、兴业社区等部门和单位均前往看望和慰问……

挂水消炎。

创面定期换药。

一系列精心治疗。

王宝才、王宝明住院数十天后,先后出院。

尽管换过皮肤,但兄弟二人灼伤的地方,现在经常瘙痒难受,而脸上和身上的伤疤再也无法痊愈。

平凡人生,瞬间闪光。

整个救火过程不足4分钟,但英雄的形象却深深地镌刻在人们的心中。

邻居倪龙英说:"要不是这兄弟俩帮忙,这栋楼都有危险,真不知道该怎样感谢他们!"

社区党总支书记管冬梅说:"要不是他们奋不顾身,冲进厨房关闭煤气阀,后果不堪设想。他们是我们社区居民心中的英雄。"

"这两个人没话说,打着灯笼也难找。"兴业小区居民朱先生说。王宝才、王宝明为他家开过燃气管道墙孔,在他的印象中,两人话不多,干活挺细致。

"不管到哪儿施工,这兄弟俩都招居民喜欢。"兄弟俩所在施工队负责人王宝书说。这兄弟二人是不折不扣的热心人,但凡兄弟二人施工过的地方,居民们都或多或少受过他们的热心帮助。他们曾在市区天德小区、大林桥教工宿舍、原野小区等地进行燃气管道改造,每到一处,两人都得到居民好评。哪家雨棚坏了要修理,哪家太阳能支架要加固,哪家燃气表要移位,只要能帮得上忙的,这兄弟俩都会及时去帮着修一修、弄一弄。

一次真诚相助,胜过百次怜悯同情;一次见义勇为,胜过百句豪言壮语。

两个民工冒险关闭煤气阀、切断更大火患之源的事迹,经《泰州晚报》报道后,有读者评论:"王氏两兄弟,最美农民工。"

是的!两兄弟都是朴实的农民,从农村来到城市打拼。他们的人生原本平淡无奇,但就在烈火中冒险切断火源的那一瞬间,他们完美地诠释了"英雄"的含义。

作为普通劳动者,他们站上了道德的高地,用"草根力量"感动你我,感动社会。

王宝才、王宝明的英雄之举,涤荡人们的心灵。当人们讨论社会道德是否滑坡的时候,这两名"草根英雄"的出现,让人们坚信:这个社会并不冷漠,民间的道德力量依然强大!

王宝才、王宝明两兄弟,于2013年8月登上"中国见义勇为好人榜"。

在荣誉面前,两兄弟依然保持着质朴的本色。他们说:"冒险冲进厨房、关闭煤气阀,避免了严重后果,已经是万幸了,我们自己无非受些皮肉之苦罢了。救人完全是下意识的行为,没想到会获得什么荣誉。我们现在的生活还和以前一样,没什么变化,该干什么就干好什么。我们只想靠自己的双手挣钱,活得实在、心安!"

周福如

奋不顾身战火海

爱心、孝道,担当、无畏,铸就了他的博大情怀。火海中英勇救人,他的身体被严重烧伤。在荣誉面前,"英雄教师"周福如,淡然如初……

周福如

王氏两兄弟遇到的事情，英雄周福如也经历了一回。不过，他的烧伤程度更加严重。

南通市通州区兴东街道孙李桥村，从村口往里数第三户就是周福如的家。

庄前屋后的菜地，明显经过精细打理，各类应时瓜果蔬菜生长茂盛。菜地里间隔栽有苹果树、梨树等，而最多的还是他喜欢的桂花和石榴树，一株株长得青枝绿叶。

三间坐地带一间拐弯的两层小楼，收拾得干干净净，窗明几亮。

周福如自己的书房，安排在楼上西侧。不大的写字台上，摆着一个粉红色标签台，上面写着"不求闻达，但得心安"；案头有他写的《周福如回忆录》初稿，还有一份普法教案。他于2015年4月正式退休，现在是通州区普法联盟成员。

我好奇地打量另外几张写得密密麻麻的稿纸，那上面是他观看电视剧《别让我看见》时记录下来的文字。整整35集电视剧中，35位在片头出镜的见义勇为英雄所说的话以及他的感想，全写在上面。特别是出镜的江苏4位见义勇为英雄所说的话，他还特意做了记号。

周福如，身高1.68米，体重160斤；穿浅蓝色短袖衬衣，灰色长裤，看上去斯斯文文，稳稳重重；他总是笑眯眯的，说话慢条斯理，低言细语，没有一句高声音。我断定，这是个行为低调、不事张扬的人。

他在救人负伤经治疗出院一年半后，被评定为六级伤残。烧伤的脸部经植皮手术，恢复得还算光滑；他的眼睛大而明亮，面容和蔼可亲。他脱掉上衣让我看，他的肌肤原本白净，可现在整个上半身以及胳膊上的皮肤，尽管经过植皮手术，但因为烧伤而留下的颜色斑驳、成网状的一处处伤痕犹在……我的心不由得一颤，仿佛我身上也有隐隐的灼肤之痛。

周福如说:"被烧伤之处,伤痛还在隐隐发难。特别是腿部,现在每逢阴雨天仍然酸疼难忍……"

说到丈夫那次救人的事,妻子陆网英泪光盈盈:"之前几次救人都没伤到,就那次全身像烧煳了一样。老头子跑到后面没几分钟,我就听见'砰'的一声响,着实吓了一大跳,可谁能想到他会受伤啊……在我还没有缓过神来的时候,就看到他被人扶着一跳一跳地回来了。只见他满脸焦黑,头发、眉毛全烧掉了,化纤短裤被烧得粘贴在身上,浑身上下都是红彤彤的,上身和双腿裸露部分几无完肤,惨不忍睹……"

"英雄教师"周福如,先后获得区、市"师德标兵","南通市五一劳动奖章""南通市文明新风典型","江苏省师德先进个人""江苏省见义勇为英雄""江苏好人"和"中国好人"等荣誉称号。

2012年8月27日,早晨。

夜间洒下的雨露,带着海的味道,依附在花草树木的叶片上。和煦的阳光,温柔地布满一座座农舍庭院。黄海之滨的自然景象,显得平静而祥和。

原南通市通州区先锋初级中学教师周福如,像往常一样,在居家附近乡间小道跑步。晨练结束后,他热得脱掉了上衣,光着膀子和当时才两岁的孙儿在自家楼前场地上做游戏,享受着天伦之乐。

突然,家住同组35号的弟媳汤如英急切的呼救声传入他的耳畔:"大哥!出事了!张老太家……煤气漏了……快去救人啊……"

周福如立刻转身,朝张老太家飞奔而去。后面有好心人在喊:"你可要注意呀……煤气罐会爆炸的……"

同组36号的张老太,独居。她原本患有间歇性精神分裂症,伴有早期痴呆症状。这天早上,她换下一只煤气罐,又装上另一只准备烧早饭。由于操作不当,换下的煤气罐阀门被严重损坏,漏出的液化气顿时散发到厨房上空。

人还未进门,就有一股浓烈的煤气味扑鼻而来。

"不好!"周福如本能地大叫一声,随即一个箭步冲进屋内。只见张老太正拿着一把老虎钳,在捣鼓被弄得变了形的煤气罐阀门,全然不顾"嗞嗞"喷出的煤气。

周福如一把夺过老虎钳,大声提醒张老太:"危险!快到外面去!跑远点!"

他赶紧关阀门,可是变形的阀门怎么也关不住。情急之下,他手提脚踢将煤气罐弄出屋外。

啊?张老太还没出来!

本已离开险境的周福如,又返回煤气弥漫的厨房,催着茫然无知的张老太赶快离开,可张老太在煤气灶前依然没有挪动半步。

危在瞬息,不容磨蹭。周福如只好赶紧去开窗户,以稀释煤气。岂料就在他背过身去的一瞬间,急于做早饭而又惊慌失措的张老太,竟然拧开了另一只煤气罐,打开了点火开关,点燃了煤气灶。可整个厨房里早先已经有煤气在弥漫呀……

火灾瞬间发生!

随着一声闷响,腾起一团烈焰,顿时满屋是火!

周福如狂奔过去,连推带抱地将张老太弄出门外。他自己也跟着一头扑倒在门槛边。而此时的他,已经被突如其来的火焰烧得几乎不成人形……

闻讯赶来的周福如的儿子周明明,按照农村的土方法给他涂了老鼠油,可是哪里管用。周明明赶忙发动汽车,家人和邻居们手忙脚乱地把周福如抬上车,火速送到通大附属医院抢救。

途中,他一次次咬紧牙关。

家人问:"疼吗?"

他轻轻摇头,反而吃力地询问张老太的伤情。家人安慰他:"张老太没事,你放心。"他这才长长地舒了口气。

入院第二天,惦记着明天就要开学,他凭着仅存的清醒,用纱布包裹中露出来的两个手指,硬撑着给校长张建华发了个请假短信:"因为帮邻居而受伤,在医院小住。"

经医学检查,周福如烧伤面积达55%,创面以Ⅱ度为主,部分为Ⅲ度,并伴有吸入性损伤;烧伤部位主要集中在面颈、四肢和躯干上部;由于烧伤面积大、创面深、年龄比较大,伤情属于"危重"。而伤者一旦进入感染期,很容易引起致命性的全身感染、多脏器衰竭等严重烧伤并发症。

早期休克,昏迷不醒。

三天,液体复苏治疗。

两个小时,创面"微创削痂"植皮手术。

数十天,有效控制感染。

创面愈合,历经两个多月。

康复治疗,遥遥无期。而留下的一处处明显疤痕,连同烧伤后遗症,将伴随周福如一生。

谁都知道,烧伤病人所忍受的痛苦是常人难以想象的。手术后醒来的周福如,浑身疼痛而又不能动弹,这份折磨可想而知。他一直挺住煎熬,始终没有叫疼,甚至没有呻吟一声。提起当时的感受,周福如说:"古有关云长刮骨疗伤。不叫,是痛;叫,也是痛。何苦让旁人听了,也跟着难受呢!"

据初步估算,住院、抢救、治疗、植皮手术等,花费需40万元左右,高昂的医疗费用让家人感觉压力很大。

先锋初级中学发起爱心行动,全体师生在第一时间为周老师捐款17326元;机关干部、企业家和社会热心人士,纷纷为英雄周福如慷慨解囊;南通市教育局、市见义勇为基金会,周福如所在的通州区政府和区教育局、区慈善基金会,以及先锋、兴东镇政府等,纷纷对周福如进行慰问。据不完全统计,社会各界共捐助7万余元。而听说周老师手术需要大量血浆,先锋初级中学马上组织七八名教师准备为他献血。

事也凑巧。

从当年起，通州区财政每年安排100万元设立了见义勇为权益保护专项资金，专门用于统筹解决区内见义勇为人员医疗救助、抚恤救助等费用。

犹如雪中送炭，周福如获得20万元见义勇为烧伤医疗补助费。他成为该区见义勇为权益保护专项资金的第一位受益人。

周福如的感人事迹引起社会广泛关注和高度称赞。

周福如住院治疗期间，南通市、通州区教育局主要领导赶到医院看望，了解伤情，慰问家属，商请医院尽最大努力抢救。通州区委、区政府领导以及南通市委宣传部、市文明委领导相继到医院探望。南通市、区见义勇为基金会以及省科技教育工会负责人也专程前来慰问。

中央电视台教育频道、《中国教育报》、新华网、人民网、江苏电视台、江苏人民广播电台、《扬子晚报》等国家级及省级媒体，先后报道了周福如的英雄事迹。

通州区教育局作出《关于开展向周福如同志学习的决定》；南通市文明办召开了全市学习宣传周福如老师先进事迹座谈会，号召全市广大干部群众向英雄学习。

南通市委主要领导赞扬周福如："你不仅是省见义勇为的英雄，是中国好人的榜样，是学雷锋志愿者的先进，也是南通市英雄教师和所有教师的标兵。社会需要像你这样的人……"

人们总是赞誉老师是蜡烛，燃烧自己，照亮别人，周福如老师为了挽救邻居的生命财产，被无情的大火烧成重伤，以"英雄教师"的美名诠释了"蜡烛"的内涵。

一个文弱书生，一个教书先生，"英雄教师"是怎样一路走来的？

周福如，1955年3月20日出生在农村。

母亲张竹英，在生下他28个月后就去世了。后来，父亲为他找了后妈。后妈对他视同己出。小时候，她常常把他带在身边，多少次让他陪伴在纺车旁。他和爷爷睡,常尿炕,后妈总是不厌其烦地为他洗晒衣服床褥。家里粮票有限,买不起更多的粮食,后妈把仅有的一点点米按天数分好,然后每天放在一个小布袋里,扎好袋口,丢进麦子粥里煮——这是专给他吃的"米袋子"。

放风筝、学游泳、河边钓鱼、玩"地道战"游戏、用火柴盒做炸药包模仿"董存瑞炸碉堡"……儿时的一切,永远留在了周福如的记忆里。

读初中时,周福如是品学兼优的"尖子生",他曾被选拔进入公社组织的"学毛选"讲用团,到各学校巡回演讲,并经常被学校派到公社开会。上高中时,他不仅学习好,还是学校得力的体育、文艺骨干。

1973年,周福如高中毕业后,田间劳作、挖土、挑河、泥瓦匠等等,农村青年能干的活,他几乎都干过……

做教师这一行,也许是周福如人生的一个缘分。如果没有王永年的引荐,没有那位正直的公社书记"拍板",他可能现在还是个泥瓦工。

王永年,是周福如上初中时的老师,后来担任正场小学校长。正是他,引领周福如走上了三尺讲台。

事情还得从周福如做泥瓦工的时候说起。有一次,周福如在正场小学工地干活,碰到王永年。王老师见他在筛黄沙,知道他在做泥瓦工,便对他说:"这也太大材小用了,你过来代课吧……"

那时,做代课教师,要经过公社党委会通过。开会时,有人提出周福如的外祖父有一些历史问题没有搞清楚,不宜做代课教师。最后,时任党委书记葛军拍板:"这和周福如有什么关系?!再不能用那种老眼光看人、用人了!"

就是葛军书记的这句话,对周福如走进教书生涯起了决定性作用。

那个时代,代课教师的工资只有正式教师的一半,但周福如从不计较,也从未懈怠。他所教班级每次中考成绩几乎都是同校班级第一。

在当了八年代课教师后,周福如以优异的成绩通过了教师招聘考试。与此同时,从自学中文大专到自学中文本科,为了当好老师、教好学生,周福如始终孜孜不倦地刻苦攻读。他说:"当老师的绝不能误人子弟。不灌满自己一桶水,怎能盛给学生一碗水?我底子薄,得笨鸟先飞啊!"

周福如先后任教于多所学校,各项工作都很出色。从1989年到1996年,周福如年年挑起带毕业班的担子。他的弟子中,先后有30多人脱颖而出,成功考取在当地很难进入的通州高级中学。2003年,听说学校缺少政治教师,周福如主动请缨,他接手的原来底子较薄的班级政治考试成绩很快跃居全区上游。

周福如说:"我喜欢学生,喜欢课堂,在教学相长的过程中我获得了无穷的乐趣。在我烧伤住院期间,有很多以前的学生跟我联络,前来看我,给我资助。我觉得做教师最大的收获就是师生间的情谊,是我的学生让我有了战胜伤痛的勇气和信心。"

在日常工作和生活中,周福如是一个有责任感的人。

2010年,随着教育资源的整合,周福如来到新的学校,他自告奋勇地选择了忙碌繁杂的食堂管理工作。他说:"孩子们学习辛苦,一定要让他们吃得好!"

他提出的食堂管理目标是:确保每一位师生吃饱、吃暖、吃香、吃好,让大家有家的感觉。

每天,食堂的师傅们早上8点上班,周福如则经常提前到位。而到校之前,他已经去附近菜市场转过一圈,了解市场行情,货比三家……就这样,周福如事无巨细地安排着全校近400名师生员工的日常伙食,食堂管理工作大有起色,多次受到区教育局的表扬。同事江作华说:"吃惯了学校食堂的饭菜,回家自己怎么也烧不出那些菜肴的香味……"

周福如九十高龄的岳母,跟他们夫妻俩住在一块。全家六口人,四代同堂,和谐相处。2014年3月6日,周福如家被通州区妇联评为"五大文化"标兵户。

周福如是招婿上门,对岳母视同亲娘,多年以来,岳母的饮食起居都是由他来照顾的。周福如说:"我火中救老人的原动力,就是尽孝。邻里长幼有纠纷找我出面调解,说话管用,就是因为我尽孝,有面子。"

这句话,我信!

在中国,忠与孝同根,仁与义同源,"忠孝"与"仁义",都是见义勇为的道德共识。忠孝、仁义,是见义勇为的人文底蕴,永远值得推崇!

按周福如的话说:"小时候,我一边上学,一边干各种家务活儿,长大了又干农活、重活、苦活……劳动锻炼了我,我在劳动中成长。尊敬长辈,善待老人,修炼了我的孝心,使我习惯做好事、做善事。例如救火、救人、救学生,都是出于一种本能,一种勤劳行善的本能。"

是的,在他人眼中,周福如为人善良,古道热肠,性格乐观通达,是一个拥有大爱之心的人。赴汤蹈火、奋不顾身,对周福如来说,更多的是本能驱使,而这样的经历在他的人生中已经不是第一次。

周福如说,他永远也忘不了三十多年前,南通马家坝渡口重大翻船事故那悲壮一幕。他至今依然会在夜里做噩梦,梦见自己班上在那次意外中不幸丧生的学生。而事实上,那次救人时,他也差点被落水学生拖住而不能抽身……

1985年5月19日。

那天放学后,30多名学生和一些群众一起挤上了渡船。船工拉动渡绳,渡船慢慢向北岸驶去。当渡船行至河中心时,意外发生了:一艘由西向东快速航行的大船,绊住了这艘小船的水下渡绳,结果拉翻了渡船,满船的学生和大人全都栽进深深的河水之中。

"翻船啦!""救命啊……"喊声四起,惊天动地!

当时还在马家坝中学当代课教师的周福如闻讯后,甩下饭碗,抄近路飞奔至渡口,一头扎进河水里,与赶来的人们一道奋力救人。

他救起一个学生送到河边,又忙返身一个猛子扎向河心,救上第二个、第三个……在河边接孩子上岸的好心人见他脸色苍白,嘴唇发紫,累得直不起腰来,忙说:"你不行啦,快上来吧!"

周福如一声没吭,转身又扑进了水里去救人。

当他把第四个落水学生推到岸边时,自己已无力站起,这才被人们拉到河滩上。

河岸上,逐渐增多的遗体旁呼天号地、撕心裂肺的哭喊声,让周福如急得捶胸跺脚。时至今日,他还一直恨自己无能:怎么就没有多救活几个学生,眼睁睁地看着那么多无辜的孩子失去了年幼的生命……

圣银芳,当年16岁,是被周福如救起的一名女学生。如今,她已人到中年,有幸福的家庭和生活。她说:"我的命是周老师给的啊……没有他,我早就没了……"

然而,圣银芳所不知道的是,周老师每当看到他们这些侥幸得救的学生,便会想起当年那些不幸早逝的生命,一种深深的叹息常常吞噬他的心。是的!那是周福如心里永远的痛:"唉!要是他们还活着,也都……"

都说水火无情,水与火考验的经历,一次次雕塑着周福如作为一位"英雄教师"的高大形象。

2010年秋季的一天,先锋初级中学食堂附近的草堆起火。火借风起,风助火势,火情迅速蔓延至食堂边堆放的大量干柴上。

周福如赶紧呼喊救火,并叫来总务主任、保安一起扑火。

时年55岁的周福如像小伙子一样,冲锋在先。在他身先士卒的带领下,火势很快被控制、扑灭,避免了一次重大灾害的发生。事后,大家还心有余悸:食堂里有大号煤气罐,要不是周老师及时发现,拼着命地和大家一起灭火,势必殃及食堂。如果煤气罐爆炸,后果不堪设想!

这场火情发生第二年的一天,邻居陶莲(化名)老人家中煤气爆燃,屋内浓烟一片,极有可能发生爆炸,人们都不敢靠近。闻声赶到的周福如,一听说屋内还有人,便毫不犹豫冲进屋里,从一片狼藉中将受伤的老人背了出来。陶莲的儿子陆融(化名)说:"那时有不少人在我家门口观望,就是不敢进去,只有周老师毫不犹豫地冲进去救出了我妈!"

人们钦佩他勇敢、不怕死。周福如坦言:"谁不怕死啊?正因为人人都怕死,所以才不能见死不救呀!只要有一分希望,就不能放弃……"

原来,危急关头,他首先想到的是别人。

原来,英雄也是人。英雄也怕死,之所以生死关头不惜赴死,是为了不让他人死,以自己的死换取他人的生啊!

不计利害得失,傲视生死无常——所有见义勇为的英雄们,哪一个不是如此坦荡?

说到"英雄",周福如又沉浸于漫漫回忆里:"在我人生的早期,有一位陆大哥曾舍身救过我的命。他是我心目中的英雄,我只是照着他的样子做人……"

那是20世纪70年代,在周福如做代课教师之前。

一个冬天的晚上,他被派去装氨水,在水泥船上点篙时不小心滑落水中。他吓得不知所措,掌舵的陆先进脱下棉衣,跳下水拼命把他救上了船。见周福如棉衣湿透了,陆先进就把棉衣给他穿,自己用麻袋裹身,喝酒驱寒。周福如说:"从此,陆大哥就和许多故事里的英雄人物一样,成了我的榜样。"

原来,在周福如心里也珍藏着榜样。

榜样的力量是无穷的。也许,就是这样的榜样给了他人生的力量。

周福如说自己从小就喜欢读散文、小说,看电影、戏剧。《谁是最可爱的人》《红岩》《焦裕禄》《霓虹灯下的哨兵》《红灯记》等等,是他的最爱。每次看到《英雄儿女》里面的王成牺牲,他都会落泪。他说:"我算不上英雄,在我们这个和平盛世,我没有机会去做真正的英雄了。像他们那样才是真正的英雄,我顶多算个'好人'……"

是的,周福如是个好人。拳拳爱心,助人为乐,铸就了周福如的"好人"形象。

先锋初级中学副校长唐恒建一直保持着对周福如的一段美好记忆:"我跟周老师既是同事,又是挚友。他工作出彩、光彩,做人大气、和气、处事豪气、爽气。早在80年代,我们这些人都还是代课教师的时候,他和我一样工资很少,但是同事有事借钱、学生家庭困难的时候,他会毫不吝啬伸出援手,宁可自己苦些,有时甚至还要做点小买卖贴补家用。他除了做代课教师外,学校有需要帮忙打理的事情,他都愿意出力。他在厨艺上有天赋,在学校食堂掌过勺,从那之后,同事哪家办事宴客都请他帮厨,只要有空他从不拒绝,无偿帮厨几乎成了他的兼职。"

数学老师王丽华是新疆人。1996年刚到正场中学时,人生地不熟,周福如像个老大哥一样,经常在工作和生活上对其给予关照和帮助。

孙李桥村村干部徐明亮清楚地记得一件看似不起眼的往事。有一年,村里有两户人家为盖房子的事情闹得不可开交。周福如与他们非亲非故,但天性古道热肠的他,主动和村干部一起去做"和事佬",避免了纠纷升级。事后有人说他"多管闲事",周福如笑笑说:"要多做劝和的事,乡里乡亲的有啥好闹的?"

孙李桥村总支书记刘建国说:"周福如为人很诚恳,有爱心。村里有个98岁的李继先老人,子女不在身边,周老师经常买东西去看望他,照顾他。现在周老师退休了,就主动到村部问要不要帮忙做点什么。农民失地保障和秸秆焚烧政策的宣传工作都是他帮着干的。他是个有思想觉悟的人。"

村民毛士中和周福如做了四十多年的邻居。在这个老邻居眼里,老周对邻里乡亲有一副热心肠。谁家有困难,他总帮着解决;谁家有老人,他总帮着照看。

邻居葛桂英老人生活不能自理,儿女白天要忙着上班,周福如主动伸出援手,经常去给老人料理茶饭、换洗衣服、打扫房间、整理铺盖,搀扶老人到屋前屋后散步聊天。平时自己家有好吃的,他也不忘留一份给老人送去。常言道:"久病床前无孝子。"作为邻居的周福如助人护老、持之以恒,数年如一日,谈何容易!

同村的吴耘(化名)夫妇身体不大好,周福如经常到他们家嘘寒问暖,帮着做些家务。吴耘家里遇到什么麻烦事,也都是请周福如去帮忙。

一个雨天的晚上,10点多钟,吴耘的丈夫突发脑溢血,人事不省。接到求援电话的周福如,没顾得拿上雨披,只抓起一件外套,跟爱人说声"有事",就急匆匆地去了。

在路上,周福如拨打了"120"。到了吴家,他立即用自己学到的常识对病人进行抢救,直到救护车赶来。接下来,周福如又陪同吴耘一起把病人送去医院,帮着挂号、缴费、办住院手续……等到病人苏醒了,他才长长地舒了口气。

经常帮助别人的人,也会被很多人记住!

2012年8月30日,是周福如动手术的日子。为了保证有足够的血源进行手术,周福如的亲戚、邻居、同事纷纷到医院献血。在学校食堂工作的瞿锦平、郁晓燕也加入了献血的队伍里。瞿锦平说:"我平时很敬畏周老师,他这个人非常正直,批评人时不带私心杂念,就是为了让你把工作做好!"

被救者张老太的女儿陆玉兰亲身感受了周福如的博大情怀。她说:"我家跟周老师家是老邻居了。他对人热心、为人大度,从不跟人计较,我们两家关系一直挺好的。我和丈夫、女儿都住在南通,但是我妈妈这个情况(间歇性精神分裂症),我根本不放心,所以经常两头跑。有时候从南通下班赶回通州都晚上七八点钟了,周老师就招呼我去他家吃饭。周老师住在我家前面,他也经常帮我关照妈妈,为我家帮了很多忙,我心里很过意不去,更感谢他救了我妈妈……"

在儿子周明明的印象中,父亲对家人的爱与关心总是默默的,深沉而含蓄。他记得,上小学的时候,父亲每天早上用自行车载他去学校,虽然路上并没有言语交流,他却能感觉到沉甸甸的父爱。父亲平时对乡里乡亲、对学校同事,谁叫他帮忙,他都会主动提供帮助。周明明说:"父爱如山。我们多是用内心来交流,不论为人处世、工作和学习等各个方面,父亲都是我的榜样。这次救人,其实不是第一次了……父亲有这样的举动,完全出于本能,我一点也不感到意外,他救人是下意识的、本能的一种行为,当然,他被严重烧伤也给家人的心灵造成巨大创伤。当时看着他那么痛苦,我跟妈妈内心也痛苦不堪。我们支持他做好人好事,但也害怕他再受到伤害……"

仁义至爱,孝道为先;敢于担当,英勇无畏。周福如曾经敞开心扉,向采访者、也向世人袒露自己的心怀——

问:在这个道德"缺氧"的年代,有些人为"遇到老人跌倒该不该扶"而犹豫,你怎么看?

答:毕竟碰瓷的人极少。毫无疑问,好人还是要做的,但是要有适当的方法和自我保护措施。见义勇为本身就要求见义勇为者敢于担当。非议是暂时的,事实总归是事实。我坚信,身正不怕影子斜,好人总会有好报!

问:你救人受伤之后,各大媒体来采访报道,各项荣誉纷至沓来,在成名前后你有什么心理变化吗?

答:这个心理变化还是有的。一下子被很多人知道,被评为"好人""英雄",刚开始还是挺自豪、蛮兴奋的,但是慢慢地,心里也就平静下来了。人终究会老去,连同所有荣誉都将淡出人们的视野。这次受伤,得到社会各界和爱心人士的广泛关爱,"人人为我,我更要为人人"。"好人做到底",这是我的人生之悟,也是我退休之后的追求和梦想。我给自己写了一副对联,上联是"目击险情,救人欲望如熊熊烈火";下联是"面对赞誉,律己心境似淡淡溪水"。这是我现在的真实心境,也是对自己晚年的人生勉励。

问:你现在退休了,对今后有什么打算?

答:一个伟人说过,一个人做一件好事并不难,难的是一辈子做好事。其实,一辈子做好事,对我来说,也不难。我就是这么一步一步"做"过来的,我要一直用心做下去。例如,让个座、捡个垃圾,给人帮帮忙、搭搭手,我都用心去做。被帮助的人给我一个甜甜的笑,我见了就快乐。做了近四十年的乡村老师,总觉得没有做够。我现在退休了,要继续为学生、为群众、为社会多做一点有益的事。

在荣誉面前,"英雄教师"周福如淡然如初。如今,他依然在忙碌着——

义务担当一些学校的少先队辅导员;寒暑假,给学校学生、村里孩子义务补课;正式开通的"周老师热线",架起了他与学生、家长及社会沟通的桥梁;协助村干部调解民事纠纷,继续当个"和事佬",为和谐邻里关系而奔波;组织村民开展有意义的活动,为活跃乡村文化而出力;应邀四处讲课,宣讲道德规范,传播法律常识,普及安全常识;几十个退了休的老同事,无论哪个需要帮忙,他都毫不犹豫前去相助;村南边公路边有个60路公交站台,每逢刮风下雨,候车亭的凳子上有灰、有水,他每天跑步时总忘不了随身带一块抹布去擦一擦;平时清淡生活中,尽力资助特困学生;他甚至决定,日后捐出自己的眼角膜等体内器官……

路遇不平一声吼,该出手时就出手。在江苏,在全国,在正邪对峙的时刻,义无反顾、勇往直前的见义勇为英雄层出不穷。

　　见义勇为最本质的特征是,没有法律职责和约定,为了非自身的利益,不顾个人安危,挺身而出,与违法犯罪行为或自然灾害做斗争。很明显,这里有两层含义:一是见义勇为纯属自愿,二是见义勇为风险丛生。

　　正义、邪恶面对面,狭路相逢勇者胜。正是正义者的甘心情愿和英勇无畏,使得见义勇为行为更加可歌可泣,使得见义勇为者更加可贵可敬。

　　江苏社会治安状况总体良好,但偶尔还是有不法之徒作案犯科。面对危害社会、危害群众的害群之马,在与违法犯罪行为做斗争这个没有硝烟的战场上,众多普通人挺身而出,维护正义,以凛然正气谱写了一曲又一曲见义勇为英雄赞歌!

第四章

正邪面对面

马井才

路遇不平一声吼

两名女子遭遇劫匪尾随、搜身、抢劫、毒打。六旬老人马井才挺身而出,英勇相救……

"我的那些事已经过去几年了,报上登了,政府也表彰了,能不能不再提了?我是土里刨饭吃的农民,只是做了该做的事。你想想看,碰上那样的事谁能不管?我一个大老爷们,怎么能眼睁睁地看着歹徒抢劫、女人挨揍?当时我要是不管,那两名女子有个三长两短,那我可真要后悔一辈子的……"

刚在我的身旁坐定,他就一脸认真地这样对我说。我知道,这不仅仅是他的谦虚之词,也是他发自心底的感慨。

他脱下上衣,裸露上身,让我看他身上那道长长的伤痕。他告诉我,那次与歹徒搏斗中左大臂受了重伤,给他留下了左臂无力、左手大拇指麻木的后遗症。他说:"不过还好,就是不能举重东西。以后要是再遇到这样的事,我还是会管一管。"

他对当下的生活似乎很满足,也很知足。他说:"现在逢年过节,政府都派人来看望我,镇里、村里对我都很关照,亲戚、邻居们也给予了我很多关心。"

眼前的马井才已过花甲之年,稀疏的皱纹恰到好处地镶嵌在他宽大的额头上,黑白相间的络腮胡须布满他的下颚和两腮。1.74米的硬朗身材,看上去威武犹在。

他的脸上总是带着笑容,和善而慈祥。说话时声如洪钟,一口浓重的邳州口音。他怕我听不懂他的话,有时还站起身来用手势和动作为我比画他当时与歹徒搏斗的情形。

谈吐间,我真切感受到一位地地道道的农民英雄身上那种特有的乡土气息:忠厚朴实,豁达乐观,善良友爱。也让我直观地理解了一个60多岁的老农民,在除暴安良的那时那刻,在浴血斗歹徒的生死瞬间,为什么能够那么舍身忘我。

时间定格在2013年3月5日11时10分。

马井才说,那天他背着打药桶、骑着电动车离开家门,准备去村西头自家田里给正在生长的小麦打除草剂。

就在那天,中午时分,犯罪嫌疑人徐某骑着摩托车一路尾随合骑一辆两轮电瓶车的邳州市四户镇找布村村民晓红(化名)、晓艳(化名)至邳州市铁富镇米滩村西路口。

用黑色大口罩把那张贼脸捂得严严实实的徐某,将晓红、晓艳二人逼停后,开口索要钱财。

路过的马井才,见一个男子和两名女子在路边对话,旁边还停着一辆摩托车、一辆电瓶车,起初也没有太在意。马井才说:"我当时以为他们可能互相认识,就从他们身边走过去了。"

大约走出七八十米远,马井才隐隐约约听到身后传来一个女子怯懦的声音:"大哥,求求你,饶了我吧。"

马井才急忙停车,转头望去,看到那男的正抓着一个女子的头发将她按在地上拳打脚踢,另一个女子站在旁边手足无措。马井才说:"我当时愣住了,还以为他们发生纠纷才大打出手,也可能是小夫妻干仗。"

原来,徐某从被害人身上搜去200元后,还不满足,便气急败坏地对晓红拳脚相加,施以淫威,企图诈出更多钱财。挨打的晓红挣脱徐某,向着马井才这边跑来,并大喊:"抢劫啦!大叔,救救我!"

马井才一把将晓红拽到身后,对她说:"有我在,你别怕!"

话音未落,徐某骑着摩托车已经冲到马井才面前,恶狠狠地说:"你想干什么?少管闲事!"

马井才反问道:"你想干什么?为什么打人?"

"老头,你想怎么样?"徐某凶相毕露,杀气腾腾。

"小子,在我这里,你敢怎么样?"马井才义正词严,正气凛然。

穷凶极恶的徐某没有再回答,迅即掏出一把约30厘米长的红把子弹簧刀,向马井才猛刺过来。马井才说:"当时,我还没反应过来,只觉得胳膊一凉,他的刀已经捅过来了。"

徐某刺了马井才一刀还不罢休,对着马井才的电动车又踢又踹,还拔下电动车钥匙,恶狠狠地扔到路边田里,并企图趁机骑车逃跑。

负了刀伤的马井才,一边示意受害人赶快报警,一边冲上去与持刀歹徒展开搏斗,并死死地抱住徐某的摩托车轮子——他想尽可能多地拖延时间,等待警察来抓坏人。

然而,马井才终因伤势过重,流血过多,昏倒在殷殷血泊中。

徐某骑上摩托车企图逃窜,很快被闻讯赶到的民警抓获归案。

遭遇尾随、搜身、被劫、毒打的晓红、晓艳,成功获救,安然无恙。

马井才被紧急送往仁慈医院抢救。经院方检查,他的左上臂动脉血管、两根神经不同程度断裂,左臂上肌肉、玄关等部位严重受伤,伤口达16厘米。院方人士透露,即便痊愈,也可能会留下后遗症,马井才的左臂无法再像正常人一样活动了。

据2013年9月13日邳州市公安局刑事科学技术室法医学人体损伤程度检验意见书记载:

被鉴定人马井才,左上臂刀砍伤致肌肉、肌腱、血管离断,桡神经部分离断,正中神经部分挫裂;目前左手腕下垂,左腕关节主动功能丧失。根据《人体重伤鉴定标准》第八条第二十款之规定,构成重伤。

事也凑巧,3月5日原本就是一个特殊的日子。马井才笑着说:"不是我有多大本事,而是坏人的运气不好。他选择3月5日出来作案是命中注定要倒霉。谁都知道那一天是学雷锋纪念日,是一个充满正能量的日子。"

徐州市见义勇为基金会有关领导看望慰问马井才时高度赞誉:马井才年逾六旬,面对穷凶极恶的持刀歹徒,毫不畏惧,挺身而出,以正义之举向社会传递了正能量,同时也生动诠释了新时期的"雷锋精神"。徐州市慈善总会一位副会长则称赞马井才说:"老年人中的勇猛斗士,雷锋日里的正义作为。"

马井才的家,坐落在邳州市铁富镇米滩村179号。

他家位于村西南。小院虽然不大,但收拾得干净利落。两间房子是十多年前盖的,屋内陈设简单,井井有条。

马井才兄弟五人,他排行老大。他16岁初中毕业后务农,18岁加入中国共产主义青年团,曾担任生产大队团支部副书记,也曾做过青年突击队队长。他文化水平不高,但喜欢看书,尤其爱看历史小说和武侠小说。这不仅丰富了文化知识,也滋养了他的侠肝义胆。

马井才是当地公认的好人。在铁富镇,特别是邻近的一些村庄里,村民群众中传颂着许多关于马井才见义勇为、乐于助人的故事。米滩村村干部说,你随便问问哪个村民,都能讲出一两个活生生的事例来。

2009年7月25日晚上8时左右,在外办事的马井才急匆匆地赶路回家。夜幕笼罩下,隐约见到有一个人倒在路边沟里,他走上前去俯身喊叫,竟没有回应,只有一股浓浓的酒气冲鼻而来。这个人已经烂醉如泥,不省人事,怎么叫也叫不醒,怎么问也问不出个所以然来。

情急之中,马井才想到了"有困难找警察",赶紧拨通了"110"。民警闻讯赶到现场,很快查证身份,将醉汉送回了家。

细细想想,马井才所做的无疑是救命之举。毕竟三更半夜,荒郊野外,一个人事不知的醉汉,这样下去说不准会出什么意外!而马井才却轻描淡写地说:"这是举手之劳。"

如果说这只是举手之劳,那么他的另外几次义举应该算是够惊险的了。

2010年9月5日下午,同村村民白某两岁半的女儿小玲(化名)在路边玩耍,只见一辆"自卸王"大货车疾驰而来,路过的马井才看见这惊险的一幕,高声大呼:"停车!停车!"

大货车驾驶员似乎没有注意到路边的孩子,也许也没有听到马井才的紧急呼喊,依然向前行驶,眼看就要轧到路边的小玲。只见马井才奋不顾身,迅速冲过去推开小玲……

孩子得救了。准确地说,是马井才从车轮底下为她捡回了一条小命。

大货车紧急停下,但因车速过快,刹车不及,马井才还是被撞得多处受伤,血流不止。尽管这样,他仍然大喊:"快救孩子!快救孩子!"

附近的群众迅速将小玲和马井才送往医院,所幸二人都没有生命危险。

2012年1月17日下午5时许,马井才骑自行车到街上买东西,途经街西3公里处孙沟河桥时,突然发现邻村邓庄组41岁的村民张芬(化名)及其女儿邓蓉(化名)不慎落入桥下的深水中,生命危在旦夕。

马井才急忙扔下自行车,跑到河边,顾不得掏出衣袋里的钱物,也来不及脱去身上的棉衣,便一头扎进冰冷刺骨的河水中。他先把邓蓉推到岸边,又返身游到河中央,拉住张芬的手,用力把她往岸边拉。在随后赶来的村民刘培夫妇的帮助下,张芬母女二人终被救上了岸。马井才顾不上喘息,又急忙将二人送到镇医院抢救,在确认母女二人脱离危险后,他默默地离开了。

村里五保老人张李氏守寡多年,女儿嫁得较远也不常回来。当时还没有实行集中供养,张李氏生活所需由村民们帮助解决,而打水、烧柴、买面等日常琐事,几乎由马井才一人全包了。张李氏临终前两年瘫痪在床,是马井才把她接回自己家悉心照料。

米滩村村民丁桂芹、张彩珍说:"俺们到离家四五里地的田里干活,离马井才家最近,不管谁到他家借东西,只要他家有的,他从不拒绝;如果他家没有,他会热心地帮着到别处去找。下雨时,他家的雨具可随时借用;好多次,村里人收工路过他家时,马井才总是把卷好的煎饼送到他们手里,让大伙儿临时充饥。"

米滩村党支部书记苏振和说:"马井才为人忠厚,心地善良,经常接济比他困难的人。那一次,他不顾个人安危,与坏人做斗争,这种见义勇为精神值得我们学习。"

"做这样的事,也被人误解过。"马井才淡淡地说,挂在他脸上的还是那么和善的微笑。

马井才清楚地记得,那件事发生在2011年4月10日。

那天上午,他去镇上办事,邻村一个妇女骑着电动车,车上带着一个孩子,因紧急避让对面来车而导致连人带车摔倒在地,身体受伤。目睹了这一幕的马井才,没有丝毫犹豫,立即送她到医院救治。经检查发现,这名妇女左手小指骨折,他帮忙垫付了500多元医药费后便悄悄离开了。

哪知道,由于这位伤者当时没有来得及向家人说明实情,她的家人在误解之下非但没有及时送还他垫付的医药费,还找上门来向马井才索要赔偿,直到后来才了解了"好心相救"的事实真相,化解了误会。

做了好事,还会遇到这样的尴尬,我问他当时是怎么想的,马井才呵呵一笑说:"做人要淡定,总有真相大白的时候。我希望社会越来越和谐,人和人之间多些信任是最好的。我不怕被人误会,遇到有人需要帮助的时候,我还会继续伸出援手。"

马井才的事迹受到社会各界的广泛好评和地方各级政府的关注。2013年12月18日,马井才被授予"江苏省见义勇为英雄"荣誉称号。徐州市、邳州市政府及徐州市见义勇为基金会也分别对他给予了表彰和奖励。2015年3月,马井才入围当月"中国好人"候选人榜单。

人民网在编发马井才英雄事迹时给予了这样的赞语:

他是一位老农民,古道热肠,频频助人,哪怕做好事被误解也不在意;他淡定做人,也淡泊做人,面对荣誉,他感到些许不安,总觉得政府和社会给了他太高的评价。我们为马井才点赞,这是他应该得到的尊重。

刘金城

勇洒热血斗歹徒

凶恶歹徒,劫财害命。时年57岁的刘金城奋起反抗,英勇搏斗时身中33刀,昏迷之前用自己的鲜血把歹徒的名字写在了墙壁上……

刘金城

采访之前，就听镇江市见义勇为基金会工作人员绘声绘色地介绍过他的传奇故事。在与歹徒搏斗中，他曾将歹徒刺入自己嘴中的刀尖咬断，崩毁了四颗门牙。

在镇江市见义勇为基金会会议室见到他的时候，我注意到他头部有三道明显的疤痕：一道从右耳根延伸到右脸、右嘴角处，一道从左脖根环绕左脖颈至颏下，另一道在鼻子上。

"搏斗中，我的鼻子几乎整个被割掉了，这是医院整容搞上去的。"他讲话时露出一嘴齐整、雪白的牙齿。

"你的牙？"我问。

"哦！全是假牙。"他回答。

他，勇斗歹徒身负重伤，能够活下来，本身就是一个奇迹。那次与抢劫歹徒搏斗时，他身中33刀，其中有一刀离动脉血管只差半厘米；脸上的皮肉，就像被犁过一遍，手术缝合的线头就像刺猬身上的刺一样。刘金城说："拆线时，一天只能拆一点点，连着拆了好几天……"

刘金城，65岁，原丹徒新城缪家店社区居民。因为拆迁，现居住在丹徒区宜东名苑。老伴韩培青，64岁。他们有两个儿子、一个女儿，2011年分家后，他们老夫妻俩在小儿子家生活，平静地安享晚年。

刘金城的脸上、颈部、胳膊、手上等部位，到处伤痕累累。由于受到伤害，现在他的耳朵有点背，还有点气喘，稍微用点力，气就上不来。

刘金城只有小学毕业，但很喜欢看书。他从地摊上买回许多旧书，一本一本看得津津有味。这使他的表达能力远远超出了他的小学文化水平。他很健谈，采访中我索性让他信马由缰地说开去——

啊呀！做梦也没有想到，那样要命的事情会轮到我头上。2009年12

月29日晚上,我遭遇歹徒劫财害命,身中30多刀,差一点我这条老命就没啦!

是警察同志迅速到来,及时抢救,保住了我的生命,我才能坐在这里和你交流。我从内心真诚感激公安民警,可以说,是公安民警给了我第二次生命。

对那天晚上的事情,我一辈子都不会忘记。那些记忆太深了,包括每一个情节和动作我都能回想得起来。

那天晚上,我在312国道和谷阳大道丁字路口的乐富来药店值夜班。因为正值寒冬腊月,所以晚上8点多钟我就将卷闸门半拉了下来,关上玻璃门,洗洗弄弄就上床看电视了。

考虑到晚上会有人来买药、买香烟,我就脱了棉裤、穿着棉袄半躺在床上。通过电视后面的一块大镜子,我能看到门口的动静,只要一有人进来,就能下床迎客。

大约晚上9点半钟的时候,我从镜子里看到门动了一下,知道有人进来了,就准备下床。

还没等我穿上鞋子,一个中年男子闪进屋里,上来就用左手一把抓住我的胸襟,右手握着一把菜刀架在我的脖子上,恶狠狠地对我说:"不要动,也不要说话,外面还有两个人等着拿钱呢!"

这时候,我才看清这个人是个熟人,名字叫束红荣,40来岁,曾经在隔壁的某机械厂打过工,经常到我店里来抽烟、喝茶、聊天,混得都很熟。

我当时很快恢复了镇静,对他说:"老束,我们平时关系不错,拿钱就拿钱,犯不着动刀吧!"

话还没说完,就被他打断了。他一只手用刀逼着我,另一只手用绳子捆我的膀子,还抓起床单往我的嘴里塞。

我一看他这是要动真格的了,当即用手将架在脖子上的刀猛地推开。见我竟敢推刀反抗,他像疯了一样,挥刀就朝我的脸上和手上猛砍,我的血一下子就喷到墙上,也挡住了我的视线。

束红荣趁机伸手把电闸给关了,室内顿时暗了下来,只有电视机还发出一点点亮光,随着电视画面的变换,或明或暗,气氛显得紧张而又恐怖。

这时候,我根本顾不上疼痛了,一心只想反抗。我聚集全身力气猛地一翻身,将他摁倒在床上,对着他就是两拳。

束红荣气急败坏,变得更加疯狂,举着刀不停地朝我的脸上和手上乱砍、乱剁。我的身上已经全部是血,感觉自己的脸和脖子都快被砍烂了。

我的双手也被砍了几刀,特别是左手显得一点劲都没有了,我想抓他却几次都没有抓住。只有右手还能使唤,但由于手无寸铁,加上空间狭小,我一直处于被动地位。

搏斗中,我又得到了一次机会,感觉刀砍到了嘴边,我索性一咬牙,死死地将刀刃咬在了嘴中。

束红荣几次抽刀都没有抽出来,就握着刀柄上下左右摇动,最后猛一用力,"啪"的一声,刀柄被我硬生生地折断了,我的四颗门牙也瞬间崩断。

虽然没有了刀柄,但他还是抓住刀。杀红了眼的歹徒变得丧心病狂,在我脸上、脖子上和手上砍、划、戳……搏斗了将近半个小时,由于失血太多,我明显感到体力不支,感觉自己快要死了……

事后我在想,年轻的时候我喜欢玩石锁,50斤的石锁我一口气能甩几十个,所以我的手上还算有劲;我身高1.78米,早年干过瓦工,上高爬低,一般人是干不过我的。束红荣个子没我高,手上力气应该也没有我大,但由于他是有备而来、手持凶器,我是猝不及防、手无寸铁,再加上室内地方狭小,施展不开,所以我吃了亏;如果是在室外,地方再大点,那天被打倒的一定就是他了,那我一定能将这个危害社会安全的歹徒当场制伏。

当时，因为失血太多，让我再也无力反抗了，但我脑子十分清醒，要与他硬干看来是不行了，我要跟他玩点心机，不然我死了警察都无法侦查，这个歹徒还不知道要再害多少人。

我喘着粗气断断续续地对束红荣说："就为这两个钱杀死一条命，犯不着……要钱你就拿，钥匙在台子上……"

说完，我就躺在床上不动了，束红荣见我没了动静，以为我死了，就用被子将我盖起来，然后搜走3000多元钱逃之夭夭。

过了好一会儿，我在迷迷糊糊中听不到任何声音了，这才慢慢地掀开被子。

电视机还在闪动着，可我却看不清画面了。我只有一个信念：赶快报警！

我抬起右手，试图在墙上写点东西。当时，我的额头上不住地流着血，我艰难地蘸着自己的鲜血，在白色的墙上写下了一横和一个"口"字就写不动了。停了一会儿，我鼓足劲，终于写下了一个大大的"束"字。

当时，我想，即使我死了，这个字也能使人联想到束红荣，因为他和我们太熟悉了。果然，后来警察告诉我，就是这个字，为警方提供了重要线索，帮助他们及时破了这起大案。

写完了字，我觉得自己还有一点力气，就沿着柜台爬到了电话机旁，借助微弱的电视机光亮拨通了"110"。

"抢劫！杀人！救命！"我使出全身力气吐出了这六个字。接警民警急促地问我在哪里，我说："乐……富……来……药店。"

可对方还是听不清楚，追问在哪里。我用力吐出了最后一句话："谷阳大道……312国道交叉口……"说完，我就瘫倒了。

这时候，我仅有一点残存的意识。我担心凶手再次返回店内，也担心警方找不到案发地点。于是，我艰难地爬到国道边上，至于爬了多长时间，已经很模糊了。只知道我所爬过的地方，全部拖着长长的血痕。

伏在冰冷的地上，我昏了过去。等我醒过来的时候，已经躺在医院的病床上了。

经过治疗，我慢慢恢复了记忆。能与警察和家人正常交流，已是五天之后的事情。

此后，警方组织抓捕行动，吃了很多辛苦，终于将束红荣捉拿归案。据说，就在捉拿他前夕，他还在敲诈别人。

我给束红荣计算了一下，当年他44周岁，因为抢劫罪、强奸罪多次坐牢，还被判过死缓，在狱中时间长达二十三年之久，占了一半时间还多，最近一次出狱是2007年8月。这样一个对社会安全存在巨大隐患的人，如果不及时捉拿归案，还让他在社会上为所欲为，后果不堪设想。

我虽然身受重伤，但我不后悔。能帮助公安机关抓获此人，能帮助社会除掉这个害群之马，我值了！这也让我觉得，自己虽然极其平凡，但我仍然能算得上是一个对社会有用的人。

我虽然只上过小学，没有读过多少书，但我始终坚持一条：做人一定要本分，要爱憎分明，宁亏自己，不亏别人，做一个平凡但对社会有用的人。

回忆我这大半辈子，没有做过什么惊天动地的事情，唯有这次，也是我本能的反应。

事情发生后，我得到了区委、区政府、公安机关、丹徒新城管委会和江滨医院的关心和帮助。市、区见义勇为基金会领导对我也非常关心，到我家慰问、关心病情、关心生活，并对我与歹徒斗勇斗智的行为给予了充分肯定和表扬。

2010年3月19日，镇江市、丹徒区两级见义勇为基金会还专门联合召开表彰大会，对我进行表彰奖励，授予我市、区"见义勇为积极分子"的光荣称号。2013年，我被授予"江苏省见义勇为英雄"称号。

今后，我唯有更加努力，为社会和谐做出自己应有的贡献，才能报答各级见义勇为基金会领导对我的这份情意。

　　同时,我也想呼吁全社会,只要我们都有同违法犯罪行为做斗争的决心和勇气,我们的社会就一定能平平安安,我们的生活也一定会更加美好!

葛记军

凛然正气英雄汉

同坏人坏事做斗争,他总是把个人安危置之度外。客车驾驶员葛记军,他把乘客生命财产安全看得高于一切,曾经五次见义勇为,令抢劫歹徒闻风丧胆……

葛记军

葛记军,1.80米的个头,体重100公斤;肩膀宽,胳膊长,脑门大大的,头发向后顺梳。如果单论长相,几乎不用化妆,他就可以去做扮演毛泽东的特型演员。

凭我的眼力,他应该是个老实忠厚且刚直不阿的人。这样的人一般比较耿直,遇事不会拐弯,尤其是对认准了的事情往往会执着到底。或许,这也是他之所以能成为见义勇为先进分子的心理素质之一。

他穿一身工作服,脸上还滴着汗珠。当天,有辆去南京方向的客运班车在郭村附近坏了,他联系、安排好抢修事宜后,满头大汗地出现在我的面前。

他已经不再是客运驾驶员。2010年初,公司考虑到葛记军年龄渐渐大了,安排他从如东—上海班线驾驶员转岗担任车辆例保员,具体负责本公司客车安全监测、维修和保养。

葛记军的人生履历并不复杂,也自有属于他的精彩。

他的父亲葛金龙,1947年参加解放军,身经百战。在激烈的坎家湾战斗中,只身炸碉堡,立了大功。

从小跟随父母在军营生活的葛记军,7岁时回到家乡。在本地读完小学、初中,并完成高中学业。1976年,葛记军参加工作,在原如东机床厂当工人。

从1978年起,他在原南京军区著名的临汾旅服役。当过部队驾驶员,担任过班长,多次受到嘉奖,曾在有176人参加的南京军区汽车驾驶大比武中获得第二名。

葛记军1982年冬季退伍,一直受雇开大货车。1999年12月,他应聘至南通汽运集团如东分公司当驾驶员,多次被评为先进,连续两届当选

"如东县十佳文明市民",被评为"南通市第29次文明新风典型""南通市见义勇为先进分子";2008年2月,获得首届"江苏省道德模范"提名奖;2009年9月,被授予第二届"江苏省道德模范"称号;2010年12月,被人力资源和社会保障部、交通运输部联合授予"全国交通运输系统劳动模范"称号。

说起来,葛记军很平凡,但不平庸,他是个小人物,却有伟大的人格。尤其在恐吓与利诱、生存与死亡的考验面前,他始终把乘客利益看得高于一切,甚至不顾个人生命安危。他同坏人坏事做斗争的一个个惊险故事,足以彰显他的英勇无畏和凛然正气。

那一次勇斗歹徒,是葛记军见义勇为事迹中最惊险也是最精彩的一幕。

2001年11月15日下午,葛记军驾驶牌照为苏F0576的客车从常州返回如东,行至靖江市斜桥镇江平路段六号桥附近时,忽然有三名乘客急促地要求下车。

正当葛记军打开车门时,车上一名乘客突然大声呼喊:"不能开门!他们偷了我的钱。"

葛记军一听迅速关上车门,启动发动机。他准备将客车开往附近的斜桥派出所。与此同时,他给出暗示,乘务员陈根林心领神会,立即悄悄拨打"110"报警。

三名歹徒见状,随即凶相毕露。

一名歹徒拔出尖刀架到陈根林脖子上,大叫:"不许报警!"

一名歹徒手舞凶器,对着惊呼的乘客狂吠:"谁再叫,一刀捅死你!"

另一名歹徒则手持尖刀,威胁驾驶员葛记军打开车门:"你要是不停车,就要你的命!"

葛记军知道接下来将会发生什么。

他告诫自己,必须临危不乱。

只见葛记军沉着地停稳客车,从驾驶座位上一跃而起,大吼一声:

"都不许动！我也有刀,谁动我就砍死谁！"

歹徒们一下子被镇住了。

少顷,一个回过神来的歹徒,强行将客车气门推开,和其他两名歹徒一起跳下车望风而逃。葛记军因为距离较远,无法抵近车门阻止歹徒逃窜。

"抓歹徒啊！"他从座位上纵身跃下客车,一边大声喊着,一边紧追不舍。

谁知,追赶途中,一辆出租车路过,恰巧被跑在前面的两个歹徒拦住,二人侥幸乘车逃走。

跑得慢一点的那名歹徒,被疾步而来的葛记军追上,眼看就要落网。这个歹徒一边挥舞手中明晃晃的尖刀试图吓退葛记军,一边假装可怜兮兮地说:"大哥,放过我这一回,我以后一定不再到你的车上了。我也不会忘记你的恩情,少不了你的好处。再说了,你天天在这条线路上跑,总有一天会栽到我和我哥们的手里。"

葛记军哪吃他这一套！

他没有答话,更没有丝毫退缩。

歹徒见威逼利诱均不见效,便歇斯底里地挥舞手中的尖刀朝葛记军刺了过来。

短兵相接。

临危何惧！

狭路相逢勇者胜！

赤手空拳的葛记军与持刀歹徒展开搏斗。当兵时练就的格斗本领,此刻有了用武之地。

只见他突然一个闪身,躲过歹徒刺来的尖刀,随即紧握的拳头重重地击向歹徒面部,将其打倒在地,并扑在其身上,双手死死摁住歹徒持刀的手……

随后赶来的陈根林和一些乘客一起动手,制伏了穷凶极恶的歹徒,并将其移交给赶到现场的靖江斜桥警方。

经审讯，被葛记军擒获的犯罪嫌疑人梁某，曾因在客车上多次持刀抢劫被判刑七年，才刚释放不久。

事后根据线索，靖江警方迅速抓获了另两名在逃的犯罪嫌疑人王某、李某。

此后的几年里，葛记军仍坚守在客运驾驶员工作岗位上，只是比以往多了提醒乘客的温情话语——

发车前，他提醒："各位乘客，请注意保管好自己的贵重物品。"

遇有乘客下车，他又提醒："请车上的各位乘客检查一下，有没有丢失贵重物品，有没有发现相互拿错了行李？"

客运汽车，六年到期一换。2006年7月1日下午1时，葛记军驾驶刚刚换新的牌照为苏F08792的客车，满载乘客从上海返回如东。当行至沪宁高速江苏段常熟市梅李出口时，一个40多岁模样、拎着小包的男子，对葛记军说他要在梅李出口处下车，有人在那里接。

葛记军正准备开门时，车后排座位上又站起两个拎着大包、长得壮实的中年男子，也开始向车门挪动，大摇大摆地准备下车。

葛记军用机警的眼光一扫，发现其中的一个人已经三次乘过他的车，而三次下车地点均不一样，而且每一次都有些神色慌张。葛记军赶紧用如东方言与乘务员田鹤泉商量，想来个先发制人，以便"关门捉贼"。

他没有打开车门，故意反复大声询问车上的乘客："请检查一下，有没有人相互拿错东西？请注意保管好自己的贵重物品……"

可是，所有乘客都没有应答。葛记军无奈，就开了车门。

正当前面的那个人下去后，突然间，车上一位男乘客惊叫："我的8000块钱不见了！"

葛记军心中有数，迅速关上了车门。

两个拎着大包的中年男子见状不妙，迅速冲到驾驶台抢着按气门开关，企图打开车门逃跑。

身强力壮的葛记军，右手一挥，挡了回去。

那两人只好悻悻地回到座位上。其中一人悄悄地将8000元钞票扔在丢了钱的那位乘客座位下面，并大声说："谁偷你的钱啦，你的钱不在座位下面么。"

葛记军当机立断，严正要求那两人先坐下，同时暗示田鹤泉拨打"110"报警。

不料，扔钱的那名中年男子趁人不注意，用力打开客车窗户，蹿出窗外。

葛记军赶紧与田鹤泉和另一名乘务员陈云做了分工。由陈云负责看住车上的另一个中年男子，葛记军和田鹤泉随即追了出去。

那天下雨，雨幕中，葛记军看到跳窗的中年男子登上了一辆通港专线中巴车。他和田鹤泉也叫了一辆摩托车，冒雨紧追了上去，并不停地招呼中巴车司机停车。

中巴车司机以为有人乘车，应声减速。

车还没有停稳，逃跑心切的中年男子就从中巴车窗口跳下，夺路而逃。葛记军他们跳下摩托车，一阵奔跑，挡住了那个人的去路。

中年男子掏出凶器，企图负隅顽抗。

眼疾手快的葛记军一个箭步冲上去，死死按住了歹徒。

也许是看到葛记军人高马大，无可匹敌，也许原本就做贼心虚，中年男子变了一副嘴脸，突然乖巧起来，一个劲地向葛记军求饶："放了我吧，有好处给你……"

葛记军严词拒绝。很快，梅李派出所民警和协管员分乘两辆警车赶到，将那两人带回了派出所。

经乘客指证、上网核查和审讯，抓获的那二人，连同先前侥幸逃脱的一人，都是被通缉的犯罪团伙在逃人员，而被葛记军擒获的正是该团伙的主犯。

2006年7月22日，如东县委宣传部、县文明办、县见义勇为基金会、县公安局、县交通局、南通汽运集团等,联合在如东汽车站隆重举行见义勇为表彰大会,授予葛记军驾驶的苏F08792客车"见义勇为放心车"称号,授予葛记军等人"见义勇为先进个人"称号。

"见义勇为放心车"这一光荣称号,也使葛记军感到自己肩上的责任更重了。

2009年3月31日中午12时10分,上海北广场汽车站40多名乘客手持车票陆续排队上车。忽然,从旁边插进两个形迹可疑的人,一直在仔细观察的葛记军立即上前盘问。也许是看到客车上金光闪闪的"见义勇为放心车"的牌子,也许是葛记军的问话掷地有声,也许是葛记军魁梧身材的威慑作用,那两个伺机作案的小偷拔腿开溜。

2009年9月3日,有两名男子检票上车时看到葛记军驾驶的客车上挂着"见义勇为放心车"的牌子,假装上厕所,溜之大吉。

像这样的事发生了好多回。葛记军驾驶的客车成为广大乘客公认的平安车、放心车,乘客回报给他的是95%以上的满座率。

葛记军,用凛然正气勇斗歹徒,制伏一个个企图在乘客腰包里捞钱的扒手,并以安全行车60万公里的优秀纪录和全心全意为乘客服务的实际行动,兑现了一名国有运输企业职工的庄严承诺。

在做客运驾驶员的十年里,葛记军先后五次见义勇为,抓获扒手5名,其中3名是公安机关的网上通缉犯;协助警方一网打尽2个盗窃团伙,擒获涉案人员20多人,为乘客挽回经济损失5万多元;先后救助3名途中患病乘客;80多次拾金不昧,使乘客丢失的20多万元现金完璧归赵……

一段时期内,常常听说在我国有的地方,长途客运车内扒手混杂、小偷猖獗,如入无人之境,威逼恐吓、强取豪夺,施恶畅通无阻,甚至暴力敲诈、勒索钱财,以至于动刀动枪、伤人害命等丑恶现象屡有发生,令人发指。每每遇到这样的罪恶行径,勇者挺身而出、众人齐心协力斗歹徒的壮举也有所耳闻,但不得不令人遗憾的是,满车乘客中包括青壮年在乘客多、坏人少——按人头比例绝对悬殊的情况下,对此熟视无睹、忍气吞声,"不抵抗""不作为",畏缩不前、充孬装怂的大有人在。也许正是此类胆小怕事、人人自危的不作为,放纵和助长了长途客车犯罪现象的肆意蔓延,致使道路治安形势日趋恶化,国人对此怨声载道。

若干年来,"出头的椽子先烂"这种老话中明哲保身、贪生怕死的寓意,麻痹了多少中国人,甚至祸害了一个民族。那种"只顾自家门前雪,莫管他人瓦上霜"的人人自保,又造就了多少敢怒不敢言的受害者和佯装不知或熟视无睹的旁观者,而导致"恶人当道,万夫不敌"的社会扭曲现象不时出现,麻木的人们也就见怪不怪。

这是中华民族的耻辱。

这是泱泱人类的悲哀。

得道多助,失道寡助。其实,在案发现场,一般的情形是好人多、歹徒少,而且正义永远在好人这一边。无论施恶者怎样猖獗横行,只要有人敢于出头就能一呼百应,只要众人团结奋起就会众志成城,那么那些胆敢犯科作案的坏人、恶人,必定成为人人喊打的过街老鼠。

做这样的对比和推论,人们自然会对见义勇为、敢做敢当的葛记军投以敬佩的目光。参照系就是这样明摆着:许多事情,葛记军是可以不去管的,他只要开好自己的车即可,而他却管了许多"闲事",自然也承担着许多风险。为此,我问过他,每次见义勇为、面对歹徒的时候,有没有顾虑?

他说:"没想那么多。我只想,一定要抓住他们。真的,我不怕!毕竟我们是正义的。不抓住他们,他们会更嚣张,我们的车永远不得安宁,乘客的生命财产也会时常受到威胁。作为交通战线上的一名职工,在我的心目中乘客的生命财产安全高于一切,保护乘客生命财产安全是我应尽的义务。干我们这一行的,确保乘客平安到达可不是儿戏。乘客乘我驾驶的客车,连最起码的安全感都没有,那就是我的失职。看到坏蛋不去抓,那我会后悔一辈子……"

没有什么豪言壮语,朴实之中蕴含着葛记军做人做事的闪光点,他总是把乘客的生命财产安危放在第一位,不允许不法之徒破坏客运秩序、扰乱社会稳定。就是这么简单又那么伟大的坚定信念,铸就了他平凡而精彩的人生。

高光明

挺身而出追劫匪

下班女工遭遇歹徒抢夺财物,农民高光明毫不犹豫挺身追击。在与歹徒搏斗中,他用自己的身躯替共同追凶的同伴挡住了致命的一刀……

高光明

在这个纷繁的世界，有多少人擦肩而过。比如我与他，就差一点失之交臂。

和他有幸相识，本书能与他结缘，也许是天意。

盐城市见义勇为基金会办公室向我推荐拟写入书中的几位见义勇为人员采访名单里，原本没有他的名字。

那天中午，在盐城市公安局机关食堂，市见义勇为基金会的一位老领导盛情邀我共进午餐，"见义勇为"自然是我们共同的话题。

他在无意间提到，头十年前，建湖县有个年轻人，在与劫匪搏斗中，替共同追凶的同伴扛了一刀，差点送命。光是一条伤口就缝了100多针，事迹很感人。

说者无心，听者有意。

哦！这个人真是不简单！他现在的情况怎么样？

就在饭桌旁，我在采访本上记下了这条线索。

第二天上午，经盐城市见义勇为基金会工作人员穿针引线，我与他如约相见。

高光明，一个阳光而大气的名字。他曾入围2006年度"感动盐城新闻人物"，其见义勇为事迹被评为该市当年"十佳文明新事"；2009年，他被授予"江苏省见义勇为英雄"荣誉称号，是当年盐城市唯一获此殊荣者。

他生于1967年12月29日，是一名中共党员，家住江苏省盐城市建湖县庆丰镇廖庄村二组。

当年，媒体宣传报道时，对他的介绍是"青年农民"。斗转星移，时光流过，如今的高光明也已到了天命之年。

眼前的高光明，下穿蓝色长裤，干净整洁的白色衬衣齐齐整整地扎于腰间；身高1.76米，体重100公斤，显得壮实而威武。他的脸庞宽阔而棱角分明，英俊的模样犹在，脸上少有笑意，表情总是很严肃。两道目光智慧而犀利，眉宇间透出一股浩然正气。

高光明的家，是一座10米长、4米宽坐地的两层楼房；妻子张翠梅温淑贤惠；女儿从山东煤炭学院护士专业毕业后，在原籍庆丰镇医院做护士；儿子在常州机电高等学校机电专业读书。

就是这样的一家，原本可以过着平静而安乐的生活。可因为高光明天生就有"路见不平拔刀相助"的秉性，经常见义勇为，免不了遭人嫉恨，家里的门窗不知道被人砸过多少次了，最重的一次，连前后门都被砸得面目全非。

或许就是这个原因，高光明于2008年选择在庆丰镇派出所做了一名辅警。高光明坦陈："不是我怕那些恶人。有辅警的身份，我可以更加理直气壮地与坏人坏事做斗争。同时，有公安机关做后盾，我的心里更踏实。"

高光明说："我以前没有想到是见义勇为，就是爱打抱不平。我看不惯那些偷鸡摸狗的蟊贼，痛恨那些拦路抢劫的歹徒。他们年纪轻轻的，为什么不去做正事？为什么不能自食其力？凭什么要去非法侵害别人的财产，强取豪夺人家的财物？！"

高光明告诉我，那次被抢劫的歹徒用刀砍伤后，他被鉴定为三级残疾。至今他的伤口仍留有疮疤，每逢阴雨，经常"发天"，严重时连腰都很难直起来。事后，案件破了，法院也判了，而56000元的附带民事赔偿，到现在他一分钱也没有拿到。

撩起上衣，我看到高光明后背左上部有一条微微隆起的创痕，右臂膀也有明显被伤过的痕迹。

这是那次勇斗歹徒时，留给高光明的英雄印记。

时间，退回到十一年前。

2006年8月4日下午6时左右，在庆丰镇一家企业上班的女青年汤菊（化名）下班回家路上，当她骑自行车行至庆丰镇水柳路金龙马纺织有限公司北侧约50米处时，意想不到的一幕发生了。

一个骑着黑色踏板摩托车、尾随她身后多时的劫匪，突然加速从她身旁急驶而过，瞬间抢走了她手腕上的金手链，随即扬长而去。

"抓强盗！抓强盗！"等她回过神来，劫匪早已冲出百米开外。她急忙骑车追赶，并大声呼喊。

高光明的家，就在路旁边。

坐在路边纳凉的高光明，听到呼喊声，赶忙回家发动摩托车，飞一般地朝劫匪逃跑的方向追去。几乎同一时间，在路边做送客生意的邻村农民戴红根，也驾驶摩托车一路追去。

他们沿着省道盐淮公路，一直向前追了足有5公里。在宋楼村四岔口大桥桥东200米处，二人终于追上劫匪，将其团团围住，并用摩托车死死挡住劫匪可能逃跑的线路。

他们一心只想把劫匪抓回去。哪知道，始料不及的是从西面来了一辆摩托车，从车上下来的一胖一瘦两个男子竟是劫匪的同伙。这两人一下车，便各自掏出一把40多厘米长的大砍刀，凶神恶煞地向高光明和戴红根冲了过来。

戴红根正欲上去抓人，冷不防被瘦子歹徒踹了一脚。还没等他反应过来，另外那个胖子歹徒又挥刀对着他的头部猛砍过来。

"砍死你！让你多管闲事！"随着一声恶狠狠的叫嚣，胖子歹徒的刀应声而下。此时，已经将那个劫匪抓在手里的高光明，本能地回头看向戴红根时，发现戴红根已处在生命危险的时刻。

"当心刀子！"高光明一边大声吼着，一边扑向戴红根，猛力将他推开，用自己的身躯挡住了这致命的一刀。

这狠狠的一刀，重重地砍在了高光明的左肩背部，顿时血流如注。

"抓住他们！决不能让他们跑掉！"高光明强忍疼痛，艰难地支撑着身体，坚持继续向前追了七八米，直到他用尽了全身气力，最后昏倒在了公路上……

歹徒刺向戴红根、被高光明挡住的那一刀,够狠。经检查,高光明左肩背被砍的伤口长30多厘米,深达内骨,一共缝了110针。抢救中,输血3000多毫升,高光明整整在医院住院二十八天。在他经抢救苏醒过来的那一刻,说的第一句话是:"歹徒抓住了吗?"

案件发生后,建湖警方立即成立"8·4"飞车抢夺、故意伤害案专案组,于一个月之后,将三名犯罪嫌疑人如数抓获归案。

通过当年的旧报纸,我查到一位记者当时在病床前与高光明的一段对话,让我更深地感受到高光明的善良和正直——

记者:你当时就不害怕吗?

高光明:害怕。但我当时没有想那么多,我只是想把歹徒抓住。我妈妈从小就告诉我,看见有困难的人要帮一把,何况歹徒还是在光天化日之下实施抢劫。如果要是不帮忙的话,一是助长了歹徒的嚣张气焰,二是总觉得心里堵得慌。

记者:如果当初不是你推开戴红根,那么受伤的可能就是他了。你的努力使得戴红根在当时避免了重伤害,而你这一挡,差点失去自己最宝贵的性命。你觉得值吗?

高光明:值!虽然当时我有可能就那样离开亲人,但我们只要抓获了歹徒,便可以让他受到法律的制裁,我想这就足够了。

记者:现在你可是盐阜大地的学习楷模,而且还有人把你当成英雄了。你怎么看?

高光明:(憨厚地笑)这种事情我根本没想过。我也不是什么英雄。如果当天的事情再发生一次,我依然会本能地做同样的选择。

记者:老高,你够牛!

高光明:哪牛啊!我认为每个人遇到这样的情况都会和我一样,去帮助那些需要帮助的人。

高光明勇抓歹徒、光荣负伤的事迹传到村里，廖庄村村民谈得最多的是，高光明见义勇为并非一时冲动，他平时就疾恶如仇，敢于同坏人坏事做斗争，而他见义勇为也不是第一次。

刚毅的性格，早就练就了高光明一身的胆识与正气，正如他名字的寓意一样，他把正义和光明洒向人间——

2005年3月的一天，金龙马纺织有限公司厂区内。

一个青年男子正蹲在地上捣鼓一辆三轮车。去该公司办事的高光明特意留心观察，直觉告诉他，这名男子不是什么正经人。于是，高光明与庆丰镇交巡警中队取得联系，告知民警赶快来抓小偷。

报警后，眼见那人已经撬开三轮车锁，准备骑车离去。高光明等不及民警来了，他冲上前去，大吼一声："快把车子给我放下！"

那男子本来就心虚，禁不住这一吼，竟一屁股瘫在地上。

蟊贼被带到交巡警中队。经审问，原来这是个惯偷，在临近几个镇作案屡次得手，心存侥幸的他便想到庆丰镇碰碰运气，没想到刚伸手就被捉。

在拘留所里，他耷拉着脑袋，似乎对自己栽在高光明这个"土警察"手里心有不甘，他想不通的是，高光明的眼睛为什么这么"毒"。

2006年夏季，汛情基本稳定，村民们在持续两周的抗洪抢险后已经疲惫不堪，都想好好歇一歇。然而，贼心不死的小偷们也把一双双罪恶的眼睛盯上这一时刻，想趁火打劫。

7月13日，夜里10时许。一辆摩托车戛然停在村头路边，下车的两个家伙盯上了周佳（化名）的批发部。本是邻居的高光明见此情景，心生疑团：这么晚了，他们到底想干什么？

这两人形迹可疑。

胆大心细的高光明没有去惊动他们，而是闪到一个僻静处，掏出手机与周佳联系，让其悄悄地从后门出来。

周佳随即来到高光明身边。简单合计后，他们决定直面来人，详细"盘查"。高光明走上前去，面对那两人，直接发问："你们是哪里人？"

对方回答,是建阳派出所的"警察"。

眼前这两个人,都穿着旧式警服,且穿戴极不规范。高光明逼问道:"你们来这里干什么?认识哪些人?"

两人支支吾吾,一时说不出个究竟,竟然发动摩托车,慌不择路地逃跑了。

高光明骑上摩托车,一路追赶,把那两个人吓得屁滚尿流。后来,那两个自称为"警察"的蟊贼再也没敢露面,村里一时太平了许多。

还有一次,廖庄村村民、高光明家的邻居顾忠(化名)出远门。没想到,其家中意外失火,浓烟滚滚中火苗眼看就要烧到屋顶。

正巧在家的高光明第一个冲到顾家,踹开门后凭着自己做过电工的经验,很快切断了电源。然后,他和其他村民一道忙着灭火,为顾家避免了更大的火患损失。

群众眼里的高光明,是个为人忠厚、侠骨柔肠的热心人。只要碰到群众有什么难事、急事,他总是二话不说,冲在最前面,从不讲任何条件,也从不要任何报酬。当地群众说,电视上有个"闲人马大姐",建湖县有个爱管"闲事"的"高大哥"。

2003年农历腊月二十三上午,廖庄村一组村民杨志明的女儿杨艳放假从北京回来过年,在盐城转车到庆丰镇,下车后叫了一辆摩托车往家赶。

不料,行至廖庄桥头,迎面来了一辆快客。手忙脚乱的摩托车驾驶员张某竟踩错刹车、加大油门一头冲了上去,与疾驰的快客撞了个正着。

坐在摩托车后座的杨艳被撞翻在地,昏迷不醒。

高光明得知后叫来一辆三轮车,立即送杨艳去庆丰镇医院检查。当时,杨艳的父亲杨志明在外办事,在金龙马公司上班的母亲得到邻居传信,匆匆赶往镇医院,慌忙之下分文未带。

"不要紧,我身边有钱,先替你垫上。"高光明当即掏钱垫付,让镇医院先行急救。随后,他又带着伤者直奔县医院进一步抢救治疗。

就这样忙里忙外,整整花了一天时间。

第二天,杨父带着1000元钱和两条香烟到高光明家里还钱,并表示感谢。高光明根据发票上的款项收下了由自己垫付的900多元钱,两条烟无论如何不肯收。

后来,高光明被歹徒砍伤住院,在北京读研究生的杨艳专程回乡看望了自己的救命恩人。

2003年6月的一天上午,正值三夏大忙时节,毗邻的上冈镇新北村村民高月(化名)开摩托车路经廖庄村时不慎跌了下来。高光明立即找来车子把她送到医院,楼上楼下,奔来奔去,忙乎了三四个小时。

高月说:"后来我才知道,他是从麦田回家拿口袋装麦子的,他家的麦子在田里还没有收完呢。"

2006年11月2日,盐城《盐阜大众报》以醒目标题登出一则消息:见义勇为又"出手","农民英雄"带伤再救女工。

这是高光明见义勇为、助人为乐的又一桩先进事迹。

那时,高光明重伤还没有痊愈,尚在家继续服药、打针、挂水治疗。

事情见报的前两天晚上9时15分,在盐淮公路建湖县庆丰镇廖庄村路段,21岁的庆丰镇永泰纺织厂女工倪某,下班后骑着自行车慢行在回家的路上。突然间,她被后面快速驶来的摩托车撞倒在地,痛得呻吟起来。肇事的摩托车驾驶员一时惊得不知道如何是好。

现场很快有十几个人上来围观。

去诊所挂水的高光明回家路过此地,看到倪某伤势不轻,需要尽快送医救治,他果断上前扶起伤者,再请一位同行的、姓高的教师帮忙,拦下一辆小车,自己拖着虚弱的身子,把伤者送往县城慈航医院,并垫付了车费、检查费和药费等,直到伤者家人和撞人的摩托车车主赶到后,他才默默离开。等到高光明回到家里,已经是深夜11时40分了。

谈起高光明,邻居周家宽滔滔不绝:"高光明人好、心好,助人为乐,在方圆十几里是出了名的。我们家里有什么事,比如电话、电风扇坏了,他总是随叫随到。"

1999年3月,廖庄村村民张某被车撞伤,是高光明将她送往镇医院。

2003年秋天,村民张二宝的老伴被摩托车撞伤,也是高光明主动报警,及时救助。

2004年冬天,廖庄村二组村民高某骑车去碾米,被一辆轿车撞了。高光明先是打电话报警,后骑摩托车来回多趟,把伤者的家人及亲戚送到医院。

2004年,庆丰镇交巡警中队从镇上搬到盐淮路边,正好与高光明家对门。他主动带两个人前来帮忙,完成了新办公楼电线、电话线、内部网线、空调线等各种线路的铺设工作,一干就是半个月,分文未取。他说:"这样的小事,哪里够得着要工钱哦!"

2006年6月下旬,建湖县遭遇特大强降雨,地势低洼的廖庄村是庆丰镇受灾严重的几个主要村庄之一,大量秧苗被淹。高光明一下子从家里拿出200多只麻袋用来打坝,并冒雨跑到地势较高的其他村借来两台抽水机连夜抢排涝水。那几天,雨特别大,高光明吃在圩堤,住在圩堤,一直奋战在抗洪第一线。

当年7月2日深夜2时,廖庄村东面的排水泵突然发生故障,涝水严重威胁全村3000多亩良田和几百户群众的生命财产安全,修泵排涝刻不容缓。

两米多深的泵塘,漆黑一片,且不说排水泵故障原因难以排查,光是蚊虫就让人难以忍受。高光明主动站了出来:"我水性好,对这泵塘也熟悉,还是我下去抢修吧。"

高光明在水里浸泡了两个多小时。排水泵终于转动了起来,涝水很快排到圩外……

孙华明、金祥、赵国良、颜春山

平民英雄铸群雕

保安员孙华明,为抓盗贼被刺伤身体;小厨师金祥,勇斗歹徒身负重伤;好保安赵国良,流血制止"武疯子";英雄颜春山,为守护集体财产英勇献身……关键时刻,一个个义士壮举,在古城扬州矗立起一座座见义勇为的英雄群雕……

扬州个园有一副楹联:"几百年人家无非积善,第一等好事只是读书。"

"崇文尚德、仁爱爱人"是古城扬州的特质,"存好心、说好话、做好事、多行善"日益成为扬州市民的自觉。

有着近两千五百年历史人文积淀的扬州,见义勇为已形成"森林效应"。群众性和平凡性,构成扬州见义勇为事业的时代特征。

扬州市见义勇为基金会办公室。梁斌秘书长搬来一摞档案盒,那里面一份份见义勇为英雄的事迹材料,都经过细细的整理。尽管时间已经远去,但发黄的档案里依然珍藏着当时的惊心动魄。他翻开一沓沓珍贵资料,向我讲述了一个个见义勇为英雄的故事。他说:"像这样在关键时刻挺身而出的见义勇为英雄,在我们这里还有很多。"

梁斌对情况很熟悉。他越讲越激动,我越听越感动。义盖云天的一个个义士壮举,在古城扬州矗立起见义勇为的英雄群雕。我无法记录全部,只能截取几个动人的片段。

(一)

2002年11月29日上午10时50分,扬州市文汇东路秋雨新村居民宋田(化名)老大爷带着外孙女正要上楼回家。走到二楼的时候,宋大爷发现两个陌生的男子急匆匆下楼;走到三楼的时候,又碰到两个下楼的男子。他心里起疑,加快脚步跑到六楼,发现自家防盗门锁芯被撬,家中被盗,宋大爷随即向小区保安员孙华明报告。

孙华明立即想到刚刚有四个陌生男子走出小区,形迹十分可疑,遂向西追出200余米,追上了其中两个男子。

孙华明从后面一把抱住犯罪嫌疑人王某。这时,另一个犯罪嫌疑人侯某,突然从身上抽出一把约30厘米长的匕首,对着孙华明头部砍了一刀。顿时,孙华明的额头上鲜血直冒。

孙华明放开王某,去抓侯某的衣领。不料,王某也从身上抽出匕首,向他的后腰部刺来。

孙华明成了一个血人。他一边高声呼喊"抓小偷",一边用对讲机请求毗邻的小区保安增援。保安徐为顺立即和孙华明一起与歹徒展开搏斗。文汇派出所民警及时赶到,警民合力将两名歹徒擒获。

浑身是血的孙华明被扬州大学营养服务中心的韩祥救上面包车,紧急送往医院抢救。经医学鉴定,孙华明头部伤口4.5厘米,右后腰伤口长2厘米、深4厘米,胸腔两侧积液,右侧血气胸,系重伤。

通过医院绿色通道,孙华明得到迅速救治。他苏醒后,有记者问:"面对手持匕首的歹徒,你怕不怕?"

他说:"怕什么?不要说是刀子,就是刀山,我也要冲上去抓住他们……"

英雄保安孙华明先后被授予"扬州市十大杰出青年""江苏省见义勇为英雄"称号,并被评为"全国优秀保安员"。

(二)

在扬州,这样的故事一个接一个,小厨师金祥刀下救人的故事同样精彩。光天化日之下,歹徒举刀乱砍无辜,小厨师金祥临危不惧,从刀下救出他人,自己却被疯狂的歹徒砍断左手。

30岁的张付(化名)因生意经营中与扬州仪化白沙小菜场内熟食摊主曾云(女,化名)产生矛盾纠纷,一直怀恨在心。

2008年11月7日上午10时30分许,张付怀揣一把菜刀窜到曾云的摊位前,先掀翻熟食摊、捣毁炉灶,后又窜到摊位内,举起菜刀向曾云砍去。曾云连呼救命,并欲翻越摊位台,向外逃命。

可是,来不及了。张付对着曾云的右大腿就是一刀。见此情景,正在一旁摊位上切菜的厨师、时年27岁的江苏仪征谢集人金祥,立即上前阻拦。面对穷凶极恶的歹徒,他高喝一声:"把刀放下!"

正在行凶的歹徒并没有理会,继续挥舞菜刀追砍曾云。金祥紧追几步,随手从地上捡起一根长约三四十厘米的木棒向歹徒砸去。

歹徒恼羞成怒,立即转身举刀向金祥扑来。手无寸铁的金祥,只得调头躲闪。可歹徒并不放过,挥着菜刀向金祥左胳膊砍了一刀,接着又向金祥头上砍去。

金祥本能地用左手一挡,谁知又重重地挨了一刀,左手几乎被砍断,仅靠皮肤组织连接着。

顿时,金祥血流如注。

在严重受伤的情况下,金祥并没有被歹徒的嚣张气焰所吓倒。只见他快步上前,把歹徒按倒在摊位台上。歹徒不停地挣扎,挥刀对着金祥乱砍,金祥的头部又被砍了三刀,腰部也中了三刀。

在场群众群情激愤,纷纷上前,帮助金祥把歹徒牢牢按倒在地,并夺下歹徒手中的菜刀。

闻讯赶来的扬州市公安局仪化分局白沙派出所民警一边控制嫌疑人,一边将伤者紧急送往医院抢救。经法医鉴定,金祥左腕部损伤程度属重伤,左腕关节功能障碍属八级残疾,左手指功能障碍属九级残疾。

(三)

金祥面对的张付,是一个灭绝人性的歹徒。而好保安赵国良所面对的却是一个精神失常的"武疯子"。

赵国良,1956年11月生,系江都市公安局真武派出所保安队员。担任保安队员十八年当中,共协助接处警1500余起,协助侦破各类案件2000余起,化解辖区矛盾纠纷万余次,帮助群众排忧解难300余次,为群众做好事200余件。

2005年7月20日深夜。

时针指向0时15分,江都市真武镇居民大都进入了梦乡,而在镇中心大街苏油路的十字路口,却是另一番景象。昏黄的街灯下,数十名食客散坐在五六家大排档摊点前,有说有笑享受消夜的快乐。

"快跑啊!有人杀人了!"突然,一声叫喊划破了夜空。众食客闻讯大惊失色,大排档各个摊点乱成一片。

只见一个膀阔腰圆、蓬头垢面的青年男子,不知嘴里嘟囔着什么,手拿一把明晃晃的菜刀向众人冲了过来。原来,此人患有精神病,是个"武疯子"。

还未等众人明白过来,正在埋头炒菜的大排档业主李某,首先被"武疯子"砍了一刀,顿时鲜血直流。李妻徐某见状,下意识拉了丈夫一把,也被"武疯子"一刀砍中。烧烤摊业主仲某避之不及,被"武疯子"一刀砍在腰部,血流不止。

霎时,现场众人均被这场突如其来的午夜砍杀惊呆了。

就在此时,真武派出所巡逻警车恰巧途经此处。民警高峰、蒋平波和时年50岁的保安队员赵国良等冲下警车,迅速将"武疯子"围住。

看见"从天而降"的警察和保安队员,"武疯子"显得更加暴躁不安,他转身扑向中年女子黄某,眼看就要追上。赵国良眼疾手快,一把将黄某推开。不料,已经赶上来的"武疯子"一刀砍在了赵国良的头部右侧。顿时,鲜血盖住了赵国良的双眼。

强忍剧痛,赵国良对吓傻了的黄某高喊:"快跑!"与此同时,赵国良勇敢地上前夺刀。"武疯子"丝毫没有罢手的意思,又狠狠地砍下了第二刀。这一刀砍在赵国良的颈部,鲜血一下子涌了出来。

赵国良瘫倒在地,可他的双手却仍然紧紧地抱着"武疯子"的双腿不放。僵持中,"武疯子"又向赵国良砍出了第三刀、第四刀……

很快地,迅速冲过来的民警夺下"武疯子"手中的菜刀,并将其制伏。

经过全力抢救,赵国良脱离生命危险。据医生介绍,赵国良身中四刀,其中头部、额顶骨及下额骨刀口深约2.5厘米,下额骨被砍断;颈部那一刀,只差一点就砍到主动脉。

经江都警方查明,"武疯子"是一个外地男子,后被送到扬州专科医院治疗。

（四）

和英雄赵国良一样，颜春山也是一名保安队员。不同的是，赵国良勇斗"武疯子"，最终经抢救保住了生命。而颜春山为守护集体财产，最终英勇献身。

颜春山，生前系扬州四菱电子有限公司职工，借用在广陵公安分局东关派出所任保安队员。颜春山牺牲后，被追认为"扬州市见义勇为先进分子"。

他从事保安工作整整十五个年头，共抓获或协助抓获各类违法犯罪嫌疑人300余名，协助破获各类案件500余起。关于他见义勇为的故事有很多——

2003年4月2日晚9时许，犯罪嫌疑人许某、贾某合骑一辆摩托车，手持砍刀在扬州市洪水汪巷内对一名女子实施抢劫，得手后朝巷子深处逃跑，并用刀威胁目击群众，扬言"谁追就杀谁"。

颜春山接到指令后赶往现场。他不顾可能被歹徒砍伤的危险，一头扎进漆黑一片的巷子进行追捕。最终，颜春山和其他人一起将许、贾两人抓获，一举破获飞车抢夺案件，并带破盗窃等案件20余起。

2004年7月29日夜，颜春山和几名保安队员在巡逻时，发现一名男子推着一辆电动车从渡江路方向过来，形迹十分可疑，便上前盘查。该男子神色慌张，扔下偷来的电动车撒腿就跑。颜春山紧追不舍，追出200多米终将盗车嫌疑人抓获。

为保卫人民财产，颜春山多次奋不顾身，直到那一次抓盗贼时受到致命性的伤害，他再也没有醒过来。

2004年9月3日凌晨时分，颜春山等4名保安队员巡逻时，发现莲花街坊综合楼的装修工地上，有几个人正在盗窃建筑扣件，就从三面包抄上去，准备抓个正着。冲在最前面的颜春山发现犯罪嫌疑人欲夺路而逃，便拦住他们的去路，大喝一声："站住！"

这时，其中一个犯罪嫌疑人操起一根棍子，丧心病狂地朝颜春山头部狠狠打去。就是这狠狠的一棍，夺走了英雄宝贵的生命……

颜春山被送往医院后一直昏迷不醒，在与死神搏斗了三十八天之后，终因伤势太重，经抢救无效，为守护人民财产英勇献身，享年52岁。

一个壮举，感动社会。

一群英雄，满城生辉。

见义勇为"平民英雄"层出不穷，是对扬州这座大爱之城最好的诠释。

2000年2月11日上午8时许,一辆载有42名乘客的大客车,行至滨海县五汛镇向阳村境内,不慎翻入一条约15米宽、近3米深的河中。正在吃早饭的向阳村村民李步祥连忙招呼两个儿子一起赶到出事地点,协助已经脱险的两名解放军战士抢救被困群众。其中,李家父子三人亲手救起了12名落水乘客。

类似这样的见义勇为行为,不是一个人完成的,而是以群体的形式出现的。

群体,一般是指两个以上相互作用又相互依赖的个体,为了实现某些特定目标而结合在一起。

群体,是一种合力。群体,是信念和力量的凝聚。

从江苏省第十次见义勇为先进分子表彰大会开始,江苏专门设立"见义勇为先进群体"奖项,以此表彰2人(含2人)以上参与的群体见义勇为行为。

见义勇为群体行为的不断涌现,昭示着社会的觉醒和人民群众见义勇为的自觉性、广泛性在不断提高和增强,也是见义勇为事业成长进步的重要标志。

见义勇为,群体力量大无边!

第五章

群体的力量

59名盐城农民工

洪灾救生动京城

六十年一遇的特大暴雨袭击首都北京,多名游客身陷洪水,生死未卜。59名盐城农民工英勇参与生命救援,感动京城,名扬四海……

小时候,读过语文书上的一篇课文《为了六十一个阶级兄弟》。

事情发生在1960年,春节刚过,山西省平陆县61位民工集体食物中毒,生命垂危。当地医院没有解救药品,电话连线全国各地医疗部门,终于找到解药。但因交通不便,救命药品不能及时送达。当地政府便报告国务院,中央领导当即下令,动用部队运输机将药品及时空投事发地点,61名民工兄弟得救了。

本文要记叙的是,2012年7月,北京遭遇特大暴雨,多名游客身陷洪水,生死未卜。59名盐城农民工和其他好心人一起,舍生忘死,英勇相救,使被困者全部脱险。

前者说的是,全国一心,挽救61个阶级兄弟的宝贵生命;后者讲的是,近60个盐城农民工伸出援手,拯救他人于危难。

也许只是数字的偶然巧合,但两个故事的核心昭示出时代价值的延续和中华民族传统美德的一脉相承。

壮举过后,一切如常。如今,这59名盐城农民工分散在祖国四面八方,继续着日复一日的打工生涯。我无法一一寻觅英雄的踪影,也无法聆听他们掏心窝的倾诉。限于篇幅,我甚至无法一一记录他们的名字和事迹。在此,我只能简要叙述其中的动人之处,并借用那些感佩英雄壮举的人们对这个英雄群体共同的称谓——"盐城农民工"。尽管"农民工"的字眼,对水灾救援的英雄们来说,仍然显得不够尊重。但请读者和救人英雄们原谅——在我们的社会对"农民工"这个特殊群体还没有新的认知和称谓之前,本文暂且依旧如此表述。

2012年7月21日,六十年一遇的特大暴雨袭击京城。京港澳高速公路严重积水,车辆受淹,人员被困。

北京，原本是缺水之地。暴雨来袭，却积水成灾。

《孟子·滕文公下》有"昔者禹抑洪水而天下平，周公兼夷狄，驱猛兽而百姓宁"之说，由此而来的成语"洪水猛兽"，就在2012年7月21日这一天，成为祸害京城百姓的罪魁祸首。

京港澳高速公路出京方向17.5公里处的丰台区南岗洼路段，积水最为严重。一大批游客被困在滔滔洪水之中，眼看死神步步逼近。在河西水厂工地的盐城市建安建设工程劳务有限公司项目施工队59名盐城农民工挺身而出，与其他工友一起自发组成救援队伍，冒着生命危险救出182名乘客。

盐城农民工的英勇壮举，在首都和社会各界引起强烈反响。

北京市丰台区委、区政府给盐城农民工群体送来锦旗，上书："抢险先锋、救灾功臣。"

江苏省住建厅、盐城市人民政府联合慰问团来到北京，向盐城农民工群体表示慰问并赠送锦旗。

时任江苏省委主要领导专门批示："多宣传这样的典型，很有意义！"

时任北京市委主要领导夸赞他们："了不起，你们是英雄！"

中央各大新闻媒体报道了农民工救援灾民的感人事迹。新闻媒体对盐城农民工见义勇为精神的解读感动众多读者、观众和网友，他们把这个英雄群体冠以"中国脊梁""中国良心"之称。

著名节目主持人崔永元专门宴请参与洪灾救援的农民工，他幽默而动情地说："危险当头你伸手，表示尊重敬杯酒，你们是值得尊敬的人！"

参与"7·21"救援的盐城农民工群体，以"见义勇为好人"入选2012年度8月"中国好人榜"。

在盐城农民工集体救援行动中，来自盐城市盐都区大冈镇的工地材料员陈文堂，是第一个下水救援的人。也是从他开始，连接成"生命救援线"。

2012年7月21日晚9时许，离北京市丰台区南岗洼约300米远的河西水厂工地,民工们大都已经上床睡觉。

陈文堂听到工地院子大铁门被敲得"哐哐"响。打开大门一看,一个男子扒着大门,声音都变调了:"高速上有好多人需要救,水太大了……求求你们啦……"

这时,巡查工地刚回到驻地的盐城市建安建设工程劳务有限公司项目施工队队长杜金荣、副队长何学中听到动静,也跑了过来。

险情就是命令,救人责无旁贷。

杜金荣一边让工友喊人,一边叫保管员打开库房,取出救生圈和绳索。这一批盐城农民工干的是水务工程,为防意外,工地上储备了充足的水上救生、救灾器材,之前还进行过演练,没想到这一次派上了大用场。

陈文堂带领第一拨救援队伍急匆匆赶去救人。

到了京港澳高速公路东侧,陈文堂他们被路边防护网拦住了去路。如果回去取钳子,肯定要耽误时间。陈文堂高声喊道:"我们一齐用力,扯开它!"

随着众人一声吼,硬是把防护网扯开了一个口子。

众工友奔到南岗洼路段一看,不禁倒吸一口凉气:手电光下,昔日的高速公路不见踪影,积水已经淹住大巴车车顶。

水位还在上涨。

涨上来的水,在车旁边打着水花。

两辆大巴车顶上挤满了人。

嘈杂的呼救声、啼哭声,此起彼伏。

"我来,我的水性好。"陈文堂抓过救生圈和绳子,第一个跳入水中。

看到陈文堂带头跳下水,来自盐城市盐都区秦南镇、当年刚20岁的何明心头一热,跟着下了水。紧跟着,来自盐城市盐都区楼王镇的共产党员范华春、来自盐城市盐都区义丰镇的李传根等也跳了下去。

水流太急。陈文堂他们扔向大巴车的救生圈、绳子,一落到水面,就被水冲走了。而大巴车晃动得更厉害,随时有翻车的危险。

"你们把绳子拴到大树上,让我先游过去,拴到大巴车上,赶快救人!"陈文堂对岸上的人喊道。

岸上的人迅速把绳子的一头固定在路边大树上。陈文堂抓过救生圈和绳子,迎着水流艰难地向第一辆大巴车游去。

一个浪头猛地向陈文堂打来。猝不及防的他一连呛了几口水,沉了下去。岸上的人吓得惊叫起来。

陈文堂在水底稳住神,屏住呼吸,双脚猛蹬,继续向目标奋力游去。

水中飘浮的树枝、垃圾,随水流打到陈文堂的头上、身上,他的两只膀子多处被划伤,可他不管不顾,用手拨开树枝和垃圾,继续向前游去。

游出一步,被激流冲后大半步。短短的50多米,陈文堂游了近10分钟。最后,他终于将绳子的另一头固定在大巴车反光镜的铁柄上,搭起了一条"生命救援线"。

他对被困群众说:"大家都不要慌,不要抢,先让老人、孩子和妇女离开,我们会把你们都救上去的!"

受困乘客看到了希望,情绪逐渐安定下来。

陈文堂用另一根绳子拴好救生圈套到被困群众的身上,推着他们往岸边挪动。

何明、范华春、李传根等抓着绳子的另一端,帮着把人往岸边拉,岸边的人再将他们拉上去。其他民工则立即把救上来的人送往工地项目部营地进行善后处置。

一切显得有条不紊。

第一辆大巴车车头上还剩十几个人,车尾竟慢慢翘了起来,随时有失衡倾倒的危险。陈文堂见状,赶快叫几个人移到车尾去压住,这才化险为夷。

营救第二辆大巴车上的乘客时,陈文堂他们遇到了一个难题。这辆车上有一位动完胸腔手术刚一周、浑身绑着绷带的病人,创口不能进水,否则容易感染,甚至会导致生命危险。

现场没有救生舟,这可怎么办呢?

陈文堂和大伙儿先是将几个大水桶绑在一起做成浮筏,但水桶绑在一起晃动厉害，病人在上面很容易掉到水里。

陈文堂平时在工地上是管理材料的，他突然想起材料库里有不少挤塑板。挤塑板很轻，可以浮在水面上。用这些又轻又平整的挤塑板拼个"救生舟"，不是又安全又轻便吗？

陈文堂把自己的想法一说，大家都说好。

杜金荣指派几个民工，抬来挤塑板和一张大安全网。他们用安全网把挤塑板拼起来绑在一起，做成了一艘宽大平稳的"救生舟"。

陈文堂他们用不透水的薄膜纸，小心翼翼地将病人的创口裹好，轻轻地将其抬到"救生舟"上，几个人合力推到岸边。

岸上接应的人马上用一块大模板做的"担架"，顺利地将其抬到等候多时的车上，随即送到项目施工队的营房里。

看到病人嘴唇发青，全身发抖，跟着一起上岸的陈文堂立即跑到宿舍拿来自己的被子，盖在病人的身上。

半夜2点多钟，救援圆满结束。

被救的人——留下电话号码和住址。据杜金荣现场统计，被救人数为182人。

现场154名农民工创造了生命救援的奇迹。事后清点，其中有盐城农民工59人。

陈文堂那天累坏了。两只膀子抬不起来，胸口痛得厉害，休息了五六天才慢慢恢复过来……

"在黑漆漆的夜里，四周都是水。叫天，天不应，叫地，地不灵。突然见到了那么多热心施救的人，还有专业救生圈、大长绳子等等，简直就像是神话！"一位获救者事后曾如此表述当时的心情和自己对盐城农民工群体的由衷敬佩。

来自河北保定的尹女士记忆犹新的叙述，补充、复原了当时救援的感人场面。她说，她永远忘不了那水漫京城的惊心一幕，这也是她人生中遇到的最感人的一幕。

7月21日那天，她开车带着4岁的孩子到水立方游玩，晚上返回途中行至南岗洼时遇到堵车，便不得已停在高速公路上，不曾想，转眼间被洪水包围。暴雨冲垮了高速公路护堤，湍急的水流翻着水花越过绿化带，前面不远处一辆小轿车漂了起来，接着，有许多小轿车"跟煮熟的饺子一样漂在水中"（尹女士原话）。

原本路旁有一辆甲壳虫轿车，四五个人想站上车顶避险。一个人大喊："车动啦！"就这转眼工夫，靠在边上的一个女孩被这辆轿车刮倒，惨叫一声被水流卷走。

洪水中，两辆大巴车是附近所能找到的最高点。人们开始往车顶爬。尹女士先把孩子托上车顶，随即自己也爬了上去。车边打着水花，车顶的人们大声呼喊："有没有人？救救我们……"

就在这时，高速路边的防护网被撕开，只见一批农民工有的光着膀子，有的光着脚丫，拿着大绳、救生圈、消防水带等齐刷刷地跑来了。

十几把手电的光亮照射过来，被困者看到了生命之光。

见抛过来的救生圈被水冲走，一个农民工（陈文堂）迎着激流朝大巴车游过来。车顶上的人争着要救生圈，领头的那个农民工大喊："大家都不要慌，不要抢，先让老人、孩子和妇女离开，我们会把你们都救上去的！"

此时，车上竟然有人高声问道："救一个人要多少钱？"

尹女士当时就知道，这句话肯定会刺痛农民工兄弟的心。但她听到有农民工心平气和地回答："我们不是来苦钱的！我们是来救人的！"

只见他们一个接一个地跳入水中，七手八脚地架起了五条"绳桥"。

尹女士先把孩子塞到救援者手中，自己也趴在救生圈上，拽着绳子一点点游到岸边。待她回头看时，刚才自己站过的那辆大巴车已经漂动起来。

被救上岸的人们，临时安置在工地会议室里。项目施工队库房里大概有100多件衣服，不够分，做饭的大姐就把自己的衣服拿给女同志穿。其间，一些缓过劲来的被救者借农民工的手机打电话，好多部手机到最后都被消耗得没电了。

被救的人们开始商量，想要报答这群救命的农民工。十几个人自发凑了近万元人民币，准备以此表达谢意，但被农民工们婉言拒绝。有几个被救者不知如何是好，竟感动得当场大哭起来。

尹女士回忆说："我们被救的人都留下了联系方式。后来才知道，被救者有182人，其实那是留下电话号码的人数，还有不少被救的孩子没有计算在内……这样的救命之恩，像我们这些亲身经历的人，就是到老也不会忘记啊！"

随着媒体报道，盐城农民工群体在首都救人的英雄事迹，传遍盐阜大地。

英雄壮举，源于平常。熟悉这些农民工的人都说，一切绝非偶然，他们中许多人原本就是古道热肠。和他们一起工作过的同事、家乡的亲人和村民们都说他们善良、厚道，平时就乐于帮助他人、助危济困，是一群可爱的人——

陈文堂，无论是在家乡还是在外地，他始终保持一颗善良的心。所以，听到他在北京救人的消息，熟悉他的人都不觉得惊讶。

"文堂是个大好人哪！"陈文堂家乡大冈镇光华村75岁的老奶奶朱晓粉说。

朱奶奶家住在陈文堂家前面100多米处。因为年纪大了，腿脚不方便，陈文堂以前在家时没少帮助她，挑水、送粮、做饭，过年过节还给她送些好吃的。

陈文堂到北京打工后，就让他的妻子朱晓翠、儿子陈斌继续帮助老人，从不间断。

像这样的老人，被陈文堂帮助过的还有六七户。

"文堂从不讨人便宜，亲戚邻居都喜欢他。"光华村村委会主任孙启良说。陈文堂成家十多年了，儿子都15岁了，至今兄弟俩一直未分家，他一家和哥哥陈文荣一家还是在一口锅里吃饭。

孙启良家和陈文堂家相隔只有几户人家。孙启良说，十几年了，从未听说陈文堂和别人吵过架，更别说自家兄弟了。究其原因，主要是陈文堂心地善良，从不讨人便宜。

2000年起，陈文堂每年上半年都到常熟做些野菜批发生意，赚了点钱。2007年起，他又到扬州搞电信工程，可不仅把以前赚的钱都赔了，还欠下十几万元的债务。

当时，跟陈文堂干活的有十几个农民工，等着工钱回家过年。陈文堂咬咬牙，举债几万元，给工人结清了工钱，可他自家过年却只买了2斤猪肉。陈文堂说过："将心比心。农民工挣钱不容易，不能苦了他们。"

北京久安建设集团公司（以下简称久安公司）总经理杨中春与陈文堂同村，又是小学同学，杨中春了解陈文堂的为人，让他到自己公司打工。

2011年，陈文堂到久安公司做了一名材料员，负责河西水厂和清河水厂工地材料采购。三个多亿的工程，经常要采购各种材料。陈文堂总是货比三家，最后选择质优价廉的供货商。有人想通过送礼品、请吃饭暗示他予以通融，他一概不予理睬。为此，北京材料市场很多人背后叫他"倔头陈"。

久安公司总监孙巧玲对陈文堂赞不绝口："老陈做事认真，为人正派。他采购的材料，从未检出不合格的。"

对此，陈文堂有自己的道理："吃人嘴软，拿人手短。况且水厂建设关系北京上千万市民的吃水安全，我不能昧着良心做事！"

陈文堂成了全国知名人物之后，依然每天买材料、跑工地，忙忙碌碌。许多单位和个人要捐钱捐物给他，都被他谢绝了。他说："我只是做了应该做的事！"

这就是救人英雄陈文堂，一个始终保持着纯净与善良之心的人。

杜金荣，那次救人壮举的现场组织者和指挥者。他以前在老家盐城市盐都区学富镇工作，后来把工程做到了北京，已经十多年了。工友们都夸他是个好老板,老家不少村民说他是个很讲诚信的好人。

"我家刘勇跟着杜金荣干十多年了。以后,肯定是要一直跟着他干下去的。"老家在学富镇联河村的刘勇的妻子严跃红说。

在严跃红眼里,杜老板是个好人,他从来不拖欠农民工工资。每到年底,为了能让手下的一帮农民工兄弟拿到工钱回家过个好年,杜金荣总是放下面子,四处催账。

杜金荣每年都要到楼王镇凤南村招工,村里人大多认识他。说起杜金荣,不少村民都竖起大拇指,称赞他是和气生财的人。凤南村村民刘凤说,杜金荣答应工人的事都能做到,特别是农民工的工钱,他年年到位,从不拖欠。

杜金荣历来是个好心人。有一次,他遇到车祸现场,第一时间把一名受伤妇女送到医院救治,自己却悄悄地离开了,从来没有去张扬。

杜金荣曾经自豪地说:"在我的老家,你拖着重车吃力地上坡,说不定就有顺路的人跑上来帮你推一把。小时候我亲眼看见村子里有个孩子掉下河,我同学只有五年级,当时就跳下河去救人。这些好事我见得多了,自然而然也会去做。"

何学中,和工友们一道下水救人,起了重要作用。

在盐城市盐都区秦南镇凤翔村村干部张法新的记忆中,何学中在家乡时就很关心集体的事。在他家后面有个窑沟闸站,那些年发大水时,何学中和家人总是主动把闸里的水花生捞出来,以方便排水。

邻居韦凤英对何学中的为人处事盛赞有加。何学中外出打工,过年过节回来,待人客客气气,还总要带些北京土特产、香烟什么的,送给村里的一些老人以表敬意。2008年,村里修一条里把长的路,他不但自己捐了500元,还动员村里其他在外打工的人捐了钱。

何学中在北京打工赚了钱,想得最多的就是如何带领村里人一道出去挣钱。邻居王友富,人老实,其父母去世后,自己只种了一亩多地,几乎没有什么收入。何学中就把他带到了北京。别人看王友富老实,让他做小工，而何学中觉得王友富有力气，做小工收入低，就让他做了大工，年收入多了一两万元。

杜建刚，一个90后的小伙子，是堂叔杜金荣把他带到北京打工的。在那次救人过程中，他也有非凡表现。

住在盐城市盐都区学富镇三永村的杜建刚大姐杜建兄，提起弟弟，很有自豪感。她是看了弟弟QQ空间里写的日志，才晓得杜建刚在北京参与救人的事。她说："一开始我还挺担心，他一个人在北京，希望他能好好锻炼自己。现在看到他不但把自己照顾得很好，还伸出援手帮助遇到困难的人，我心里真的很开心。"

杜建刚的父亲杜金生说："前阵子儿子打电话回来，说天热了，让我别太操劳，多休息，照顾好自己，还问奶奶好。听到儿子叮嘱的话，我心中十分欣慰。现在两个女儿都嫁人了，儿子也很懂事，对我和他奶奶十分孝顺，做事情很用心，也不乱花钱，去年挣的钱都寄了回来，每年过年回来都会给我们带礼物。"

范华春，55岁，盐城市盐都区楼王镇凤南村二组村民。他们一家有四个人都是共产党员。

救人后的两三天，范华春的妻子凌小英和丈夫通了电话，知道了丈夫在北京救人的事。凌小英说，范华春到北京打工已经有六七年了，一开始没有手艺，只能做体力活。但是他脑子灵、手也巧，跟人慢慢学了手艺，现在做木工，收入比以前多了点。凌小英说："通电话的时候，他告诉我，那天北京的雨特别大，没办法开工，就待在宿舍里。晚上，有人跑到工地上说路上积水太深了，不少人被困住了，他就立马和其他民工一起赶去救人。他一直都是个热心肠的人，平时谁家有难处，都爱找他帮忙。年轻时在山东烟台当兵期间，他就五次立功受奖……"

一方水土养一方人。

盐城，是劳动力转移大市。全市300万农村劳动力中，外出务工的有190多万人。在全国各地许多重大工程项目建设工地，都有盐城农民工的身影。这些年，在首都北京，就有18家盐城劳务企业，盐城农民工参与了鸟巢、水立方、北京西站、首都机场航站楼等多项重大工程建设。由于做事负责，干活精细，技术过硬，从事建筑业的盐城农民工被誉为"建设铁军"。

这种"铁军精神"，在"7·21"北京特大暴雨救援中同样表现得淋漓尽致。"组织有序，忙而不乱。在洪水中救出这么多人，创造了救援奇迹！"江苏省住建厅一位领导在了解救援经过后曾发出这样的赞叹。

盐城农民工所在的工地上设有"农民工夜校"，平时干完一天的活，每个农民工经常要在这里接受规范的安全教育培训。在丰台区组织的有数十家施工单位参加的安全知识竞赛中，他们拿了第二名。

的确，救援过程中，盐城农民工临危不乱，沉着应对，水中救人的、岸上拽绳的、善后接应的，大家配合默契。他们各司其职，科学施救，不仅将被困人员全部救出险境，而且还保证了参与救援人员的自身安全。盐城农民工优良的道德操守和过硬的职业本领，在这里展露无遗。

当然，这些参与救人的盐城农民工都是普通的盐城人，都是朴朴实实、老实本分的乡村农民，也许平时并没有多少闪光之处，如果不是参与这样的救援，异乡的人们可能永远不知道他们的姓名和家乡。关键时刻，他们挺身而出、救人于洪水之中的壮举，赢得了整个社会包括家乡人民的赞誉：

盐城市建安建设工程劳务有限公司总经理冯其银：在这次抢险救援中，杜金荣他们自发组织，赤膊、光脚上阵，应急物资有序投入，救援秩序有条不紊，这是施工队平时注重训练的结果，也是我们集团公司和本劳务公司长期注重企业文化建设、致力提升员工综合素质的结果。他们是盐城在京农民工的好榜样！

盐城市图书馆研究馆员周玉奇：这些普普通通农民工的义举，让家乡人为之感动和骄傲。他们不但在外打工自立自强、顽强拼搏,而且在关键时刻见义勇为、勇于担当。他们跳入水中救人的行为,绝不是一时的感情冲动,而是崇高人格的本能反应。他们把内心的真善美付诸实际行动,体现了中国农民的淳朴美德。

北京"中国网络文学联盟"总编吴长青:我看了有关盐城农民工在北京救人的事迹后,几次都要落泪。他们的这种自发、自觉行为,不但彰显了人性的光辉,而且是值得尊敬和歌颂的。当人们埋怨这个社会有不少人只顾自己、不顾他人时,暴雨中英勇救人的盐城农民工为我们树立了光辉的榜样。

盐城市盐都区学富镇党委书记黄典:他们在那种危险的情况下,没有什么人来号召,自发组织救人,体现了中华民族的大义品格和一方有难、八方支援的美德,也显示了革命老区人民纯朴的真情。他们为老区人民争了光、添了彩。

盐城市见义勇为基金会副理事长陈乃顺:盐城是一座有着见义勇为光荣传统的城市,这次参与救援的盐城59名农民工就是全市见义勇为英雄群体中的杰出代表。当人民群众生命财产面临危难时,他们挺身而出,谱写了一曲震撼人心的正气歌。

农民工,是指有农村户口、有承包土地,以农民身份在本地乡镇或者到外地城镇务工的农业人员。据统计,我国在本地乡镇务工者达1.2亿人左右,在外地城镇务工者约为2亿人。作为在特殊历史时期出现的一个特殊的社会群体,"农民工"是我国特有的城乡二元结构的产物。

近年来,大量农民工进入城镇,为国家的发展繁荣注入了活力。但不争的事实是,他们工作、生活在城镇底层,往往承担的是苦、累、脏、险的辛勤劳作,他们为城镇建设付出了廉价的劳动力,为社会创造了大量的财富,然而在城镇特别是在大城市,他们仍然处于"边缘"状态。

灾难降临的紧要关头,盐城救人农民工以群体的形象出现,他们用自己的英雄行为,向社会证明了农民工存在的价值。他们无私无畏的救援行动,为新时代中国农民工树立了崭新形象,无疑也使得全国"农民工"风光了一回。

灾难面前,他们挺身而出,用双肩扛起社会责任。洪水退去,他们回到工地继续辛勤劳动,仿佛一切都没有发生。那场暴雨过后,盐城农民工积极响应北京市委、市政府的号召,投身灾后恢复性生产,加快被水灾耽误的施工进程。陈文堂、杜金荣、何学中、杜建刚、范华春等一批救人英雄,一如既往地做着他们的木工活、瓦工活。

"7·21"北京特大暴雨救援之后,社会各界对盐城农民工给予了很多关注。

救人的当夜,盐城救人农民工群体所在的盐城市建安建设工程劳务有限公司母公司久安公司总经理杨中春几乎一夜未眠,他迅速发出指令,要求全力做好盐城农民工奋勇救援的善后事宜。杨中春表示:"盐城农民工把温暖奉献给灾民,我们要主动为盐城农民工送温暖。"

被救群众及其家人一拨又一拨赶来工地,对盐城农民工千恩万谢。最多的一次,被救者代表及其家人一行67人,专程前来感谢救命恩人。

杜金荣他们出门打车,被出租车司机认了出来,下车时,司机说什么也不肯收钱。出租车司机说:"你们为北京做了这么大的贡献,我也想尽自己的微薄之力感谢你们一下。"

丰台区教育局按照区政府指示,主动派人来到工地,了解农民工子女就地上学需求情况,并表示"一定会安排好,让这些孩子与北京孩子一样上好学校"。

慈善家李春平先生捐赠30万元,腾讯筑德基金捐赠15万元,一些市民自发捐赠实物,还有不少单位和个人表达了捐赠意向。意想不到的是,2012年8月1日,盐城农民工发表了一个简短声明,内容如下:

感谢社会各界对我们团队员工在"7·21"救援中表现的肯定。我们团队员工,对任何单位的精神奖励,表示能够理解和接受。为了尽快恢复到正常工作和生活中去,我们团队员工郑重声明:从今日起,拒收一切社会捐赠(包括代表我们"7·21"救援团队转赠灾区和其他需要救助的人),请社会各界给予理解。

杜金荣说:"这份声明酝酿好几天了,大伙儿都赞同,在声明上签了名。我们作出这样的决定,是想呼吁大家不要再给我们捐钱赠物,各界给我们精神鼓励的价值已经远远大于物质。我们只是希望不再听到'救一个人要多少钱'那样的话,不要再用老眼光看待农民工,甚至歧视农民工。我们希望能得到应有的平等和尊重,这比捐赠多少钱物更有意义。大伙儿还有一个共同愿望:当盐城农民工遇到困难的时候,能有人会像我们帮助别人一样帮助我们……"

农民工们的这个愿望,能实现吗?

赵东启、赵东伟

攀楼救人"托举哥"

一个小男孩两手扒着四楼阳台边缘,身子摇摇欲坠,命悬一线。赵氏两兄弟攀楼相救,被人们誉为"托举哥"……

2014年11月2日,中午12时19分。

无锡市公安局北塘分局惠山派出所接到群众报警,在盛岸二村一幢居民楼的四楼,一个3岁男孩挂在阳台边缘,情形万分危险。

惠山派出所立即出警,火速赶到现场后,发现名叫陈隆(化名)的孩子已经被路过的赵氏两兄弟救下来了。

时年28岁的赵东启和23岁的赵东伟,来自河南省新乡市封丘县尹岗乡彭庄村,是从小一起长大的好兄弟。两人都是河南德力起重设备有限公司的业务员,负责江阴及无锡等地营销售后及起重机维修工作。

这一天,两人接到保修单,前来为一家企业维修塔吊。时近中午,两人开着面包车找地方吃饭,最后来到盛岸二村旁边一家沙县小吃,简单吃过午饭,准备原程返回。

正要开车离去时,突然传来一个孩子撕心裂肺的哭喊声,两人下意识抬头一看,吓了一大跳:在路边一幢居民楼的四楼,一个小男孩两手扒着阳台边缘护栏,整个身子悬在空中摇摇欲坠,命悬一线……

小男孩名叫陈隆,是盐城滨海人。爷爷、父亲和母亲都在此地打工,平时只有奶奶在家照看他。

当天中午天气比较好,奶奶把被子拿到楼下去晾晒。平时,只要奶奶下楼,孙子总会跟着一起下去,这次孙子却不想跟下去。奶奶就将门锁上,自个儿下楼了。没有料到,就这几分钟工夫,陈隆爬过阳台,出现了险情。

"这要掉下来,那可不得了!来不及了,快!"赵氏两兄弟一个箭步冲过去,赵东伟用搭人梯的方法将赵东启送上二楼。

赵东启个子小,只有1.65米,他徒手抓着窗户爬上三楼,踩在窗户台上,踮着脚,一只手抓住四楼的阳台护栏以保持身体平衡,另一只手刚好能托到孩子的一只脚："乖，别怕。叔叔在救你！"

就在小脚丫被赵东启托住时，那孩子竟然一下子止住哭声，小手紧紧地抓住阳台护栏。

在赵东启托举着孩子的时间里，赵东伟辗转上了四楼，可这家住户的门紧紧地锁着，根本打不开。情急之中，他冒险从隔壁邻居家的窗户翻过去，成功地将孩子抱了过来。

孩子的奶奶急急上楼，一见到赵东伟，扑通一声跪地，连声道谢。赵东伟赶紧把老人扶了起来。

奋勇救人的赵氏两兄弟在众人赞叹声中，默默离开了现场。民警是根据目击者提供的线索，事后才找到他们的。

被救孩子的父亲找上门来，拿出一笔钱想表示谢意，但赵氏两兄弟坚决不肯接受。"俺们不是为了钱。谁遇到这事，都会冲上去的。"赵东启的言语朴实无华。

这个故事看似情节简单，整个救人过程也就3分钟左右，被救者和救人者都有惊无险，可对赵氏两兄弟来说，攀楼救人需要的是勇气和胆量，展现的是善良和大爱。

我们要向赵东启、赵东伟学习的，正是见义勇为"自觉"和"担当"的精神。

听到孩子的哭喊声，他们是自觉地去营救的，这样的见义勇为自觉性是多么可贵！试想，如果不是他们主动营救，挂在四楼阳台边沿的孩子要是掉下来，会有什么样的后果？

他们攀楼而上，一个托举小孩，一个冒险去抱，哪一个环节出了状况，其结局恐怕就不以他们的意志为转移了。显而易见，这样的勇于担当，是与生命的安危紧密相连的啊！

孩子获救后，像壁虎一样趴在楼外墙上托举孩子的赵东启才发现自己已是一身大汗。他说："当时我的处境也很危险，一只手托着孩子，一只手扒着墙，万一坚持不住了……不过，让我自豪的是，自己长这么大，第一次做了这么一件光荣的事情。"

从四楼邻居家翻越窗户接近孩子遇险处的赵东伟在那一时刻同样也有危险。事后,他说:"当时真的没有考虑自己的安危,最担心的就是怕孩子掉下来,那可就惨了……我也有一个5岁的儿子,看到那个小孩遇到危险就像我自己的孩子遇到危险一样,容不得我多想,唯一的念头就是赶紧救人。倒是救下小孩后,发现自己在没有安全措施的情况下,爬了这么高,做了这么危险的动作,突然觉得有点后怕,心里怦怦直跳……"

赵东启、赵东伟受到江苏和原籍河南两地见义勇为组织的表彰和奖励。人们赞誉他们为"托举哥"。

壮哉!托举生命的赵氏两兄弟!

倪超、杨超骞

"滑板双侠"擒窃匪

"滑板双侠"奋力追击数百米,疾恶如仇的倪超和杨超骞等英勇市民,把"凉茶劫匪"逼得走投无路,束手就擒……

倪超，24岁；杨超骞，27岁。

看上去，这两个小伙子的面容和举止，要比他们实际年龄年轻许多，都有几分稚嫩未脱的纯真。

倪超，家住淮安市淮阴区帝景豪庭；杨超骞，家住淮安市清浦区西大街。他们俩原本互不相识，因为一个共同爱好而成为好朋友。

淮安市淮海东路苏宁电器门前有个广场，他们两人经常在那里玩滑板，碰面的次数多了，自然就熟悉起来。

两人都是极限运动爱好者。倪超曾在南京举办的一次滑板跳高项目比赛中获得全省第一名。难怪媒体在大篇幅报道他们动人事迹的时候，用了一个吸人眼球的标题："滑板双侠"奋力追击数百米，"凉茶劫匪"被逼累瘫绿化带。

"滑板双侠"，有意思。本文中，我也权且称呼他们两人为"滑板双侠"吧。

接受采访的时候，他们两人都说没想到练个滑板能在抓劫匪过程中派上用场，还居然把那个貌似强壮的家伙累瘫了。

他们说的那个家伙姓范，时年23岁，在上海一家酒店打工，并坐上了部门经理的交椅。他也曾有点积蓄，但一直自我感觉良好的他，为了笼络女友很快就把积蓄花光了。

眼看女友生日即将到来，一直打肿脸充胖子的他，觉得应该为女友买个像样的生日礼物。由于身上没钱，他竟然想到抢一枚钻戒来个"借花献佛"。

范某的第一个念头是在上海行动。但他转念一想，自己在上海熟人很多，兔子不吃窝边草，遂于2012年8月1日乘车来到离上海不远的无锡市，准备选择一家金店动手。

很快选好目标。范某突然发现那里也有熟人,容易暴露身份。懊恼之余,他只得再选择"异地作案"。

范某漫无目的地游荡到无锡市汽车站,任由黄牛带他上了车,到了之后他才知道这里是宿迁市泗阳县,他压根儿就不知道还有这样的一个县城。范某心想既然来了,那就看看再说吧,便找了一家小旅馆住了下来。接下来,他用贼溜溜的眼睛在县城瞄了几处,感觉很难下手,只好"另找下家"。

栽在淮安群众手里,也许是他命中注定。

2012年8月4日上午,范某花100元钱从泗阳县城租车到了淮安市区。经过踩点,他最终瞄准了位于淮海东路苏宁电器一楼的老凤祥金店作为抢劫对象。

2012年8月6日那天下午,范某头戴鸭舌帽,戴一副墨镜,脸上有意贴着一块纱布,鬼鬼祟祟地先后五次进出金店。从老凤祥金店提供的监控视频看,他已经在金店里转悠了整整一个下午。

也许因为做贼心虚,也许碍于人多无法实施抢劫,反正整整一个下午,范某也没有动手。一直到了当晚7时20分左右,或许范某害怕金店关门失去抢劫的机会,便拎着一个小包再次进入金店。

他准备孤注一掷。

"欢迎光临!先生,您想买点什么?"女营业员一如既往地笑脸相迎。

范某将小包往柜台上一放,人五人六地说:"想给女朋友挑一枚戒指,她快过生日了。"

"好的。您看看喜欢哪个款式?这一款怎么样?"女营业员哪知其中有诈,便顺着范某的目光,拿出一枚钻戒递给他。

"你拿这三枚出来,让我比较一下。"范某强装镇定地说。

哪知三枚钻戒到手,范某掉头就跑。

一个营业员立即拨打"110"报警,其余几个女营业员喊上保安追了出去。转眼间,劫匪已经跑出几十米开外,哪里还能追得上。

"抓贼啊!"那个柜台女营业员一边拼命追赶,一边高声呼喊。

时值傍晚，天色渐暗，淮海东路苏宁电器门前广场，凉风徐徐，市民们三五成群散步、纳凉，好不热闹。

倪超、杨超骞早先已经约好一起到广场上玩滑板。杨超骞先到，就坐在台阶上等待好友到来，不曾想遇到了这样的事。杨超骞回忆："那天，我看到那个人从金店冲出来的时候，大黑天还戴墨镜，一看就不像好人。后来看到有女营业员追出来喊抓贼，我也来不及开锁骑电动车了，直接就蹬着滑板追了上去。"

劫匪跑出来之后，直往东狂奔。杨超骞在追击中看到倪超踩着滑板迎面而来，便一边狂飙，一边大喊："抓贼啊！……别让坏人跑了……"

倪超闻听此言，心领神会，立即上去堵截。两人前后夹攻，劫匪东躲西闪，急转弯往北跑去。

"滑板双侠"奋力追击。追到曙光大酒店地下车库大门附近，目标不见了。

"滑板双侠"在附近停放的车辆底下寻找，突然听到有人在门前绿化带里大声喘气。两人转头一看，正是那个劫匪，只是他的帽子和墨镜都不见了，整个人正躺在灌木丛里喘着粗气。"滑板双侠"立即跳进绿化带与劫匪搏斗起来，最终在众人配合下将其制伏。

在搏斗中，倪超脚踝扭伤，杨超骞小拇指扭伤、出血，两人身体多处擦伤。

《淮海晚报》很快刊发"滑板双侠"见义勇为追击金店劫匪的报道，江苏卫视、《扬子晚报》等进行采访报道，中国江苏网、淮安新闻网等媒体纷纷转载，引起市民广泛关注。两名青年的见义勇为行为，大长了淮安人的志气。就在大家纷纷夸赞"滑板双侠"的时候，参与抓劫匪而不留名的另一位"电车侠"王先生也被媒体寻找了出来。

当时，王先生和妻子推着电动车正在淮海东路边散步。突然，远处传来抓贼的呼喊声。他起先看到两个年轻人踩着滑板追逐，以为是闹着玩呢。

接着,王先生看到一个保安从老凤祥店里追了过来,这才意识到真的是在抓贼。就在这时,那个穿白衣服、被追逐的家伙已经冲到自己身边。王先生大喝一声:"给我站住!"

王先生回忆说:"那家伙明显两腿一软,趔趄一下,但转身往北跑去。我骑上电动车跟在后面追,一直追到曙光大酒店地下车库门前,发现那家伙不见了。地下车库灯光明亮,没处藏身,我们就在门口搜索。结果发现他缩着身体躲在绿化带里面,接着,有两个年轻人上去抓他。我们也立即冲上去和那家伙扭在一起,这时保安也赶来了,大家一起把那家伙制伏了。"

金店柜台的那个女营业员这时也拎着高跟鞋追来了,她拽住范某就问戒指在哪里。大家看到那男的手指上戴着戒指,就上去掰开他的手指要摘戒指。范某大喊:"这是我自己的,你们的戒指在草丛里。"

王先生打开手机上的电筒,和其他几个人一起,终于把三枚钻戒全部找到了。

王先生在接受采访时说,自己在清河区一家机关单位上班,这样的小事不必挂齿。他呼吁大家在遇到坏人坏事的时候都能够站出来,齐心协力向邪恶宣战。

事后得知,范某可不是一般的打劫,他抢走的三枚白金钻戒,其中两枚 0.5 克拉,另一枚 0.3 克拉,总价逾 10 万元。

范某被抓获后,民警从其遗留在金店的包里发现一块石头。范某交代说,小包是用来转移营业员注意力的,关键时刻还能拿出石头砸碎柜台玻璃。

范某身体条件原本很好,但为这次抢劫行动,他实在是花了太多的"心思"。为了计划更周密,他研究地形、提前踩点,居然茶饭不思。作案前三天中,他除了喝凉茶以外,一口饭都没吃过,结果当天得手后,刚跑出金店就感觉两腿发软,最后被人追得累瘫在绿化带中。这也是媒体所称"凉茶劫匪"的由来。

落网后的"凉茶劫匪"范某号啕大哭,悔不当初。他实在没想到淮安群众如此疾恶如仇,纷纷挺身而出,让他这个自认为神不知鬼不觉来到淮安的外乡人,这么快就栽了跟头。

最终,范某被判处有期徒刑六年八个月,并处罚金人民币 2 万元。

倪超、杨超骞被评为"淮安市见义勇为先进分子"。参与行动的数名群众也获得应有的表彰和奖励。

周小明、李彩英

"反扒夫妻"守平安

二十多年来,"反扒夫妻"周小明、李彩英抓获扒手或协助警方抓获各类违法犯罪嫌疑人5200余名。这些数字的背后,是他们俩付出的忠诚和热血……

周小明、李彩英夫妇家中的荣誉墙

因特殊职业要求,公安机关的反扒队员一般都隐姓埋名、不事张扬。江苏省宜兴市公安局城北派出所反扒队员周小明、李彩英夫妇,一直就是这样默默无闻的"都市隐形人"。

2014年国庆节那天,周小明、李彩英夫妇勇擒窃贼,双双负伤、血洒街头。夫妻俩的英雄事迹引起领导高度重视,受到媒体极大关注,他们的名字才频频出现在报纸上、电视里,这一对见义勇为"反扒夫妻"在无锡城乡成为美谈。

2014年10月1日,又是一年国庆节。张灯结彩的街头,五星红旗随风飘扬,熙熙攘攘的人群中,人人脸上洋溢着欢乐。对于反扒队员来说,国庆长假社会治安工作是对他们职业的考验和挑战,人流如织的街头,要保障市民口袋安全,不让扒手得逞,无疑是一项很艰巨的任务。

这天一大早,周小明、李彩英夫妇如往常一样穿梭于大街小巷,像鹰一样敏锐地捕捉"猎物"。

当日下午,他们在人流密集的宜兴市中心阳羡东路、大润发周边继续开展工作。

傍晚5时40分左右,夫妇俩巡逻到今日星城小区附近时,发现一名驾驶摩托车的中年男子形迹可疑。

"走,咱们去看看。"周小明对李彩英使了个眼色,两人默契地悄悄尾随上去。

那名男子鬼鬼祟祟靠近一辆停放在路边的奥迪轿车。只见车主按车钥匙上的电子按钮锁车门时,那名男子也偷偷按下了手中的干扰器,车主浑然不知自己车子的电子按钮锁正受到来自窃贼的高科技干扰,以为汽车已经锁好,便匆匆离去。

螳螂捕蝉，黄雀在后。

周小明、李彩英夫妇早已看透这样的罪恶把戏，立即将情况向城北派出所值班人员进行通报并请求支援。

车主刚一离开，那名男子就大摇大摆走近轿车，准备实施盗窃。周小明、李彩英夫妇眼看那名男子盗窃得手，就要离开，知道不能再等了，于是便上前拦截并进行盘查。

窃贼行迹败露，佯装可怜，苦苦哀求周小明放了他。见周小明仍不松手，窃贼猛地加大摩托车油门强行逃离，周小明、李彩英夫妇两人被摩托车拖带2米多远。

那个家伙活该倒霉。他的摩托车在疯狂冲撞中失去控制，冲出10多米远之后，撞在了另一辆车上，这一下为反扒英雄赢得了时间和机会。

周小明和李彩英爬起身冲过去，与窃贼搏斗起来。揪斗中，周小明突然感到腿上凉飕飕的，定眼一看，才发现对方手上握着一把尖刀在乱捅，自己的腿部已被捅伤。他连忙对协助抓捕的妻子李彩英大喊一声："注意，他手上有刀！"

话音未落，李彩英也被歹徒用刀戳中背部，倾倒在地。周小明见状立即扑上去，死死抓住歹徒持刀的手。

最终，在小区保安曹扣根、陈盘宏等协助下，歹徒被抓住了，很快被随之赶来的民警带走。

多处受伤的周小明，被紧急送往医院治疗。

李彩英伤势较重，背部刀伤深达肺部，颈部刀伤虽避开了颈动脉，但左锁骨下的动脉破裂，大出血导致失血性休克。经抢救，李彩英脱离生命危险。

经鉴定，李彩英为重伤二级，周小明为轻伤二级。

经审查，盗窃并持刀伤人犯罪嫌疑人张某，40岁，曾因赌博被当地公安机关处罚过。自当年5月流窜至宜兴以来，利用干扰器等手段，已先后实施盗窃车内财物作案9起，涉案金额5万余元。这一次，张某被逮捕法办。

"当时,我和小明冲上去抓住盗窃嫌疑人。搏斗中,我只感觉到胸前、背后的衣服全湿了,由于事情是瞬间发生的,我都没意识到窃贼用刀捅了我。"回想当时的惊心动魄,李彩英仍心有余悸。

"我们两个碰到过很多歹徒,带刀的也有不少,但是像这样穷凶极恶的家伙,我们还是第一次遇到。"周小明说,妻子被歹徒捅伤的时候,他脑子里一片空白,顾不上自己的生命安危,本能地死死抓住歹徒,一个一个地掰开歹徒的手指,将刀夺了下来,他回头看时,倒在身旁的妻子已不省人事。

采访时我才知道,10月1日出事那天,正是周小明、李彩英结婚二十四周年纪念日。

周小明,50岁,个子魁梧高大,一双鹰一样的眼睛又大又圆。一谈起抓小偷,他立刻神采飞扬,眼神里透出特有的兴奋和犀利。

李彩英,51岁,身材瘦小,秀气文静。如果光看外表,似乎很难把她和反扒能手联系起来,然而,就是眼前的她,和她的丈夫一起,令一个个扒手闻风丧胆。

1967年夏天,周小明出生在当时宜兴最贫困的杨巷。他家姊妹四个,父母都是农民,日子过得很苦。勉强熬到初中毕业,周小明便离开家乡外出挣钱,先是在无锡城里一个建筑工地打小工。1988年11月,应聘成为宜城镇联防队队员。在这里工作两年之后,被调到宜兴市城北派出所当联防队员。他能吃苦,肯负责,敢担当,得到所领导和民警的一致好评。

1990年春季的一天,所领导把他叫到办公室,交给他一项新任务:搞反扒,抓扒手。

这正合周小明的心愿。

记得有一次,他去医院看望病人,遇到一对被偷了钱的老夫妻。那是老人家攒了很多年的救命钱,一下子全被偷走了,那两位老人痛苦的神情深深印在周小明心里。他当时就想,这些小偷实在太可恶,都抓住了才好。

周小明愉快地接受了任务。他暗下决心：所领导如此器重自己，只能干好，决不能干砸。

周小明的师父，是年近六旬的反扒高手老吴。从此，他就像老吴的"尾巴"，天天跟着老吴在车站码头、商场菜场"转悠"。

刚开始干这行的时候，他也被窃贼"蒙"过。

那年夏季，他巡逻时看到一个男子拎着两只包迎面跑来，马上拦住进行盘查。那男子自称有人抢劫，想赶紧跑开。初出茅庐、经验不足的周小明不仅相信了他，还热情地提出帮助对方去抓抢劫者。就在这时，许多市民追了过来，周小明这才发现那个男子原来是"贼喊捉贼"。

老吴和周小明师徒二人，一个耐心教，一个虚心学。没两年工夫，周小明就学会了在人堆里识别"三只手"，并能一看一个准地抓住扒手。

一次，三名扒手挤到一辆公交车上，一个望风，一个掩护，还有一个把手伸进了一位老年乘客的上衣口袋。已经盯了他们很久的周小明大喝一声："不许动！"

周小明一下子抓住三个扒手，师父老吴连连称好。

师徒俩搭档，如鱼得水。宜兴城里的老扒手们提到他俩就头皮发麻。

1990年，周小明认识了同城姑娘李彩英，两人很快步入婚姻殿堂。自打与周小明结婚，李彩英的心就没安稳过，整天提心吊胆。扒手中不乏穷凶极恶的亡命之徒，她没法不为自己深爱的丈夫担忧。每天晚上，丈夫平平安安回到家中，她那颗悬着的心才能复位。

她三番五次提出，想跟丈夫一起去"看看"，周小明总是不让，理由是孩子太小，李彩英又是女的。其实，他是不想让妻子知道反扒工作的危险和艰辛。

1995年，老吴患病去世，送别师父，周小明又隐身闹市，继续他的反扒之路。

周小明独自执行反扒任务，李彩英更加担忧丈夫的安全。慢慢地，孩子进了幼儿园，李彩英老话重提，她觉得要分担丈夫的危险，没有比夫妻搭档更好的办法了。

"让我跟着你去学反扒吧!"一天,周小明手腕被窃贼弄伤,李彩英更加坚定了随夫"出征"、一起捉贼的决心。

周小明拗不过妻子。就在老吴去世的那一年,娇小瘦弱的李彩英成了一名业余反扒队员,丈夫成了她的师父。

别看身材娇小的李彩英平时文文弱弱,可一遇到扒手,她的"感觉"就来了。

有一次,周小明夫妻俩在苏南商厦门口,盯上了一伙窃贼,其中一人还被周小明亲手抓获过。他们一路跟踪窃贼上了车,准备抓个现行。

没有想到,一个笨贼居然将偷窃目标瞄准了李彩英。李彩英暗自发笑,但并没有做出反应,只是向一旁的丈夫使了一个眼色。等窃贼将手伸进她的口袋时,周小明瞬间出手,将窃贼捉住。

出道不久,极有悟性的李彩英很快就成了周小明的好帮手。扒手往往认为女性没有什么威胁,因此李彩英可以大大方方地挤在他们身边,观察他们的一举一动。

看着自己带的"徒弟"屡有建树,周小明不得不对她刮目相看。他们渐渐发现,夫妻俩一起捉贼好处还真不少。在路上,一个开车追踪,一个电话报警;蹲守时,一个伪装靠近,一个远观其变;行动时,一个就地出手,一个釜底抽薪。

得!周小明所在的城北派出所领导干脆把李彩英一并招收为正式联防队员。从此,这对"反扒夫妻"档,在反扒战线上并肩作战,齐驱并驾,演绎了一个又一个精彩的故事。

早春三月的江南,莺飞草长的季节。

1998年3月20日,宜兴城人山人海,一场大型摸奖活动在这里举行。从四邻八乡赶来的人们个个揣着美好心愿,希望能摸到一个"大王",那是这次摸奖的最高奖项,奖品是一辆桑塔纳轿车。对于那些扒手们来说,根本没有中头奖的愿望,他们的兴趣在于就此大捞一把。然而，他们绝没有想到，人群中有两双机警的眼睛正在盯着他们的一举一动。就在那一天，有7名扒手栽在"反扒夫妻"手里。

有一对男女假扮夫妻，带着两个小孩来到宜兴中医院佯装看病，在挂号处连连出手，但一无所获。这一幕，被"反扒夫妻"尽收眼底。一会儿，扒手转移阵地，来到输液室，这次得手了。扒手正欲逃离，"反扒夫妻"同时出手，这个"小偷之家"被"一窝端"。

被传为"东北神偷"的三名黑龙江行窃高手，雇车长途奔袭，准备去南方"大显身手"。三人中途临时转道宜兴想"小试牛刀"，30分钟左右就撬盗了三辆高档车。殊不知，他们很快被"反扒夫妻"识破，不到一个小时便全部落入法网，"神偷"梦断宜兴。

有一次，适逢三八妇女节。周小明、李彩英夫妇来到距离城区25公里外的新街镇庙会开展工作。有个窃贼盯上一个60多岁的老汉，趁着老汉弯腰买东西的时候，一手伸进了老汉的口袋。周小明、李彩英夫妇上前一把拽住窃贼的手腕，老汉这才知道所发生的一切。这一天，周小明、李彩英夫妇总共抓住了9名窃贼。

他们曾经在一周时间内，抓获犯罪嫌疑人15名；曾一次缴获上万元赃款；最多的一次，仅缴获被偷来的手机就有47部……

周小明、李彩英夫妇积累了丰富的反扒经验，各自练就了一双"火眼金睛"。他们能从人群中一眼看出形迹可疑的扒手、窃贼，并创造条件、把握时机，精心设计抓捕行动。

2010年8月1日晚7时左右，周小明、李彩英在宜城光荣西路发现三名可疑女子，其中一名女子手中抱着小孩。这三名女子穿着都较为宽松，但上衣腰腹处却是收紧的，举止很是怪异。周小明断定这伙人心怀鬼胎，便和李彩英一路跟踪。果然，在人民大厦后面的一条巷子里，这三名女子各自从上衣内掏出几团衣服，飞快塞进早已停在这里的一辆车内。

"莫非是偷衣贼？"周小明寻思着。此时，塞完衣服的三名女子又溜进附近一个商场。大约过了几分钟，三人又走出商场，仍旧来到巷子里往车内塞衣服。

"没错,是偷衣贼!"李彩英在一旁轻声说道。机警的周小明一边盯着车子,一边电话报警。

晚上9时左右,就在那三名女子准备上车逃离之际,周小明、李彩英夫妇和民警一举出击,将包括司机在内的四名犯罪嫌疑人当场抓获。

还有一次,有三个外地人在宜兴城里"安营扎寨",专门偷窃开车到银行取款的人。他们中一人在银行大厅内盯梢,一人在车轮下搞"破坏",另一人则伺机行窃,该团伙作案多起,屡屡得手。周小明、李彩英夫妇自从发觉后,便一直盯住不放。就在这伙人再次作案时,被"反扒夫妻"一网打尽。

周小明说,与小偷、扒手斗,最重要的是"捉贼拿赃"。为了拿到他们作案的证据,不到最后一刻,是绝对不能动手的,否则必将功亏一篑。

有一次,有三个小偷挤上公交车。车内有一名妇女身披一件棉袄,手里提着包,胸前挂着一条金项链,小偷立即物色到目标,很快围了上去,把这名妇女的金项链剪了下来。

周小明上前抓人,其中一个狡猾的小偷急忙将金项链往地上一扔,死不认账。周小明眼尖手快,在喝令他捡起的同时,摁住他的口袋,缴获了装在其口袋中的小剪刀。

三个小偷被带到派出所审查。开始的时候矢口否认行窃,只承认小剪刀是他们的。后经省公安厅对剪刀进行检验,证实刀口上还留有金粉屑,并与金项链的剪痕一致。最终,三个小偷受到了处罚。周小明说:"如果没有证据,那几个小偷就得不到应有的惩罚了。"

手莫伸,伸手必被捉。但在许多情况下,很难把握小偷何时下手,又会有怎样的动作,反扒由此成为一项集技能、力量和智慧、耐心于一体的绝活。为了在扒手出手的一瞬间人赃俱获,常常需要几个小时、十几个小时,甚至需要数十天暗地追踪和研判。有时候要跟踪到深夜,而第二天凌晨又要在犯罪嫌疑人的落脚地盯候。

一次，一伙男女混杂的扒手在宜兴苏南商厦四处窥探，他们没有料到有一张网已经张了近四个小时，就在他们伸出黑手的时候，被"反扒夫妻"人赃俱获。

2010年8月的一天上午，9时许。周小明、李彩英夫妇在陶瓷商城附近一家银行门口发现两个外地男子，二人游离的目光不时盯着从银行出来的人。

"有情况！"周小明暗示李彩英。

大约过了半个小时，这两名男子合骑一辆摩托车离开，周小明、李彩英夫妇一路跟踪。那两人居然是到菜场买菜，之后去了居住的地方。

此后的几天，周小明、李彩英夫妇每天早上六点就守候在嫌疑人居住的小区门口，风雨无阻。而这两个嫌疑人一旦出门，都是去银行附近"转悠"，有时看到有人取了钱就跟踪到其家门口。那两个人也许是没找到机会，一直没有下手，这一切都被紧紧跟踪的周小明、李彩英夫妇看在眼里。

到了第十天早上9时左右，那两个嫌疑人又"闲逛"到川埠街上某银行门外。没多久，只见一名中年男子在银行取了钱，将钱放在摩托车后备箱里骑车离开。

两名嫌疑人尾随其到达川埠某陶瓷厂，中年男子下车走进了大楼办公室，两个嫌疑人立即下手偷走了中年男子放在摩托车后备箱里的2万元现金。

这一切都被周小明与李彩英看在眼里。

"给我老实点，我们已经候你多时了！"他们迅速上前将两名嫌疑人擒获归案。

反扒之苦，只有身在其中才能真正体味。

有一次，周小明、李彩英夫妇从早上7时40分盯上目标，一直跟踪到下午3时20分。中午，眼见扒手们在酒店吆五喝六，划拳行令，他们只能闪进一家超市买来方便面充饥。

一年 365 天，周小明、李彩英夫妇大都一早出门，天黑才回家。尤其是到了节假日、双休日，公共场所人流量大，扒手更猖獗，反扒工作量更大，夫妻俩就更加辛苦。周小明、李彩英夫妇平均每天工作时间在 12 个小时左右，而且为了提高碰撞犯罪作案的概率，夫妻俩 80% 以上的工作时间都处于流动巡逻或跟踪状态。

二十多年来，周小明、李彩英夫妇的脑海中已经绘制出一张宜兴地区的"反扒地图"。每天早晨 6 点，周小明、李彩英夫妇就开始去菜场"上班"了，对他们而言，菜场是窃贼早上的活跃场所；一到傍晚，他们夫妻俩就转移阵地，来到城区各大超市、商场"闲逛"，公交站台、各类快餐店也都是"反扒夫妻"每天必须"光顾"的地方。

"小偷何时上班，我们就何时上班。小偷下班了，我们有时还在上班。"周小明这样调侃自己的工作状态。

"抓贼已经完全变成了我们的本能，有时走亲戚坐车，去商场买东西，我们的第一反应就是观察有没有可疑人员。有一次，答应朋友一起吃饭，可是在半路发现扒手，就把吃饭的事给忘了。"说到这样的事，周小明有些不好意思地笑了。

风吹草动时无人注目，一旦抓住小偷，人们欢声雷动，但周小明、李彩英夫妇总是乐不起来。

抓小偷，毕竟不是捉迷藏。周小明、李彩英夫妇奋斗在治安工作一线，经常会遇到持刀、持械歹徒的凶猛对抗，这对"反扒夫妻"从不怯懦和退缩，以一身正气震慑嫌疑人，为市民织就了一张"平安网"。

周小明、李彩英夫妇面对的是穷凶极恶的歹徒，常年与危险相伴。他们经历的一件件往事，听来让人触目惊心，寒毛直竖。由此，人们也对"反扒夫妻"敬佩有加。

一天晚上 8 时许，三名形迹可疑的男子，一人留在车内望风，另两人溜进网吧窃得手机，待他们上车之际，早已守候在网吧门外的周小明、李彩英夫妇一跃而上，将其中一个人逮住。谁知，另一个人从背后拔出一把明晃晃的尖刀，周小明见状上前夺刀。此时，被逮住的嫌疑人身上也滑落出一把刀，周小明急中生智，把刀抢了过来，并成功制伏该男子。

2001年6月17日中午11时左右，天下着雨。两个窃贼乘隙砸碎一辆轿车的窗玻璃，将车内一只包拎了就跑。已经跟踪很久的周小明、李彩英夫妇立即追了上去。李彩英一边打电话报警，一边盯住其中的一名同伙不放，周小明则将另一个同伙死死摁住。窃贼狗急跳墙，张大嘴巴对周小明右手腕狠狠咬了一口，顿时流出血来。周小明一松手，窃贼趁机挣脱；他去追，对方捡起一块砖头就砸过来；他用手去挡，又被重重地砸了一下。最终，那两名窃贼还是成了"反扒夫妻"的俘虏。

有一次，一个扒手在作案时被发现，将钱包往地上一扔就跑，周小明紧追不放。亡命之徒吊住一辆行进中的货车，周小明也赶紧吊住另一辆货车追上去。对方见甩不掉他便急忙跳车。周小明见状也跟着跳车，因为车速太快，不小心膝盖着地，但他全然不顾膝盖跌破疼得钻心，最终将扒手擒获。对方喘着大气说："我算服你了！"

还有一次，四个小偷开着汽车来到人民路，撬开一辆轿车的后备箱，偷出电脑等好几样东西，钻进汽车就逃。在李彩英电话报警的同时，周小明也加大摩托车油门逼到盗贼的车前，大喊一声："派出所的，不许动！"

汽车一下子停下来，从车里钻出一个家伙，手里拿着刀。正在报警的李彩英对着手机喊："所长，小偷有刀呢，有刀啊！你们快来……"

巧了，当地派出所一个副所长正在附近巡逻。李彩英报完警没多一会儿，副所长开着警车默契地响着警笛呼啸而来。拿刀的家伙本来要朝周小明冲过来的，一听警车来了，扭头就跑。

周小明扔掉摩托车，上去先把汽车钥匙拔了下来，然后就去追。李彩英担心丈夫的安危，也跟着追了过去。她心想：车里的窃贼留给副所长他们处理吧，反正车钥匙已经被拔下来了。

那家伙翻过高速护栏直往森林公园的山上跑，周小明也翻过去追上山。李彩英连爬带滚地翻过护栏去追,她一边喘着气一边大声喊:"小明,当心,他有刀啊!"

她刚跑到山脚下,只见他们两个人抱着从山上滚了下来。山那么高,坡上都是刺丛啊!周小明死死抱着窃贼就那样滚了下来。

两个人滚到山脚下,连同刚跑过来的李彩英,三个人都已经没有力气了,瘫在地上直喘粗气。谁也再翻不过栏杆了。周小明问窃贼:"你还跑吗?"

窃贼无可奈何地说:"不跑了。我跟你们走。"

李彩英说:"你要是早先不跑,大家也不会这么累了。"

这个窃贼把刀扔在了半路上。问他为什么,他说害怕。

采访中,李彩英对我说:"其实,我们也害怕。不过,害怕归害怕,小偷照样抓。"

周小明说:"经历多了,也就不以为意了。有时候也害怕,但看到一个个失主失而复得时那喜悦的样子,想到我们多抓一个扒手,群众就少一点危害,社会就多一分安宁,我们就觉得这是自己应尽的责任,因此也就忘记了危险,忘记了害怕。"

一直默默无闻的反扒英雄,内心世界如此朴素而丰富!

也许,正是这种朴素情感和责任感,使他们注定成为扒手的"克星"。而与窃贼搏斗时被抓伤、咬伤、划伤、刀伤的危险,对他们而言,似乎已经习惯了。

就在接受我采访的时候,我看到李彩英右颈处还贴着一块厚厚的白纱布,她说是前不久被一个小偷用刀划伤的,来见我的时候刚换过药……

渐渐地,"反扒夫妻"的名声越来越响。那些扒手对他们恨之入骨。为了解决"问题",扒手们先是来"硬"的,放出风来,让周小明、李彩英夫妇"留点后路""小心一点",甚至扬言"早晚弄死你们""弄得你一家不得安宁"。

有些扒手到周小明家门口堵截,企图报复,但周小明、李彩英从来都是无所畏惧。做贼心虚的扒手们忌惮他们夫妇的本事,似乎也不敢过于硬碰硬地胡来。

见周小明、李彩英不吃这一套,扒手们又来"软"的,频频发射"糖衣炮弹"。

一次,周小明、李彩英夫妇刚登上一辆公交车,一个被他们抓了几次的扒手笑嘻嘻凑过来:"大哥、大姐,一起吃个饭、交个朋友啊!"

周小明、李彩英夫妇当即告诉他:"这是不可能的。"

此人还真是有耐心,几次守在周小明、李彩英夫妇回家的路上,又要送钱,又要"请客",都碰了一鼻子灰。后来,这家伙再次作案时,周小明、李彩英夫妇毫不犹豫地把他抓获归案。

见周小明、李彩英夫妇不为所动,扒手们放出更香的诱饵,直接把一沓钱送到周小明家门上,甚至放出话来:"只要你不抓我们,什么时候缺钱尽管来拿。"

"反扒夫妻"软硬不吃,坚持守住底线。曾有人劝他们放弃反扒工作去搞一个挣钱多的行当,但周小明、李彩英夫妇压根儿没有这个打算。他们说,只要扒手存在一天,自己就要坚守这片阵地。

如今,这对赫赫有名的"反扒夫妻",依旧每天巡逻在街头、商场、菜场等人群集中的地方。他们已经成了市民的贴身"保镖"。

周小明说:"以前,街面上人少,且最多的交通工具是自行车,因此一些扒手总是瞄准自行车下手,扒窃手段也比较单一;如今,人们的生活水平提高了,口袋里的钱多了,街头路面违法犯罪手段也在不断翻新。"

现在,周小明他们的工作不仅仅是抓一般的扒手,他们抓获的犯罪嫌疑人已涉及偷窃、抢夺、撬门入室盗窃以及盗窃公共设施、偷盗机动车辆等十余类,即使新型的诈骗犯罪也逃不过他们的火眼金睛。

一次,周小明、李彩英夫妇发现有四个人鬼鬼祟祟地各骑一辆自行车在人民路上"转悠",于是也骑上自行车跟着他们。之后,在东虹桥附近,其中一人在一位老太太面前将腰一弯,对着老人说捡到一枚"铂金戒指"，价值1万多元，包装盒里还有发票。

正在他们说话的时候，从旁边走出一个人，显得十分焦急的样子，说是丢了一枚铂金戒指，问他们有没有看到。

待这个谎称寻找失物的人离开之后，骗子对老人说，今天运气不错，拾到这么贵重的东西，可以两个人平分，老人自然喜出望外。那骗子又说自己急需钱用，"戒指"可以廉价让给老人，贪图小利的老人从身上摸出600元钱给了骗子。

骗子拿到钱，留下"铂金戒指"，溜之大吉。到了汎滨广场，这伙人又故技重演，骗了另一个老太太3000元钱。

这一切都被周小明、李彩英夫妇看在眼里。见时机已经成熟，夫妻俩便与民警联系，将这四个骗子收入法网。

二十多年来，这对"反扒夫妻"抓获扒手或协助警方抓获各类违法犯罪嫌疑人5200余名，缴获赃款赃物500多万元；协助破获各类案件2400余起，摧毁盗窃、诈骗团伙30多个，追缴赃款赃物价值128万余元。

在别人眼里，这些数字是奇迹。对于"反扒夫妻"来说，这些似乎枯燥无味的数字分明是尽职、敬业的体现，是忠诚、辛劳的付出，更是汗水、鲜血换来的收获。

"反扒夫妻"勤勤恳恳、任劳任怨，用自己的青春年华和一腔热血，全心全意守护一方平安。

周小明、李彩英先后获得"无锡市五一劳动奖章"，被授予"群防群治先进个人""社会治安综合治理先进工作者""见义勇为先进分子""巡防之星"等称号，李彩英本人被授予"无锡市反扒巾帼英雄""三八红旗手"等荣誉称号。

这是社会对英雄的褒奖！

窃贼、扒手，可恨！
见义勇为的"反扒夫妻"，可敬！
在宜兴，在无锡，周小明、李彩英这对"反扒夫妻"浴血擒贼、见义勇为的事迹,引起社会各界强烈反响。人们纷纷给予这对见义勇为英雄无数的点赞和无限的敬意!

向见义勇为英雄致敬,敬的是他们的英勇胆气。像周小明、李彩英夫妇那样敢于迎着歹徒明晃晃的尖刀而上,这不是所有人都能做到的。尤为可贵的是,"反扒夫妻"不仅面对尖刀毫无惧色,而且身中数刀、血染战袍时,仍死死揪住歹徒不放。这种无畏之举展现出的英雄气概,怎不令人钦佩!

向见义勇为英雄致敬,敬的是他们的责任担当。人生在世,责任在肩。有责就要守责、尽责,担当、敢当,这是做人做事的基本要求。反扒队员的责任就是与窃贼、扒手等不法分子做斗争,以见义勇为的行动守护人民生命财产安全。毫无疑问,履行这样的职责要时时面临生死考验。这对"反扒夫妻",二十多年坚守反扒岗位,天天在"刀尖"上过日子,抓获窃贼数千人,多次受伤,无怨无悔。这种把个人生死置之度外的英勇无畏,体现的是一种强烈的为民情怀和爱岗敬业精神,让人何等尊敬!

一座城市需要英雄,一个社会更需要英雄。像"反扒夫妻"周小明、李彩英这样的见义勇为英雄越多,我们这座城市、这个社会,就会集聚更多的正气,人民就会拥有更多的安宁。

不过,我更想说——

在我们的生活里,如果人人都能看好自己的钱包、管好自己的物品,以强烈的安全意识筑就社会防范的铜墙铁壁,那些扒手们将如何下手?又怎么能轻易得手?

在我们的社会里,如果每个人都懂得并遵从"手莫伸,伸手必被捉"的道理,那么"扒手""小偷""窃贼"这些让人胆战心惊、万众憎恨的字眼,或许会从中文辞海中消失,而"反扒"的职业也将退出历史舞台。当然,也就再也不会有见义勇为"反扒英雄"流汗、流血甚至付出生命的代价。

那该有多好!

于葆林、张定华，张骏骅、孙国强，何广友、代文海，黄圣涛、李小清、赵雪山等见义勇为群体

众志成城斗凶顽

于葆林、张定华等市民血洒街头，张骏骅、孙国强等群众湖中追贼，何广友、代文海等工友勇救被辱女工，黄圣涛、李小清、赵雪山等市民血战杀人恶魔……更多见义勇为群体的涌现，为打击违法犯罪布下了人民战争的天罗地网……

张定华讲述事件过程

（一）

南京是一座有着见义勇为优秀传统的城市。早在二十多年前，一名持枪歹徒抢劫中华门储蓄所，开枪打死、打伤各一人并抢劫得手，众多见义勇为群众挺身而出，堵住大门，使得歹徒插翅难逃，只好开枪自杀，落得个自取灭亡的下场。

与之可以成为佐证的是，曾经在短短二十天时间里，南京市有155名各类违法犯罪嫌疑人被见义勇为群众扭送到公安机关。

城市需要精神，人间呼唤正气。

那一次，在南京，当"抓劫匪"的喊声响起，陈浩、任彦培两名持刀抢劫的歹徒就注定要陷入广大见义勇为市民的包围之中。

2009年4月8日，晚上10时许。

陈浩和任彦培来到河南省焦作市山阳区焦东北路鑫旺批发部，持铁锤击伤店主秦某，抢走人民币1000多元后逃之夭夭。

同年4月中旬，陈、任二人逃窜到南京。

4月18日下午4时，陈浩在南京市白下区常府街28号中国农业银行南京玄武支行营业大厅里，发现良女士（化名）取款2万多元，便决意将她作为打劫对象。他尾随良女士走出银行，并示意在门外望风的任彦培随后而来。

两人尾随良女士到了常府街与三条巷交叉路口时，陈浩从身后抱住良女士，并捂住她的嘴，任彦培上前抢走良女士装有现金的挎包。得手后，两人分头逃窜。

良女士边跑边喊："抢钱啦！抢钱啦！"

急促的尖叫声顿时引起路人注意，很多热心市民加入追捕行列中。两名歹徒沿着常府街向东逃去，一边跑一边挥舞尖刀叫嚣："让开！让开！"

时年 52 岁的朱银富,刚从金润发超市出来,骑着电动车到了二条巷路口等红灯,听到呼喊声,眼见抱着包、握着刀的任彦培迎面向他这边跑来,他飞起一脚把任彦培手中的尖刀踢落在地。任彦培顾不上捡刀,往龙蟠中路方向逃窜。

路人于葆林来不及思索,便朝任彦培追去。他一边追赶,一边大喊:"抓劫匪呀……"

时年 71 岁的老人张定华,那天刚爬山归来,骑着自行车上了常府街北侧的慢车道,到了复成桥,只见一个青年男子手里抓着一只女式挎包,狂奔着从他身边擦过。

张定华听到了"抓劫匪"的叫喊声。他马上反应过来,原地掉头,骑车向劫匪直冲过去。

任彦培上了慢车道,又纵身跳上人行道,一路狂奔。

"截住他!那是个抢包的!"张定华大喊起来。

骑车追赶而来的于葆林,勇敢地朝任彦培撞了过去,将其逼倒在南京报业大厦门前的花坛边。张定华迅速赶到,用脚死死踩住任彦培的屁股。于葆林冲上前,和张定华一起将其摁倒在地。

"把包交出来!"于葆林用两个膝盖压着任彦培的上半身,硬是从其手里夺回了包。

就在这时,意外的事情发生了。

"哎呀!不好!"围观的群众突然发现任彦培的同伙陈浩冲进人群,朝着于葆林的背后捅了一刀。

张定华听到有人"哎哟"了一声,正纳闷着,只觉得自己右后背一热,有刀子刺进了背部。接着,又是一刀朝他的颈部刺来。良女士见状,立即冲上去与陈浩搏斗,哪知也挨了一刀。

血,不断地从三个人的身体里渗透出来,他们再也无力控制任彦培。先前被制伏的任彦培顺势爬了起来,与同伙陈浩夺路而逃……

南京市见义勇为基金会领导第一时间联系了原南京军区总医院,为两位英雄开辟绿色通道,组织全院最好的专家救人。张定华经及时抢救脱离生命危险,后被授予"江苏省见义勇为英雄"荣誉称号。不幸的是,于葆林因为被捅伤肝脏,经抢救无效壮烈牺牲,后被追认为革命烈士,并被追授"江苏省见义勇为英雄"荣誉称号。

天网恢恢,疏而不漏。事发 48 小时后,陈浩、任彦培落入法网。经法院审理,判决陈浩死刑,立即执行;判决任彦培死刑,缓期两年执行。

以于葆林、张定华为代表的众多群众,自发参与这次见义勇为行动,充分显示了人民大众在见义勇为事业中的重要作用和伟大力量。

倡导见义勇为,更需要见义众为!

更多人参与见义勇为,群体力量一定胜过"单打独斗"!

(二)

无锡蠡湖,碧水荡漾,似一颗晶莹的珍珠镶嵌在美丽的太湖之滨。

相传 2400 多年前,春秋末期杰出的政治家范蠡与佳人西施隐居于此,泛舟湖上,故名蠡湖。公元 1927 年,一个名叫王禹卿的人在青祈八景的基础之上,兴建蠡园。

蠡园,因地处蠡湖西岸而得名。如今,游人游览山色湖光,无不在此驻足赏景。长长的柳堤,临水的长廊,细巧的小桥,绚丽的轩亭,好一幅美丽的画卷!

张骏骅,便是常年生活在这"画"中的人。他原先是无锡市外事旅游游船公司的检修工,现在已经升职为轮机长。

2009 年 11 月 4 日中午 12 时许,蠡园游人渐稀。时年 43 岁的游船检修工张骏骅和长他两岁的孙国强来到六角亭游船码头,检修"古运河号"游船。孙国强在前舱打扫卫生,张骏骅到后舱检修柴油机。

令人意想不到的是,张骏骅来到船尾刚刚打开舱门,里面突然蹿出一个看上去 30 多岁、身体壮实、胡子拉碴的人,手持刀具向他的头部砍来。猝不及防的张骏骅本能地将头往后仰去,躲过致命一击,但面部仍被砍开一条长长的口子,鲜血顺着脸颊流下来。

"不好,国强,船上有贼!"张骏骅一边大呼,一边返身跳上码头,操

张骏骅

起一根拖把向歹徒横扫过去。歹徒见势不妙,"扑通"跳入湖中逃窜。正在前舱清扫卫生的孙国强听到工友的喊声回过头来一看,知道有情况,立即拨打"110"报警。

歹徒陈某,系一无业游民。四处鬼混、穷困潦倒的他,于五天前在无锡市新区南站东风村小王巷刀杀女青年芳芳(化名)并掠得30元现金之后,逃窜到蠡湖边,躲进停靠在六角亭边的"古运河号"游船后舱,靠船上职工遗留的饼干、瓜子果腹,藏匿了几天,惶惶不可终日。

这天中午,听到有人上船要进后舱,他以为警察来了,便疯狂地持刀下了狠手。

"决不能让歹徒逃掉!"面部血肉模糊的张骏骅忍着剧痛,和孙国强一起沿着环湖大堤直追过去。闻声而来的同事沈篪一边协助堵截,一边打电话给公园办公室,请求立即派快艇增援。

歹徒游出200多米后,抓住栏杆想爬上岸逃跑,张骏骅和沈篪用棍子将其打下水去。这时,公园的快艇赶来,众人协力将歹徒拖上快艇并牢牢地控制住,交给已经火速赶到的蠡园派出所民警。

经警方审查,行凶的歹徒正是新区警方全力追缉的杀人犯罪嫌疑人陈某。在蠡园派出所,陈某对自己的犯罪事实供认不讳。

受伤的张骏骅被120急救车送往医院。经过清创,张骏骅脸部被缝合21针。如今,仍然留在脸部左侧,从额头、眉部、上唇到下唇的一条长长的伤痕,成为张骏骅作为"无锡市十大杰出青年""无锡市见义勇为积极分子""江苏省见义勇为英雄"的光荣标志。而孙国强、沈篪等众多群众与英雄张骏骅一道齐心协力斗歹徒的动人故事,随着缓缓荡漾的湖水,一直回荡在蠡湖两岸,流传于太湖之滨。

(三)

2008年7月2日凌晨,一个鬼鬼祟祟的黑影窜至吴江市盛泽镇北王村,隐藏在黑暗的村道边。

他是30岁的丁某。就在三天前的晚上,他在吴江市盛泽镇前跃村实施了一起抢劫、强奸案。尝到甜头的他,伺机再度作案。

来自安徽省霍邱县的晓瑞(化名),来自河南省固始县的金菊(化名),深夜下班后结伴同回暂住地。这两个当年同为20岁的女青年,都是吴江市外来务工人员。她们一路上有说有笑,万万没有想到,路边有一双罪恶的眼睛已经瞄上她们。

两人路过一处丁字路口时,丁某突然幽灵般地冒了出来,上去就将尖刀架在晓瑞的脖子上,拿出事先准备好的布条,熟练地将金菊的双手反绑起来,并喝令她们往他指定的方向行走,准备到僻静的地方对她们实施犯罪。

途中,机灵的金菊趁机逃脱。丁某见势不妙,胁迫晓瑞上了摩托车,骑车逃离现场。

到了一个偏僻处,丁某对晓瑞实施了抢劫并欲强奸,晓瑞奋力反抗并大声呼救。

来自安徽省霍邱县户胡镇璜池村的农民、时年40岁的何广友,来自安徽省霍邱县龙潭镇南卢村的农民、时年36岁的代文海,两人都在附近打工,暂住吴江市盛泽镇北王村二组。此刻,正在暂住地睡觉的他们被一阵急促的呼救声惊醒,便顺着呼救声赶到事发地。

迎着歹徒手中的尖刀,何广友、代文海一起冲上前去解救晓瑞,并与丁某搏斗起来。

赤手空拳的何广友被歹徒刺中腹部(经鉴定,直肠贯穿、动脉受损,系重伤),代文海也多处被刺伤,但他们两人仍忍着剧痛与歹徒殊死抗争。最终,他们两人在其他闻讯赶来的群众共同协助下,将犯罪嫌疑人丁某扭送到派出所。

我们完全有理由设想,如果不是何广友、代文海主动出击、殊死护花,如果没有众多群众及时赶到、群体增援,那么柔弱的晓瑞姑娘或许会被恶狼吞噬,而丁某这条恶狼还将会侵害多少无辜……

（四）

黄圣涛，33岁，河南商丘人，昆山三一重工企业班车司机。

李小清，44岁，苏州昆山人，星火房产公司经理。

赵雪山，69岁，苏州昆山人，城北沁丰园别墅小区门卫。

2014年2月7日上午6时45分，家住昆山市玉山镇沁丰园的李小清送孩子上学回来时，途经小区15号楼附近，突然听到邻居唐某大喊："杀人啦……"

李小清立即跑过去，迎面碰见一个身穿红色羽绒服、头戴黑色鸭舌帽、口戴白色口罩的陌生男子迎面跑了过来。此人神色慌张，右手拿着一把带血的匕首。

见此情形，李小清意识到事态严重，在拨打"110"报警的同时，叫喊着让小区保安赵雪山赶快关上小区大门，不要让坏人跑了。

可是，来不及了。赵雪山还没有来得及关门，歹徒已经窜到大门外。赵雪山和李小清一同追出小区。

歹徒仓皇逃至临时停靠在北门路中国银行旁的三一重工企业的单位班车前，拍打汽车要求开门。司机黄圣涛以为是公司员工来了，就打开了车门。

"早啊！"黄圣涛像以往迎接员工上车一样，热情地打招呼。不料，转头间竟发现那个男子并不是本单位员工，而且此人面目狰狞，手握匕首喝令他："开车！"

黄圣涛立马意识到情况不妙，转身越过驾驶座，冲过来一脚将其踹出车门。哪知歹徒又爬上车来，用刀威逼他："识相点，快开车！"

黄圣涛哪里肯依。

歹徒突然出手将刀子捅了过来。黄圣涛在躲闪的同时，用一只手抓住歹徒持刀的手，另一只手顺势掐住歹徒的脖子，和歹徒一起扑倒到车外。

李小清、赵雪山两人也追赶了过来。三人一起控制歹徒，亡命歹徒

黄圣涛

负隅顽抗，李小清、赵雪山在搏斗中被刀尖划伤了手，最终歹徒还是被黄圣涛等人摁倒在地。

经警方审查，犯罪嫌疑人周某，男，34岁。当日早晨，其窜至在沁丰园小区15号楼的莫某家，持刀实施抢劫。莫某在反抗中被凶残的周某用匕首连捅数刀，后送医院抢救无效死亡。

作恶多端的周某，受到了法律应有的制裁。见义勇为的英雄们获得了政府给予的表彰。

新中国成立以后，坏人当道早已经成为历史。在人心思治、人心思安的新时期，坏人坏事和作案犯科者总是极少数，在大众群体面前，他们必定势单力薄，况且倒行逆施的他们本就做贼心虚。因此，只要人民群众团结一心，只要人人敢于见义勇为，他们就会变成过街老鼠，人人喊打，一切恶人、恶行就会被湮没在见义勇为人民战争的汪洋大海之中。

我们中国有很多老话、古语，颠覆了后来人对人类的认知。比如说"穷人无德"，还例如"为富不仁"。

相传战国时期，诸侯滕国国君想实行仁政，手下人向他推荐了孟子，让他虚心请教怎样实行仁政。孟子说一心想发财的人是不能实行仁政的，而要想实行仁政就不要去想着发财，也就是说"为富不仁，为仁不富"，原意是指实行仁政的君主征收赋税应该是有限度的，只有老百姓富了国家才能富强。

后来，"为富不仁"被引申为剥削者为了发财致富，心狠手毒，没有一点儿仁慈的心肠。

再后来，"为富不仁"这四个字似乎成了"富人不仁"的代名词，专指那些只知道敛聚财物却不讲究仁义道德的富人。其实，有足够的事实证明，人类的仁义道德并不是以穷富区分的，并非"穷人"就"无德"，当然也不是"为富"就"不仁"，富人中也不乏仁义之士。

采访中，我发现一个现象，不少见义勇为者有着"厂长""经理"或"总经理""董事长"的头衔。他们是遨游于商海的"老板"，不经意间成了见义勇为英雄。

侠肝义胆，铁骨柔肠；舍身忘我，见义勇为。商场骄子有大爱，市场精英亦风流。

为富亦为"仁"。谁说商战中只以金钱论成败？分明还有仁义大爱重千金！

第六章

为富亦为"仁"

滕年龙

冒险相救娘儿仨

三轮车一头栽进河里。深水中,娘儿仨命悬一线。董事长滕年龙和同伴冒险相救。他说,遭遇人命关天的事,我岂能袖手旁观……

滕年龙

滕年龙，新天地食品有限公司董事长，在周恩来总理故乡投资创业的民营企业家，"淮安市十大见义勇为先进分子""江苏见义勇为新市民"荣誉称号获得者。

当年，《淮海晚报》报道他和另外三人英勇救人的事迹时，用的大标题是"电动三轮车一头栽进河里，车上娘仨命悬一线——救援四人组捞人又捞车"。情节并不复杂，事迹生动感人。

本来，淮安市公安局宣传处副处长陆婧已经精心准备了关于他的全部资料，但我还是想见见他，我好奇于他有一个公司董事长的头衔。

并不是我嫌贫爱富，也不意味一个董事长的命比一个普通老百姓的命金贵。我好奇的是，这个成就非凡的民营企业家，有着怎样的人生经历？在那生死攸关的时刻，一个腰缠万贯的人为什么能够挺身而出？市场经济造就的新一代精英，有着怎样的真实内心世界？

那天上午，我与他如约见面。

40岁的滕年龙，身高1.82米，体重85公斤，胸阔肩宽，十足的硬汉子。架在鼻梁上方的一副300度近视眼镜，让人感觉他深邃、聪慧，又显出一缕书生之气。举手投足间看似风风火火，可言谈交流却稳稳重重，说话实实在在，极具亲和力，偶尔也流露出刚直的秉性。我心里暗想，凭他这样的风范，在领导他的企业和员工的时候，兴许是一个刚柔相济、善于恩威兼施的老板。

临时借用的一间会议室里，就是我们两个人。

我俩并排坐着，彼此挨得很近。我诚心诚意，他推心置腹，素昧平生的我们，心的距离越来越近。谈笑风生中，竟然聊了一个多小时还言犹未尽。

滕年龙,原籍安徽省合肥市肥东县杨店乡姚岗村滕东组。他出生的时候,那里还是个穷地方。由于家境贫寒,他从小吃了很多的苦。

穷人的孩子早当家。苦孩子,往往热爱劳动,学习刻苦,成绩也好。上小学的时候,滕年龙一直担任班上的劳动委员。上高中后,他曾当过班长,担任过旗手。他个头高,爱体育,高中时是学校篮球队主力队员。

2001年7月,从上海警官学院读完课程后,他加入北京华联,先后在苏州及山东等地从事超市管理,不到一年时间,升任华东区域经理。他大刀阔斧地裁员60人,开创先河地采取新举措,很快把业绩从2个多亿提升到5个亿。最重要的是,那段忙碌的日子里,他收获了知识,增长了才干,也开阔了眼界。特殊的岗位让他有机会深入企业内部,学习和掌握了肉食品加工的工艺流程及超市经营的管理知识。这无疑为他日后大展雄图增强了信心,也奠定了坚实的创业基础。

到了成家的年龄,滕年龙娶了一个淮安姑娘。他说:"因为岳父全家都在淮安,当时政策宽松,投资条件也有优惠,我有了动议到这里来发展,靠自己的力量去拼搏人生,开辟新天地。"

2004年底,滕年龙离开华联,来到淮安。他着手创办新天地食品厂。这个企业名称,是他早就想好的。他向往并想创造人生的新天地!

初生牛犊不怕虎。那时,滕年龙27岁,正值青春年华。

2007年,老厂拆迁,作为招商引资项目,新天地食品厂搬进了淮安市清浦区开发区。滕年龙索性追加投资200万元,重新注册登记。2008年8月8日,新天地食品有限公司横空出世,从此以骄人业绩屹立于市场之林,成为淮安市食品行业的一匹黑马。

提及那次英勇救人的经过和当时的心情,滕年龙憨厚地说:"也是碰巧让我遇上了,就去做了。我当时根本没有考虑什么,也没有想过自己会不会有危险。只知道人家落水了,肯定是要救的,也许任何人在碰到他人处于危险情况时,都会伸出援手,给予施救,就像当时有个人不会游泳也跳下水救人。我只是做了一件举手之劳的事情,没想到社会却给予这么大的关注。没想过得到荣誉,其实我以前并不清楚,直到受到表彰之后，才知道有'见义勇为英雄'这样的光环。"

救人性命的见义勇为，他竟然如此轻描淡写。其实，也不奇怪。对于滕年龙来说，临危赴义、见义勇为，纯粹是一种自然而然的内心自觉。

这正是见义勇为英雄的博大情怀啊！

滕年龙端起茶杯喝了一口水，缓缓地说："救人于危难，也许是一种诚信和友爱吧！诚信是我们公司的灵魂，我对客户历来讲究诚信、友爱，对我的员工也是这样。大家有事相求，我尽力去办；家中遇到大事情，我都尽量到场，给人以安慰。我的员工们每年都有固定的假期，此外我还组织他们去旅游。老板也是人，重视赚钱，更重视生命，也想让更多人享受生命的快乐与美好，而遭遇人命关天的事，我岂能袖手旁观……"

是的，诚信和友爱，正是商场精英对见义勇为另一个层面的深情解读。聆听滕年龙的心灵道白，我感觉我的心与他在同一个频率上共振，也更能理解一个在商海里游弋的董事长，在深水中抢救生命的那个时刻表现出来的英勇无畏和他的义无反顾。

2012年8月30日下午，滕年龙驱车到淮安市原楚州区顺河镇办事，同车的还有其属下车间主任谢运龙、清浦区卫生监督所的周磊、楚州区顺河医院医生杨辉。

下午4时40分左右，在距离顺河镇大约一公里处，有一辆电动三轮车在滕年龙驾驶的轿车前方十几米处同向行驶，电动三轮车歪歪扭扭，似乎骑得并不稳当。

眼尖的杨辉发现三轮车行驶的姿势有点怪异，就随口说了一句："不会开到河里去吧？"

谁知话音未落，那辆电动三轮车向左一拐冲下斜坡，竟真的一头扎进了路边的河里。

滕年龙见状，紧急刹车。车上四人冲出车门，奔到河边。

这是一条由东向西的灌溉渠，正在放水供沿途农户灌溉庄稼。四五米宽的河面，水流湍急，顺游而下。

一个妇女在水中挣扎。

滕年龙见状,顾不得脱衣服,第一个下水救人,谢运龙紧跟其后。

滕年龙回忆说:"水流比较急,眼看那个妇女被冲到距落水处十几米开外。河水很深,又是正在上水,非常危险,谢运龙师傅个子矮,刚下水不了解情况,一下子整个人都没进水里,还呛了几口水。时间紧迫,根本不允许我们有半刻的犹豫。不过还好,我们俩的名字里都有个'龙'字,龙不怕水。"

他们正准备游过去救那个妇女时,只见她一边在水中扑腾,一边大喊:"先救我小孩!"

哦!可怜天下父母心!

滕年龙往左右一看,哪里有小孩?只看到一只书包漂浮在水面上。他奋力游过去,伸出手臂一捞,真捞出一个七八岁的小女孩。滕年龙说:"河水很浑,当时我只看见书包浮在水面,根本看不到水下的人。"

救出女孩后,滕、谢"二龙"又攒足劲头游到那个妇女身边,使尽全身力气把她救上了岸。

"还有一个!在三轮车里……我的孩子啊……"那个妇女到了岸边,吐出几口水之后大声喊道。

大家刚刚放下的心一下子又悬了起来。河里还有一个?

看着浑浊的河水,滕年龙惊呆了。"别说车里的孩子,就连三轮车也已经不见踪影。"滕年龙回忆说。

此时,落水的时间已经过去了三四分钟。滕、谢二人又一次跳下河,在水里乱摸起来。杨辉急中生智,顺着三轮车在陡坡上留下的车痕印一指:"在那里摸摸看!"

滕、谢二人游过去一摸,果然摸到了三轮车的两个车轮。两人用力去抬,想把车子抬起来,可是哪里抬得动?于是,杨辉和周磊又过来搭手,在岸边围观的群众中也有两个年轻人跳进水中帮忙,大伙齐心合力把电动车抬了起来。

车抬起来以后,就看见一个1岁左右的小男孩在车里坐着,脸都发紫了。杨辉一把就把小男孩抱了上来,他倒提着小男孩,拍打他的屁股,孩子吐出几口水,脸色慢慢好转。

那个妇女过来看到自己一对儿女安然无恙,也许是惊吓过后突然放松,竟然一下子晕了过去。周磊又急忙掐她的人中,直到她慢慢苏醒过来。

滕年龙他们随后又在众人帮助下,帮那名妇女把电动三轮车捞上了岸。

看到救人行动已经成功,浑身湿透了的滕年龙他们拧了拧衣服后上了车准备离开。此时,那名妇女带着两个孩子,到轿车门前扑通一声跪倒在地:"救命之恩哪!"

滕年龙说:"我见状赶紧把她扶起。当时围观的人很多,我怕吓着孩子,就让她赶紧回家了。不过,把人救上来以后还是很欣慰的,毕竟救了三条人命啊……"

把人救上来之后,浑身湿淋淋的滕年龙才发现自己的手机没来得及掏出来,放在裤兜里进了水。

"我们不但救了那母子三人,还顺带救了一个救人的人。"滕年龙幽默地说,"一个后来的小伙子,当时也冲下水救人,但他自己不会游泳,一下子沉到了水底,是我们把他救上来的。尽管没有水中救人的本领,但他的勇敢精神值得赞扬。"

被救的妇女,是楚州区顺河镇三堡村村民余女(化名);被救的女孩叫萧茹(化名),7 岁;小男孩叫萧志(化名),刚刚满 1 周岁。据余女讲,自己刚开始学骑电动三轮车,驾驶技术不好,车龙头不听使唤,慌乱之中冲下了河。

"遇到他们四个好心人,真是太幸运了!要是救得稍迟一点,或者当时人手不够,把母子三人都救上来怕是很难的。"与余女同村的顺河镇艾口小学马校长这样说。

事后,被救的余女要给滕、谢二人买新手机,还要给他们四人送烟酒等物,都被滕年龙他们婉言谢绝了……

董建华

奋勇救出五条命

落水的两名妇女和三个孩子,在深水中痛苦挣扎。总经理董建华奋不顾身地跳进河中英勇救人……

董建华

董建华，在东海之滨的连云港市很有名气。不是因为他与香港第一任特首同名，而是善良的人们感佩他英勇救人的精神。

那一次，他独自从深水中救出五个人。

他家乡的镇党委负责人曾半认真半开玩笑地说："我们遍地找英雄，原来英雄就在身边。你一次救出五条命，这英雄的'含金量'也忒高了。"

董建华勇救五名落水者的感人事迹，在港城群众中传为佳话。他相继被中共连云区委授予"模范共产党员"，被连云港市人民政府授予"江苏省见义勇为先进分子"，被江苏省人民政府授予"江苏省见义勇为英雄"荣誉称号。

据介绍，在连云港市连云区，建区以来荣获"江苏省见义勇为英雄"荣誉称号的功臣模范，董建华是第一个。

见到董建华，给我的第一印象是，他魁梧高大，衣着整洁；经过梳理的头发，油光发亮；加上他手里提着的名牌公文包，一副派头十足、老当益壮的总经理模样。我知道，这一切不是为了炫耀，而是商场应酬所必须。

董建华，64岁，属马。据说生于马年的人，性格开朗、热情奔放，思维敏捷、洞察力强，善于与人相处，朋友也会很多。交谈中，董建华也坦陈，他就是这样的人。

董建华家住连云港市连云区墟沟街道南巷社区。他年轻时有一手熟练的锻工、钣金工手艺，企业管理函授大专学历，做过车间主任、厂长，曾经担任院前企业集团工业总公司的总经理、党支部书记。

我有幸走近这位救人英雄，聆听他回忆当时的生动情景。

2004年5月8日。

"五一"黄金周假期结束，刚刚上班的第一天。

天上飘着淅淅沥沥的春雨,清新的空气中还透着丝丝凉意。这天一大早,董建华就早早来到厂里,在厂区西侧厂房忙于装修大门。

董建华的工厂连云华盛食品添加剂厂是自主创办的,他本人为法人代表并自任厂长,工厂主要生产销售食品添加剂、人造奶油等。

那天上午9时30分左右,董建华站在凳子上为刚修复的大门粉刷油漆。忽然,他听到"啊"的一声,回头一看,四周并没有什么动静。

他的工厂隔壁是一家屠宰厂,那是连云区定点杀猪宰鸡的地方。"大概是什么人摔倒了吧。"董建华心想,就没有太在意。

可过了没大一会儿,清晰地传来一个女人急促的呼救声:"救命啊!快来人啊!……"

工厂附近,连徐高速公路与连云区大港路交叉路口,有一条河,当地人叫"方塘"。董建华意识到有人落水了,便跳下凳子,立即奔跑过去。

映入眼帘的是,深不见底的河中央,有几个人在上下沉浮,痛苦挣扎,每每沉下去的时候,水面上直冒水泡。还有两床棉被和孩子的襁褓漂在水面上。

他想呼喊叫人,因为落水的人太多,他怕自己势单力薄救不过来,可环顾四周没有一个人影。

"当时根本就来不及喊人或报警了。我只能跳进水中,救一个是一个。"董建华说。刚到水边,就看到两名妇女在河中拼命扑腾,其中一名妇女用手臂指向附近的三个婴儿——他们的小脑袋已经完全淹没在水中,水面上不停地冒出小水泡。

"先救孩子!"董建华懂得妇道人家的心。他来不及脱下衣服,直接跳入水中。

他先游向一个不到周岁的男婴,伸手把他托出水面,推到岸边,把男婴头朝下放在岸上控水。

紧接着,他又游向河中央,先后把另外两个孩子救上了岸。

那一年,董建华毕竟是50岁出头的人了。救了三个孩子之后,他已经筋疲力尽。

时间就是生命。对落水者来说，耽误一秒钟就可能有生命危险。董建华来不及喘息，又向那两位妇女游去。

"不会水的人，给他一根稻草，也会抓住不放手。"董建华回忆说，面对一会儿沉入水中，一会儿浮出水面，不断挣扎的两位妇女，他急中生智，把水中的棉被推向前去，并大喊："抓住！抓紧！"

其中一名妇女紧紧抓住了棉被，董建华趁势拖着她艰难地向岸边游去。他身上的衣服已被河水浸透，很是沉重，加上河水温度较低，董建华浑身打着寒战，每游动一步都感到非常吃力。

董建华一边打着哆嗦，一边用力把这名妇女向岸边拖去，直到把她推上了岸。

用同样的方式，另一名妇女也被董建华救到岸边。

正在这时，连云区绿化队的几个工人和其他过路人也闻讯赶到了现场。他们七手八脚地把董建华和已经被他救到岸边的最后一名落水妇女拉上了岸。

此时的董建华，因体力透支而瘫倒在地，连冻带累，竟然连一句话也说不出来……

事后得知，30岁的曾某是四川人，在连云港打工。当天上午，她骑脚踏三轮车，带着刚满7个月的儿子、3岁的女儿以及她的侄媳妇和其不到7个月大的儿子上街办事，不慎连人带车一起翻入近3米深的河水中。由于董建华相救及时，五名落水者获得了第二次生命。

第二天上午，连云区委、区政法委、区宣传部以及墟沟街道办事处、院前村党支部等主要领导专程前往连云华盛食品添加剂厂慰问救人英雄董建华。

几天后，曾某的丈夫李某带着被救的五个人，手捧鲜花来到董建华面前："董厂长，您是我们的救命恩人啊！要不是您舍身相救，他们这两个大人和三个孩子就没有今天了……"

曾某向董建华要了张名片，对抱在胸前的孩子说："孩子，长大后一定要记得感谢我们的大恩人！"

说这番话的时候,李某和被救的两名妇女眼睛里已经噙满泪花。

董建华高兴地把被救的三个孩子搂抱在怀中,慈爱地说:"这是我应该做的。这件事无论被谁遇到了,都会舍身相救的。你们落水时被我碰到了,也算是我们有缘吧……"

如今,十三个年头过去了,那三个孩子怎么样了？董建华说:"这是我一直牵肠挂肚的事。这么多年里,连云公安分局民警曾多方打探,也没有寻到被救五人的下落。他们是四川人,据说事情发生不久后,他们离开连云港了。"

思念的日子里,董建华经常来到救人现场。当初的方塘,如今已经被填平改造成绿化带,每当置身于这片绿荫中,他的眼前就呈现出那三个孩子的小脸。董建华说:"那三个孩子应该都长大了,大的估计该上中学了吧！如果他们当年不离开连云港,我还能看一看孩子；如果他们现在联系我,我还能给他们一点帮助。不过,不管他们在哪里,我都祝愿他们一生平安……"

话语间,已经步入老年的董建华,眼眶红红的,依然明亮的眼眸里充满了对被救的三个孩子的真诚牵挂。

救人英雄,铮铮铁骨。眼前的董建华,是这人世间一个勇敢的人,也是一个柔情的人。

行文至此,我想起为写作本文开启电脑时,初始屏幕右下角"360开机小助手"显示框里突然跳出的一行文字:

我们做了世界上那最柔情的人。曾几何时,为一朵花低眉,为一朵云驻足,为一滴水感动……

敬爱的英雄董建华,摘录在此的这段话所表达的意境,但愿能慰藉你深深的牵挂和博大的情怀！

蔡汉石

纵身一跃见真情

将个人生死置之度外的纵身一跃,闪现出一位公司老总舍己救人的高大身影。深不见底的河水中,英雄蔡汉石勇救四条生命……

2011年4月10日上午，南通港口轮驳有限公司副总经理蔡汉石，在市区北濠桥下的陆家河里，奋不顾身勇救四名落水群众。

又是个公司老总水中救人的故事，读起来似乎有点题材重复，但细细咀嚼，又各有各的震撼和感动。

他的故事，是在纵身一跃中开始的。即使记忆会随着时光流逝而黯淡，但静静的陆家河那银镜般的水面，会永远映照他那英勇无畏的纵身一跃。

就在纵身一跃、跳河救人的那一瞬间，将个人生死置之度外，闪现出一位公司老总舍己救人的高大身影，凝聚了一腔侠肝义胆的大爱情怀，成就了一位见义勇为的时代英雄，也让菩萨心肠的铁汉子蔡汉石没留下良心的半点遗憾。他说："我这样做了，就不会在行将迟暮的岁月里去为当年的见死不救而扼腕。就像那个叫《别让我看见》的电视剧描绘的那样，因为我当时'看见'了，我曾经挺身而出过，并且成功了。"

蔡汉石在水中救人的整个过程，也就短短的一刻钟。

一刻钟，是一天24小时的九十六分之一。15分钟的时间里，我们能做些什么？平凡的日子里，有多少人会在意一刻钟的悄然流逝？

蔡汉石用一刻钟的救人壮举，使四个即将逝去的生命获得新生，使一个行将破碎的家庭再一次欢聚人间。

任由历史洪流夹杂多少悲欢离合在岁月长河中奔流而去，对于摆脱水魔的生还者和挺身而出的救生者而言，那一刻钟的人生交集或许当用一生来铭记与怀念。

在南通市见义勇为基金会副理事长、市公安局政治部副主任吴海卫的引荐和精心安排下，我与蔡汉石如约见面，他欣然接受了我的采访。

当蔡汉石那双大手与我紧握的瞬间，我就感受到了他那不加修饰的热忱、正直豪爽的坦诚和渗透心灵的力量。直觉告诉我,这是个重情重义且机敏睿智的男子汉。尽管已经过了"知天命"之年,但他看上去依然很年轻:一件崭新的白色短袖衬衣,一条灰色的高档长裤,衬托出他的高大和英俊;发丝被梳理得平整而顺畅,这样的发型是整洁、严谨、自信的象征。

蔡——汉——石,嗯,这个名字很有意思。"汉石"两个字,乍看上去似乎毫无关联,其实很有意境。

古有山东嘉祥武氏汉画石刻,集雕刻、绘画、石赋于一体,其上溯先秦、融会两汉,汉化楚风,赋于石上。而其"雕古画今"的"汉骚石赋",以关注人生治世、热爱现实生活,又充满理想与崇拜、富于想象与超脱的浪漫畅想,与《史记》《淮南子》及汉赋等名篇巨制先后在不同领域各领风骚,共同构成泱泱大汉的时代精神与风貌。

今有"徐州汉石"。2005年前后,渗透两汉文化精髓、饱含汉韵的徐州奇石被界定为"徐州汉石",此后盛行于世。而京东平原也有一处汉石桥湿地自然保护区,如今已经成为人们游览观光的好去处。

这一切都是我在见到蔡汉石之后由他的名字引起的遐想。至于父母当初为什么要给他起这样一个名字,我不得而知,也无须细问。我只是感觉到,有一种"汉石"魂魄渗透他一路匆匆走来的无悔人生。

蔡汉石,1964年1月27日生于江苏南通市如东县大豫镇农村。家中有兄弟姊妹六人,他排行老五。多子女的家庭总是让父母应接不暇,常常是重视长子,溺爱幼子,忽视中间。父母较少的关注,也让蔡汉石有更多的时间来"任性"自己的童年。

在大队和公社学校里完成了小学、初中的学业后,蔡汉石顺利考入如东县南坎中学。1982年7月,他以优异的成绩考入南京河运学校(现江苏海事学院前身),成为当时为数不多跨入大学校门的佼佼者。他学的是轮机专业,也让他的人生从此与"船"结缘,并让他学会了此后发挥大作用的"水手"必备技能——游泳及水中急救。

1985年7月,蔡汉石被分配到南通港务局。船舶加油工,是他人生中的第一份工作。

第一天上班,他和船员们就在长江水面遇到两个沉船落水的船民,在扔出救生圈后,大伙齐心协力将落水的人拉上了甲板。两名劫后余生的被救者因为极度惊恐而黯然失色的神情,深深触动了蔡汉石的心,蔡汉石感慨:坚强而又脆弱的生命啊,有时候在危难面前也会不堪一击!

1994年,蔡汉石获得交通部评定的C类一等高级轮机长任职资格。高级轮机长,与人们熟知的"船长"属于同一个级别,主要负责海轮的驾驶以及设备管理。他是当时南通港获得这项长江船舶类最高等级职称的三人之一,而那一艘2400马力的拖轮,是当时南通港最大的海运船舶。

1998年起,蔡汉石担任南通港口集团有限公司技术装备部船舶主管工程师。维护机器,保障使用,他成绩斐然,获得公司内外一致好评。

2010年3月,他调任南通港口轮驳有限公司副总经理,开始走上领导岗位,主要分管物资、设备及技术保障。100多艘海运船舶,新机型多、进口设备多、技术难点多,蔡汉石管理起来得心应手,游刃有余。

生活中的蔡汉石酷爱运动。篮球、乒乓球,这一大一小两种球类运动是他的最爱。甚至50岁出头的年纪还能在篮球赛上拼战全场,他的乒乓球功力在全公司也是首屈一指。也许正是因为注重体育锻炼,他的身材至今也没有人过中年后常有的翩翩富态,整个人显得精干利落。

观滴水可知沧海。

蔡汉石的人生履历,让人们看到了一个矢志不渝的追求者,以及由他描绘的一幅孜孜不倦、天道酬勤的励志画卷。

英雄本色,平凡中当见真性情!

2011年4月10日,星期天。

蔡汉石夫妇吃完午饭,原本打算去市区锦江苑小区蔡汉石高中同学陈卫民家叙旧。一如往常,蔡汉石习惯性地拿起车钥匙,准备下楼。

妻子沈淑千顺口说道:"今天没什么急事,要不我们散散步,走过去吧!"

沈淑千也是如东人，毕业于连云港财会学校，现任南通航海集团总账会计。蔡汉石与沈淑千经过同乡介绍自由恋爱，于1989年5月1日结婚成家。他们的女儿蔡梦娇，28岁，2013年6月大学毕业，现在太平洋保险公司工作。

蔡汉石夫妇居住的德民花苑，距离锦江苑大约5公里的路程，走起来并不轻松，但对于妻子的提议他欣然应允，转身放回钥匙，重新换上往常运动时穿的跑步鞋。

妻子相邀散步，看似寻常之举，其实另有深意：就在前一年职工例行体检中，蔡汉石被查出患有戊肝。

戊肝是一种病毒性急性肝炎，水面工作人员是此类疾病的易患群体。日复一日的高强度工作，使蔡汉石长期处于一种亚健康状态，免疫力降低，戊肝病毒乘虚而入。在经历漫长的治疗、调养之后，蔡汉石已基本痊愈，但自此身体大不如从前，他明显感觉到自己各项身体机能开始衰退，不可避免地迎来一场中年健康危机。激烈的球类体育运动他基本不再参加，平日的锻炼也换成了散步、快走等比较缓和的运动，妻子看在眼里疼在心里，时常提醒他"多走走"。

四月，乍暖还寒。

大街上，追赶春天的人们脱去臃肿的羽绒服，穿起款式各异的春装。蔡汉石穿着羊毛衫，外加一件厚外套，妻子沈淑千则美滋滋地戴了一条好看的围巾。

夫妇二人不紧不慢地朝目的地走去。一路上，即将毕业的女儿是他们百谈不厌的话题。走过人民路，踏过工农路，上了濠河路……大约走了三四十分钟的光景，他们在不知不觉中到了陆家河上的北濠桥，而过了桥就是目的地锦江苑的大门。这时的蔡汉石，身上已经微微出汗，他下意识放慢脚步，调整呼吸。

"救命！救命！"喘息之机，蔡汉石隐约听到河面传来呼救声……

陆家河北接吕通运河，南连南通濠河，静静的河水流经南通市区。

这是一条人工河,中间通过闸门控制水流量。河面宽约 8 米,河岸由水泥、石块笔直筑起。

星期天,是孩子们欢乐的时光。刚刚吃过午饭的欧雅(化名)、欧静(化名),一起漫步到陆家河边。当年,欧雅 16 岁,欧静 14 岁。姊妹俩是连云港赣榆人,三年前跟随跑运输的父母来到南通。为了女儿们上学方便,父亲欧举(化名)就租了学校附近的一处老平房,全家住在两间屋子里。这排年久失修的老平房,地处陆家河西岸,离河也就不到 10 米的距离。

那天,吃完午饭,父亲欧举出门买水果去了,欧雅、欧静姊妹俩便闲逛到河岸边,在一棵梧桐树下驻足,蹲在河岸边的水泥台上闲谈。

姊妹俩坐了很长时间,起身准备回家时,不知为什么,欧雅刚一站立,袭来一阵眩晕,接着眼前一黑,一个趔趄,倒向河中。

妹妹欧静被眼前的情景惊呆了。她本能地跳下河去抓姐姐,而她也不谙水性。

欧雅在水中乱蹬乱拍,欧静惊恐地呼喊:"救命!救命!"

蔡汉石循声望去,一眼就看到了一个穿红衣服的孩子在不远处的河水中挣扎。

时间就是生命!

他一边脱去外套扔给妻子,一边冲过桥向事发河岸跑去,一个猛子扎到河中。

1.74 米的个子,但他的脚还是没有触到河底,这水很深啊!

等他从水底浮到水面,看清落水女孩的位置就在不远处,便抡起胳膊以自由泳姿势向前靠近。

"不要乱动!我来救你了!"一句话让挣扎中的欧雅安静了许多。蔡汉石顺势从身后揽过女孩的胳膊,向岸边划去。

这时候,意外的情况发生了。本在屋中收拾碗筷的欧雅的母亲陈敏(化名)和奶奶寻声而来,母性本能驱使,两人也跳入河中打算救助孩子，而她俩同样不谙水性。

蔡汉石一边喊话让欧雅的母亲、奶奶回头上岸，一面拉着欧雅加速游向河岸，并顺手将老太太往岸边推。慌忙中，他连呛了好几口河水。

由于沈淑千不断地在岸边呼救，聚集来的人越来越多。刚入水不远、被蔡汉石顺手推向岸边的老太太，很快被人拉了上去，他也成功地将欧雅送到了岸边。沈淑千协同大伙接手拉着欧雅上了岸。欧雅"哇哇"地吐出几大口水。她，得救了！

沈淑千一边拨打"120"急救电话，一边紧张地注视着丈夫的一举一动。蔡汉石脚蹬岸壁，借力游向正在水中胡乱扑腾的陈敏。迅速消耗的体力让他感到有些力不从心了，他暗暗鼓励自己："要挺住，一定要挺住！"

蔡汉石用信念在坚持，他终于抓到了陈敏的衣领，将她拉出了死亡线。众人再次携手将陈敏拖上岸。

"还有一个！"岸上有人高喊。

蔡汉石哪里知道河里还有一个人！他吃力地回过头，只见有一只手伸在水面挥动，不一会儿又沉下水面，那就是欧静。于是，蔡汉石又拼尽全身力气游了过去，在欧静即将沉没的最后一刻，他抓住了她。欧静已几乎失去意识，他抓住她的衣领，奋力向岸边拖去。

最后一个落水女孩，经众人协助也被拉上了岸。

蔡汉石这才感到自己体力不支，大脑缺氧。他长舒一口气，双手搭在岸边的石阶上，好长时间里直喘粗气……

"汉石，来！我们拉你上岸！"沈淑千的语气里透着紧张、恐惧和疼爱。

"等等，让我喘口气，缓一缓……"他已没有力气再接话了。

等蔡汉石被众人拉上岸，老太太和陈敏扑通一声跪倒在地，她们以最传统的方式感谢救命恩人。

只穿着羊毛衫和牛仔裤、一身湿漉漉的蔡汉石，赶紧扶起两人："起来，快起来……这说明我和你们、和两个小孩有缘呢。"

刚刚赶到的欧举自是吃惊、后怕，又心怀感激，百般滋味涌在心头，一时语噎，只喃喃重复道："这河有4米深……4米深啊！"

救护车及时赶到,将欧雅、欧静姐妹送往医院。

蔡汉石想着赶紧去朋友家中换身干衣服,夫妻俩便也匆匆离开了现场。

一刻钟,大概是水中救人的极限时间。

四条人命,被蔡汉石从鬼门关里救了出来。

然而,我们也经常看到,挺身而出的壮举,往往是有了开头,却决定不了结局,是喜是悲,全凭造化:

2005年度"感动中国人物"魏青刚,在滔天巨浪中三进三出,在与大海搏斗中死死抓牢被海浪击打的女青年,但终究没能挽留被救者的生命。

2007年度"感动中国人物"孟祥斌,28岁正当壮年,在救起轻生女青年之后自己却命丧河底,只留一曲悲歌祭英魂。

2014年度"感动中国人物"方俊明,在二十八年前救助"恶作剧男孩"的过程中,头撞水泥台导致瘫痪,落下终身残疾。

……

蔡汉石遇到的这一次,皆大欢喜!这应该是舍己救人行为最理想的结局了。

蔡汉石先后荣获"南通市见义勇为先进分子""江苏省最可爱的交通人""江苏省见义勇为先进分子"等荣誉。

行文至此,我真想给他一个赞!蔡汉石——坚如"汉石","侠之大者"!

下面这段文字,是我的采访对象蔡汉石的自述,且当本文的结尾吧。

回想这件事情,至今历历在目。下河救人,我不后悔。如果不救,那我的良心一辈子不得安宁。

有人说很危险,可我当时想不到危险。单说当时那两个落水女孩,正处在花儿一般的年龄,要是我的女儿掉到水里了,我能不救吗?

再说了,结果是完美的——15分钟之内,在自保的情况下,我成功地完成救生过程。

每一个敢于见义勇为的人，每一次见义勇为的事，都不简单。我认为，既敢于出头，也能救危解难，又不给社会添负担，这才是要大力倡导的。

见义勇为也要讲究科学，讲究方法和技巧，根据自己的能力去有所作为，不能盲目地去拼命。比如我，论水上救护，我比一般市民要专业一点，安全系数就大一点；比如那两个女孩的奶奶和母亲，她们根本不会水，硬要跳下河，其心情可以理解，但无形中给施救者增添了更大的麻烦和危险性。

我的父亲、母亲一辈子务农为生。父亲很正直，在农村是热心人。他经常不计后果地帮助人家，给我留下了很深刻的印象。父辈的身体力行，让我早就懂得：能帮人的时候，对自己是举手之劳，对别人是雪中送炭。

我也没有想到，会有那么大的社会反响。同事、同学都给予我肯定，社会给予很多关爱，我很欣慰。女儿说："老爸做得对！"

那次见义勇为成功救生，受益者不仅仅是落水者及其全家，也包括我本人和我的后代。我认为，这是我的人生和家庭最大的一笔精神财富。

当时，岸边来了很多人，当然大多数是外地人，但没有一个人下河救援落水者。可当时的我多么希望有人下来，哪怕只是给我搭搭手也好啊！

平时乐于助人是对的，关键时刻更要伸出援助之手。危险时刻，能够有人出来帮上一把，事情就可能有不一样的结果，也许会化险为夷。就像面对行凶歹徒，如果大家都抱成团，他怎么可能得以施暴？

遇到危难的时候，有人帮一把，总是好的。你也许没有体能或没有技能去施救、去作为，但是你能搭搭手、助助威，哪怕你能喊一嗓子或去叫人来，同样也是一种见义勇为的行为呀……

按词语解释，巾帼，指古代妇女戴的头巾和发饰，后借指妇女；须眉，指胡须和眉毛，借指男子汉，大丈夫。封建社会女性没有地位，当一个女人很有作为时，就叫"巾帼不让须眉"，是说女人不比男人差，而把"巾帼须眉"四个字放在一块，则专指"具有男子汉气概的女子"。

　　在江苏见义勇为英雄队伍中，"具有男子汉气概的女子"大有人在。她们和众多男性见义勇为者同样光彩照人。

　　见义勇为，不分性别。

　　但因为她们是一群特殊的女性，所以不得不令人刮目相看，多敬重几分。

　　如果说男性见义勇为者是"铁肩担道义"，那么她们是将"道义"担在赢弱的肩头。面对她们，我们除了献上鲜花和掌声，或是用文字去赞美，真的还应该思考：如果当时我们也在现场，能不能像这些柔弱的女性那样，毫不犹豫地挺身而出？

第七章

巾帼逞英豪

殷雪梅

梅有暗香扑鼻来

一辆小轿车飞驰而来,走在马路中央的一群小学生危在旦夕。英雄女教师殷雪梅张开双臂、推开学生。六个孩子得救了,而她却献出了美丽的生命……

殷雪梅生前照

遥知不是雪,唯有暗香来。

雪压青松挺且直,梅开腊月火样红。

她的名字,正暗合这样的诗情画意:雪一样纯洁,梅一般烂漫。

殷雪梅,一名美丽的女教师,一位勇敢的大英雄!在那次突如其来的车祸中,她为抢救六名学生献出了自己美丽的生命。

她,本不该遇难。出事的那一天,如果不是主动要求走在前列,她也许不会遭遇惨烈的车祸。

在城南小学低年级教师中,殷雪梅年龄最长。那天,带孩子去看电影,校长嘱咐她:"你是老大姐,拜托了。"

她爽朗一笑:"放心吧!"

一、二年级两个班的学生,在校门口已经排好队。本来的顺序是一年级队伍在前,殷雪梅带领的二年级队伍殿后,老师们也都站在自己班级队伍的近旁。

整队出发前,殷雪梅匆忙走到一年级的队伍前,对带队的老师说:"还是让我们班走在最前面吧!"

老师们知道,殷雪梅老大姐有意在保护一年级学生。重新调整了队列后,殷雪梅带着二(1)班 52 名同学,最先走上了校门前的大马路。

一幕惨剧,一曲悲歌,一个壮举,就在这毫无征兆中悄悄发生……

2005 年 3 月 31 日。

春暖花开的午后。

金坛市城南小学组织高年级学生春游,低年级学生则到影剧院看电影。一、二年级的学生们兴高采烈地排成几列纵队,陆续走出城南小学的校门。

门前的大马路宽阔而平坦。

走在最前面的殷雪梅,看到校门前的南环二路没有车辆经过,便带着她的学生们走上斑马线。

突然,有一辆白色小轿车从西面飞驰而来。走在队伍里的杨老师眼快,他一边示意停车,一边大声叫喊:"有车,快闪开!殷老师,有车……"

殷雪梅抬头望去,不远处那辆白色小轿车像疯了似的急驰而来。学生队伍已经走到马路中间。在突发险情面前,学生们一个个茫然无措。

刹那间,只见殷雪梅转过身子,"啊"的一声,同时张开双臂,弓步向前,奋力把学生们推到路旁。当她推出最后一个学生时,丝毫没有减速的小轿车从她推开的学生人群缝隙间飞驰而过,只听"嘭"的一声闷响,车轮碾上了她的身躯。

六名小学生得救了。殷雪梅却成了一个"血人"。

师生们围到她的身边:"殷老师……殷老师……"

据交警部门确认,肇事车司机因为疲劳驾驶,浑然不知中在临近学校路段把时速提到了120公里,等他蒙蒙眬眬看到前面的学生队伍,再紧急刹车已经来不及了……

昏迷不醒的殷雪梅被抬上救护车。经检查,殷雪梅大脑弥漫性挫伤,盆腔积血;左肩粉碎性骨折,后背两根肋骨骨折;腿部严重受伤;生命处于垂危状态。

消息传开,全城动容。

几天里,金坛市第一人民医院重症病房外的楼道走廊里,放满了鲜花。墙上各种各样祈祷康复的卡片和一串串祈福平安的千纸鹤,寄托着人们对英雄的崇敬和祝愿。

一批又一批与殷雪梅熟悉的或素不相识的群众赶来医院探望。

医院抢救,先后输血1万多毫升……然而,殷雪梅终因伤势过重,抢救无效,于2005年4月5日凌晨1时,深度昏迷五天后,心脏停止了跳动。她52岁的美丽生命,永远定格在那个清明节……

英雄牺牲的噩耗传来,自发到灵堂吊唁的各界人士达五万人之多。其中有不少人是在看到媒体报道后,从常州、无锡、镇江等地专程赶来的。

当地的花圈卖完了,只好赶紧从外地调运。

早安公司是由几十名下岗女工组成的餐饮企业。她们白天挤不出时间,就在凌晨3点前来吊唁,还带了点心慰问守灵人。

2005年4月7日上午,常州市为殷雪梅举行追悼大会。一副挽联"永恒的瞬间,瞬间的永恒",对英雄的壮举给予了高度赞誉。

一派肃穆中,江苏省领导和镇江市、金坛市领导来了,殷雪梅的同事、学生来了,金坛城乡的父老乡亲们也来了。人们向英雄女教师殷雪梅做最后的告别。留言簿写满了一本又一本,密密麻麻地记录着吊唁者对英雄的哀思与赞语。

上午9时30分,十二发礼炮冲天鸣响,为殷雪梅老师壮行。故乡用最隆重的仪式,送别她的英雄女儿。

载着殷雪梅遗体的灵车,缓缓驶过两旁戴着黑纱的人群,驶过悬挂着巨幅挽幛的教学楼,驶出学校大门。

城南小学的全体师生手捧鲜花站在校门口,当灵车经过时,很多人失声痛哭。

殷雪梅担任班主任的二(1)班,学生排成一列横队,流着泪拉起全校签名的条幅:"我们的殷雪梅老师,您一路走好!"

被殷雪梅救下的六名小学生,依当地传统习俗,双膝跪地,泣不成声地送别救命恩人。

从学校门口,沿着东环路到殡仪馆的路上,挤满了送行的十万之众,绵延十余里。相识的、不相识的,都为英雄的离去而热泪滚滚。

悬挂殷雪梅遗像的灵车,在哭声与泪雨中行进。

人群中一位白发苍苍的老翁,坐在由老伴推着的轮椅上。其老伴说:"他83岁了,腿脚不方便,听说灵车要经过这里,非让我推着他来,说要送送殷老师。"

老翁说:"我虽然不认识她,但她是个好人。我活了这么大岁数,还从没见过这样的送灵场面,感动啊……"

英雄殷雪梅的名字响彻大江南北,她的故事感动千千万万的人们。

"在遥远的西部大山深处,我在网上看着殷老师的遗像,潸然泪下。殷老师,你的壮举让我知道,在这个物欲横流的时代,也还有真正的英雄!"

"都有一颗心,谁见一心似雪梅?谁无两只臂,都能两臂护天使?"

"敬爱的殷老师,天堂里没有车来车往,一路走好……"

一句句滚烫的话语在网络上传播,一股股热流在天地间流淌。

江苏省主要领导于2005年4月8日批示:殷雪梅同志虽已离我们而去,但她见义勇为的献身精神将长留人心,她对学生真诚高尚的美德将长留人心。一整代学生和他们的家长将记住她的名字。在当前保持共产党员先进性教育活动中,不仅教育战线的同志们要向她学习,所有的共产党员都要向她学习。

人事部、教育部追授殷雪梅"全国模范教师"称号,中央文明办"中国好人榜"追授她为"全国见义勇为模范";中共江苏省委追认她为中共正式党员,江苏省人民政府追认她为革命烈士,并授予她"江苏省见义勇为英雄"荣誉称号;江苏省妇联追授她为"三八红旗手",江苏省教育厅表彰她为"英雄教师";江苏省教育厅、常州市委和金坛市委分别作出向殷雪梅学习的决定。

时隔不久,殷雪梅铜像落成,殷雪梅纪念馆开馆,城南小学更名为"殷雪梅小学",大型现代话剧《永远的雪梅》在常州公演。

2007年2月12日,再现英雄事迹的彩色故事影片《殷雪梅》首映式在常州举行。该片被中国电影家协会推荐为2006年"十大国产优秀影片"之一,后来又被列入"第18批向全国中小学生推荐的优秀影片片目"。

一个平凡的人走了,留下了一段不平凡的故事。

殷雪梅,1954年7月出生,江苏金坛人。

1976年2月,高中毕业的殷雪梅作为优秀青年,被选拔担任代课教师,从此开始了教书育人的生涯。

1986年9月,殷雪梅参加中师函授学习。供职于涑渎小学的蒋元生老师,当时与殷雪梅同为中师函授生。他回忆说:"像我们这样代课性质的老师,工作不稳定,家务事也多,进修了一段时间,有人就打退堂鼓了,说我们才拿这么点工资,谁知道啥时候就叫你卷铺盖回家,学得这么苦没什么意思,还是算了吧!可殷雪梅一点都不动摇,她对大家说,想当老师教好孩子,就得进修合格,再说,以后就是不当老师了,多学一点知识也有用啊!"

1990年7月,殷雪梅拿到了中师文凭后,被调到原金坛县城东小学任教。论能力,她在教师中是佼佼者;论资历,她也有十多年的教龄了,可她仍然是个代课教师。但学生家长们的眼睛都是雪亮的,他们都想把自己的孩子送到殷雪梅带的班,孩子们也都喜欢笑眯眯的殷老师——因为"听她的课不枯燥,和她在一起很开心"!

殷雪梅说过,代课教师也是老师,就该尽老师的责任。她总是每天一早就到校,很迟才回家;早上,她打扫教室,迎接学生,并和学生一道参加晨读;平时批改学生作业时,她常把学生叫到跟前,当面指出作业中的错误,并耐心指点;课外活动时,她总和学生一起载歌载舞做游戏,她带的班级,学生都比较活泼。

1992年9月,殷雪梅被原金坛县政府评为"先进教育工作者"。1994年9月,她被原金坛县政府评为"优秀教育工作者";同年,她转为了公办教师,并很快进入小学高级教师的行列。这一年,殷雪梅40岁,当代课教师已经有十八个年头。

2004年8月,新设立的金坛市教育局根据市区调整规划,决定将虹桥小学(原城东小学)和徐塘小学合并为城南小学。对于学生与教师,都是一次重新选择的机会。有的家长四处活动,把孩子调入重点小学。有的教师也提出要求,希望就近安排工作。

殷雪梅已年过五旬,很有理由要求调到离家近的城区学校。但殷雪梅舍不得她带的班级。这个一年级班到城南小学将升入二年级,不少家长对她说,"我们就是冲着你殷老师把孩子放到城南小学的,拜托了"。

在殷雪梅的教师生涯中,从来都是把学生放在首位的。为此,尽管城南小学离家远,但她放弃了其他选择,横下一条心,到城南小学教二年级语文并担任班主任。

城南小学二(1)班,是殷雪梅生前带的最后一个班。

有一次,原计划的班级游园活动因下雨被取消,殷雪梅当即向同学们道歉。后来,她还是排出时间,带着学生去游园。学生说殷老师说话最算数了。殷雪梅说,做人就要讲诚信,老师也不例外。

城南小学蒋英平校长说,殷雪梅是公认的好老师。学校几次推选她为"优秀辅导员""先进个人"人选,可是都被她推辞了。有一次,校领导研究,推选她当先进,把一张登记表交给她,让她填写,但她后来还是把那张没有填写的表交回了校长室。她笑眯眯地对校领导说:"荣誉让给年轻人吧,我们老教师就不需要了。你放心,我一样会把工作做好。"

殷雪梅的妯娌刘素凤是中学教师。每次见到殷雪梅把备课本和资料带回家,就打趣说:"你也是个老教师了,怎么还这么认真?"

殷雪梅总是认真地说:"现在实行新课改,不学习不行啊!"

学校推广多媒体教学,考虑到老教师的实际困难,就没有安排他们参加培训班。殷雪梅看到年轻教师用多媒体上课时,直观形象的音视频效果深深吸引着学生,心里非常羡慕。她找到校长蒋英平,急切要求参加多媒体教学培训。从此,电脑房、多媒体教室里,经常可以见到殷雪梅的身影,那认真专注和虚心求教的劲儿,至今还令许多年轻教师感动不已。

城南小学与殷雪梅共事的老师,大都比她年轻,大家都记得她的无私指导与关爱、鼓励。黄莉(化名)老师刚接手低年级班级时有点心急。殷雪梅对她说:"不要着急,有我呢!"此后,殷雪梅主动帮助她,从备课、上课到布置作业、班级管理,一点一滴地教会她。

年轻女教师周海（化名），刚开始给学生上课的时候难免紧张。殷雪梅对她说："别怕，我在下面给你加油！"周海心里热乎乎的，顿时情绪安定下来。当她讲完课，殷雪梅迎上去，竖起大拇指说："你真棒！"

周海刚来到学校时，殷雪梅一开始就提醒她骑自行车要当心。就这样她还是不放心，在陪伴周海同行时，马路上车来车往，殷雪梅说："你年纪小，靠里走，我年纪大，走外边保护你。"周海说："不！我年轻，应该我走外边保护你！"殷雪梅说："这事得听我的……"

周海在自己的网页上写道："我是最幸福的，因为我拥有两个妈妈，一个是生我的妈妈，另一个就是我的同行殷老师妈妈！"

殷雪梅是个普通教师，为什么让所有与她接触过的人难忘？与殷雪梅共事八年的韩瑛老师自有一种特殊的感受："我觉得，发生在殷老师身上的都是一些细小的事情——细小到让你几乎感觉不到，但是能给你带来温暖。"

作为一个小学教师，殷雪梅自觉把传统教学方法与现代教育理念融为一体，使之相映生辉。

她潜心研究小学教学规律，变着法在班上评选这样那样的"小能手""小冠军"，设立了"文明队员""进步显著队员"等奖项，使尽可能多的孩子得到激励；她还经常采用"情趣教学""情景教学"的方法，激发学生的学习兴趣。她说："兴趣是最好的老师，学生喜欢上你的课，就没有学不好的。"

那一年秋季，殷雪梅接了一个新的班级。开学第一天，一个看起来蛮憨实的男孩，看到殷雪梅向他走来，随手捡起砖块，高举着要砸过去，是路过的一个老师从男孩手上夺下砖块，才避免酿成恶果。

后来才知道那个男孩有点智障。殷雪梅了解到，男孩父母都忙于打工，只有这一根独苗，为了这个孩子也伤透了心。殷雪梅舍弃了许多休息时间，给他"开小灶"补课。他与同学时常闹别扭，她就耐心劝导他，还号召同学们带他一起做游戏。看到他衣服破旧，殷雪梅便把自己儿子的新衣服拿来送给他穿。

殷雪梅在这样的孩子身上如此付出心血,有同事问:"值得吗?难道你还能把他教出个大学生来?"

殷雪梅平心静气地说:"正因为这样,才更需要做老师的付出更多的爱啊!这孩子就算不能成才,但是还能成人。如果我们轻易地放弃了他,就等于把他父母所有的希望都打碎了!"

"学生的心就是一块石头,老师也要焐热它。"殷雪梅用一份母爱滋润孩子的心田,用大人的真诚换取了孩子的信赖。这个男孩原先上课有时坐不住,喜欢做小动作,可只要上殷雪梅的课,他就能坐在那里安静地听讲。慢慢地,他的性格也变得开朗了。

殷雪梅说过:"教师端的爱心碗,吃的良心饭。对一个学生负责,就是对一个家庭负责,也是对社会负责。"

在她看来,无论聪颖还是愚钝,任何一个学生都是花季少年,都该一视同仁。一个真正的教师,不能只是对学生的分数负责,而更应该对孩子的一生负责。

在班级里,包括有些曾经让其他老师"头疼"的学生,对殷雪梅却很"服帖"。殷雪梅说,只有教不好的老师,没有教不好的学生。

有一个男生刚转来时,语文、数学两门课总分不满60分。殷雪梅一有空就帮他补课,期终考试时他的语文、数学成绩都达到了85分以上。殷雪梅常对青年教师说:"可以有'近视眼''远视眼',我们做教师的,对学生绝不应该有'歧视眼'!"

殷雪梅眼里没有"差生"。明明基础不怎么样的学生,听了殷雪梅的作文课,就能写出文理通顺的好文章。这其中究竟有什么奥秘呢?有同事专门请教殷雪梅,她给出的回答是:"哪个孩子没有表现欲?哪个学生不想得到老师的赏识?给他舞台,他就精彩!"

殷雪梅从来不去责罚不听话的学生,而总是耐心地教导。一个吴姓同学特别调皮,在学生中有"猴王"之称。看他成天乱钻,身上脏兮兮的,殷雪梅经常帮他洗脸,还送了些有趣的图书给他,培养他阅读的兴趣。当"猴王"有了愿意学习的念头,殷雪梅又带他到自己家补课,"猴王"的成绩很快赶了上来。

教师是在学生心灵世界播种耕耘的职业。殷雪梅给多少"特别的孩子"以特别的爱,谁也说不清。一个孩子的进步,就是一个奇迹。而殷雪梅就是精工细作的雕塑家,独具慧眼的欣赏家。同事们说,殷雪梅在教学上的成功,都是爱的汗水换来的。

假如没有那一次的英雄行为,在外人看来,52岁的殷雪梅就是一位普通的小学老师,并无多少特别之处。然而,她教过的学生们最了解,殷老师对孩子是怎样的慈爱。有学生说:"她比妈妈还要亲!"

有学生家长说:"殷老师对学生的爱,连我们当父母的也难以做到。"

殷雪梅的儿子潘斐说:"妈妈经常碗都来不及洗就跑到学校去了。为此,爸爸抱怨过妈妈,说你那么爱学校,就不管我们啦!妈妈总是道歉,但过后还是那样。妈妈疼爱她的学生,胜过疼我和爸爸。她经常把学生领回家,而把我晾在一边,她很少辅导我,只是说'你自己加油,妈给你当后盾'。"

在早晨骑车去学校途中,见到班上的学生,她总会下车将学生抱起放在后座上带到学校。

殷雪梅办公桌的抽屉里,时常放着一些饼干之类的小食品,那是为留下补课的学生准备的。

殷雪梅负责的二(1)班学生中,有不少是农民工子女,学习基础薄弱。她不但从来不歧视这些农民工子女,还经常利用休息日上门为他们补课。

班上一个郭姓学生的父母从湖北来金坛打工,由于工作原因,常常顾不上孩子吃午饭,殷雪梅就把他带回家吃饭。

有个刘姓学生,家里盖房子,没人给他送午饭,殷雪梅就把他接到自己家里,吃了一个多月的饭,没收一分钱。

十多年前,殷雪梅在村上东方小学教书。班里有个学生家庭出现状况,殷雪梅知道后就把他带在身边,既当老师又当妈妈。这个孩子在殷雪梅家住了好几个月。

有一个学生家境贫困,穿着寒酸,看见其他同学换上新衣裳,他总是流露出羡慕的眼神。殷雪梅看在眼里放在心上,从家里找出儿子的新衣服送给他。看着他穿了新衣服快乐的样子,殷雪梅的心里也乐开了花。

有一年"五一"前夕,一个学生持续发热,到医院检查,确诊为白血病。殷雪梅四处奔波,为他筹集了几万元治疗费,后来学生转至苏州就诊,她还多次搭车前去探望。

有一个学生患有严重缺钙症,走路经常摔跤。冬天的时候,他不小心碰倒了水桶,全身湿透。殷雪梅把他带到办公室,借来取暖器,并灌了两只热水袋让他取暖,帮他脱下湿漉漉的鞋袜,用手搓着他的小脚丫,还把孩子冰冷的小脚捂在自己怀里。

有一个女同学,6岁时妈妈因脑溢血去世,刚进学校时她常常闷闷不乐。殷雪梅对她特别关爱,指甲长了帮她剪,衣服脏了帮她洗,头发乱了帮她梳……从此,那个女同学的脸上浮起了笑靥。殷雪梅出事住院后,她独自躲在角落里哭肿了眼睛。她抽泣着说:"我想我的老师妈妈!"

就在出事的那天中午,一个女生吃的是面条,细心的殷雪梅知道她其实不爱吃面,就把自己的盒饭拨了一半米饭给她,并将鸡腿夹给了她。

老师爱学生,学生敬老师。一天中午,殷雪梅在阳光下靠在椅子上睡着了,有个学生怕她着凉,脱下自己的外衣,轻轻盖在她身上。接着,有七八个学生也学着做。她醒来后,慈爱地望着孩子们,嗔怪地说:"傻孩子,你们要把老师压趴下呀!"

这些代表着学生心意的小举动,充满温暖爱意,是对老师最纯洁、最珍贵的回报。

殷雪梅挚爱学生由衷的舐犊之情,是那么令人钦佩。而当老师能做到这份儿上,又该花费了多少的心血和汗水啊!

殷雪梅说过:"教师这份职业的确很苦,报酬也少。虽然清贫,但是要守得住底线。对此,我无怨无悔。"

殷雪梅老师给了孩子那么多关爱,家长们觉得过意不去,常想"表示表示",但都被殷雪梅一一婉言谢绝。她说:"我反对用金钱来衡量师生关系。"

有一次,一个家长想请殷雪梅帮自己的孩子补习功课,临走时拿出一个红包。殷雪梅推辞半天,最后生气地说:"你太小看我这个人了,要不你以后去找别人吧!"

有个学生家长为了感谢殷雪梅平时对自己孩子的关心,趁过节往她家送去水果和饮料。殷雪梅实在推辞不掉,就收下了。第二天,她去新华书店为那个学生挑了一大堆课外读物,价值远远超过所收的礼物。

班上有个学生很调皮,在殷雪梅的关爱帮助下有所转变。家长多次想请她吃顿饭,可她说:"看到孩子有了进步,我比什么都高兴,还吃什么饭呢?"

每到教师节,一些学生家长总想着给老师送礼物,殷雪梅屡屡拒绝。她鼓励学生可以自己动手,画张画、写句话给老师,比比看谁做得好。她说,看到学生们自制的充满童心和灵气的贺卡,比什么都高兴。

育苗有志闲逸少,润物无声辛劳多。

别看殷雪梅在旁人面前乐呵呵的,其实多年的辛劳已经拖累了她的身子骨,严重的颈椎病也时常发作,折磨得她痛苦不堪。实在吃不消,她就动动脖子,转转头,然后又投入工作。

殷雪梅常年贫血,有一次竟昏倒在课堂上。同事们说,她把整个身心扑在了学生身上,经常顾不上吃早饭,才会这样的。

每到寒风凛冽的冬天,殷雪梅都要生冻疮,手背肿得跟馒头似的,涂多少冻疮膏都没用。到了午饭时间,殷雪梅尽量避免和同事一起上食堂,她怕其他老师看见她的手,咽不下饭。可到了课堂,哪怕天气再寒冷,她还是赤手握着粉笔,在黑板上一笔一画写板书。她怕戴手套写不好字,影响学生学习。

1991年冬天,下了一场大雪。殷雪梅赶往学校时,不慎摔倒,左手骨折。她担心耽误教学,在医院简单治疗后,第二天就让丈夫把她送到学校继续上课。

就在牺牲前的上学期,临近期末考试,殷雪梅因劳累突发眩晕症,不得不到医院输液,但是她只请了半天假,又回到了割舍不下的课堂。

有一个小学生在作文中写道:"为了我们,老师的额头上有了许多皱纹,头发也花白了。但是,她在我们每个同学的心目中永远年轻漂亮。我爱我的殷老师!"

英雄的人生,必定有她的特别之处,也一定有特殊的动力源泉。

2005年4月5日,殷雪梅的女儿在整理母亲遗物时,发现一份没有递交的入党申请书,申请人殷雪梅,落款时间是2005年3月19日,也就是说,距离殷雪梅舍己救人仅十二天。申请书里写道:"志愿加入中国共产党,是我很久以来的向往和追求。在身边许多优秀共产党员的教育感染下,我热爱自己的工作,热爱我所有的学生,我把学生看成是自己的孩子。……'未进党的门,先做党的人',我要以身边优秀的党员老师为榜样,争取早日跨入党的大门。"

江苏省见义勇为基金会工作人员查阅殷雪梅的档案,发现她在几年前的一份教学总结中写道:"对学生没有真诚的爱,就不是好老师。"

在金坛市庆祝第10个教师节大会上,殷雪梅曾代表全市教师发言:"努力使自己成为一名让家长满意、受学生欢迎、被群众拥护的人民教师。"

在殷雪梅的笔记本里,有这样的佳句:"每一天,我以最美的心境行进在阳光里。我感受着日子里一缕清风的柔情,一滴雨儿的晶莹,一个善意眼神的温暖,一句暖言的温馨。在日子的流淌里,我学会一种欣赏、一种简单、一种坦荡、一种宽容,一种幸福的体验、一种诗意的享受!微笑吧,让微笑灿烂成春!"

如今,殷雪梅小学的校园里树起了"名人名言"展示牌,其中有几

则印的是殷雪梅曾经说过的话:

和天真可爱的孩子们在一起,充满快乐,充满活力,心永远不会老。如果能有下辈子,我还愿意当小学教师。

蹲下来,感受童年的世界,聆听童心的天籁,享受童真的乐趣……

"壮举瞬间铸丰碑,雪梅忽凋化师魂。"

江苏省教育厅分管基础教育的一位领导曾经这样解读殷雪梅:"殷老师舍身救学生,最后给她的学生留下的印象是崇高、伟大和永远不倒的。只有几秒钟的瞬间壮举,根本来不及思考,是一种非常自觉的行为,是长期崇高师德的积淀。从殷雪梅老师身上,我们看到了最高的师德表现,就是一个大写的'爱'字,体现出了爱学生、爱祖国、爱事业的美德,令人非常感动。她的精神将鼓舞着一代又一代人。"

是的,当失控的小轿车向殷雪梅和孩子们撞过来的时候,不过是极其短暂的瞬间。

在这读秒的瞬间,殷雪梅想到了什么,人们不得而知。也许她来不及想那么多,只是本能地守护学生,才迸发出一种不可思议的力量。

就是在这样一个瞬间,殷雪梅做出了一个壮烈的举动。这个壮烈的举动,来源于她对职业的爱,对学生的爱。

师爱是师德的核心。"爱"是教师最美丽的语言。殷雪梅老师那张开的双臂保护学生的一瞬间,凝聚着师爱的升华。

英雄殷雪梅,随着那揪人心肺的撞击声英勇而去。生死关头舍己救人的见义勇为壮举,闪现她一生中最后的辉煌,而她张开双臂、弓腰向前、推开学生的瞬间也化成了永恒。

是的!面对危险,张开双臂、弓腰向前、推开学生,是英雄殷雪梅留给这个世界的最后剪影。

殷雪梅的学生们记得,她带着他们做"老鹰捉小鸡"的游戏时,也常常做出这个姿势。因为她扮"鸡妈妈",面对"老鹰",要张开双臂,保护"小鸡"。在游戏中,她曾告诉孩子们:人要有爱心,就像这勇敢的鸡妈妈一样。

"老鹰捉小鸡",张开双臂,保护"小鸡"——游戏里的"鸡妈妈"姿势——殷老师为救学生被车撞飞的一刹那,做的就是这个动作!

殷雪梅虽然走了,但她的音容笑貌和她在危险到来时张开双臂、弓腰向前、推开学生的那一瞬间,却犹如一尊雕像,永远矗立在人们的心中。

如今,由城南小学更名的"殷雪梅小学"校园里,可以看到殷雪梅的半身雕像。她仍然像生前一样,用真诚的微笑守护着纯洁、善良、美丽的童心……

陈亚林

驾车冒险追巨款

夏日南京街头,劫匪"摩抢"扬长而去。女司机陈亚林主动帮助受害者飞车追击,50多万元巨款失而复得。而曲折离奇的案情真相,竟然让人们惊诧不已……

陈亚林

这是一桩英雄的事迹,也是一个有趣的故事、一起离奇的案件。

事情的过程看似简单,情节却一波三折。阴谋与友爱、贪婪与无私、罪恶与善良、狡诈与英勇,尽在其中,交织相映,展露无遗。

2011年7月6日早上6时,江苏宏达客运公司出租车女司机陈亚林接上白班后做了几笔生意。

上午9时10分左右,她驾车将一位女乘客送到南京城区田家炳中学门口,而后由东向西沿着许府巷前行。在许府巷与紫竹林十字路口等红灯时,陈亚林发现一辆粉红色助力车上的两个男子冲到路边抢走一个路人的挎包后,扬长而去。

原来,一家浴室的会计屈女士(化名),相约男同事邢某,到许府巷与紫竹林相交路口不远处的一家招商银行取款50.4万元。据屈女士称,其中15万元是单位的钱,用于发工资;另35.4万元是她自己的钱,取出来准备给儿子操办喜事用的。

取了钱以后,屈女士和邢某一起走出了银行的门。出于安全考虑,50多万元现金装在一个背包里,让邢某背在身上,两个人各骑一辆电动车往回走。

没过多久,一辆粉红色助力车从后面冲上来,当街撞倒邢某,车上搭载的一个戴着头盔的男子轻松地抢走了挎包。邢某大呼:"钱被抢啦!"

在前面的屈女士顿时被吓呆了。眼睁睁看着两名劫匪驾驶助力车飞速逃离现场,而助力车后面坐着的那名抢包男子戴着头盔,除了背影,根本无法分辨其面貌特征。

就在这时,在路口等红灯的一辆绿色出租车闯过红灯冲了上来,司机正是陈亚林。她清清楚楚地看到了这一幕,催促邢某赶快上车,一起去追击。

上午9时14分,出租车追到许府巷与南瑞路路口,粉红色助力车突然不见了,她一打方向拐了过去,目标再一次出现在视线中。

粉红色助力车沿南瑞路向北逃,陈亚林加足马力追去。追了约五六百米,眼看越来越靠近,不料助力车来了一个大拐弯,向左冲进了一个小区内。

陈亚林也来了一个急拐弯,越过路中央的双黄线,开到小区门口连连按响喇叭。小区保安将栏杆放开,出租车进入小区又追了上去。

就在快要追上的时候,助力车突然钻进了一条小巷。

邢某下车去追。仅仅几分钟,邢某拎着一个鼓鼓囊囊的挎包回来了。陈亚林问他是怎么回事,邢某回答:"被抢的50多万元钱全弄回来了。他们把包扔了,人逃了,助力车不见了。"

陈亚林一听,吓了一跳。她说:"当时,我以为就是一个普通的街头飞车抢劫案件,没想到被抢现金有50多万元。"

其实,无论被抢的是什么或者现金多少,面对群众遭遇飞车抢劫,能够出手相救、驱车追击,这种见义勇为行为就值得敬佩。

陈亚林开着出租车和邢某一起回到现场,警察也来了。屈女士看到邢某手上拿着装有50多万元现金的挎包,得知被抢的钱都夺回来了,千恩万谢。

邢某见到出租车上有女司机公司的监督电话,马上打电话过去,对陈亚林和她所在公司表示感谢。

平平常常的一件事,一切似乎都很自然。

陈亚林万万没有想到,事情会节外生枝,而且是那么蹊跷而滑稽。

案发后,南京警方快速反应,诸警种联合作战,经过18个小时的艰苦工作,于第二天凌晨3时完美侦破此案,犯罪嫌疑人相继落网。

令人们惊诧不已的是,这起案件的始作俑者不仅仅是实施飞车抢劫的两名歹徒,陪同受害人屈女士前去取款、跟随陈亚林追击劫匪的男子邢某竟然是贼喊捉贼的"内鬼"——

当晚7时,在围绕犯罪嫌疑人王某开展查证过程中,面对民警的询问,邢某面色难看、神色慌张、讲话吞吞吐吐,这些反常举动跟受害人心理活动很不相符,引起了警方的怀疑。通过进一步汇总研判,办案民警发现邢某身上疑点重重。

当时邢某把装有巨款的挎包斜挎在身上,但斜挎的方式有点古怪。一般人挎包都是左肩右挎,这样包在身体内侧,比较容易保护,但邢某却来了个右肩左挎,结果,事实上让抢包人轻易得手。这是一时疏忽,还是有意而为之?

邢某身体强壮,但被抢包人一拽就倒在了地上,挎包轻易就被掠走,他怎么没有反抗?按说这么一大笔钱被抢劫,受害人的反应应该很激烈,而邢某却轻描淡写,像没事人一般,他又为何如此淡定?

50多万元现金被抢,邢某为何不及时报警?不仅如此,在女出租车司机将两名抢包的犯罪嫌疑人逼进一条小巷后,邢某只是跑进去把包拿了回来,为什么不再上前追赶?他当时完全有可能抓住劫匪,可为什么眼睁睁地看着他们逃离法网?

通过查证,警方判断此案极有可能是有预谋的、内外勾结实施抢劫的案件,而邢某也"参与"了抢劫!

在大量证据面前,邢某心理防线彻底崩溃,终于交代了自己参与策划抢劫的犯罪事实。

随即,另一名犯罪嫌疑人张某也浮出水面。

专案组精确锁定两个嫌疑人藏身地点。在兵不血刃的情况下,分别在某网吧和某电玩城将他们抓获。

经审查,案情水落石出。

邢某,男,1988年1月生。案发前暂住鼓楼区蔡家巷,在某浴室做前台服务员。

王某,男,1989年7月生,无固定居所。曾于2005年因犯抢劫罪,被深圳宝安区法院判刑；2010 年，在南通因哄抢物品被治安拘留。

张某，男，1986 年 4 月生。2003 年，在深圳打工期间，曾因犯抢劫罪，被深圳罗湖区法院判处三年有期徒刑。

一次，张某、王某来洗澡，与在某浴室打工的邢某彼此结识，并预谋作案。最初，张某、王某准备抢劫浴室，但被邢某制止。他说，浴室每个月都要取款发工资，他可能有机会陪着去护送钱款，他建议抢这笔钱，另两人同意了。

事发前，屈女士事先约请自认为可靠的邢某"保驾护航"，定于 7 月 6 日上午，一起去银行取款。

邢某得知这一消息后，便与张某、王某密谋借机抢劫。他们就如何分工、怎样联络，包括事先踩点、逃跑路线等都做了仔细研究。还特意安排张某、王某戴上头盔，上身都穿两件衣服，以便逃跑时扔掉头盔和上身外套，躲过路面监控。他们的密谋似乎天衣无缝，可就是没有想到半路杀出个程咬金，抢劫得手后遇到了穷追不舍的陈亚林……

陈亚林是淮安涟水人，44 岁，2003 年到南京打工，2006 年到江苏宏达客运公司开出租车。据单位同事介绍，陈亚林一直是个工作认真、心地善良的热心人。自从开出租车营运以来，她从没有收到过投诉，没发生过事故，还经常获得乘客的表扬。

这一次，见义勇为的陈亚林驾车勇追劫匪夺回 50 多万元巨款，一夜之间成了南京市民心中的英雄。

2011 年 11 月，陈亚林被南京市人民政府授予"见义勇为先进分子"称号；同年 12 月，被授予第二届"江苏见义勇为新市民"；2012 年，被江苏省人民政府授予"江苏省见义勇为英雄"。

陈亚林长发，圆脸，爱笑，笑起来很甜。她直言快语，一口苏北普通话，让人感觉 40 多岁的她就是在这个城市中打拼的众多苏北大姐中的一员，平凡得不能再平凡。

她似乎不善言辞，不懂得"拔高"自己的行为，交谈间话语本分朴实。跟她对话，我突然发现事先准备好的"道义精神""社会正气""主流价值观"等宏大命题一时间没法落地。然而，听着听着，我又发现，所有的命题都已在她这里得到诠释。

她说不出那么多大道理，可她心怀善念。也许，就是这浸入骨髓的善念，让她不需要思考、毫不犹豫地流露出善意、做出义举。

"哦！你要写书啊？把这么滑稽的事情写进书里，连我都替那个姓邢的害臊呢！"我注意到，她似乎连邢某的名字都不愿意再提起，只称他"姓邢的"。陈亚林说——

事情已经过六年了，我觉得自己当时做的那件事，并没有什么大不了的。也算赶巧。开始，我以为事情很简单。当时车上正好没乘客，我叫被抢的小伙子上车，我帮他去追。结果很幸运，被我们追上了，那两个劫匪自己把包扔下，50多万元现金一分没少。

有很多记者问过我当时是怎么想的。其实我什么也没想，人家包被抢了，那包里一定有东西或者有钱在里面。人家遭殃，我舍不得，正好开车路过，帮忙追一下是顺手的事儿。我不追别人也会帮着去追的。

结果，你都知道了。你觉得简直不可思议吧？我也认为夸张，太夸张了。想起来，也很搞笑，我竟拉着坏人去抓坏人。

我没想过上报纸、电视，也没有想到你来要把我写进书里。其实，那天在派出所做完笔录后，我就开车走了，到火车站排队接了笔生意。后来，媒体纷纷打电话找人，公司硬是把我叫回去接受采访。

再后来，我获悉那个姓邢的跟两个劫匪是同伙，抢包是有预谋的。我听了吓了一跳，"啊"的一声叫了起来。知道了事情的来龙去脉，我还是觉得难以置信。这人可真会演戏。你是没看到他当时的样子，我们在派出所做笔录，他拉着我的手一个劲地道谢，特别特别热情，还问我要了手机号码呢。

说实话，事发当天，这件事上了电视，我就有点担心，怕两名劫匪报复;早上到公司听说劫匪落网,我悬着的心总算放了下来。可是知道事情的原委,我不由得又有点后怕。我估计那个姓邢的也许是临时起歹心,如果一贯是个坏人,说不定就带凶器了,那样我可就危险啦!哈哈哈,还是我的命大哦……

作为采访者,我对陈亚林当时的心情能够理解。这是突如其来的变故,充满了暴力和狰狞。普通民众即使目睹了这场劫案,但要在"义"的境界上帮助被劫者,也不是说做就能做的事。因为这样的帮助多少是有一定风险的。

见义勇为,有时要承担难以想象的后果。

陈亚林说:"我说的是当时的心情,六年过去了,我不是还好好的吗?其实,我总是在想,有什么好怕的呢?善良的愿望虽然被人捉弄,但我是好心做好事,做正义的事,何况有公安撑腰,我不相信坏人能一手遮天!"

陈亚林说,她也有点遗憾,本来以为是陌生人打劫,结果竟是熟人坑熟人,真是应了那句老话,"知人知面不知心"啊!她说:"每当想起这件事,就好像有一把刀子在捅我的心……不晓得受害人屈阿姨会是什么心情。我觉得应该挺难过的吧,毕竟这种事太伤人了……"

是的,屈女士真的难过。

她与邢某之间的恩恩怨怨,演绎的是新版"农夫和蛇"的真实故事。她怎么也想不通,自己怎么会不知不觉中做了一回悲哀的"农夫"。

案情重大。当人们都在忙着打听案件最新动态的时候,屈女士因为受到刺激和惊吓过度,当天夜里一整夜难以入眠。第二天上午,她终于熬不住了,睡了一觉。

这一睡不要紧,再醒来的时候,就满世界里传言:那个邢某,原来是个大坏蛋!

这怎么可能?屈女士惊呆了。

时年59岁的屈女士和24岁的邢某同在一家浴室工作。邢某年轻、嘴甜、干活利索,屈女士感觉他与自己很投缘。他的老家在河南,作为一个南京本地人,屈女士自然而然地在平时给予他许多照顾。她觉得,一个孩子孤零零地在南京打工,靠微薄的工资糊口不容易。加上邢某说话、做事都很讨喜,虽然相处时日不多,但是很得屈女士的赞赏。

渐渐地,屈女士也就不把他当外人了。家里需要帮忙的时候,她总是第一个想起他,而他总是随叫随到;时间长了,他有事没事也会去屈女士家里串串门、聊聊天,关系很融洽;过年过节,她担心他一个人在外孤单,总是带他回家一起吃顿饭、过个节,希望他能感受到温暖;甚至有一次他自称遇到困难提出借1500元钱,屈女士想都没想就借给了他。屈女士说:"看他一个人在外地打工,怪不忍心的,能照顾到的我都会照顾。"

这种和谐的相处模式,让屈女士对邢某的信任感日益增强。屈女士有一个儿子,正处于事业上升期,工作一直很忙;丈夫平日里也在单位,很难顾家,相比之下,她和邢某相处的时间比家人还长。屈女士说:"我把他当自家孩子看了,就当是自己的另一个儿子。"

就在前几日,屈女士的儿子准备装潢新房,需要一大笔钱;作为新婚礼物,她也想给未来的儿媳妇买一辆新车。为此,屈女士准备把老本儿取出来,一共35.4万元,这是她和老伴多年来的积蓄,就等着给儿子办这桩大事派上用场。

35万多元,是个不小的数目,可是儿子工作挺忙,老伴在外旅行,这会儿早就在三亚了。

正好单位也要取15万元钱发工资,加在一起共有50.4万元,这是一笔巨款。她立马想到了邢某,凭着平时相处对他的印象,她觉得他是个可靠的人,应该不会有什么问题。于是,屈女士约他陪自己一道去银行,可她万万没有想到,他竟然在暗地里下了套⋯⋯

她还是在网上看到公布的照片时,才确信原来邢某也是参与抢劫者。其实,当天在派出所做笔录的时候,她已经有点怀疑。民警在调查时,她发觉邢某存在疑点,但是当时她没有想太多,更不敢往这个方向想。她觉得依照平日对他的了解，邢某似乎应该不会做出这样的事情。谁想到，竟然差点栽在他手里。

在中央门派出所大厅内，屈女士第一句话便是："怎么也想不到是他，让我失望透了……"

惊讶、懊悔、惋惜、痛恨的表情，写满屈女士依然端庄的脸，一种说不出的痛苦紧紧地揪住她的心："疯狂！这太疯狂了！事情竟然是这样……我觉得好后怕。在我身边，居然能藏着一个这样的人。以后要谨慎，不能再随便相信人了……"

屈女士的懊恼和醒悟，为时不晚。

邢某自作自受，受到应有惩罚。只是他万万没有想到，自己精心策划的一个大阴谋，就这样被陈亚林的一个见义勇为举动击破了，一个"发财梦"成了个泡影。

网友们说："若不是半路杀出陈亚林这个'程咬金'，要不是这位仗义的好的姐，那三个劫匪说不定就得逞了，搞不好那50多万元钱就追不回来了。""正气凛然，可敬！如果人人都向这位的姐看齐，何愁犯罪分子不服法！"

人们纷纷赞誉陈亚林为"最美的姐"。

是啊！"最美的姐"陈亚林——本色英雄！

我们身边有许许多多跟陈亚林一样的平常人，他们习惯于默默向善，从未想过成为焦点，可也会因为一个偶然的瞬间，一下子感动了众多人。

许双梅

慧眼识凶护弱女

她有一副热心肠和一颗正义的心。许双梅一次见义勇为的勇敢行动,终结了一个犯罪者抢劫、杀人之路……

许双梅

在她家客厅墙上,挂着一张放大的彩色照片,格外引人注目。那是扬州市第五次见义勇为表彰大会上的一张合影,照片中的她身披绶带,满脸笑容。

2004年5月9日那个平常的中午,在载客途中,许双梅发现可疑情况,及时报警、指认,协助抓获犯罪嫌疑人,从而成功破获了公安部挂牌大案。

就是那一次看似偶然的勇敢行动,让当时还不到40岁的许双梅"一举成名","维扬区见义勇为先进个人""扬州市见义勇为先进个人""全国见义勇为好司机"等一系列荣誉接踵而来。

许双梅说,那是鼓励,更是鞭策。

"其实,在那时那刻我也没有多想,就是不想让坏人再去坑害别人。事后,当年11岁的儿子听说我帮助警察抓了坏人,很高兴地对我说,妈妈,看到坏人就是要举报,就是要把坏人抓起来。你报警是对的,不然那个坏人还会去害人的。"十三年后的今天,她回忆起儿子对自己的夸奖,脸上仍然是乐滋滋的表情。

许双梅,喝着古运河的水长大,是土生土长的扬州人。她衣着朴素、举止端庄,讲起话来慢言细语;一双乌黑的大眼睛,充满了出租车司机生涯积淀的艰辛和机警。难能可贵的是,她有一副热心肠和一颗正义的心。关键时刻,她的侠肝义胆丝毫不逊于七尺男儿。

一年一度春光美,"烟花三月下扬州"。每年一到这个季节,古城扬州便格外热闹。个园、何园、大明寺、瘦西湖、唐城遗址等风景名胜,吸引着外地游客纷至沓来。扬州时达出租车公司驾驶员许双梅和其他的哥的姐一样,忙得不亦乐乎。

2004年5月9日中午12时许,在扬州市扬子江北路瘦西湖西门附近的东方百合园南侧,一对男女上了许双梅的车。

"请问您要到哪里?"许双梅礼貌待客,一如既往。

"走!往前开!"那男的面无表情,丢出的话语硬邦邦的。

许双梅一开始就好生奇怪:看上去,男的40岁左右,女的染着黄头发,大约十八九岁,两人明显年龄悬殊;上车前,那男的双手拉住女的;上车后,那男的还是控制住女的,使她几乎不能动弹。

起先是到四季园休闲中心门口。男子下车时恶狠狠地对那女孩说:"你在这里老实待着!"

许双梅心生疑窦:这个人怎么这么凶?她从后视镜观察到,那个女孩一脸无奈的表情。难道两人之间有什么隐情?

不一会儿,那个男子从四季园休闲中心出来回到车上,又说要到富达休闲中心,之后又到金宇休闲中心。在金宇休闲中心门口,那男子下车,许双梅准备调转车头,他赶紧跑过来,凶神恶煞地对仍然留在车上的那个女孩说:"老实点,不许跑!"

等那男子进了金宇休闲中心,警觉的许双梅就在车上向女孩刨根问底。神色紧张的女孩终于说出了事情的真相。

原来,她是被挟持了。该男子自称是警察,昨天晚上他关了她一夜,并且强奸了她,还不让她报案。

许双梅心中有数,知道该怎么对付这个家伙了。

那男子从金宇休闲中心出来后将女孩带了进去。许双梅知道此时无须阻拦,她记得他的模样,早就做好了报案准备。

说来也巧。此时,四季园派出所的处警车正好经过,许双梅立即将那女孩提供的情况告诉了民警。根据许双梅提供的重要线索,并在许双梅的指认下,四季园派出所民警在金宇休闲中心将该歹徒抓获归案。

这个男子自称宋传国,外号"老五"。他最初供述,两天前来扬州,没有找到工作,也没有回家的路费,遂与一个外号叫"老六"的东北老乡来到烟花三月休闲中心旁一个小美容店。他们冒充警察,用仿真手铐将自称叫陈月的女子挟持到双桥村任庄组暂住地，搜出陈月身上的100元钱后，又强行奸淫了陈月。第二天，他准备将该女带至休闲中心做"小姐"，谈好换取500元钱。

宋传国的供述是真的。但是，他所说的自己的名字是假的，他所供述的也只是他所犯罪行中的一件，他最初的"坦白交代"，完全是欲盖弥彰的伎俩。

维扬公安分局刑侦民警从嫌疑人携带物品中发现疑点，综合运用网上查询、网上侦查、网上求证，层层递进，细审猛挖，彻底摧垮了犯罪嫌疑人的防线。

宋传国，真名白振海，原名白雯月，36岁，家住辽宁省丹东市宽甸县北关街道，曾先后四次被公安机关打击处理，两次犯盗窃罪被判刑，并负有命案在身。

就这样，"5·9"冒充警察抢劫强奸案终于得以及时成功侦破，并带破了公安部挂牌、山东威海警方苦侦无果的2004年"1·1"入室抢劫杀人大案。

许双梅，一次见义勇为的勇敢行为，终结了罪孽深重的白振海抢劫、杀人之路。

能在关键时刻挺身而出，许双梅归结于家庭和社会对她的培育。她说："是家庭和社会给了我成长的沃土，使我不断成长。"

1967年8月，许双梅出生于扬州市平山乡堡城村万庄组一个农民家庭。从小质朴憨厚的父母就教育她要做一个正直、正义的人。在许双梅的心中，她始终信奉这样一个信念：为人要正直，路见不平，就要出手相助。

高中毕业后，许双梅与无数同龄人一样，也怀有美好的希望和理想。但是，现实生活与理想的距离对她来说似乎又是那么遥远。她经历过无数挫折和失败，当过搬运工，开过长途货车。

加入出租车司机的行列之后，她几乎是天天披星戴月。很苦，很累,但她很快乐。

"平时话少,做人做事丁是丁、卯是卯,她的英雄行为绝非偶然。"她的同行这样评价她。

"她心眼儿好,热心肠,是个好人!"邻居这样夸奖她。

的确,生活中的许双梅性格豪爽,乐于助人,但她从不因此而炫耀自己。

关于许双梅的故事很多。听她讲自己的故事,很有趣,很过瘾,也让我很感动——

有一回,三个20岁左右的男孩上了我的车,他们叽叽咕咕的,听话音好像是要"摆平"一个什么人。我一听,心里就发毛:小屁孩,能懂得什么呀,怎么能做这样的事!

"孩子,看你们都长得挺帅的。你们想那样做,是为什么事情呀?"我有意打探起来。

"你不要问,是我们自己的事!"其中一个高个子男孩摆出爱理不理的样子。

尽管互不相识,但他的回答让我这个做母亲的人,还是增加了几分担忧。我说:"我的孩子比你们也小不了多少。我知道,爸爸妈妈养育你们该是多么不容易呀!"

另一个小个子的孩子搭话:"这些我们都懂。阿姨,我们的事不要你管。"

说话间,车子到了文昌路附近。我无意间看到另一个胖一点的孩子右手袖管里露出黑色的、像刀把子一样的东西。我赶紧说:"嚯,孩子,你们还带刀啊……"

小个子说:"阿姨,你不要怕。我们用刀戳人是有数的。"

"孩子啊!无论如何不能做这样的事情。动刀子,就可能酿成刑事案件,那你们一辈子可就完了。你们要是懂事的孩子,就听阿姨的劝,赶快回头吧!"我苦口婆心地劝说起来。

他们断断续续地告诉我：因为其中一个小男孩的女朋友跟别人好了，他们三个小弟兄要去"报仇"，说"我们不会把她杀掉，只是让她生不如死"。

我因势利导："心，长在女孩身上。人家不喜欢你了，你强迫人家管什么用！为了一个女孩去动刀子，如果伤害了对方，你们也逃脱不了。好孩子，不能为了一个女孩而葬送自己的前途啊……"

小个子说："人家阿姨说的蛮对的，我们罢了吧？"

其中一个孩子犹豫不决，另一个孩子不再吭声。

我有意放慢车速，一路上继续循循善诱："一刀下去，人命关天。就是不杀死，持刀伤人也是要判重刑的，那你们的青春就没有了呀！你们怎么向自己交代，又怎么向父母交代呢？还是不要去了吧！阿姨不要车费了，把你们送回去。回家把刀子扔了，那不是好东西。听阿姨的话没错，等你们老了就知道了，那时候说不定会感激我的……"

就这样，三个孩子回心转意了。我又无偿地把他们送回到上车的地方。

那三个孩子至今不知道我这个阿姨姓甚名谁，那个移情别恋的女孩更不会知道我的存在，但他们一定懂得，也许正是我的好言相劝，成全了他们美好的一生……

有一次，我送一个男乘客到江都。他的钱包和手机都遗忘在我的车上了，等我下班回来才发现。钱包里有4000多元钱，手机是三星的，没电了。我给那个手机充上电，几经辗转联系上对方。他从江都来，我往江都去，在约定交接地点，失物完璧归赵。他说："钱丢了也就算了，最主要的是手机里有许多重要的客户资料啊……"

他激动之余抽出一沓钱说要感谢我。我说："要谈钱，那我就不把东西还给你了。干吗要你的钱呢？人，要多做好事、善事。我只希望你也是这样的人。"

有一年7月的一天晚上，我从家里刚开车出来，突然看见一位抱着小孩的妇女站在路边焦急地招手。

原来,几分钟前,这个5岁的小孩在家玩耍时,不慎将一个异物咽到嗓子里。上车后,我一边安慰孩子的妈妈,一边沉稳地驾驶,一直将车开到医院门口。

下车后,那妇女抱着孩子就往急诊室跑。这时,她才发现由于走得急忘记带钱了。我一看,救孩子要紧,想都没想就拿出自己的钱给她垫付了医药费。

我悄悄地离开了。那妇女忙着抢救孩子,也就没有问我。时至今日,她也不知道我是谁,为什么要帮助她解决燃眉之急。

还有一次,我在邗江带上了一个70多岁的老太太,说是到市区孙子家。可到了市区后,老太太又忘记了孙子家的具体地址,一会儿之后说在解放桥附近。到了解放桥,她又说在渡江桥……

就这样来回折腾了半个多小时,也没有找到孙子家。

我耐心地劝老太太不要着急。经过反复询问,得知她孙子上班的单位,才总算找到。

算下来,打的费在50元左右。看着老太太颤巍巍地掏出钱,我的心软了:她人老了,记忆力差了,已经跑了冤枉路,哪还能让她再花冤枉钱呢?

你猜怎么着?最后,我一分钱也没有要她的。我当时的感觉是:人老了,可怜啊……

我遇到可怜的事情,还有一件。

那是2004年3月的一天。一个外地农民工下车走得急,把一个手提包遗忘在我的车上。那个包好像是60年代才用的那种有带子的手提包,里面装有3000多元现金,其中有不少是5元、2元、1元面额的。我一看,心就软了。

哦!不仅是心软,而且还有一种酸酸的感觉。尽管我那时每个月只能挣到1000多元钱,但我对拾到的这笔钱丝毫没有动心。我可以想见,这笔钱,该是多么来之不易,对失主又是多么重要,而失主又该是怎样的心急如焚啊。

于是,我干脆回到那个乘客下车的地方。我想他一定会回来找的,不如在此"守株待兔"。好多人上来要乘我的车,都被我谢绝了。

那个人发现丢包以后,果真来回在路上找了两圈,最终在路边看到了我。当满头大汗的他取回手提包时,要下跪表示感谢,被我拦住了。他激动地哭着说:"这笔钱积攒很久了,是带回老家给母亲看病用的救命钱啊……要是钱没了,我宁愿去死……"

见此情景,我的眼圈也红了,随手抽出150元营业款硬是塞到他手上,然后我一踩油门,就开车走了。

你不会说我在做傻事吧?我当时的想法是:这样的儿子,孝心可嘉,值得钦佩,值得鼓励呢!

这样的"傻事",许双梅还做了很多。她曾将被他人撞伤的老人及时送往医院,垫钱抢救,从而保住了老人的性命;遇到孤寡老人乘她的车,她总是帮助搬运行李,主动搀扶着老人上楼到家;甚至在车上拾到一串钥匙,她也"傻傻地"在乘客上车的小区门口苦苦等待失主……

哦!在我们的国家里,在我们的生活中,像许双梅这样存好心、做"傻事"的人,越多越好!

焦彬彬

血战邪恶胆气豪

女青年焦彬彬为阻止窃贼逃跑,与身高马大的歹徒展开生死搏斗,身负重伤。她坚信正义一定会战胜邪恶……

焦彬彬

焦彬彬，名如其人，一个彬彬有礼、文雅别致的中年女性。她嘴角有一颗黑痣，笑起来很好看。她身材瘦小，甚至有点孱弱。

这让我很纳闷：如此孱弱的一个女子，当初怎么敢与一个穷凶极恶的歹徒"叫板"？在那场殊死搏斗中，孱弱的她哪里来的那么大的胆魄和勇气？

然而，就是在十多年前那个血腥的下午，她用身体阻止窃贼逃跑，与歹徒从三楼搏斗到一楼，最终一脚踢中对方小腹，生擒窃贼。

那次，她身负重伤，头部皮下多处血肿，留下脑震荡后遗症，至今经常头痛，左眼上方划了一个很大的口子，伤痕清晰可见。

那一年，她被授予"扬州市见义勇为先进分子""全国见义勇为先进分子"等荣誉称号。

事情发生在那天下午4点多钟，在江苏琼花集团工作的时年26岁的焦彬彬，一下班就往男友的宿舍赶，她想趁下班机会替男友清扫一下室内卫生。

男友的宿舍，在杭集镇江苏琼花集团职工宿舍6号楼。她一路哼着歌，很快上了男友平时居住的三楼。

一抬头，她猛然发现一个身材高大、留着长发的陌生男子站在三楼楼梯口。四目相对时，对方的眼睛里透出一丝紧张和慌乱的神色。

"奇怪，这人站在这里干什么？"焦彬彬未及细想，就径直堵到那个人的面前。

窃贼李某，从江都窜到琼花集团厂区宿舍楼盗窃作案得手后正欲逃跑，不想被这个弱小的女子堵个正着。他眼看事情败露，于是狗急跳墙，对焦彬彬下了狠手。

他趁焦彬彬不备，随手操起重约4公斤的特大号电池向焦彬彬头部狠狠砸去。受到突然袭击的焦彬彬，顾不得后脑钻心的疼痛，死死地抓住歹徒，并大声喊了起来："快来人啊……抓小偷呀！"

面对高出一头的歹徒，身高不过1.60米的焦彬彬显然不是其对手，她被对方一下子摔倒在楼道里。即使这样，她还是没有松手。

恼羞成怒的歹徒，一把揪住焦彬彬的头发，发疯似的把她的头往水泥地上猛撞，一次、两次、三次……焦彬彬头部、脸部血肿，左眼眉框处裂开，鲜血模糊了她的双眼、染红了她的衬衣。

歹徒逃跑心切，见一时甩不开焦彬彬，就凶残地把她从三楼踢到二楼楼梯的拐角处，企图脱身逃跑。

"决不能让这家伙逃走！"一种强烈的信念支撑着焦彬彬。她摇摇晃晃地挪动身体，一下子抱住歹徒的腿。同时，她用力甩起一脚，蹬坏了楼梯的玻璃窗。她企图以此发出信号，引起外面人的注意。

歹徒知道她的用意。急于逃跑中，歹徒又把焦彬彬从二楼一直踢到一楼楼梯口，其间不断拳脚相加。从三楼到一楼的36级台阶上，每级台阶都洒下了焦彬彬的鲜血。

被踢到一楼的焦彬彬已精疲力竭，浑身的骨头好像都被歹徒踢碎了，钻心地疼。

楼梯口正对着大街，歹徒有些害怕，站在楼道里迟疑着不敢立刻往外跑。短时间的沉寂，让焦彬彬又增添了几分勇气："就是死了，也决不能让这家伙跑掉！"

谁说女人是水做的，向邪恶开战，她们分明是铁打的人！

焦彬彬暗暗积攒力量，准备再次与歹徒做拼死一搏。

歹徒见外面没什么动静，就慌慌张张地想跨过焦彬彬的身体逃走。

当慌不择路的歹徒抬脚想从焦彬彬身上跨过时，焦彬彬飞快抬起脚，猛地朝歹徒的腹部踹去。

猝不及防的歹徒摔倒在地。此时，焦彬彬以一种惊人的毅力撑起身子,扑向歹徒,将其死死地揪住不放。

闻声赶来的职工们很快将歹徒制伏。

焦彬彬这才如释重负,一下子瘫倒在地上……

躺在医院病床上,镇里、厂里的领导来了,同事、朋友来了,附近的群众来了,学校里的孩子来了,新闻记者也来了。人们在慰问、看望、赞叹英雄的同时,也在纷纷探究焦彬彬见义勇为的精神动力来自何方。

焦彬彬出生在一个普通工人家庭,父亲是一家农场的会计,老共产党员,母亲是一名工人。

焦彬彬说,打从记事起,爸爸妈妈就教育她做一个淳朴、善良、有责任心和正义感的好孩子,这在她幼小的心灵中播下了正义的种子。这种子经过小学、中学、大学多任老师的辛勤培养,在她心中渐渐生根、发芽、茁壮成长起来。社会上见义勇为英雄们的事迹,不止一次让她心生感动。

焦彬彬说:"现在回想起来,当时孤身一人与歹徒搏斗,似乎有一种力量在支撑我最终战胜邪恶。否则,我在三楼被歹徒打倒以后,就不会再冒着生命危险勇敢地冲上去抓他;就不会在头部多处受伤的情况下,用自己的身体拦住歹徒的去路;也不会在一楼的楼梯口做最后一搏,死死地揪住歹徒。现在,我终于明白了,这种力量来自于正义感。"

"你个头这么小,又是女的,面对的歹徒却是一个身高马大的男子,当时你有没有害怕过?"我问。

"害怕?只有歹徒才害怕!我代表着正义。从开始与他在三楼相遇,看出他眼中的慌乱,到我大声呼喊'抓小偷',歹徒吓得急欲逃跑;从那个歹徒多次挣脱我的阻拦,到最后迟迟不敢往楼梯外面跑……这些都说明歹徒内心的胆怯和害怕,因为他的所作所为是邪恶的,是为人所共愤的。我坚信,正义必定战胜邪恶。"焦彬彬如是说。

杨学涛，江苏大方金圣鸿客运有限公司出租车司机。从业十余年来，每年都有七八次协助警方破案的经历。他曾经与两个持刀犯罪嫌疑人面对面展开搏斗，最终和民警一起擒获盗贼；他曾协助警方顺藤摸瓜，将一个容留卖淫团伙一网打尽，抓获违法嫌疑人30余名，将20余名被骗女孩成功解救出来；他也曾不动声色地将疑点通报警方，最终逮住了一个上海警方公开通缉的要犯……

"智勇的哥"杨学涛多次见义勇为的行为，在市民中传为佳话。他先后被授予"南京市道德模范""江苏省见义勇为先进分子""全国见义勇为司机"等荣誉称号。

江苏，城市交通发达。

出租车司机是一支庞大的队伍。他们常年走街串巷，视觉触及城市的角角落落。这个特殊的职业群体，一直以来是江苏见义勇为的主力军之一。

从2010年12月起，江苏省见义勇为基金会联合相关单位组织开展"见义勇为好司机"评选活动。类似杨学涛这样的出租车司机见义勇为的事迹不胜枚举，我只能从中择取几则动人故事。

第八章

车轮扬正气

任洪宇

胸有正气行自壮

危难中奋勇解救弱女子,深水里冒险救出小女孩……的哥任洪宇见义勇为的故事,让人感动不已……

38 岁的任洪宇是地地道道的徐州人，留着小平头，有一双大大的眼睛，身材壮实，皮肤白净，说话有条有理。他留给我的第一印象就是做事麻利、爽快耿直、心地善良。

1997 年中专毕业后因家里承包有七八十亩水面，任洪宇就跟着父辈学养鱼。2001 年他学会驾驶后开起了出租车，现供职于徐州市出租车公司。2014 年 11 月 13 日，他被评为第三届"江苏十大见义勇为好司机"。

听任洪宇讲述自己见义勇为的故事，既是一种分享，也有一分感动……

2006 年的一个深夜 1 点多钟，任洪宇开着空车路过户部街，这时有个年轻女子招手上车。上车后的她极度紧张和惶恐，没有说明要去的方向，也没有询问路程多远、付费多少，只是一个劲儿地说："师傅，把我送到安全的地方，要快！"听到这里，任洪宇意识到事情不妙。

果然，行驶不到一公里，一辆帕萨特轿车追了上来，与任洪宇的车同向并排行驶。车内的人伸出头来对任洪宇说："师傅，你把她放下来，我们给你双倍打车费。"

原来，这个年轻女子是浙江人，在户部街一个酒吧里被几个心怀恶意的小混混盯上了，女孩跑出来后他们就追随而来。

面对这突如其来的追赶，任洪宇第一个念头就是尽力保护眼前这个弱女子。于是，他仗着路熟，加大油门向前冲去，一路风驰电掣。他后来回忆说："我的车在前面跑，他们的车在后面追。几次甩掉了，又被跟上来。那种速度，那种惊险，就像电视剧里警匪片的情景一样。"

哪知，拐过 233 国道，上了河清路向前行驶几百米的时候，因为修路，车辆无法通行。任洪宇只能急转弯，可是因为拐弯速度太快，方向盘失灵，车子直接冲到一个停车场内。任洪宇就对那个女子说："车子坏了,没有办法了,我把他们引开,你赶快去报警吧!"

任洪宇和那个女子快速冲出车,分两个方向跑入夜幕中。

帕萨特轿车里出来四个人,一人冲进任洪宇的车内,恶狠狠地拔走了车钥匙。他们手里都拿着砍刀,向任洪宇奔跑的方向疯狂追去。

幸好黄梅派出所民警及时赶到,为任洪宇解了围,并很快制伏歹徒,那名年轻女子也安然无恙。

徐州市出租车公司的尤经理说:"任洪宇为人正直,做过不少好事。例如每次捡到乘客的财物,他都会第一时间上交公司。他作为见义勇为的模范,也为徐州出租车行业树立了良好形象……"

有一次,一位医生乘坐了任洪宇的车,他是应邀到徐州市庞庄医院做骨科手术的。到了目的地后,医生嘱咐任洪宇:"你在这里等我,等做完手术,再带我到民富园。"那天,送完这位医生,任洪宇很晚才回家。

第二天早上打扫车子时,任洪宇发现那位医生的手术工具箱落在车内了。打开一看,医疗手术用的钉子、夹板等,整整一箱。想到这些手术工具价值不菲,那位医生一定很着急,任洪宇就放下生意,通过出城登记、乘客身份证终于找到了失主,一箱子手术器具完璧归赵。

古黄河,在徐州这片古老土地上已经流淌了六百余年。如今作为市区内一条主要的防洪排涝河道,依然以一种奔流不息的姿态,给古城增添着几许粗犷、豪迈,还有几许妩媚和秀丽,也为这座不断变美的城市平添了无尽的魅力。

就在这古黄河里,曾闪耀过任洪宇英勇救人的身影。对任洪宇而言,他万万没有想到,有一天他的名字会和古黄河紧密联系在一起。

2012年8月3日上午11时许,到市出租车公司分公司办完事的任洪宇,出了分公司的办公楼,径直走向自己停在红山路边的出租车。忽然,有一个小男孩向他迎面跑来,急匆匆地说:"叔叔,那边有人掉水里了!快去救救她吧!"

原来，8岁的小女孩园园（化名）和这个小男孩在古黄河显红岛附近玩耍时，园园脚下一滑，不慎掉入河中。见小伙伴落水了，小男孩吓得赶紧跑来路边喊大人。

根据小男孩描述的方位，任洪宇飞快地跑向马路对面100米开外的河边。显红岛亲水平台，平静的水面上没有人影。再一眼望去，距离河边三四米处冒出一个小小的人头，园园正在河里起起落落，不停挣扎。

在这情况万分危急的时刻，任洪宇来不及掏出随身携带的手机、钱包，也顾不上脱掉外衣和鞋子，扑通一声跳进河里。任洪宇说："跳下去的一刹那，感觉河水很深，一脚打不到底。"

任洪宇熟悉水性。他从小就在河边玩耍，13岁就会游泳，也略知水上救生常识。他奋力游过去，靠近园园，一把托住其颈部，采取"钩背式"施救，吃力地向岸边游来。"小女孩胖乎乎的。岸边是用石头砌的，又陡又滑。我用一只手托住她，另一只手抠着岸边，可连续好几次都没能上得了岸。眼看力气耗尽，这样折腾，恐怕我和小女孩都上不去的。"任洪宇说。因此，他只好大声呼救。附近居民和公司同事王勇、李正隆等听到呼救声后火速赶来，大家帮忙把小女孩和任洪宇拉上了岸。

半小时后，园园的奶奶何大妈闻讯赶来，听说孙女化险为夷，她激动地握着任洪宇的手，一个劲儿地道谢。任洪宇婉拒了老人送烟、给钱酬谢的心意，随后就离开了。

"要不是他，孩子可能就没命了！"事发现场，杨老伯、陈大妈等数十名居民争相讲述任洪宇救人的感人细节。杨老伯说："我们正在路边树下乘凉。忽然听到那边传来呼救声，就知道出事了。大家赶紧跑过去，当时看到河里有一个壮实的男子正在拼命救人，后来才知道救人的是个的哥。"

面对采访，任洪宇说："当时根本来不及多想，救人是第一位的。那种时候分秒必争，容不得我思考，否则就会导致孩子丧命。当年，我的儿子也是十二三岁，将心比心，谁不心疼自己家孩子，我相信遇到谁都会这么做的，只是我碰巧赶上了……"

潘振银

途中智擒人贩子

女童不幸被人拐骗,好的哥智擒人贩子。潘振银见义勇为、机智解救被拐女童的动人事迹,传遍港城……

海港山城连云港,像一颗璀璨的明珠,镶嵌在我国 18000 公里海岸线的脐部,因古典名著《西游记》里的"花果山"而闻名遐迩。

连云港境内依山伴海。漫长、宽阔、幽静的海岸,延伸开去;海浴、楫舟、垂钓,无一不宜;更有山色锦绣、美如画屏的山林及底蕴丰富的名胜古迹,将"海、古、神、幽、奇"等独有的港城特色融为一体。

出租车司机潘振银,就是常年在此奔波、融入于港城美丽画卷中的一员。

53 岁的潘振银,身材匀称而魁梧,穿着一身有公司统一标识的出租车司机工作服,醒目而整洁。他理着平头,一对耳朵很大,脸膛方正,浓眉慈目,些许鱼尾纹挂在眼角,那是过去的岁月留下的生命痕迹。

1980 年 6 月,潘振银从连云港技工学院中技毕业。先在连云港市锦屏磷矿供销处工作,1984 年经过培训到汽车队做驾驶员。2004 年,企业改制以后他下了岗,在港口为一个私人老板开集装箱车,后来进入出租车行业。

潘振银说话不多。采访中,我问什么,他只做些简单的回答,也许他不愿意夸夸其谈,或者没有时间细细叙述。我不忍心耽误潘振银的营运生意,我知道他是靠车轮子吃饭的人。匆匆聊了一会儿,我不得不主动起身,与他依依惜别。

我请与潘振银同来的李广新留了下来。他是潘振银所在连云港市全福出租汽车有限公司的党支部书记,二人多年在一起共事,李广新对潘振银的为人处世了如指掌,对潘振银的助人事迹如数家珍。过去,关于潘振银事迹的文字材料也几乎都出自于他的笔下。

李广新的介绍和讲述,完整而生动,言语中充满了对潘振银的敬佩和赞许,也有几分光荣与自豪。按照李广新的话说,有着"活雷锋"美称的潘振银和以潘振银为中坚的"党员的士"车队,是公司乃至连云港市一张美丽的名片,而潘振银见义勇为的故事早已在港城家喻户晓,成为人们茶余饭后的美谈。

福建莆田市人吴先生,在连云港经营铝合金生意已经两年有余了。2014年5月1日下午1时许,他在市区办完事,驾驶摩托车飞快地沿盐河路向南行驶。他要去的地方是许庄村。

行驶到"一方山水"小区附近时,他装在上衣口袋里的钱包突然掉了出来,钱包里的东西顿时散落开来,其中有多张百元大钞飘散飞舞,而此时的吴先生却丝毫没有察觉。

这一幕碰巧被路过此地的潘振银和车上的一名乘客看到了。

潘振银紧急刹车,将车停在路边打起双跳,他对车上的乘客说:"我们做点好事吧,如果要是被路人捡走了,失主一定会损失不小。"

车上的乘客被潘振银的好心所打动,两人一起将迎风飘散在地的16张百元大钞和证件、钱包捡了起来。毕竟不是一笔小数目,潘振银特意请那位乘客留下联系电话,假使日后需要能为他证明清白。

潘振银将这位乘客送到目的地后,立即将捡到的钱物送到公司。公司工作人员通过钱包内的名片联系上了失主。

"啊,我的钱包丢啦?"直到接电话时,吴先生还对自己丢了钱包一事浑然不知。

就这样,钱包、身份证、1600元现金和多张银行卡,一件不少地回到吴先生手中。5月4日上午,吴先生带着一面写有"拾金不昧、品德高尚"的锦旗,来到全福出租汽车有限公司,当面感谢潘振银,并连声说:"江苏人真好!连云港人真好!"而潘振银只说:"这是我应该做的。"

2015年5月17日8时许,在连云港义乌小商品城做生意的浙江人朱先生5岁的儿子,在义乌小商品城广场和几个小朋友一起玩耍时不小心摔倒在地,结果左眼撞到东西导致眼角鲜血直流。

朱先生抱着儿子来到路边，心急火燎地招手打车去医院。正好空车的潘振银见孩子满脸都是血，立即说："快上车！我送你们去医院。"他帮朱先生把孩子抱上车，快速向市眼科医院驶去。

经医生检查，受伤的孩子眼部需做缝合手术。潘振银又帮着忙前忙后，直到把孩子送进手术室才悄悄离开，而车费分文未取。

朱先生后来说："孩子眼部缝了11针。当时孩子受伤，我都急坏了，幸亏遇到潘师傅，及时帮助我将孩子送往医院，没有耽误医治。真是太感谢他了！"

2015年2月9日，潘振银从媒体上得知：租住在市内巨龙社区的13岁的萧正（化名）和10岁的萧然（化名）出生在一个贫困家庭，五六年前，狠心的妈妈抛下他们"失联"了，爸爸只能既当爹又当娘地拉扯两个孩子，还要照顾93岁的年迈老父亲，平时靠打零工维持一家四口人的生计。一番打听，潘振银找到其家中，问寒问暖之余，将刚赚到手的500元送给了他们。

不仅如此，潘振银还曾将公司奖励给他的1000元捐助给了新浦区双语幼儿园的残疾儿童。日常营运中，遇到怀抱小孩的乘客他会主动帮助，碰到年老的乘客他就主动下车搀扶，他的行为多次受到乘客的称赞。

以潘振银为骨干，成立于2001年10月的"党员的士"车队，如今已成为全福出租汽车有限公司的服务品牌。自那次机智解救被拐女童之后，潘振银的美誉更是传遍了整个港城。

连云港地处江苏省东北部，作为新亚欧大陆桥东方桥头堡、中西部地区最便捷的出海口岸，是中国首批14个沿海开放城市之一，素有"东海第一胜境"之称。

潘振银在这里开出租车已经有八个年头，饱览港城美景和沧桑巨变的同时，也熟悉这里的每一条大街小巷。

2013年6月12日晚上9时许，潘振银驾驶出租车送客到新浦汽车客运总站,一个女乘客抱着一个小女孩急匆匆地招手上了他的车。

始建于1954年的新浦汽车客运总站,承担着连云港至京、津、沪、鲁、豫等18个省市及江苏境内的长途、农村公共汽车客运任务和面向全国各地的零担货运任务,共有客运班次700余班,旅客流量达1万余人次。

在这里带客,已经是潘振银的习惯。他很清楚,这里是连云港市主要交通客运枢纽。来来回回不知有多少次了,他载过一拨又一拨急匆匆赶路的乘客,在这里下车、上车,已经习以为常。

"欢迎您乘坐出租车。请问您到哪里?"像往常一样,潘振银的脸上露着真诚而热情的微笑。

"师傅,我去灌南。"那名中年妇女操着外地口音,似乎也很热情地说明了要去的目的地。

潘振银发动了车子,并告知乘客:如果要走高速公路,过路费由乘客负担。

"这个钱我出,我出!"中年妇女不假思索地一口答应,怀里紧紧抱着那个小女孩。从后视镜看去,那妇女大约40岁,小女孩大约七八岁,怯生生的样子。

从出租车开出去之后,小女孩就一直哭闹:"我要妈妈……我要去找妈妈……"细心的潘振银由此察觉到一丝异样,便下意识地和那妇女"攀谈"起来。

"听口音,你好像不是灌南人?"潘振银问。常年开出租车,他经常这样没话找话说地与乘客搭讪。

"我是贵州人,嫁到灌南。"中年妇女答道。心不在焉的表情,淡淡地写在她的脸上。

"哦!这小姑娘真漂亮。她是你什么人?"潘振银似乎有口无心地继续问道。

"她是我姐姐家的闺女,我是她姨妈。"她轻轻地回答。说这句话的时候,她的眼睛里闪过躲避的神情。

是的，那是因为她做贼心虚。刚刚过去的那一幕，印在她的脑海里，久久不肯离去。那种罪恶感，就像虫子一样在她的心里蠕动。

然而，从这个小女孩上车后一直哭闹不止，到从对方嘴里吐出来的"是姐姐家的闺女"那句驴唇不对马嘴的鬼话，让潘振银起了疑心：她自己都这么大岁数了，她姐姐家的小孩怎么才这么小？眼前的这个女人，会不会是在拐卖儿童？潘振银经常看新闻，知道有人从事贩卖儿童的勾当……从这一刻起，潘振银多了个心眼。

"去灌南，走高速公路一般有两个选择，要么走苍梧收费站，要么就走宁海收费站。走宁海收费站要经过瀛洲南路，那里有个交巡警南城警务查报站，正好可以把我的怀疑告诉警察。如果她真的是人贩子，一定逃不出警方的'如来神掌'。"潘振银在心里暗暗盘算着，随即将车子开向了瀛洲南路。

原来，中年妇女姓李，还真是个人贩子。怀抱的那个小姑娘叫新新（化名），是李某当天晚上才得手的"猎物"。搭上出租车后，她正急着去找下家。

2013年6月12日这一天，正值一年一度的端午节。家住连云港市经济技术开发区香缇花园小区的陈先生一家高高兴兴地吃完晚饭后，未满8岁的女儿新新像往常一样蹦蹦跳跳地出了家门，到小区空地上玩耍。可晚上7点多钟了，新新还没有回来。

陈先生去找，发现女儿不在小区里。焦急万分中，便发动家人及亲友共同寻找。时间过去了一个多小时，还是不见女儿踪影。万般无奈之下，陈先生报了警。

当晚8时58分，连云港市公安局交巡警治安卡口大队南城警务查报站接到市110指挥中心指令，要求协查一名走失女童。站长张春瑞带领民警潘军闻警而动，立即启动紧急警情处置工作预案，对一切出城车辆及人员开展盘查。

晚上10时左右,潘振银驾驶着出租车稳稳地停在南城警务查报站门前。为了不惊动嫌疑人,潘振银摆出公事公办的样子,让李某把身份证拿出来,履行正常登记手续。她说:"我有身份证的,但是早就丢了。"

"哦!那我去跟查报站的人说说看,这里的人我都熟。"潘振银若无其事地拿着自己的驾驶证下了车。

"车上这个女的,很可能是拐卖儿童的人贩子。"潘振银对警察耳语,说出了自己的怀疑。

接待潘振银的,正是早已在此守候多时的南城警务查报站站长张春瑞。"我们早已接到上级指令,正在对过往车辆和行人进行逐一盘查。"张警官告诉潘振银。随即,张春瑞对李某进行盘问:"去哪里?"

"去灌南。"李某故技重演。

"车内的小女孩是你什么人?"

"我是她姨妈。"还是同样的回答,李某脸上露出慌张的神色。车内的新新仍然在哭闹,不停地想要挣脱她的怀抱。

"哦!那就请你这个'姨妈'下车吧!"张警官一脸严肃地命令她。

经过警方查证,一切真相大白。

李某,45岁,原籍贵州,现户籍所在地连云港市灌南县三口镇。目前,在市经济技术开发区香缇花园小区租房暂住。李某被抓获后如实交代:当天晚上,她以买玩具为诱饵,将在香缇花园小区内玩耍的新新骗走。然后,从开发区辗转至新浦汽车客运总站,她欲乘车先回灌南,再想办法将新新卖给下家。不料被出租车司机潘振银识破,好梦做到一半便破碎了。

晚上11时许,焦急的陈先生和家人赶到南城警务查报站,见到了可爱的女儿,一家人抱成一团,流下了百味交杂的泪水。接回女儿的当晚,新新的父亲通过张春瑞警官联系上了好的哥潘振银,对他的见义勇为善举千恩万谢。

6月14日上午,新新的父亲和爷爷,带着鞭炮,乘车从几十里外的连云区赶来,向潘振银赠送了写有"人民好的哥,出租车榜样"的锦旗。新新的爷爷老泪纵横地对潘振银说:"是你的善心和慧眼,帮我夺回了孙女。你让我们这个家保持完整,你成全了我的一家啊……"

女童不幸被人拐骗,好的哥智擒人贩子。2014年8月20日,潘振银被授予第三届"江苏十大见义勇为好司机"荣誉称号。

潘振银说:"那天夜里,我刚回到家,张警官就打来电话告知,经过调查,那个女人果真是个拐卖儿童的人贩子。张警官说感谢我的机智和见义勇为,没有让人贩子得逞,新新的家人已经领走孩子,他还问我'你是不是当过兵呀?要不怎么会有这样高的警惕性啊?'我说,虽然没当过兵,但一见到那个哭闹不止的小女孩,直觉就告诉我,这个孩子是被拐骗的。电视上看得多了,我痛恨人贩子,昧着良心赚黑钱。再说,家家都有孩子,我对这样的事于心不忍啊!所以,这是我应该做的呀……"

"这是我应该做的。"短暂交谈中,这是潘振银说得最多的一句话。这也是我在一路采访中听到的出自见义勇为人员口中频率最高的一句话。

什么叫"应该"?什么叫不"应该"?

见义勇为人员的可贵之处,也许就在于把看似不该他们做的事,当作他们"应该"做的,并且自觉地去做了。

一如眼前的潘振银。他努力做好分内的事,也把分外的事当作自己的事,而且在自认为"应该"去做的过程中自善其心,自得其乐。

这,就是善良的高尚!

这,就是高尚的善良!

顾建明

勇敢夺下引爆器

英雄顾建明冒着生命危险,从携带炸弹的亡命徒手里夺下引爆器,避免了更大惨剧的发生……

顾建明

顾建明，56岁，无锡大众出租车公司司机。

他获得的奖项很多：无锡市客运出租行业"四星级驾驶员""十佳的士之星""优质服务标兵"，无锡市"英雄市民""劳动模范""见义勇为先进个人"，"江苏省金牌驾驶人""江苏省见义勇为先进分子"，"全国见义勇为英雄"、"五一劳动奖章"获得者……

无锡市委一位领导同志曾经在一次大会上高度评介："顾建明，是见义勇为事业中涌现出的突出代表，是全市见义勇为群众的英雄缩影。他是我们这个文明城市的一根脊梁！"

采访时，顾建明最先提起的是他人生中最痛苦的一件事：与他朝夕相伴、同为出租车司机的妻子不幸遇害。他说永远忘不了那个揪心的夜晚——

2004年1月13日的晚上，顾建明几次拨打妻子的手机，但一直处于关机状态。熟悉妻子的人的电话被顾建明也打了个遍，还是杳无音信。顾建明说："她的手机从来都没有这样过。我好像有一点预感，揪心了一整夜。"

第二天早晨7时，顾建明收到一条短信，让他的心一下子掉进了冰窟窿："你老婆在我手上。我们一共十个人，想回家过年，每人需要3000元钱，你看着办！"

顾建明颤抖着回复："手头没有这么多现金，给我三天时间……"之后，顾建明一边报警求助，一边筹措现金。

经过一系列侦查抓捕，三天后，警方在苏州火车站边上一个小旅馆里，抓获了劫车及杀人犯罪嫌疑人，并当场缴获刀具及670元赃款。

嫌疑人交代：顾建明妻子被他们扔进戴溪大桥下的河里了。顾建明自费雇了两条船,打捞两天无果。

四十三天之后,常州市武进警方打来电话,称一个农民割草时在河边的芦苇荡里发现一具女尸,经核对特征证实,确认是顾建明被害的亡妻……

说到这里,顾建明在我面前已经顾不得男子汉颜面,禁不住地哭泣起来……

也许我无法全部理解顾建明的爱与恨,从他一个个实实在在的行动,我试图去读懂他化悲痛为大爱的英雄的情怀。

就在当年夏日的一天,无锡市第二百货商厦附近发生一起持刀抢劫案件,驾车途经该地的顾建明见状挺身而出,在追击歹徒的同时及时报警,并将受害者送往医院抢救。事后,他主动向公安机关提供线索,协助破获那起持刀抢劫案件,最终将犯罪嫌疑人绳之以法。

有一年10月初的一天,一名杭州客人搭乘顾建明的出租车到泰州探亲,临下车时将自己的一只公文包遗忘在车上,内有现金5800元以及身份证件、手机等物。顾建明发现后,原封不动地将公文包交到公安机关,及时归还到失主手中。

还有一次,无锡的一位白血病患者急需送往医院救治,顾建明免费把其送往数十里之外的苏州医院。

像这种热心帮助他人的事,顾建明已说不清做了多少次。2004年以来,顾建明主动为公安机关提供各类信息和线索50余条,协助公安机关抓获各类违法犯罪嫌疑人5名,参与救死扶伤13起,捡拾并上交乘客手机7部、行李5件、包裹和书画等贵重物品数十件、现金2万余元……

在顾建明的见义勇为事迹中,至今令人难忘的一件就是那次他冒着生命危险从携带炸弹的亡命之徒范某手里夺下了引爆器。

2004年1月9日,农历腊月十八,随着春节的临近,一年一度的春运正忙,无锡火车站内人头攒动,人海如潮。

一辆桑塔纳出租车驶入无锡火车站地下停车场。车子开进入口处,女司机要求乘客范某结账时,范某露出狰狞面目:"老子没有钱!只有炸弹!"说着,拿出一只遥控器,声称要引爆炸弹。

惊恐万状的女司机,本能地弃车而逃。同时下车的范某按动遥控器,引爆了放置在出租车内的炸弹。刹那间,那辆出租车被严重炸坏。随后,范某向火车站广场逃窜。

突如其来的爆炸声,震惊了事发现场的人们,众人一边追赶,一边大喊:"抓歹徒啊……快抓歹徒啊……"

爆炸声和呼喊声惊动了广场周围的群众,也唤来了驾驶出租车路经火车站广场的顾建明。他立即冲出车,一把抓住正在逃窜的范某。不甘就擒的歹徒一边挣扎,一边威胁道:"我身上还有炸弹。快放了我……不然,我就炸了它!"

顾建明回忆说:"当时,歹徒正好跑到我的车子边上,我上去拉住他的左臂。他跑得急,一下子滑倒在地,我顺势用脚踩住他的手臂。有人对我喊:'他手里有炸弹遥控器!'我一看,他手里确实有个白色的类似汽车遥控器的东西。我就上去抢,他拼命地抓住不放,还用腿踢我的裆部。我使劲掰开他的手,终于把那东西夺了过来。这时候,很多人都涌上来了,大家七手八脚地把他制伏,按在出租车后座上,送到公安分局……后来,有人说歹徒身上的炸弹和遥控器是假的。当时我哪管它是真的还是假的呀!广场上人山人海,万一……当然,我也很清楚当时自己也处于很危险的境地。据说审查时,那个歹徒开始说是为了抢劫,最后才交代了欲携带自制遥控炸弹搭乘出租车到火车站实施爆炸的犯罪图谋。经过最终鉴定,被我缴获的那个遥控器连同他身上的炸弹都是真的。第二天,省里的领导还专为此事赶到无锡,处理善后,据说这是无锡多年来从未发生过的事情。"

顾建明的英雄行为,避免了人员密集场所可能发生的悲烈惨剧,有效控制了可能出现的区域性社会混乱。

对社会心怀不满的范某,那次犯事的目的似乎很明显,就是要在选定的地方搞点"动静",制造"恐慌",以扰乱社会。

善良的人们无法揣摩,这个罪恶的歹徒为什么如此憎恨我们的社会?又为什么无视许多无辜的生命铤而走险?但有一条是可以肯定的:他是有备而来。或许,他来的时候就没有打算再活着回去。要不,怎么叫"亡命之徒"呢!

炸弹、遥控器,广场、人群,逃跑的歹徒、无畏的顾建明,正义与邪恶生死搏斗,扣人心弦……多像一组电视剧的精彩镜头。可顾建明经历的这个情节,不是在拍电视剧,而是你死我活的真实瞬间。

这一个瞬间,双方押上的赌注,都是生命的全部啊!

顾建明不仅是一个英雄市民,也是一名服务明星。他以自己的模范行为培育了一个班组,带动了一个行业,成为城市文明的一张名片。

2007年9月19日,无锡大众出租车公司以英雄名字命名的"顾建明班组"应运而生。顾建明用一腔热血引领自己的团队,投身于城市文明建设。班组全体成员数年如一日,爱岗敬业、甘于奉献,见义勇为、扶危帮困,热心公益、播散文明,把文明春风吹遍锡城的角角落落。"顾建明班组"相继被授予江苏省出租汽车行业"十佳品牌"、交通运输部"优秀车队(班组)"等荣誉称号,并被全国总工会授予"全国工人先锋号"的荣誉。

顾建明班组总结出来的服务标准、服务流程和"服务法"在全行业得到推广,使无锡出租车这扇城市文明之窗更加明亮。

2009年6月,顾建明所在的公司又成立了"顾建明工作室",以"服务人民、奉献社会、见义勇为、匡扶正义"为服务宗旨,进一步扩大服务范围。该工作室又以一项项新业绩,被无锡市总工会授予"劳模创新工作室"荣誉,为出租车行业树立了新的标杆。

韩小云

正气凌云冲九霄

他先后八次受到区、市、省见义勇为基金会的表彰，其中有四个年度蝉联"见义勇为先进分子"荣誉称号。韩小云的见义勇为行为看似举手之劳，其精神难能可贵……

韩小云

韩小云，51岁，中共党员，镇江市丹徒新城镇南村人，镇江市大众出租车公司司机。

韩小云爱憎分明，侠肝义胆。做的哥的十七年生涯中，对乘客，他满腔热忱，服务到家；对坏人，他凛然正气，疾恶如仇。他的座右铭就是：对待自己服务的乘客，多一分微笑，多一分问候，多一分提醒；对待犯罪嫌疑人，则多一分警惕，多一分机智，多一分勇敢。

他热心帮助孤寡老人，爱心帮扶困难家庭，累计捐款捐物数千元；他拾金不昧，共归还失主手机47部、笔记本电脑2台、现金5万余元。他曾协助警方破获各种刑事案件10余起，抓获犯罪嫌疑人17名，阻止打架斗殴事件数起；先后六次追堵交通肇事逃逸车辆，或记下这些车辆的车牌号，为相关部门处理交通事故提供了有力依据。

他先后被评为"镇江市百佳市民"、"镇江市劳动模范"、丹徒区和镇江市"见义勇为先进分子"、"江苏省城市公共交通先进分子"、"江苏省用户满意服务明星"、江苏省出租汽车行业"十佳服务标兵"，入选"镇江好人榜"，被授予首届"江苏十大见义勇为好司机"荣誉称号，是江苏省"五一劳动奖章"获得者。

让我钦佩和惊讶的是，韩小云先后八次受到区、市、省见义勇为基金会的表彰，其中有四个年度蝉联"见义勇为先进分子"荣誉称号。在我采访见义勇为英雄的过程中，像他这样见义勇为行为频率之高，获得"见义勇为先进分子"次数之多，目前在江苏全省绝无仅有。

韩小云见义勇为的事迹，经媒体多次报道，在社会上引起强烈反响，人们盛赞他是"新时代的英雄"。

出现在我面前的韩小云，高大、英武，憨厚的外表中透着睿智与豪气。韩小云头部至今还留有当年勇斗歹徒时被砍伤的疤痕,这是他见义勇为的一枚特殊"勋章"。

2006年12月20日夜晚,韩小云驾车载乘客王某去高资(地名)。车到高资后,对方又要求继续往巫岗村开。天黑,山路难行,王某坚持让韩小云往前开,并谎称身上没带钱,到目的地后由他的老板来付,还装模作样地让韩小云接听他老板的电话。

哪知道,就在韩小云接电话的瞬间,王某突然抽出暗藏的斧头朝他砍去,顿时血流如注。

抢钱、劫车、杀人,这样的事情韩小云早有所闻,没想到此刻轮到自己头上。韩小云强忍伤痛,一下子把对方从车里拖了出来,殊死搏斗中夺下斧头。王某乘隙夺路而逃,韩小云勇敢地追了上去,一番打斗后,终于制伏王某。韩小云把王某捆绑在车内,一面火速打电话报警,一面忍着疼痛坚持着把车子开到高资派出所。

事后查明,王某在浙江湖州犯下命案,刚刚潜逃到丹徒,系网上通缉要犯。

2013年10月中旬,韩小云驾车行至镇澄路至团山路交叉路口时,目睹一辆轿车与一辆摩托车相撞,造成摩托车损坏和驾车人受伤,而肇事车主不仅未下车救人反而驾车逃逸。见此肇事逃逸犯罪行为,韩小云岂能袖手旁观。只见他加大油门,朝肇事车辆追去,一直追到凤凰山路与檀山路路口,终将肇事逃逸车辆逼停,并依据车牌号拨打"110"报警,为警方处理这起交通事故提供了关键性的帮助。

2007年7月底的一天,韩小云在市区青年广场载了一个女乘客。应她的要求,又在丹徒新城接了另一个男乘客。到了丹阳之后,那两人拿了一包东西又乘他的车返回,一路上却没有任何交流。

如此神色匆匆,似乎很不正常。一团疑云在韩小云的脑海里飘过。于是,他旁敲侧击,想通过语言交流来打探虚实,可对方根本不接话茬。后来,那个男的只恶狠狠地甩出两个字:"闭嘴!"根据以往的经验,再看看那两个人做贼心虚的样子,韩小云不禁猜测:难道他们是涉毒者?

车子行驶到丹阳和丹徒交界处时,韩小云借口去解手的工夫,在卫生间里和警方取得了联系。之后,他继续不动声色地驾驶出租车前行。终于,车行驶到官塘桥卡口时,警方将这两名犯罪嫌疑人擒获,并当场从他们身上查获毒品海洛因40克。

2008年9月5日凌晨1点多钟,韩小云的出租车行驶在正东路上,一个20多岁的女子招手打车。

"去南山!"女子上车后漫不经心地说。

韩小云开玩笑地说道:"要长寿,到南山。好啊!你到南山哪个具体位置?"

"随便你开到哪里,越偏越好!"还是那种漫不经心的语气。说话间,那女子掏出香烟抽了起来,可抽着抽着,烟头掉到皮包上女子居然也没察觉。韩小云感觉有点不对劲,就有意识观察起来。

就在出租车到达八公洞附近时,那女子的手机突然响起。她慢吞吞地打开皮包,拿出手机接听后火气冲冲地回应对方:"你明天到太平间来找我!"

放下手机不久,坐在副驾驶座的女子突然呼吸显得异常微弱,一旁的韩小云一看不对劲,便急忙掉转车头,载着这名女子直奔市第四人民医院急救中心。经检查,那女子吞服了70粒安眠药,如果再晚送医半小时,有可能就没命了。所幸抢救及时,那女子转危为安。

类似这样危急时刻救助轻生者、规劝滋事者、说服离家出走少年的事,韩小云不知做过多少回了。平常,我们都有过招手打车的经历,也看到过一些特殊乘客在打车时遭遇的尴尬。比如,遭遇事故急需抢救的人,坐在轮椅上的肢残人,需定时叫车去医院的患者,下车时需人搀扶甚至送回家的老人,等等,他们被拒载、遭漠视的情形屡见不鲜。相形之下，韩小云对这些特殊乘客给予的真情关爱和热情服务，看起来虽是细微小事，却每每让人感动。

年过八旬的吴老先生因患肾病，每周要去江苏大学附属医院做三次血透治疗，而每次打车都是其子女最烦心的事。自从遇到韩小云以后，无论刮风下雨、酷暑严寒，每周三次，来回六趟，韩小云都会准时来到吴老先生的住所或医院门口，热情周到地帮助其子女搀扶老人上下车。这样的高质量服务，韩小云默默坚持了近两年，直到2011年6月吴老先生病故。

无独有偶。年过九旬的胥老先生是一名复员残疾军人，20世纪40年代在战场上腿部被炮弹炸伤。2014年1月初，他腿疾复发，需去中国人民解放军第359医院就诊。老人住在市老年公寓四楼，上下楼行动非常不便，其儿子几次拨打出租车公司的电话或在门前拦出租车后，司机听说老人的情况都纷纷摇头，后经朋友指点，其儿子找到了韩小云。

了解到胥先生的难处，韩小云当即赶到老年公寓，将老人从四楼背下来，抱进了自己的出租车。在359医院就诊结束后，因治疗需要，韩小云又将老人送到镇江市第一人民医院做相关检查，最终老人顺利做完手术。

为了更好地照顾老人，胥先生的儿子将他从老年公寓接回了自己花山湾的家中。从那时起，只要老人需要接送，韩小云都会准时出现。每次接送过程中，为了避免车子颠簸，韩小云总是将车开得稳稳当当，而且从不肯多收车费。

有一天上午，镇江市民张先生在京口医院门口陪一个刚做完手术的病人打车，正好韩小云的出租车途经此地。韩小云发现病人行走不便，立即将车停在张先生他们身边，并热情提醒他们慢点儿上车。待他们上车后，韩小云又体贴地说："请放心，车上有病人，我会尽量将车开稳点儿，并送你们到离家最近的地方下车。"

车子发动起来。加油、换挡、转弯、并线，每做一个动作，韩小云都要求自己稳点儿、再稳点儿，尽量减少因车子颠簸给病人带来的痛苦或不适。

车到目的地，韩小云又叫乘客不要急着下车。他将车子掉了个头，让车门靠近乘客居住的楼道口，尽可能缩短病人的行走距离。不仅如此，他还走过去打开车门，帮着把病人背进家门。

在短短十几分钟的服务过程中，韩小云的每一个细小动作、每一句温暖话语，都让乘客深受感动。2011年9月22日，张先生感动之余，在镇江网友之家"百姓话题"专栏发文赞誉："韩小云，你是镇江出租车的骄傲。你不仅开着一辆'爱心车'，你更有一颗大爱的心。"

为了更好地为市民，特别是为行动不便、老弱病残乘客服务，韩小云不仅随身携带一本备忘录，用于记录那些需要帮助的特殊乘客的电话号码，他还将自己的手机号码公布在相关网络媒体上，以便有需求的乘客能及时找到自己。

采访中，韩小云经常放在嘴边的一句话就是"举手之劳"。听上去，好像是谦虚之辞，但按照我的理解，这正是见义勇为者一种很高的境界和高度自觉的体现。

"举手之劳"，往往是一种"无意识"的行为。当"无意识地去做好事、习惯地去做好事"成为一种常态时，证明其精神层次已经得到了潜移默化的提升。在见义勇为人员行列中，许许多多并不引人注目的平凡者，有时候就因为一个举手之劳，而成为我们最尊敬的人。

可以说，在硝烟弥漫的年代，英雄诞生在战场上舍生忘死的拼杀中；而在国泰民安的今天，英雄所做的往往是一次次见义勇为的"举手之劳"。

"英雄"，有时候就诞生在"举手之劳"的瞬间——不管旁人做何打算，但求自己问心无愧、良心安宁。在他们心目中，别人有难或情况危急之时，"举手之劳"便是天经地义。

是啊！在我们的生活里，有很多时候、很多事情，只需有人举手之劳，便可解人一难；危急时刻、紧要关头，有时举手之劳甚至可能"救人一命"。

这，就是"仁义"！在有些人眼里，"仁"和"义"就是两个字而已；但在能够付出"举手之劳"的人眼里，"仁义"是一种尊贵、一种精神，是一分自觉、一分给予。举手之劳，其实正是见义勇为者的"仁义"选择。每当危难的时刻，是选择袖手旁观还是付出"举手之劳"，恰恰说明有的人只把"仁义"停留在口头，有的人则将"仁义"付诸行动。正因为如此，在当下能够不吝惜"举手之劳"，勇于见义勇为，这分仁义之心、这分自觉和担当，本身就显得尤为可贵！

韩小云曾经说过："镇江是一座历史文化名城，出租车行业是这个城市的名片。我们的服务质量不仅维系着市民生活的幸福指数，也是文明城市创建的重要环节。举手之劳的事，我会一直做下去。"这，就是英雄韩小云的崇高精神境界！

是啊！举手之劳，有时候可能只是一次小小的爱心奉献，但一个个看似平常的"小爱"之举，也能凝聚成"大爱"之恩，凝聚起一个国家的"精气神"！

只要人人都拒绝冷漠，用"举手之劳"传递真情，传递爱心，我们这个社会必将更加温暖！

李巧生

千里智斗擒恶魔

后备箱装过一个"死鬼",车内还坐着一个"活鬼"。李巧生"巧"用计谋,智斗千里,最终将杀人魔王"送"进刑警大队……

李巧生

46岁的李巧生,有一张淳朴憨厚的大脸盘和一双虎虎生威的大眼睛。他的身材高大而壮实,两条胳膊又长又粗,看他那虎头虎脑的样子,总觉得他浑身有使不完的力气。

他的头发留得很短,相当于小平头。我问:"这样很凉快吧?"他幽默地说:"开出租车的,总得要讲究点策略,时时处处都要防着点。以前我的头发不长不短,配上我这张憨厚的脸,上了我车的人,十有八九觉得我好蒙、好骗,尽给我惹麻烦。现在头发理短了,少了点'憨相',多了点'匪气',有点'坏坏'的样子,坏人就不敢随便打我的主意了。哈哈哈……"我和他一起开怀地笑了。

其实,我懂——这既是一种职业性的自我保护,也是适应社会的一种独特智慧。

刚开始开出租车的时候,李巧生没有什么安全防范意识,只有一个想法,那就是把客人安全、满意地送到要去的地方。可是,因为家里困难,他只知道拼命赚钱,想不到无意中被坏人利用,差一点惹了大麻烦。就是那一次难忘的经历,让他大长见识。

那天,有三个外地人登上李巧生的车,说是要去丹阳,他又快又稳地把他们送到目的地后,客人似乎对他的服务很满意,表示希望以后再坐他的车。李巧生就随手掏出名片递给对方,并承诺随叫随到。

此后,那伙人就经常叫他的车。每次找他,都是包车跑长途,好多次去接人的地方都是丹阳。每一次乘车,他们每人都提个大包,不知道里面装的是什么,鼓鼓囊囊的,之后再乘他的车返回句容。

李巧生也曾经对这三个人的身份产生过怀疑:他们都是些什么人?怎么总是在丹阳和句容两地之间行走?会不会在干不法勾当?

聊到这里,李巧生对我解释说:"开出租车这一行有个不成文的规矩,不该看的不看,不该问的不问,不该说的不说,专心致志开好自己的车。但是,我也有疑惑,心里老是发毛,曾在与他们的交谈中有意试探过,但对方总是不愿搭理。"

有一天返回途中,碰到警察设卡,车上的三个人都被盘查了一遍。后来听说那次是因为什么地方发生了杀人案,警察设卡盘查是为了追捕凶手。车上的那三个人很快被放行,李巧生的心也放宽了许多:这也许说明他们不是坏人。

然而,李巧生哪里知道,这三个人是窃贼,专门干些溜门撬锁的勾当。他们是看李巧生长了一副憨厚相,觉得不会坏他们的事,才把他雇来跑"交通"。

那一段时间,丹阳屡屡发生入室盗窃案,很多人家的贵重物品都被洗劫一空,一时间人心惶惶。但这些窃贼流窜作案,来无影去无踪。要想破案,哪有那么容易?

办案民警在一次排查中得到一条重要线索:在某个盗窃案发生的时候,监控录像中有一辆属于句容的出租车在附近出现过。根据车牌号码警察发现,那辆出租车的司机正是李巧生。李巧生得知情况后一下子蒙了,哪知道自己诚心载客,却帮了坏人的忙。

句容市公安局刑警大队朱自春警官找到李巧生,问他某月某日是否在丹阳那次失窃现场附近带过人。李巧生本身就对那三个家伙有怀疑,他不假思索地干脆答道:"是的,去过。他们犯了什么事?我看见他们被警方盘查过,没有发现问题呀?"

朱警官让他看了从录像上截取的照片后告诉他:"如果他们以前没有被抓过,就不会有犯罪记录,所以在卡口就会被放行。警方现在判定他们是盗窃团伙,请你配合调查。"

朱警官问:"他们住在哪里?"

李巧生回答:"不知道。不过,每次都是他们打电话来叫车,每次上车的地方都不一样。"

朱警官见他确实不知情，就没有为难他，只是开导他以后遇到事情多留个心眼，不要再给自己找麻烦。临走时，朱警官说："如果下次他们再打电话要车，你就提前告诉我们。"

李巧生说："好！"

几天后，李巧生又接到那伙人的电话，像之前一样约他到丹阳去接人。他马上向朱警官报告情况，并约定了到时候如何对接的"暗号"。李巧生说："之所以要约定'暗号'，主要是以免抓错人。嫌疑人约定的地点在闹市区，为避免混乱和群众围观，警方决定等出城之后再动手。"

李巧生驾车按时到达盗窃团伙约定的地方，两辆挂着外地牌照的警方办案车也在他的车头前方停下。

那三个家伙如约到来，提着赃物上了李巧生的车。

李巧生一边若无其事地"应酬"他们，一边按照事先与警方的约定将车前的大灯闪了两下，然后发动车子，返回去句容的路，两辆办案车若即若离地跟在后面。坐在李巧生车里的其中一个人还回头望了望，也没有看出什么破绽。

出了丹阳闹市区，车上一个家伙想抽烟，但是身上没烟了，就让李巧生停车。

机会来了！

李巧生把车开到路边，刚一停稳，后面的两辆车就冲了过来，一前一后地将李巧生的出租车夹在中间。还没等那三个家伙回过神，就都被戴上了手铐。困扰丹阳、句容两地的团伙系列入室盗窃案，一举告破。

从此，李巧生还真多长了一个心眼：平时注意多留意每一个乘客的举动；按照警方和公司的提示，开始学着研究犯罪嫌疑人心理和特征；利用开出租车的便利，积极参与维护社会治安和打击犯罪活动。

第二年4月的一天，一个五人盗窃团伙又相中李巧生，两次租了他的车之后，李巧生觉得这伙人有问题：他们居无定所，且每次总是空着手出去，拎着袋子回来，而袋子里总是装得满满的。于是，他赶紧向警方报告。当这伙人又一次作案时，被早已守候在一旁的警察一举擒获。

在李巧生身上,这种"巧"事还真不少。

也许因为李巧生的开车技术好,也许因为他的服务质量高,也许就因为他人长得憨厚,所以坐他车的回头客很多。来的都是客,车轮走四方,许多乘客下车时,李巧生总忘不了递上一张自己的名片。李星平,就是因为这张名片与李巧生扯上了关系。

李星平自称浙江人,有不少亲戚在句容做生意,他本人也就跟着在句容开了店。只是,他开的是那种有点暧昧的"洗头房",后来在一次"扫黄打非"行动中被查封了。

那几个月中,自第一次坐李巧生的车得到其名片后,李星平频频乘坐李巧生的车在句容城里满街转,想找一间铺面重操旧业。但是,跑了几次,也没有寻到合适的地方,后来他就再没坐过李巧生的车。

2007年4月12日傍晚,李巧生按下"空车"的牌子停止当天营运。因为姑妈做寿,他必须赶去送上晚辈的祝福。当晚7时许,李巧生突然接到李星平的电话,说照顾他的生意,要他马上到浙江上虞来一趟,拉点东西。

李巧生有些犹豫:姑妈的寿宴还没有结束,中途退席似乎有失尊敬;几个月来,李星平像人间蒸发了一样,今天怎么会突然想起要用我的车?天黑、路远,且路途不熟……可转念一想,这一次长途将要赚到的钱等于在本地跑两三天的收入;现在生意不好做,而这笔送上门的生意毕竟很难得……他思考很久,最终还是答应了。

夜,黑洞洞的。从句容到上虞至少要跑四五个小时。

一个人跑长途,李巧生感到很无聊。他把收音机的声音开得很大,一边高速前行,一边听歌。电台里放的是韩宝仪的《舞女泪》:"多少人为了生活……流着眼泪,也要对人笑嘻嘻……"那委婉动人的歌声伴随着李巧生对自己人生回忆的绵绵思绪,飘荡在夜空中——

李巧生出生于江苏省原句容县葛村镇一个农民家庭,家里很穷,他读完初中后就外出打工了。1992年4月,李巧生与邻村姑娘陈最香结婚后就在村里的一个采石场干活。后来李巧生得了糖尿病,在家一歇就是两年。2005年12月,李巧生进入句容市长安小汽车出租有限公司,成了一名的哥。

当上的哥的李巧生,坚守当好人、做好事的本分,例如经常有客人把东西遗忘在车上,他坚持拾金不昧,从不贪图不义之财。入行第一年,他不仅受到公司表扬,还受到了句容市政府的表彰,成为20名市"文明标兵"之一。

在这个纷繁复杂的社会,许多事情看似偶然,实属必然。正是李巧生人生中留下的一个个看似寻常的足迹,成就了他的英雄之路……

此刻,李巧生稳稳地操纵方向盘,在夜幕中向前疾驰。对于出租车司机来说,被老顾客叫去跑长途是常有的事,李巧生哪里知道此去凶多吉少。他压根儿没想到,自己将要和一个杀人凶手展开一场不见刀光剑影的决斗。

4月13日凌晨1时,李巧生赶到了浙江上虞,在约定地点与对方见了面。借着路灯的光亮,李巧生发现李星平神情有些异常:脸色苍白、阴沉,显得心事重重。李巧生告诉我,这是他当时察觉到的第一个疑点,也让他隐隐约约感觉有些不祥的预兆。

李星平指着脚边的一个大旅行箱,对李巧生说:"把后备箱打开。"李巧生就打开汽车后备箱,帮助李星平把旅行箱搬上车。

旅行箱很沉。一般情况下,这么大的箱子装满东西也就四五十斤,而李星平的这个箱子足有八九十斤重。李巧生对我说:"这是让我第二个心生疑虑的地方,且觉得惴惴不安。"

当时,李巧生禁不住随口问道:"什么东西?这么沉!"

"一些妇女用品。"李星平明显是在敷衍。李巧生对我说:"这是留在我心里的第三个疑点。妇女用品哪会有这么沉?我顿时觉得奇怪。"

说话间,两人上了车。李星平阴沉着脸,有些懒得说话的样子。而李巧生心里在嘀咕:以前李星平包我的车,总是两手空空,连个手提包都不拿；这回奇怪了，怎么弄出个箱子？还沉得像是装了个铁疙瘩，却说是妇女用品？而且他为什么不在当地包车，反而让我千里迢迢赶过来？难道仅仅是为了照顾我的生意？……一系列疑团在李巧生脑海里缠绕，他断定这个箱子一定隐藏着不可告人的秘密！

李巧生发动车子，问李星平去哪儿。对方说去金坛，然后就很少说话了。李星平以前坐他的车，话很多，这一次话却少得出奇。李巧生越想越不对劲，心里直打鼓。他的耳边突然响起朱自春警官说的话：遇到事情多留个心眼儿，不要再给自己找麻烦。

此刻的李巧生清晰地预感到，今天这个事情可能真有点"麻烦"。但是，他知道自己该怎么做。

为了不引起对方的怀疑，李巧生先故意说些别的事情。过了一会儿，他一边开车，一边用看似不经意的话突如其来地向李星平袭击而去："你的箱子里到底装的什么？妇女用品不会那么沉啊！"

这话猝不及防。李星平匆匆瞥了他一眼，支支吾吾似乎很不耐烦地说："是管制刀具。朋友打架惹麻烦了让我帮助处理掉。"

李巧生听了心头一紧：恐怕不是你朋友惹了麻烦，是你自己惹祸了吧，说不定犯了命案！

于是，李巧生就更想弄清楚箱子里的秘密。他故意夸张地说："哦！那好啊！什么刀具？给我一把。我整天在外面跑，早就应该弄把刀放在车上，好防身呀！"

李巧生对我说："那家伙没有再吭声，大概在思考怎么对付我。我也不想逼得太急，一边默默地开着车，一边紧张地想对策。只觉得心里慌慌的，毕竟那种情形以前从没有经历过。"

从上虞开出两三个小时，快到常州金坛的时候，李星平突然提出要找个没人的地方，把箱子"处理"掉。

这更让李巧生断定箱子里面一定有见不得光的东西，而箱子背后，也一定有不可告人的勾当。李巧生心里这样想着，表面上却和对方打起哈哈："那多可惜呀！一会儿一定要给我留把刀哦！"

李星平说:"你要那东西干什么,会惹麻烦的。"

李巧生在心里说:因为你这个狗东西,我已经惹上大"麻烦"喽!

到金坛市郊区附近时,李星平看中路边的一片绿化带,让李巧生停车,并让李巧生按他说的去做。

深更半夜。路上车辆很少,周围黑黝黝的,几乎什么也看不清。李巧生嘟囔着,故意装作很不情愿的样子打开后备箱,慢腾腾地去搬箱子。

后备箱里没有灯,李巧生摸到行李箱把手往外拉,但没动。再猛地一使劲,箱子的把手就断了。

把手不能用了,李巧生只好伸出双手去搬。这时,他突然感到有液体从箱子的缝隙里流出来,弄了他一手,黏黏的,散发出一股腥味。一个恐怖的念头猛然闪过:不会是人的血吧?李巧生顿时背上冒出了冷汗,但他很快镇定下来,装作若无其事的样子,和李星平抬着箱子走进一片绿化带,把箱子扔了。

等回到车上,打开顶灯,他看见粘在手上的是些红色的东西,放在鼻子跟前一闻,一股浓烈的血腥味直冲鼻腔。李巧生下意识地看了李星平一眼,只见对方用两道凶恶的目光紧紧地盯着他。这些年积累的智慧和胆识让李巧生敏锐地意识到,这个时候再装傻是不明智的,尽管他的心里也很紧张,但是他更明白,一定要保持头脑清醒,不能回避,必须勇敢地直面对手。于是,他也直盯盯地瞪着李星平,严肃而厉声地直逼对方:"你!犯命案了?"

李星平冷冷地说:"不要问那么多,开好你的车。"

李巧生毫不退让:"不行!你得给我说清楚。我是个清白人,不能为你背黑锅。快说,你是不是杀人了?"

李星平知道蒙不过去了,就凶神恶煞地说:"我就是杀人了,你能把我怎么样?!"

李巧生机警地发现,李星平说这句话的时候,还把右手往身子后侧摸了摸,他身上会不会带着刀或者枪?

一看这阵势,李巧生没有贸然行动。李巧生对我说,倒不是担心打不过对方。李星平个子没有他高,长得也没有他壮,如果仅仅是论力气,赤手空拳的话,对方哪里是他的对手!可是,在车里,空间小,他有劲也使不上啊!再说了,对方要是带着"家伙",那就不好办了。看来只能智取,不能强攻。

这时候的李巧生已经开出租车一两年,早就不是那个初出茅庐的"憨的哥"了。凭着以往的经验和见识,李巧生心想:反正他还要指望坐我的车,一时半会儿他还不敢怎么样,等我把他'送'到刑警大队朱警官那儿,他就是瓮中之鳖了。

虽然也曾和警察一起抓捕过盗窃嫌疑人,但对李巧生来说,面对杀人凶手,这还是第一次。为了稳住对方,他找出一块抹布,一边擦手一边说:"你看看,你把我的手弄脏了,把我的车也弄脏了,沾上这种事,晦气!你总不能一个子儿不花吧?"

李巧生的目的,当然不是要他的钱,而是想找个麻痹他的理由。

"你想要多少钱?"李星平问。大约他觉得事情已经败露,不可能就这么完了,李巧生或许想讹诈他,不过能花钱免灾也好。

李巧生一听,知道对方上钩了!可是,要多少钱呢?要少了,对方一定不放心,如果他口袋一掏就完事,那势必少了周旋的余地。于是,李巧生脱口而出:"20万!"

李星平倒没有感到吃惊,反而松了一口气,回道:"太多了,我没有那么多钱。"

他或许把李巧生当成见钱眼开的人了,或者是他的缓兵之计,想先搪塞过去,等到了目的地再伺机逃脱甚至杀人灭口也未可知。

李巧生见他没有回绝,听口气只是嫌价码太高,就接着又说:"你给钱,我封口。这种钱你该花还是要花的嘛!你没钱,可以借呀!一下子拿不出来,先给5万也行。"

李星平犹豫了一会儿:"那好吧,你拉我到句容,我找弟弟去借吧。"

李巧生一听要到句容"借钱",心里一阵窃喜。句容城市的每一条街道他都熟悉；刑警大队在哪儿，他了如指掌；特别是那里还有朱自春警官。嗯！他一直相信朱警官，他们俩已经配合过好多次了。

李巧生关了顶灯继续赶路，一路上他和李星平闲聊世事，感叹人生，感慨出租车司机的艰难，感慨自己家在农村，到城里租房子、打工和养家糊口的不易……听上去，说的都是向对方要"封口费"的理由，其实李巧生在心里一直盘算着怎么做才能不让他跑掉，怎样才能更保险、更安全地抓捕他。

李巧生对我说："后备箱装过一个'死鬼'，车内还坐着一个'活鬼'。上面，我的双手在动；下面，我的两腿直抖。我心里很清楚，面对这种杀人红了眼的歹徒，肯定是有危险的，但我必须义不容辞地站出来。这种人，杀过一回人，还会再杀人，说不定连我也会被他杀掉。说实话，凭我从不服输的个性，还真的没有想过怕死，而是因为从未遇到过这种事情，难免有些紧张，好像身处你死我活的战场，有一种即将英勇赴义的感觉。我想抓李星平，并不是想当什么英雄。当时的初衷，一是决不能放虎归山，让他再去祸害社会；二是也想证明自己的无辜。你想想看：那个丢弃的箱子上有我的指纹，如果李星平逍遥法外，我就是杀人抛尸的嫌疑人，那要花费多少口舌才能证明自己的清白，说不定永远都说不清楚，如果为此被枪毙了，那我岂不是一个永远的冤鬼……"

说这些话的时候，李巧生的眼圈红红的。我心里也很难过，陡然间生出许多感叹，我甚至怀疑自己能否真正读得懂眼前的这个普通出租车司机、这位见义勇为英雄当时那进退维谷、五味杂陈的真实心境。

为了取得李星平的"信任"，在路过一个高速公路收费站时，李巧生提前拐下匝道，对李星平说："能为你省点钱就省点钱吧。再说了，过收费站要录像的，不要给他们留下记录。"

"好！"李星平似乎也很感激。他哪里知道，这个看上去一脸憨厚相的的哥，正在用智慧将他送上一条伏法之路。

事实上，从邹区开往句容的路上，李巧生一直在盘算到什么地方抓捕李星平比较合适。中途路过几个报警点,应该说机会多多,可都被他放弃了。他说:"那些警察对我不熟悉,问来问去的,怕李星平趁机逃脱;即使把李星平安全地交给他们,要做笔录、当证人,那些必不可少的程序也很耗费口舌和时间。所以,我打定主意把李星平交给朱警官。"

为了进一步麻痹对方,李巧生总是避开大道,穿行于小巷,并建议:"进了城,先找个地方洗个澡,我们再去取钱,怎么样?"也许李星平觉得他说得在理,连连点头同意。

进入句容城区的时候,天已经蒙蒙亮。也许李星平杀人后精神过度紧张,且一路奔波有些疲惫不堪;也许李巧生一路喂了"迷魂药",让他放松了警惕,他居然靠在座位上睡着了。

虽然连续驱车几个小时,但李巧生的神经一直紧绷,他不敢有丝毫疲倦和懈怠。

句容市公安局刑警大队的院子,掩映在两排大树之中,这对李巧生的计划实施非常有利。早上6时许,车子到了刑警大队门前,李巧生见李星平还在睡,就把中控锁一按,四个车门被紧紧锁死。然后突然一打方向,径直冲向了刑警大队院子的自动门。

这也是李巧生计划好的。如果把车停下来再去报案,会被李星平发觉,他有可能乘机逃跑;一个身负命案的亡命徒,如果拒捕,或许会来个鱼死网破,弄不好还会伤及警察和无辜群众。现在,李巧生锁了车门,李星平就是想逃也没有那么便当了。李巧生有足够的时间和力气,把他控制在手。不过,李巧生也知道,这样做给自己增加了几分危险。

事实正如李巧生所料。在车子故意撞向刑警大队院子自动门的那一刻,被惊醒了的李星平,猛然看到刑警大队的牌子,他第一个反应就是想打开车门逃跑。然而,车门早已被锁死,绝望之中的李星平,一边用头和身体拼命撞击车门,一边用拳头击打李巧生。李巧生转过身来,用他那老虎钳似的两只大手,把李星平那两只罪恶的手死死地抓住,与此同时,李巧生用左胳膊按压车子的喇叭,很快把值班民警"叫"了出来。

两个民警看见李巧生和另外一个人在车里搏斗，立马冲上前来，喝令李星平："不许动！"李巧生见状腾出手打开中控锁，民警打开车门，立即将李星平拖出来牢牢地戴上了手铐。李巧生也下了车，却两腿一软，一屁股瘫倒在地，有气无力地对民警喊道："我把他交给你们了，可别让他跑掉啊！"

李巧生的腿有些不听使唤，几次想站都站不起来，但他的脑子没有乱。按照自己事先计划好的，他马上给朱自春警官打了电话："你快到刑警大队来，有个大案子！"

在句容警方审讯李星平的时候，金坛警方也接获报案：有人在邹区绿化带发现一个旅行箱，箱内装有被肢解的女性尸体。令他们更惊讶的是，杀人、碎尸、抛尸的犯罪嫌疑人能这么快在句容落网。

经审查：李星平，32岁，浙江温州人。2007年4月11日，他在上海火车站北广场，通过一周姓男子介绍，以2000元价格将一名四川籍从事按摩的女子带至他在浙江上虞经济开发区开设的美容店内。

4月12日下午，两人在店里发生争执，李星平一怒之下将其勒死。之后，李星平在店内分解尸体，装入箱中。为了抛尸毁灭证据，他想到了早先在句容打车认识的李巧生，于是，就有了从上虞一路行来斗智斗勇的生死较量……

李巧生，"巧"用计谋，智斗千里，将杀人凶手"送"进刑警大队。他的那次见义勇为之举，成为见义"智"为的典范。

是的，见义勇为需要勇气，也需要智慧。我的采访本上，记录着好几个用自己的智慧去实施见义勇为的事例，李巧生是其中的一个。我被他们见义勇为的精神所感动，也为他们见义"智"为的方式而赞叹。

见义勇为是社会文明行为的表现，是社会道德的一种高尚品质。当国家、社会、集体的利益和他人的生命财产受到威胁或处于危险的时候，能挺身而出、出手相助、伸张正义，甚至奋不顾身，不惜牺牲自己的生命，这种无私无畏的见义勇为精神，自然让人感动并由衷敬佩。

见义勇为其实有很多种方式。按照《现代汉语词典》的解释，所有"看到正义的事情奋勇地去做"的行为都算见义勇为。但是，从实践来看，在见义勇为的时候，保护自身的安全这一重要前提必须被反复强调。媒体曾报道过两件事，很是发人深省：

广东惠州市博罗县某中学8名初二学生到江边烧烤，一男生不慎滑入江中，4名同学手牵手下到江中去救他，结果不幸一齐遇难。

重庆某年突降大雨造成洪水暴发，危及小区，一居民听到呼救声，但他不会游泳，于是灵机一动，将饮水桶绑在自己身上增加浮力，结果在深水中连救5人脱险，自己也安然无恙。

读了这两则新闻，再来回味李巧生的故事，结论很明显：既要见义勇为，也要见义"智"为。见义勇为，可敬、可嘉；见义"智"为，可贵、可取。

当今时代，需要见义勇为的精神，也需要见义"智"为的方式。人们希望有人能够行侠仗义保护别人，也希望侠士能够审时度势保护好自己。

见义勇为，需要正义与勇气，也期盼人们的血性、忠勇与正义感尽可能在更智慧的轨道上运行，使得在各种紧急状态下的挺身而出更有效率、更有价值。

要鼓励见义勇为，更要提倡见义"智"为。唯其如此，方能将"勇"的风险降到最小，将"义"的价值发挥到最大。

李巧生智擒杀人魔王的故事，经众多媒体报道，在全国引起强烈反响。他不畏牺牲、智斗歹徒的英雄事迹，受到人们的高度赞扬；在句容本地，更是掀起了一股学习英雄、创平安句容的热潮。

因协助侦破浙江"4·13"杀人抛尸恶性案件有功，李巧生先后被授予句容市、镇江市"见义勇为积极分子"，被评为镇江"大爱之星"、镇江市精神文明建设"十佳新人"，获得"江苏省道德模范"殊荣，并荣获第二届"全国道德模范"提名奖，后来还被授予"全国见义勇为好司机"荣誉称号，并入选"中国好人榜"。

多年来，李巧生多次举报犯罪行为，协助警方抓获犯罪嫌疑人10余名,其中有惯偷大盗,有犯案团伙,也有公安部通缉的要犯。这期间,李巧生多次受到过威胁,有人甚至扬言要报复。开始,李巧生也心生后怕,为顾及家人,他甚至曾四次搬家。不过,见义勇为的事情做得多了,又有警方和广大群众撑腰,他渐渐地也就不怕了。再有人出言相威胁,李巧生便理直气壮地回击对方:"我不怕你!你有本事就来试试,如果你敢动我,你就是罪上加罪。就是把我弄死了,警察也不会饶过你……"

如今,那一幕幕惊心动魄的情景,在李巧生的回忆里似乎变得很平淡了。他说:"正义,总是在好人这一边。坏人坑害的是群众,扰乱的是社会,所有正直的、有良心的人,都不会对坏人坏事坐视不管。如果你不管,我不管,那今后还会有多少人受害遭殃啊……"

惊险也罢、荣誉也好,都已成往事,生活仍在继续。李巧生依然每天开着他的出租车穿梭于城市、乡村的大街小巷,有关他的见义勇为、智勇双全的故事已深深烙印在人们心中,成为美谈。

马荣大、王小兵、王世波、韦建国、韩发明

车轮滚滚一路歌

马荣大巧妙抓歹徒,王小兵智擒"带刀客",王世波冒险逮"大鱼",韦建国子夜"直播"小偷行踪,韩发明堵截劫匪追赃物……常州市治安义务巡防车队6000多名出租车司机,既是日夜活跃在大街小巷的"编外巡警",也是一支见义勇为的中坚力量……

2014年6月14日,第十七届江苏新闻奖评选结果揭晓,由常州市公安局宣传处组织媒体记者采写,刊登于2013年12月6日《常州日报》上的题为《常州6000名出租车司机成编外巡警》的新闻报道,是唯一一篇政法类题材的获奖作品。看了这则新闻我很好奇,这支力量好生了得!

常州市见义勇为基金会指导协调部主任黄宏范告诉我,全市出租车驾驶员有组织、有目的地参与见义勇为的故事可多啦!于是,便有了此次常州市公安局公交分局的采访之行。

公交分局政委吉波,中等个头,看上去40岁左右,精干而充满智慧。他先给我算了一笔账:现在常州的出租车已经发展到3000余辆,出租车驾驶员超过6000人;常州市现有城区道路4227条,总长1891公里。全市2000余名民警,即使70%屯兵街面,也难以顾及每个角落。如果增招6000名辅警,以每人每月3000余元的工资核算,每年需耗资2亿元。而出租车驾驶员人多面广,以每车日均行驶500公里计,3000多辆出租车平均每两分钟就可以将城区道路巡防一遍。他们日夜活跃在大街小巷,完全可以成为一支随时随地见义勇为的队伍。

从2010年起,常州警方巧借这支强大力量,将3000多辆出租车列入"治安巡防车",将6000多名出租车驾驶员编入见义勇为治安巡防队伍,实行客运、巡防、见义勇为一岗三责。其中,精选80名出租车驾驶员作为重点力量,每人每月给予500元补助,并且对这部分驾驶员每半年统计一次成绩,实行流动进出,由市财政专门为此每年配套划拨50万元专项奖励基金。花50万元钱办了2亿元的事,不仅节省了大量开支,还给城市增强了平安保障力量。

2011年,为配合这一机制的有效运行,常州警方研制开发管理系统,建立一车一档,运用 GPS 定位系统,根据警情、案情调配车辆;同时,由民警适时随车跟班,传授巡逻防范和见义勇为技能。

2012 年 6 月,常州警方在治安卡口设立"的士驿站",建立了综合性服务平台,为出租车驾驶员参与巡逻防范和见义勇为提供全方位保障。另外,还专设 5 支志愿者服务队,为见义勇为出租车司机提供"一对一"贴心服务。

2013 年 10 月,全国首个出租车驾驶员职业道德教育基地在常州落成,以定期、定向教育推行出租车驾驶员共同的价值观和行为准则。

常州市 6000 多名出租车驾驶员组成的治安巡防队伍成了常州见义勇为的"英雄群体"、维护社会治安的"编外警察"。3000 多辆出租车成了发现和预防违法犯罪的"巡逻车"、掌握社情民意的"情报车"、响应紧急警情的"应急车"、服务人民的"雷锋车";许多出租车驾驶员成为公安机关侦查破案的"顺风耳"、巡逻防范的"千里眼"、提供情报的"信息员"。常州全城出租车成为见义勇为"治安巡防车",带来了"司机得实惠、企业得效益、公安得口碑、群众得平安、社会得和谐"的多赢局面。

截至我去采访之日,这支出租车驾驶员治安巡防队伍共提供破案线索 1500 余条,配合、协助警方破获案件 800 余起,抓获犯罪嫌疑人 748 名。先后有 50 余人次受到全国、省、市见义勇为基金会的表彰奖励,涌现出"江苏省见义勇为先进分子"1 名、"江苏十大见义勇为好司机"5 名、"全国十大见义勇为英雄司机"4 名。而且,第七届至第十届"全国十大见义勇为英雄司机"光荣榜连续四届都有人入围,这在江苏全省史无前例。2013 年,常州市治安义务巡防车队被授予"常州市见义勇为先进集体"称号。与此同时,这支庞大队伍本身还实现了刑事"零涉案",的哥的姐们的职业荣誉感普遍得到提升。

公交分局一大队专司出租车管理与卡口建设,教导员康志兴把我领进了大队见义勇为工作站。

好家伙!集中反映见义勇为工作和见义勇为事迹的一块块展板、

一幅幅图片、一篇篇文字,让我应接不暇,感叹不已。在大队领导的精心安排下,我与其中的几位见义勇为驾驶员代表一一见面。于是,我有幸记录了以下英雄故事——

马荣大,54岁,自称"胆子很小"。然而就是他,在正义与邪恶的较量中,竟一回又一回成为见义勇为英雄,尽管他说事后总有些后怕。

"你说自己胆子小,可面对歹徒,你怎么就胆气十足了呢?"我问。马荣大说:"我也不晓得为什么,反正我就那样做了!"

"那么,是不是因为吃过亏,你恨他们?"我说出了我的猜想。他顿了顿说:"对呀!看到那些不三不四的人,我就恨得牙痒痒……"

接下来,马荣大跟我聊起了关于他见义勇为的动人故事:

你说我吃过亏,还真让你猜对了。我不止一次吃过亏呢。

开夜车时,经常会碰到不三不四的人。一次,三个操外地口音的年轻人上了车,说是要去郊外的一个村庄。

车往村道上开的时候,我就心里发毛:看来车钱是没有指望拿到手了,只是千万别发生冲突,万一车子被砸坏或人被伤害,那就更划不来啦!

果然,那三个家伙下车丢下一句"驾驶员,今天不方便,没带钱",就扬长而去。对此,胆小的我无可奈何。

人不可能一辈子窝囊。在市里治安布控能力不断增强的同时,我的胆子也慢慢大起来了。

一天,我送两个乘客去东青,从后视镜中发现他们神色反常,我随即将车绕至三里庵治安卡口。

后来经警察盘查,从他们随身物品中查获4把技术性开锁钥匙和一套"世博会"纪念币等。进一步审查,两人交代了在常州市内及武进地区盗窃作案8起、案值6.5万余元的犯罪事实。

另一次,三名神情慌张的男子上车要去江阴,我默不作声地将车开到龙虎塘治安卡口。卡口民警当场在他们身上查获尖刀、电警棍、辣椒水等作案工具。那三人交代，他们正准备去打劫一个"阔少爷"。

你也许会问：为什么歹徒会乖乖地被我送到治安卡口？那是因为时间长了，我总结了许多经验。

但凡心里有鬼的人，上车后总会表现出不安情绪，例如东张西望，说不出明确的目的地，等等。这时，我就开始跟他套近乎，一般歹徒看到我又矮又瘦又热心搭话，就会放松警惕。如果对方发现路线不对，我就夸下海口："我天天开车，哪里会不晓得路呀？前面在修路，只好绕着走。"这样三绕两绕，就把他们"绕"到卡口了。

我时常把嫌疑人送往治安卡口，自然和卡口民警熟悉了。平时正常行车路过，也会停下聊几句，听听治安形势。

无巧不成书。有一次，我前脚听民警说在追查三名持刀抢劫歹徒，后脚就遇上了。当时，那三人上车后提出要去高速公路附近的桥边，半夜三更去那荒凉之处能干什么好事？我警觉起来，毫不犹豫地把车驶向卡口，让警察来了个瓮中捉鳖。

观察和识别坏人，不能以貌取人。身上雕龙画虎、说话咋咋呼呼的人，不一定是坏人；西装革履、文质彬彬的，也不一定是好人。

一天凌晨3点多，有个衣冠楚楚的客人，拎着两只大包从新丰街上车，目的地是小河。行至中途，他提出能不能抄近路，我觉察到有猫腻。当他又问路上有没有查车的地方时，我一边敷衍着"没人查"，一边不动声色地把车驶向卡口。后来警察打开那两只大包查看，里面装满了盗来的奔驰、宝马等名车的车标。

平时，我看到不对劲的，就把他们往卡口上送。不过，并非一逮一个准，也有失手的时候，甚至闹过笑话。

有一次在人民公园门口接到一个乘客，目的地是南通。他的眼睛活溜活溜的，看东望西。根据我的判断，此人身上有"疑点"。往卡口上一送，哪知道这位客人原来是南通市公安局的一位领导。

好在卡口民警立马向这位领导汇报了我平时见义勇为的情况。我之后也意识到，这位领导的表现可能是他的职业习惯，回到车上，我觉得很不好意思。没想到,这位公安局领导却对我刮目相看,一个劲地夸我"警惕性高,有社会治安责任感",并把他的名片递给我,说今后去南通有事,尽管找他。

近几年,我协助警方破获案件10余起,当选为第七届"全国十大见义勇为好司机"。去北京领奖时,市公安局专门派人、派车送我去省公安厅,然后,省厅又有一个大领导带队,把我送到北京。

以前都是我开车送别人,这回是别人开车送我、接我,去北京乘坐的是飞机,还进了人民大会堂。那种光荣,无法用语言表达……

马荣大说,希望有更多的同行与他一起智斗歹徒,用见义勇为的实际行动保民平安。

他说,自己的故事很平常,很少遇到带"真家伙"的。同行中有个叫王小兵的出租车司机机智擒获带刀杀人案嫌疑人的故事,那才叫精彩。

王小兵,41岁,在常州外事旅游汽车集团有限公司做出租车司机近二十年了,曾入围2012年度"常州好人榜",先后被授予"常州市见义勇为先进分子""江苏十大见义勇为好司机"等荣誉称号。

对于自己亲身经历的故事,王小兵记忆犹新:

2012年6月5日凌晨2时30分左右,我正空车停在市文化宫附近待客。这时,一个年轻男子一路小跑过来,我把车子靠了上去,男子开了车门说要去无锡。

"150元,含过路费。"我按照正常行驶里程开了价。

没想到那个男子说:"我给你200块,你开快点!"

难得遇到个跑长途不砍价的,我很开心。

车子起步,向前开往清凉路方向。那个男子突然喊道:"掉头,走延陵路!"

这样走不是要绕路了吗?我不由得瞅了瞅这个怪怪的乘客,只见他神色不安、脸上有伤,右手一直放在车窗外。我提醒他把手收回来,这才看见他的手臂上有血在流。

不得了！莫非这家伙犯事了，大半夜的要逃往无锡？难道他知道清凉路上有出城卡口登记，这才舍近求远绕路走？

我心里犯起了嘀咕。

中吴大道上也有卡口，我盘算着从延陵路拐上丽华路，再到中吴大道上去找警察，让他们查个究竟。

哪知道，车子才开到丽华路，那家伙又要求从劳动东路走。我一听，这样就绕过中吴大道的卡口了，他似乎是故意避着警察走呢！

这时我意识到，这家伙很熟悉线路，是在有意绕开治安卡口。于是，我利用与出租车调度服务中心保持联系的便利，悄悄地采取了紧急报警措施。

很快，对方回了电话，来核实有关情况。那可疑男子正在副驾驶座上呢，我可不能在电话里讲真实情况啊！只好"对的，对的"暗示着对方。

电话那头的年轻女孩似乎没领会过来，把我急得背上全是汗。余光瞥见那家伙正在盯着我，我只好把电话挂了。

很遗憾，错过了一次报警的机会。

车子往常州城东开，我一路盘算哪里还有卡口或治安岗亭。

当车子开到采菱路巷口时，那家伙突然喊我停车，说要去他姐姐家取些东西，让我在路边等一会儿。

机会来了！

看着他走进了小巷，我赶紧给呼叫服务中心打电话，把大概情况说了一遍，接着又向110指挥中心报了警。

警方根据我提供的情况，说清凉寺门口刚刚发生一起恶性案件，凶手体貌特征跟我车上那人挺像，那家伙嫌疑很大，让我稳住他，他们很快就过来。

刚挂完电话，那家伙就返回到车前。

得拖延时间，等警察到来！

我盘算着找什么借口来"磨蹭"。

这时，他提出要走高架。走高架可就避开桥下的岗亭了。我突然想到，出租车一般要到武进那边加天然气。我说："我要去加气站。不加气，肯定跑不出常州，更别说是无锡了。"

没想到，他居然同意了。

在加气站，我专门瞧了瞧副驾驶车门，上面全是血，看来他伤得挺厉害。

我慢腾腾地加完气，他催促了好几遍，变得焦躁起来。我想，再拖延下去可不成，万一他手里有凶器，狗急跳墙怎么办？

我在心里想，如果警察还不来，我只能找堵墙，靠墙停车，副驾驶门打不开，就能把他堵在车内了。

重新上路，车开得很慢，我尽量拖延时间。

沿着青洋路往南开，到人民路时，见有警察和联防队员站在路边，那家伙顿时紧张起来，问我："前面出什么事情了？"

我说："例行检查，每天都会有。"

趁着他把注意力放在警察身上，我猛地一踩油门，一打方向将车开到警察面前。

熄火、拔钥匙、下车、锁车门……整个动作只用了三四秒钟。

等他反应过来想开门逃跑时，已经来不及了。三名警察上前将他一把控制住，从其身上搜出两把水果刀，其中一把刀的血槽上还有血迹。

经审讯，那家伙正是当晚清凉寺门口凶杀案的元凶。

王小兵的故事一波三折。下面这个故事更加惊险，讲的是王世波冒险逮住一条"大鱼"的见义勇为事迹。

王世波，34岁，共青团员，武进顺发出租汽车有限公司出租车司机，"常州市见义勇为先进分子"、第九届"全国十大见义勇为英雄司机"荣誉称号获得者。

他高高的、瘦瘦的，戴着一副眼镜，看上去显得文质彬彬，说起话来慢悠悠的：

2012 年 5 月 22 日，对于我来说，注定是个不平凡的日子，也可以说是死里逃生哦！如果那个爆炸的"黑色管状物"更厉害一些，说不定我的命都没了，更不要说保住车子了……

那天晚上 11 时 30 分左右，我正常驾车经过常州火车站，接到了两个年轻人，说是要去镇江。

上车后，两人都坐在后座上，一路上沉默不语，其中一个人还挎着一只黑色挎包。我从后视镜里发现另一个人衣服袖子上有血迹，小手臂上有伤。这下，我犯疑了，马上就觉得这两个人有问题。想到平时治安学习时领导的再三叮嘱，我决定把车驶向龙虎塘治安卡口，让警方盘查他们。

于是，我从关河路出发，途经晋陵路—广场大路—太湖路—惠山路—珠江路—通江路，当车到龙虎塘治安卡口附近时，我忽然加速将车开到卡口设卡检查的民警面前。还没等那两人反应过来，民警已经将车门口堵住。

当民警在盘查的同时，我发现那个挎着包的男子将包塞在了驾驶座下面，并偷偷地对我说："不要讲车上有包，可以多给钱。"

我装作下车拿驾驶证给民警检查的工夫，偷偷告诉民警车上还有个包。

民警要求检查包裹行李。见事情败露，那个男子迅速从驾驶座下拉出包，从包中拿出一个黑色管状物并瞬间点燃，扔在左车头前。那东西立刻爆炸了。

好险！所幸威力小，无大碍。

民警冲上来，从其手中夺下挎包。另一个男子突然拔出手枪，口中大喊："别过来，再过来我要开枪了！"

持枪的那个男子一边喊着，一边掩护另一个人，借着夜色一起往马路上逃窜。

民警在请求支援的同时，朝那两人逃跑的方向追去。在市局统一指挥、多部门合力下，成功将两名犯罪嫌疑人一举抓获。

结果，你猜怎么着？我万万没有想到，逮到的是一条"大鱼"。束手就擒的那两个男子，竟然就是"苏州百万黄金大劫案"的嫌疑人徐某和唐某。经清点嫌疑人遗留挎包中的物品，发现内有黄金项链116条，共计3000余克，案值超过100万元。经查，上述物品正是这两名犯罪嫌疑人当日在苏州市抢劫金店的赃物。

韦建国，常州外事旅游汽车集团有限公司出租车司机。他子夜"直播"小偷行踪的故事，听上去也很生动有趣：

2011年5月8日的深夜，我跟往常一样在市中心开车营运。在路过大庙弄附近时，遇到一位老人站在街上十分焦急地四处张望。我原本就是个热心人，主动上前一问，原来事情还不小。

袁先生和屠女士夫妻俩是常州市薛家人，都已60多岁，在市区大庙弄附近开了一家服装修改店。

前段时间，他们在薛家的拆迁安置房交付，需要交入户费用。5月8日，屠女士取了3万元钱放在家中，准备第二天去交钱。

当晚，他们把店门虚掩着，袁先生在店内一楼干活。屠女士上楼先睡了，为防万一，她特地将放钱的包放在床的内侧。

9日0时许，屠女士在睡梦中感觉身边有点响动，惊醒后一摸，床内侧的包竟然不见了。她立即下楼，问老伴是否有人进家门。袁先生忙着干活，又有点耳背，说什么都不知道。

听说钱包没了，袁先生马上跑出店门，想看个究竟，可是大街上空空荡荡，连个人影都没有。

此时已是0点10分左右，袁先生问我："开车过来的路上看没看到有人手里拿着一只包？"

"这倒没注意啊！"我知道袁先生是遭贼了。

袁先生说："钱还不少呢！"说完，他又回家去安慰老伴，只听见屋里传出一阵哭声。

听着老夫妻伤心的哭声,我心里也不是滋味:"要不,我就帮你们找找吧,说不定人还没跑远。"

问明情况,我掉转车头,朝觅渡桥小学方向开去。

说来也巧,开到觅渡桥小学后门的巷子时,我远远看见前方有个人影,好像还抱着一只包,我悄悄跟了上去。

那是一个年轻男子,身着咖啡色T恤,走得很急,一边走还一边翻动手中的包。

"这人会不会就是那个小偷?"我尾随着他,拿起手机拨打"110"。

110指挥中心已经接到袁先生的报警,听说我发现线索,连忙问嫌疑人所在的位置。我说:"他在往邮电路方向走,你们赶快过来,我先盯着他,路上跟你们联系。"

我跟着嫌疑人上了邮电路,又到了西横街,在虹桥加油站附近,嫌疑人上了一辆出租车。

我一边紧紧跟上,一边又给"110"打电话,将那辆出租车的车号报给警方。

我跟着那辆出租车,一路开到广化桥下的一家大浴场。嫌疑人下了车,在浴场前转了一圈后,进了浴场大门。

"他手里的包,到哪里去了?"我大惊失色。我明明看到他下出租车时还拿着包的,可进浴场时手里没包了。

我下车来到浴场前看个究竟,终于看到一辆停放在浴场前的黑色奔驰车下藏着一只包。这时,钟楼公安分局防暴队员和北大街派出所值班民警跟我联系后,也迅速赶到浴场。

0点40分,民警抓获了那个入室盗窃嫌疑人。袁先生家被偷的包里面3万元现金一分不少。

经审查,嫌疑人姓王,21岁,是浴场的工作人员。警方调查发现,王某此前曾因多次盗窃被公安机关处理过。

华泰出租车公司司机韩发明也有一段关于"包"的故事。不过，那个包不是被人偷走的，而是在光天化日之下被犯罪嫌疑人抢去的。

也许是这样的经历多了，也许是时间过去两年了，韩发明回忆起来似乎已经很平淡，好像在说别人的事情，但他见义勇为的胆识和智慧，还是让我深深折服。他说：

2013年2月27日23时20分左右，我驾驶出租车经过BRT兰陵路站站台时，看到右手路边非机动车道上，一位女士在后面追着一个男的跑，一边哭还一边喊……

当时，我多了个心眼，就跟了上去。

到光华路口时，那个被追的男子在路边招手，我赶紧靠了上去，清晰地看到他手里提着一只女式手提包，联想到那个哭喊着追他的女子，我顿时觉得眼前的人很可疑。

他要求去莱蒙酒吧一条街。上车后，坐在后座的他不时回头往车后方看，并打开女式手提包，从里面拿出一个钱包，将钱包里的钱都拿出来装进了自己的口袋里。我由此判断：他肯定是抢包的歹徒！

当车开到莱蒙酒吧一条街的治安岗亭对面时，我看到路边停了一辆出租车。于是，我心生一计。停车时，我故意将自己的车右侧紧靠路边那辆车。心想等他下车时，开车门肯定会撞到旁边的出租车，到时候我就可以找他"麻烦"了。

果然不出所料。

那男子下车时，用衣服将那只女式包遮掩好，夹在左边腋下，而开车门时正好撞到旁边的出租车。

我下车要和他"理论"。哪知道，那家伙扭头就往弄堂里跑。我追了10多米，抓住他到治安岗亭里去"评理"。我悄悄告诉岗亭里的辅警：这个人很有可能是抢劫犯罪嫌疑人。

后经审查，该男子姓封，在兰陵五一广场蒙面抢夺一女式手提包，内有现金4000余元。

近些年，发生于常州市出租车治安义务巡防车队的见义勇为事迹层出不穷。

徐伟荣，武进顺发出租汽车有限公司司机。他慧眼识凶，协助警方抓获涉毒犯罪嫌疑人，当场查获冰毒600余克，并带破一起涉毒团伙案件，抓获3名嫌疑人。

王中俊，武进顺发出租汽车有限公司司机。他发现三个乘客疑点重重，径直将车开到附近卡口，民警当场查获现金、珠宝等共计案值100余万元。后经审理查明，这些赃款赃物正是那三个窃贼一个多小时前入室偷盗所得。

梅泽华，常州常运出租汽车有限公司司机。他电话召集出租车同行，围追堵截，成功抓获抢劫犯罪嫌疑人。

王明军，常州外汽集团出租车公司司机。他敏锐察觉并智斗企图乘车逃跑的三个嫌疑人，使得一起刚刚发生的团伙抢劫案件得以及时破获。

……

时过境迁，今天，我们重温常州出租车司机那些见义勇为的故事，也许不以为意，但如果细细想想，正是他们一次次的见义勇为举动，使得一个个或大或小的刑事案件得以及时侦破。否则，破案的难度、破案的时间、破案的成本都将无法考量。再则，如果不能及时破案，坏人继续作恶，那又将增加多少社会危害？！

随着改革开放的洪流,地域的堤坝早已冲破。

江苏地理位置优越,经济发达,近些年外来务工人员日渐增多,劳动力的流动也越来越频繁。在江苏,外省在此以及省内离开户籍地在本省异地工作生活的群体,被统称为"新市民"。

和着时代的节拍,江苏新市民在遵纪守法、创造财富中快乐劳动、完善自我,也为江苏见义勇为事业增砖添瓦,临阵助威。他们是地地道道的"草根",平日里不显山不露水,各自为生计奔波,但在危难时刻,他们会毫不犹豫地救人、助人。他们中层出不穷的见义勇为事迹,广泛流传在江苏大地上。

近几年来,江苏对这一部分见义勇为人员的表彰奖励采取了单独立项的办法,对他们当中事迹突出的授予"江苏见义勇为新市民"的光荣称号。

正是他们的一次次正义之举,雕琢了"江苏见义勇为新市民"的"道德群像"。他们的见义勇为精神凝聚在"大爱江苏",也以强大力量托举着这个时代昂扬向上。

第九章

侠义"新市民"

施玉亮

血洒百米追凶路

一个普通浴场小老板,为夺回他人被盗财物,遭遇歹徒持刀行凶,英勇献身。从平民英雄施玉亮身上,人们看到他对社会责任的勇敢担当……

坐落在镇江市京口区贺家弄196号的南门浴场，依旧像往日一样开张营业。浴客出出进进，他们都是小区的居民，来这里洗一次澡，只需5元钱，享受的是"普浴"。

说是"浴场"，其实是镇江糕点厂废弃的一幢两层小楼改装而成。楼上是浴客休息处，楼下里面被隔成男女浴池，外面是个小小的厅堂，厅堂左侧设置有吧台，右侧放着一排木制长椅。

这间不大的铺面，是施玉亮生前盘下来的。如今，英雄已去，物是人非。

"南门浴场"的招牌，仍然悬挂在门头。

施玉亮的遗孀、40多岁的朱双琴在吧台里忙着，68岁的公公施长兴和67岁的婆婆刘文萍也在忙里忙外，刚放学回家的18岁的女儿施蕾正在做作业。

两位老人身体还算硬朗。老人家说："儿子没了，儿媳妇把这个门面撑了下来挺不容易。我们老了，只能给她搭把手……"

朱双琴说："2010年，在区、市见义勇为基金会协调下，全家办理了在镇江市的落户手续。多亏税务部门照顾，每年减免7000多元的税收，经营负担轻了一些。浴场的生意目前还算过得去，冬天稍好些。我现在最大的愿望，就是替大亮把老人照顾好，把女儿带好，让她将来能自食其力……"

在妻子的心目中，丈夫虽已离去，但永远是她的"大亮"。

是的，"大亮"，家里人曾经都这样叫他，小区里的居民也是这样亲切地称呼他。熟悉施玉亮的人都知道，他是一个"大"勇的人，有一颗"亮"堂的心。

施玉亮,原籍扬州市邗江区瓜洲镇人,牺牲时年仅 37 岁。

他出身农家,家境贫寒,16 岁时便跟随姨夫到镇江做学徒,每天起早贪黑,奔走在市区多家浴室,学习修脚等手艺,并以此为生。牺牲的五年前,他承包了这家南门浴场。

施玉亮的妹妹施玉霞说:"我哥这辈子,过得太苦了。"在妹妹眼里,哥哥的心里永远装着家人、客人,唯独没有他自己。她至今记得,哥哥刚到镇江当学徒,拿到第一个月工资,就为她买了一双运动鞋。

朱双琴无法忘记,丈夫生前最挂念的就是一天天年迈的父母和尚处年幼的女儿。每到过年添置新衣时,他总是让妻子多为长辈、女儿着想,却从来没有想过为自己添置些什么。在整理丈夫的遗物时,朱双琴心酸得直掉泪。他穿的大都是旧衣服,最新的一件外套是离世当年春节前添置的皮衣。就这件皮衣,也是被妻子和女儿强迫着才买下的,可他根本就舍不得穿。

"大亮,就是这样一个热心人。"

"他眼睛里容不得半点沙子。"

"他关键时刻出手,一点也不奇怪……"

这些是事发之后很多熟悉大亮的人对他的由衷评价。待人热情、乐于助人,是同事、朋友、客户、街坊邻居等对他的共同印象。从"大亮"这个毫不见外的称呼上,就可以略见一斑。

贺家弄,是一个老小区,数十栋老式"筒子楼"密布其间。

有热心居民带我从南门浴场向南,走过拐弯的一段弄堂水泥路,就在这条百米左右的小区道路上,曾经洒下了烈士施玉亮的鲜血。居民们指指点点地比画着,深情地向我诉说当时的悲壮一幕。

2010 年 4 月 11 日,中午 12 时 30 分,绵绵细雨下个不停。

施玉亮当时正在浴室打理生意,突然发现浴室对面不远处有一个男子在撬动停在路旁的一辆小轿车的后备箱,正实施盗窃。见此情形,施玉亮快步冲上前去,一把抓住那个家伙的衣领,迅速夺下盗窃者手里车主的包。那个家伙拼命反抗,挣脱后快速逃窜,施玉亮追出30米左右,再次抓住那个家伙。

眼见无法脱身,穷凶极恶的歹徒掏出随身携带的刀子,狠狠地朝施玉亮胸部刺去。顿时,施玉亮的鲜血顺着衣服,和着雨水,染红了地面。施玉亮捂住胸口,一面大声呼喊:"抓小偷啊!"一面继续往前追去。可没有追出多远,他就因伤势过重,倒在了血泊中……

当施玉亮被众人抬回浴室时,他已经说不出话了。血,一直在涌,甚至连施玉亮身下浴室的防滑垫也很快被血水浸透。即使这样,施玉亮还是直盯着那只被他拼命夺回来的包,示意在场的家人尽快送给失主。

施玉亮被送往医院后,终因左胸腔贯通伤,经抢救无效,于2010年4月11日14时,永远离开了人间……

镇江、扬州两地千余名各界人士,自发前往设在南门浴场的灵堂吊唁。浴场附近百米长的巷子里站满了人,一个个悲痛不已。

拄着双拐的残疾人陈兆顺来了。他说:"浴场开业五年,我洗了五年澡,大亮没收过我一分钱。"

素昧平生的77岁老大爷邵白里来了。他和老伴从清晨5点多步行一个多小时,特意来给大亮送行。

同是扬州老乡的报社记者李锐明来了。他流着泪说:"大亮出生在扬州,工作在镇江,这次,他真是用生命筑起了一座无形的'润扬大桥',让镇扬两地百姓的心贴得更近了!"

施玉亮,先后被追认为"镇江市京口区见义勇为积极分子""镇江市见义勇为先进分子""镇江市见义勇为好市民";当年11月,被省政府追认为革命烈士;后来,又被追认为第一届"江苏见义勇为新市民",是当年全省唯一被追认此项荣誉的人。

追思会上,镇江市京口区领导高度赞扬施玉亮:作为一位百姓英雄，他的英勇行为体现了见义勇为、匡扶正义的崇高精神；他的人生体现了艰苦创业、勤劳致富的优良作风和待人真诚、助人为乐的高尚品德。英雄施玉亮的这些优秀品质，正是在对家庭、对事业、对社会的责任担当中完成塑造，并闪耀出正义的光辉。

施玉亮是为了保护车主财物被歹徒杀害的。可以说，作为一名新市民，他的牺牲是以付出生命为代价来对人民群众的利益担负起保护的责任，这是何等高尚的道德情操！勇敢、坚强、正直……有太多太多美好的字眼可供人们来赞誉他。然而，在我看来，他留给人们最多的两个字，就是——责任！

是啊！责任是做事、做人应有的担当。从英雄施玉亮身上，人们分明看到他对家庭责任的全力担当，对社会责任的无私担当，对见义勇为事业的勇敢担当！

汪本德

面对枪口不退缩

漆黑的深夜，亡命的歹徒，黑洞洞的枪口和圆滚滚的手雷……巡防队员汪本德和其他队友一起，以大无畏的英雄气概制伏恶魔……

汪本德

穿着制服,站在马路上吹着哨子维持交通秩序,或者驾车巡逻在大街小巷……辅警,不是警察,但他们在维护社会平安的伟大事业中发挥着重要作用。例如苏州市,就有近4万名辅警日夜活跃在公安基层社会治安管理战线上,"江苏省见义勇为先进分子"汪本德就是其中的一员。

36岁的汪本德,是安徽六安人,现任张家港市城西派出所巡防中队中队长。一张娃娃脸,那敦实憨厚的样子,让人倍感亲切。

汪本德1996年入伍,在南京武警部队服役三年后退伍。那时,他的愿望是有一天能穿上警服,做一名光荣的人民警察。为了这个梦想,他拒绝过多家单位的聘用,但囿于有限的文化水平,他的警察梦始终未能如愿。2000年3月,经朋友介绍,汪本德成为张家港市城东派出所一名辅警。他不无幽默地说:"后来我才知道,当警察是有许多条件的,我哪里能够格呢?那么,每天和警察在一起工作和生活也好呀!"

他以认真的工作态度和忘我的敬业精神,在辅警这个平凡岗位上无声无息地奉献,付出了满腔热忱。用他自己的话说:"此生做不了警察,那就努力做一个优秀的辅警吧!"

经济发达的张家港市,外来流动人口占全市总人口的一半以上。与市区接壤的泗港镇,外来流动人口相对较多,身份复杂,给社会治安带来很大隐患。于是,汪本德主动请缨,2004年调到改建后的城西派出所,到了最复杂的泗港镇城西片辖区,从此他就在这里扎下了根,在并不起眼的辅警岗位上干得越来越有声有色。

采访中,汪本德对我说,在有些人眼里,辅警只是每天在街上转转而已。其实,他们经常面临着各种危险,很多时候甚至会危及生命。

那是 2006 年一个冬日的夜晚，汪本德像往常一样在辖区巡逻时，发现一名个子高高的蒙面男子从一户人家中鬼鬼祟祟地走出来。汪本德根据自己多年的工作经验判断，此人形迹可疑——深夜蒙面进入百姓家，能干什么好事？十有八九是窃贼。

汪本德在迅速联系队友的同时，自己则大步逼上前拦住对方的去路："请出示你的证件！"

看到有人突然出现在眼前，此人一惊，慌慌张张地掏出身份证。汪本德看过证件后询问他为什么如此打扮，这个满嘴酒气的家伙支支吾吾地答不上话。

汪本德要求其去派出所，接受进一步审查。没想到此人嗖地从腰间拔出一把匕首，朝他前胸刺来。汪本德一个闪身，随即一脚踹了过去，凭着在军队里练就的一身本领，在迅速赶来的队友协助下，很快制伏了对方。在派出所，这个惯偷对蒙面入室、偷盗犯罪事实供认不讳。

凭着在部队锻造的优良素质和练就的一身本领，汪本德很快便在工作中脱颖而出，成为巡逻队的业务骨干，并当上了中队长。多少个日日夜夜，他凭着一双敏锐的眼睛，在茫茫人海中搜寻违法犯罪的蛛丝马迹。

2007 年一个夏日的夜晚，汪本德在辖区例行巡逻。忽然一辆摩托车从身边擦过，车上的两人神色慌张，后面的一个人还不时地四处张望。汪本德看出这两人神色不对，认定得仔细盘查，便发动巡逻车追了上去，悄悄尾随其后。摩托车上的人很快发现了身后的巡逻车，于是加足马力，风驰电掣般向前飞奔。

大约 20 分钟过去了，摩托车左拐右拐地朝着张杨公路方向疾驰，汪本德看在眼里，寻思着对策。他与摩托车拉开了距离，造成落后的假象，随即调转车头抄小路直奔张杨公路，并呼叫队友快来支援。

就在摩托车上的两人兴奋地以为甩掉跟随的"尾巴"时，没想到汪本德仿佛从天而降，铁塔般拦截在他俩面前："请出示你们的证件！"两人插翅难逃,只得悻悻地下了车。

经查证核实,两人均是被警方列入追踪名单的网上逃犯。他们没有想到流窜到张家港才三天,就栽在了辅警汪本德手里。

汪本德在巡逻中遭遇最危险的那一次,发生在一个漆黑的深夜。

2009年10月28日凌晨2时许,汪本德同队友夏登峰正骑着摩托车在辖区巡逻,发现有一个形迹可疑的男子从弄堂里慌慌张张地走出来。此人大约40岁,裤子口袋里鼓鼓囊囊的。汪本德和夏登峰两人便上前打算进行盘查。不料,中年男子见状转身便逃,汪本德和夏登峰立即追过去拦住他——

"干什么的?"

"过路的。"

"为什么要跑?"

"我……我……"

汪本德不想再这样跟对方磨叽下去:"别再狡赖了,把你口袋里的东西掏出来吧……"

没料到,这个走投无路的家伙掏来掏去,忽然从身上掏出一把手枪,并且熟练地将子弹上膛,大声喊道:"你们不要过来,不然我就不客气了!"

在十余年的职业生涯中,汪本德还是第一次碰到这么荷枪实弹的危险情况。他有些发蒙,但很快就冷静了下来。看着指向他们的黑洞洞的枪管,汪本德没有慌乱,他们两人一边用言语与对方周旋,一边在寻找制伏歹徒的机会。

得寸进尺的歹徒以为辅警怕了自己,便用枪抵着汪本德的脑门,威逼二人用摩托车带他走,但遭到了严正拒绝:"你别做梦了,还是老老实实地跟我们走吧!"

双方僵持阶段,心虚的歹徒突然拔腿逃跑。汪本德和夏登峰立即追了上去,并通过电台呼叫请求增援。

派出所领导接到报案后立即启动应急预案：指令两部巡逻警车火速赶往现场，所内12名值班巡逻队员对周边地区6个卡点进行设卡，其余所有夜间值守民警、保安队员立即赶到现场进行增援。

汪本德、夏登峰也很快追上歹徒，并将其扑倒。夏登峰上去夺下歹徒手中的枪，汪本德则用身体压住歹徒。

第一时间赶到现场的巡逻队员袁洪清、方文银等，也上前协助控制住歹徒。接着，派出所也来了十多人，将歹徒团团围住。

就在大家以为已经成功制伏歹徒的时候，意想不到的事情发生了。歹徒居然从裤子右边口袋里摸出一枚手雷，并狂妄叫嚣："你们都是派出所的吧，都来齐了吧……你们不要动我，不然大家一起死。快把枪还给我，否则，几秒钟之内我与你们同归于尽！"见此情形，大家都不敢轻举妄动。

这时，军人出身的汪本德，爆发出英雄般的刚毅和勇猛。只见他用双手紧紧地抓住歹徒持手雷的右手，大声叫道："大家快卧倒！你小子不是要同归于尽吗？老子今天奉陪到底！"

在场的几位血性男儿，没有一个怕死的。夏登峰、袁洪清、方文银和谢江珠等也都没有松手，他们不顾生命危险，齐心协力死死地控制住歹徒。挣扎中，歹徒还是乘隙扯开了手雷的拉环，将手雷扔到地上，试图趁机逃走。汪本德见状，在死死抱住歹徒的同时，一脚踢开了手雷。幸运的是，那枚手雷不知什么缘故并没有炸响。最终，巡逻队员们会同赶来的派出所民警将歹徒彻底制伏。

路灯下，设置在路边的监控探头真真切切地拍下了这个惊心动魄的全过程。汪本德他们转危为安。但在与歹徒搏斗过程中，汪本德、夏登峰、方文银等人被不同程度咬伤或抓伤。

经审查，犯罪嫌疑人穆某因在赌博中输掉人民币17万余元，怀疑被张家港一个蒋姓男子下套骗赌，便于一周前从深圳以1000元人民币价格购买仿六四式手枪1支、子弹5发、水果刀1把，并以500元价格购买手雷1枚。之后，穆某于2009年10月27日下午来到张家港，准备敲诈蒋姓男子60万元人民币，没想到罪恶计划还没来得及实施，便栽在汪本德他们手里……

一个普通辅警勇斗持枪、持雷歹徒的真实镜头，很快出现在千家万户的电视机屏幕上。汪本德——一个原本陌生的名字，从此出现在百万港城市民的热议话题中。

像汪本德这样的一位"新市民"，一名舍生忘死、见义勇为的好辅警，值得人们用心去尊敬！

顾桂华

麋鹿之乡美名扬

用自己的身躯为落水者托起生的希望,送水工顾桂华在冰河里勇救四名被困群众,见义勇为事迹名扬麋鹿之乡……

顾桂华

顾桂华，1971年8月出生，江苏盐城市大丰区大中镇人。

他头发理得平平的，眉毛粗粗的，戴一副眼镜，身体略显单薄。在盐城市见义勇为基金会办公室，他敲门进来的时候，脚步很轻。这是他的一种职业习惯，定是出于他的文明素养和对别人的尊重。

顾桂华职高毕业后，于1987年招工进厂，在原大丰市米面厂当工人；一年后因工厂倒闭而被迫下岗；为了维持生计，他离开本镇到原大丰市自来水公司当起了一名临时送水工，成了一位"新市民"。

顾桂华每天的送水路程加起来有100余公里，有时候为给客户送一桶水要跑很远的路。就是这样的活儿，他一干就是十三年。就是这样一名普通的送水工，做了一件感人至深的事，见义勇为的光荣事迹名扬麋鹿之乡。

2011年2月14日，春寒料峭，漫天雪花纷飞，气温零下6℃。上午11时28分，家住大中镇双喜村的张娅（化名），开着车带着妈妈、妹妹和侄子到邻近的亲戚家去。行至大丰经济开发区3号路与大刘路交界处时发生了事故：张娅为避让其他车辆而急打方向盘，导致自己的车子失控，一头扎进河水中。车上四人，全都被困在车内，眼看河水即将淹没整个车体，情况十分危急。

"远远看到困在车里的人不停拍打着车窗，我就知道出大事了。当时脑子里想的就是快去救人。"当年发生的事，顾桂华仍旧记忆犹新。他说："记得那天上午，到经济开发区送完水之后，我骑着三轮摩托车往回走。到3号路与大刘路交界的地方，看见一辆红色丰田雅力士轿车栽在路边8米宽的河里。轿车的前端已经完全没入水中，车体大约成45°，尾部上翘，只有小部分露在水面。路边停了几辆车，五六个人站在岸边向河里张望,指指点点,但没有人采取救援措施。"

顾桂华立刻停车。

"这时在车尾窗户那儿,我看见有好多手掌不停拍打着玻璃窗,虽然听不到他们在说什么,但肯定是在求救。"顾桂华说。车子还在不断下沉,眼看整个车身就要没入水里了。

时间耽误不得。

顾桂华顺手抄起随车携带的老虎钳,冲到河里救人。冰冷刺骨的河水,立刻漫过胸部,他顿时感觉冰冷的河水刺得胸口一阵疼痛,连呼吸都很困难。

他先是用老虎钳猛击后车窗,连续砸了好多次,可玻璃太硬,竟没有破碎。岸边有一位面包车司机喊道:"我这里有一根钢管!"顾桂华心想,钢管的威力会大一点,就赶紧上岸。他扔掉手里的老虎钳,接过钢管,边跑边脱掉已经浸水的羽绒服,扑通一声,又跳进河里。

"那天下着雪,河里温度肯定在0°C以下。跳进去之后,就感到什么叫刺骨的冷啊……河水一直漫到胸口那儿,身体不停打战。"顾桂华说。可当时根本顾不上寒冷,他迅速移到后车窗前,抡起钢管向车窗砸去。一下、两下,车窗纹丝不动。他深吸一口气,倾尽全力砸出第三下,车窗终于有了裂痕——顾桂华用爱心和勇敢为被困者打开了生命通道。

他先是将一个20岁左右的姑娘从车窗内接出来,架着她送到岸边,在岸边其他群众帮助下,顾桂华将姑娘托上岸。那姑娘是张娅的妹妹。

然而,车体还在不断下沉。

生命救援,分秒必争。

顾桂华再次下水。这时,车窗口露出一个三四岁小男孩的脑袋,那是张娅的侄子。顾桂华一把将小男孩从车窗里拽了出来,架在自己的肩头。随后,30岁左右的张娅也艰难地爬出窗口,顾桂华又一把拖住她。他一只手扶住扛在肩上的孩子,另一只手拖住张娅,用力向岸边挪去,四五米的水面距离,他足足挪动了3分钟。

上岸之后,顾桂华问道:"车里还有没有人了?"刚被救上来的张娅叫了起来:"哦!我妈妈还在车里呢!"顾桂华再一次跳入刺骨的河水中……三四分钟后,被困在车里的最后一个人被救上了岸。惊魂未定的被救者,眼看着整个车体渐渐沉入水中……风寒雪飘中,浑身浸湿的五人都冻得一句话也说不出来。岸边的群众赶紧上来帮忙,将救出来的四人送上出租车。那位热心的面包车司机将嘴唇冻得发紫的顾桂华送回了7里路以外的家中。

"上车开了空调,身体暖和了,才感觉到手疼。"顾桂华说。事后才发现,在救人过程中,他的手被车窗碎玻璃划破了,流着血,而他放在裤兜里的手机也因浸水而损坏。

事情过去很久了。顾桂华的妻子陈建玉仍然清晰地记得那天的情形。当天正是西方的情人节。往年,丈夫都会精心准备礼物,给自己意外的惊喜。那天中午12点多,陈建玉下班之后兴冲冲赶到家里时,却听到丈夫连声道歉,说自己刚刚下河救人,耽误了时间,没来得及买礼物。陈建玉起初还以为丈夫在和自己开玩笑,当看到顾桂华换下的一大盆沾满泥浆和杂草的衣服时,她才相信这是真的。她突然心头一热——丈夫的见义勇为,是给自己的最好的情人节礼物。

顾桂华说:"水中救人,也算是举手之劳。对于这样的'小事',我们夫妻俩都没有放在心上,对外也没有多说。"回家后,顾桂华换好衣服,又悄悄回到出事地点,默默地骑走三轮车,继续给下一个客户送水。他平静地履行着一名送水工的职责,一切就好像什么也没有发生过一样。

当时围观的群众没有一个人认识他,更没有人知道他的名和姓,被救者的家人是通过顾桂华留在现场的三轮车里纯净水水桶上的标识,才知道了救命恩人的工作单位。事后,张娅的公公手捧锦旗来到大丰市自来水公司"淼淼"纯净水送水点,当面感谢救命恩人顾桂华。

劫后余生的张娅谈起当时的情形不无感激地说:"幸好遇到了顾师傅。在那么冷的下雪天,下水砸窗,架着人一趟又一趟地救援,让我们安然脱险。他是我们的大恩人啊……"

大丰市自来水公司考虑到顾桂华多年来优秀的工作表现以及其见义勇为的壮举，破格录用他为正式员工，让他有了一份相对稳定的工作和工资收入。

顾桂华被推举列入"中国好人榜"评选名单，最终被评为"见义勇为好人"。顾桂华笑称，这是自己活了四十多年得到的第一个大奖。网络上有那么多素不相识的人肯定他、支持他，那样的感觉真是很奇妙。

2011年，顾桂华光荣当选第三届"江苏省见义勇为道德模范"。那一次，盐城市共有4人荣获省"道德模范"殊荣，其中获得"江苏省见义勇为道德模范"称号的只有顾桂华1人。

盐城市委、市政府授予顾桂华"盐城市见义勇为模范"荣誉称号。2013年12月18日，顾桂华被授予"江苏省见义勇为英雄"荣誉称号。

顾桂华的英雄壮举，为"新市民"群体增添了光彩。

顾桂华平静地说："虽然我是从农村来的，但是既然来到城里，我就有做新市民的责任。遇上这种突发状况，看见落水车里的人有生命危险，我只知道救人是当务之急、耽误不得，其他的我什么也没有考虑……我父亲是一个军转干部，儿时随军感受到的军营生活，对我人生很有帮助。我会把获得的荣誉放在心里。无论别人怎么看，我还是会踏踏实实过日子、勤勤恳恳干工作。如果日后再遇上这类事情，我仍然会毫不犹豫地站出来。"

顾桂华坦言："每当看到电视里一些见义勇为的人为了社会正义或为了他人利益舍生忘死甚至献出了宝贵生命，颁奖台上或是妻子代夫领奖，或是父亲代子领奖的情景时，总让我忍不住落泪。与那些英雄比起来，我救人的事显得微不足道。我和当初从河里被救出来的四名群众都毫发无伤，已经是很幸运了。社会的肯定、单位的关爱、家人的支持，这一切都让我感动和满足。我唯有一如既往地做好本职工作，回报社会。"

多么朴实无华的语言！

其实，朴实无华也是一种美。

风帆，不是挂在桅杆上一块平常的布；美德，不付诸行动，就只是虚无缥缈的雾。一个实实在在的行动，远远胜过千万句华丽的表白。

一个人，不一定能活得很伟大，但可以活得很高尚。一如送水工顾桂华，就是这样一个高尚的人。

魏良武

无名英雄传佳话

这是一场真实的爱心接力。新市民魏良武,勇救落水儿童不留名;广大市民接力救助他身患重病的孩子,爱心如潮……

"厚德沂涛，好人之乡。"江苏省宿迁市沭阳县沂涛镇既是先烈鲜血染成的一方热土，更是英模辈出的好人之乡。

近年来，这个苏北小镇先后涌现出舍己救人的陈国才、古屯河畔"活雷锋"刘振兵、拾金不昧好支书韩学奎等多名先进模范人物，他们的事迹和名字流传在淮海大地上。

2013年1月9日，江苏省见义勇为基金会在南京举行第三届"江苏见义勇为新市民"颁奖仪式，来自沂涛镇沈集村苗圃组的35岁青年魏良武身披大红绶带，精神抖擞地走上颁奖台领奖，并和有关领导合影留念。

一时间，魏良武舍己救人、甘当无名英雄的动人故事，传遍家乡的大街小巷。

在淮安市公安局宣传处处长徐国庆引荐下，我见到了魏良武。他留着平头，胡须刮得光光的，显得神气十足；右眉毛丛中，明显长有一颗绿豆大小的黑痣，浓密的双眉下，一双炯炯有神的眼睛，闪现着智慧而平和的光；上着一件白色圆领汗衫，下穿一条灰色长裤，衬托着他壮壮实实的中等身材；言谈举止中，无不透露出苏北男人的耿直与豪爽。

这让我想到一个富有褒义的词语"铮铮铁骨"，一般用于比喻人的刚正不阿、坚强不屈的骨气。大凡有这种秉性特质的人，本能会驱使他在关键时刻舍身忘我、救人于危难。

魏良武兄弟四个，他排行最小。因为家里穷，他初中毕业后就背井离乡，外出自谋生路。那一年，17岁的魏良武辗转来到淮安，从此，他以勤劳的双手和结实的身板，把浸满汗水的美好青春，默默地奉献给了淮安古城这片富有传奇的土地。

魏良武说:"这里是人民爱戴的周恩来总理的故乡。我虽然是一个外来农民工,但我在这里工作快二十年了,我对这里有感情,已经把自己当成周总理的故乡人,也常常有一份光荣感。"

打工生涯干过哪些行当、换过哪些岗位？又吃过多少苦、流过多少汗？魏良武数得出的是,在淮安市供电局下属公司搞过餐饮服务,后来跟朋友经销过今世缘酒,还开过小饭店。2008年,他来到坐落在淮安郊区的韩泰集团旗下轮胎有限公司。这是一家外资企业,他做物流工作,干的是卖力气的活。

魏良武25岁时结婚成家。妻子章林红,也是沭阳老家人,她忠厚贤惠,勤快能干。此后,他们相继有了两个女儿。城区的房子租不起,他们就在淮安市清浦区清安乡东风村三组租了一处30平方米的民房,作为全家的栖身之地。

魏良武生来性格豪爽,他说:"遇到不平的事,我会说几句,尤其痛恨那些偷鸡摸狗的小人。"

他家租住的地方,出租户多,人员杂,一段时期内小偷小摸的事常有发生。有一次,他下班回家,正碰到一个蟊贼在偷邻居家的酒——那个邻居家收藏有很多好酒,主人正在里屋休息。魏良武和另外两人一边把那个小偷堵在室内,一边打"110"报警,警察很快赶到,把蟊贼带走了。原来,那个家伙也是这里的租户,以前经常在半夜用竹竿伸进屋内"挑"人家的东西。

采访中,我们的话题转到他那次勇救落水儿童的事,只见魏良武大手一挥,轻描淡写地说:"哦！不值得一提。救人,是我的本能。做人,哪有见死不救的道理！"

魏良武说自己原本对这件事没有太在意,也没有去声张。那天,从深水里救出那个小孩后见到警察来了,120急救车也来了,他便拖着湿漉漉的身子悄悄地离开了人们的视线,也没有留下自己的名字。

在回家的路上,魏良武满脑子都是那个孩子在水里挣扎的情景,他越想越后怕。到家后,在和邻居张师傅聊天中,魏良武提到了此事和自己事后的心境。当晚,张师傅请他喝酒"压惊"。席间,大女儿直夸父亲好水性,小女儿也拿出储蓄罐里的零花钱要奖励爸爸"吃烧烤"。有两个女儿和张师傅的鼓励,魏良武的心情逐渐好起来。

没想到,事情发生的第二天,电视里和报纸上报道了事情的经过,大张旗鼓地寻找见义勇为英雄,并呼吁广大群众提供线索。好多天之后,张师傅才偶然听说媒体在寻找那位好心人,便将自己知道的情况和魏良武的名字提供给了记者。这一线索很快被正式确认。被救孩子的父亲吴过(化名),带着锦旗和水果找到魏良武家,当面表达深深谢意。

于是,时隔二十多天之后,2012年6月2日,《淮安日报》、淮安电视台、淮安新闻网等媒体,以"确认一位见义勇为者,溺水孩子父亲登门谢恩"的显著标题和重要版面,对魏良武舍己救人、甘当无名英雄的光荣事迹进行宣传报道,一时间,这位无名英雄走进人们的视野中。

采访时聊到这里,魏良武微笑着对我说:"让记者和吴先生都找上门来,我都感觉不好意思了。但是救人那天的经历,我永远不会忘记……"

那是2012年5月6日,星期天,午饭过后,魏良武夫妇领着他们的两个女儿来到淮安钵池山公园游玩。

占地1800余亩的钵池山公园位于淮安市区东南侧,是江苏省第四届"园博会"会址。

钵池山,原是一个"盘纡凹曲、形若钵盂"的岗阜,因其形而得名。后来,久经开采,山被渐渐夷为平地,大水在北山脚下冲刷形成了俗称"大口子"的一个大水塘,塘里水面清如明镜。沿着公园的湖面弯角,是国内最长的人造沙滩——金沙湾。人们可以沿着"大口子"波光粼粼的水边,踩着金色的细沙,享受日光浴的惬意,而人造沙滩更成了儿童玩沙、戏耍的乐园。

下午4时左右,正在男女老幼享受着这美好时光的时候,突然传来呼救声。原来,三名儿童在沙滩附近戏水时,其中一人不幸在深水区溺水。当时沙滩边上主要是妇女和儿童,大家发现险情后都无力救援,只能焦急地大呼"救命"。

就在这危难之时,魏良武二话没说,冲过去就跳进水里,往20米开外的溺水儿童方向奋力游去。魏良武说:"当时,溺水的孩子已经沉下去了,水面上连头发都看不到,只有一只灰色的拖鞋漂在水面。"

魏良武没想到水那么深,跳下去的时候,一脚踩了个空,呛了几口水。一开始摸不清溺水的孩子在什么位置,他就连续扎了几个猛子沉到水底去捞。几经周折,终于摸到了孩子,他用两腿夹住孩子,一只手拉着,另一只手拨水,和随后也下水救人的市民王连阔合力把孩子拉出水面,奋力游向岸边。

当他们两人把孩子救到浅水区时,都已经精疲力竭,另外几位热心市民冲上来,一起将孩子抬上岸,可是孩子已经没有了呼吸。

说来也巧,在120急救中心工作的护士高盼盼当时也在事发现场。她不会游泳,但一心想着救人。当孩子被抬上岸后,高盼盼立即上前,利用专业特长,抠掉孩子口腔和鼻孔里的淤泥,反复对孩子施行心肺复苏。可即使这样,孩子还是无法排水。在河边长大的魏良武想起了老家施救落水人的土办法,便狠狠心将孩子倒拎起来"拍打",同时由高盼盼反复按摩。终于,孩子大口吐出水,慢慢地苏醒过来……

当120急救车和110警车赶到现场的时候,魏良武、王连阔和高盼盼都已经悄悄离开现场,没有留下任何信息。

淮安网一名网友感动之余,当日发帖,真实描绘了当时的感人情景和他的心情:

此刻发帖时,我的手还在抖。当一个鲜活的生命在眼前即将离开时的那种恐惧感真的无法承受。

今天下午,我带女儿去钵池山沙滩游玩。那里有很多孩子,忙着在河边拎水和玩沙取乐。但是稍微深一些的地方,也有几个男孩在游泳。

下午4点多钟,事情发生了。突然间,有一个带孩子的奶奶叫起来:"有人落水了,快救命啊!"

循声看去,一块标示着深水区的蓝色牌子旁边,只见一个孩子的头忽而出现在水面,忽而又沉下去,不停地在挣扎。当时离他几步之远的小伙伴大概是吓坏了,连"求救"都不会叫了,只是愣愣地看着。

岸边围了很多人,但是以女性、老人居多,喊"救命"的人多。眼看那个孩子就要完全沉没到水里,只见一个穿白色T恤的男子连衣服都没脱,就从岸边冲进河里,迅速地游了过去。

最终孩子得救了。是个约十一二岁的男孩。

唉……吓坏了。

那个救人的男子也是带两个孩子来游玩的。救人后,他穿上鞋,就离开了现场,默默地。我觉得这应该算是见义勇为吧……

"默默地",是的,魏良武、王连阔和高盼盼都是默默地离开人群的,都是经过媒体连续报道,好心人提供线索,记者辛苦寻找、调查、核实后方才找到的。好多天之后,他们的名字和事迹才传播开来。

魏良武说:"当时只想着救人,没有想那么多,更没有想过以后会被媒体宣传。"

王连阔是河南人,自幼水性就好。他说:"救人的时候根本没料到会受表彰。没想到淮安的群众、政府和媒体都那么重视见义勇为,这让我深受感动。"

故事说到这里,似乎该结束了。离开淮安市公安局六楼会议室,我送魏良武下楼的时候,只听他自言自语,又好像是对我说:"我现在最大的愿望,就是救救我的孩子。"

"啊!"我不敢相信自己的耳朵,"你的孩子怎么啦?"

他轻声地说:"我大女儿得了重病,许多好心人捐了不少钱,但是还不够用。我宁可自己死,也不能让女儿死啊,毕竟养这么大了……"

还有这样的事?我和魏良武就蹲在电梯旁的安全通道楼梯边又聊

了起来。

　　这一聊，竟然聊出了许多新内容。原来，关于魏良武的故事，我只了解了一半，后面的故事也很感人。那是一场动人心魄的爱心接力——

　　魏良武的大女儿魏吉（化名）4 岁那年，一场严重的高烧诱发糖尿病。魏良武带着孩子多方求医都没治好，继续治疗的医药费也没有着落。魏良武说："那年，我们家出了太多的事情。几个哥哥都遇上了事，有得病的，有受伤的，搞得我精疲力竭。孩子在学校没有买大病保险，糖尿病的药多数又不在医保之内，幸好这些年多亏亲戚朋友帮忙，不然肯定支撑不住了。"

　　"魏良武是个见义勇为平民英雄。当年他冒着生命危险救起落水儿童，连姓名都不愿留下；如今，他也遇到困难了，自己的孩子得了重病，急需别人的救助。"2013 年 7 月 26 日，《淮海晚报》率先刊发《救人英雄渴望社会援手救女》一文，讲述了魏良武遇到的烦心事并留下其联系方式，很快引起社会反响。众多市民致电媒体或直接捐款，大家都想帮助这位英雄渡过难关。

　　有个网友发帖呼吁："见义勇为好爸爸魏良武，勇救落水儿童不留名，成为我们淮安人的骄傲。眼下救人英雄有困难，他的爱女因病急需救命钱，我们该怎么办？我们能为这个家庭做点什么？"

　　很多网友跟帖："英雄救了别人的孩子，我们也应该救救他的孩子。大家有力的出力，有钱的出钱，献出我们的爱心，演绎人间真情。让英雄不要流泪，让孩子重获新生，让我们用满腔的热情，共同给魏良武一家撑起一片爱的天空吧……"

　　淮安，这座爱心之城，把新市民当自家人，积极施以援手，力所能及地为见义勇为英雄魏良武解决燃眉之急。

　　中国人民解放军第 82 医院举办"为江苏见义勇为新市民魏良武之女捐款"活动，募集善款 32000 元；淮安网义工协会举办主题为"伸出温暖之手，延续爱的赞歌"的大型爱心义演活动，共筹集善款 13933.7 元；

魏良武所在韩泰集团送去慰问金；一家不愿透露名称的事业单位主动帮助魏吉解决部分医疗费用。一家资助单位的负责人说："魏良武是在淮安打工的外地人，能在淮安救人，就是咱淮安的英雄。如今英雄有难，我们有责任相帮。"

"不好意思，卡上就剩这么多钱了，希望孩子能早日康复。"市民王彩霞给魏良武的银行卡上转了198元，在电话里留下这样的话语；有两位老人冒着高温酷暑来到病床前看望魏吉，留下了几百元钱，而不肯说出自己的名字；蹬三轮的师傅停下忙碌的脚步，把浸着汗水的纸币投进了为魏吉设立的捐款箱；小报童志愿者把辛苦一天卖了300份报纸的钱，送到魏吉姐姐手上。

健康园盲人按摩院六名盲人按摩师，靠自己的手艺为过往的行人按摩，一整天的收入全部捐给病中的魏吉。按摩师周克明说："在我们困难的时候，政府和社会帮助了我们，现在我们要把这份爱心传递给见义勇为英雄和他的女儿魏吉，希望更多的人关注他们。"

自魏吉入院后，社会各界共为其募捐6万余元。魏良武告诉我，南京鼓楼医院已经与他联系，说可以试试用干细胞移植新技术治疗女儿的病，他对此充满期待。

见义勇为英雄为社会举大义，人民群众为英雄献爱心。这是一场真实的爱心接力。当年，平民英雄魏良武勇救落水儿童不留名；如今，市民接力救助英雄的孩子，爱心如潮。

围绕魏良武的爱心故事，凸显了人们对见义勇为行为的认知和关注，展示了群众对见义勇为英雄的理解和关爱，昭示的是社会良知的觉醒和人间大爱的积聚。

就在那一年，淮安市精神文明办公室会同有关部门起草文件，探索建立一项长效机制，让"好人得好报，好人受尊敬"的理念在淮安落地。全市大张旗鼓开展专门针对道德模范、身边好人、平民英雄的关爱帮扶行动，努力让他们在精神上得到温暖、慰藉，生活上得到关爱、帮扶，以弘扬社会正气，积聚道德正能量。

　　淮安市见义勇为基金会以市政府名义，出台了见义勇为权益保护相关办法，加大了对见义勇为人员的权益保护和奖励、抚恤、帮扶力度。

　　"让见义勇为英雄流血不流泪"，已经不再是一个口号。在淮安，在江苏全省，这句话已经成为现实。

　　一如"见义勇为新市民"魏良武，即使是外地人，在工作地淮安，也得到了同样的尊敬和礼遇！

胡家路、何来火、徐晓飞、张建顺

总把异乡当故乡

胡家路为民除害，义不容辞；何来火擒贼负伤，英雄无悔；徐晓飞事故救援，奉献爱心；张建顺守护平安，甘心情愿……一个个"新市民"发自肺腑的心灵独白，倾诉了这个特殊群体无私奉献的共同心声……

社会主义市场经济条件下，社会分工的再重组、人力资源的快流动、城乡居民的大融合，带来了地方经济的大发展、人民群众的大团结和社会文明的大进步。

总把异乡当故乡。在异乡常年打拼、无私奉献的漫漫岁月里，江苏新市民已经自然地、自愿地、自觉地把自己融入脚下这片火热的土地。他们的心，为江苏的发展进步而跳荡；他们的汗，为江苏的繁荣昌盛而流淌；他们的血，为江苏的平安祥和而挥洒。

见义勇为，他们义不容辞；守护平安，他们甘心情愿；除暴安良，他们英勇无畏；即使负伤流血，他们也无怨无悔。

"江苏见义勇为新市民"的动人事迹不胜枚举。我的采访本里厚厚记录着他们发自肺腑的心灵独白，也正是这个特殊群体见义勇为、无私奉献的共同心声……

胡家路，常州柏鹭工具科技有限公司员工：

我今年35岁，老家在安徽阜阳，来常州工作已经十八个年头。

2012年3月22日晚8时许，我接到同事打来的电话，得知本单位的会计在常州市水塔口桥附近遭到了两名歹徒抢劫，被抢的包内有现金、有价证券、银行卡等，总价值达40余万元。

获此情况，我立即报警，并叫上两名工人驾车赶到现场。这时，歹徒已经没了踪影，我们就在大街小巷四处寻找，后来终于在事发地附近发现两名合骑一辆摩托车的男子，形迹十分可疑。

我们立即追了上去，并按喇叭示意他们停车。

两名男子见状，不仅没有停车，反而加速行驶。我驾车紧追不放，当追赶至338省道附近时，两名可疑男子突然弃车逃跑。我也立即停车，随手操起车上的一根棍子继续追赶，心想一定要抓住犯罪嫌疑人。

大约追出了500多米，我扑上去将其中一名男子抱住，该男子拼命反抗，我与他展开了搏斗，最终将其制伏。

在随后赶来的两名工人帮助下，我们又将另一名男子制伏，然后扭送到附近的派出所。经警方查证，这两名可疑男子就是抢劫犯罪嫌疑人，后被判处三年有期徒刑。

我虽然是一名外省籍务工人员，但我早已把江苏常州作为我的第二故乡。

见义勇为，维护治安，这是包括我们外来务工人员在内的普通公民应尽的义务，我们在为民除害的同时，也保护了我们自己，保护了我们共同的家园。

我的事迹微不足道，却受到了常州市多家新闻媒体的报道，并得到了市见义勇为基金会的表彰奖励，还被授予"江苏见义勇为新市民"称号，这是荣誉，更是鞭策。

我会一如既往地关心社会治安，为维护一方平安、建设美好江苏多做一点事情。

何来火，苏州市吴江区滨湖新城绿地集团员工：

我今年58岁，浙江杭州人。

2012年11月5日下午2点左右，我和往常一样，在工地项目部二楼办公室工作。突然，从楼下传来好像是玻璃破碎的声音。我立即走出办公室向楼下望去，见到一名陌生男子正在砸办公楼前一辆轿车的车窗，并试图伸手盗窃车内的东西。

"有窃贼，不能让他跑了！"

我本能地朝楼下冲去，一边跑，一边大声呼喊："抓贼！"

窃贼见我朝他冲过去，慌忙将偷来的包挎上肩，向停在一边的摩托车跑去。见窃贼要骑车逃跑,我不知道哪来的勇气,立马冲上去一脚将摩托车踹倒在地。窃贼赶忙去扶摩托车,我又顺势一把抓住了他的衣领。窃贼见难以逃脱,就央求我说:"我把东西都给你,你就放了我吧。"

我大声喝道:"休想!"

窃贼见我不肯松手,就拼命地挣扎,随即从腰间抽出一把尖刀,威胁我说:"赶快让开,不然的话……哼……"

面对凶相毕露的歹徒,我没有胆怯,而是再次冲上去死死地抓住了他。急于逃跑的歹徒,持刀向我猛刺,我感到肩头一阵疼痛,接着腹部和手臂又被刺伤,顿时鲜血直流。

就在这时,我的工友林召江赶到了,立马过来帮我,我俩合力将歹徒围住。

歹徒像发了疯似的跳上摩托车要逃跑,我和林召江不顾一切冲上去堵住去路,并又一次将摩托车踹倒。趁歹徒倒地之际,我用最后一点力气扑上去,抓住歹徒的一条腿,林召江也扑了上来,我俩将歹徒死死地按倒在地。

在与歹徒的生死搏斗中,我全身被刺三刀,其中一刀深入腹腔,大网膜血管被截断,造成腔内大出血,后来手术做了将近3个小时,失血超过90毫升。

搏斗中,林召江的右臂也被歹徒刺伤。住院期间,苏州市、吴江区见义勇为基金会的领导专程到医院看望我和林召江,我俩获得了市、区两级见义勇为基金会的奖励。

后来,我和林召江作为"江苏见义勇为新市民"再次受到表彰,让我们感到无比的光荣。

有人问我:为了抓歹徒差点丢了性命,是否有点后悔?我肯定地回答:我一点也不后悔!

见义勇为、扶正祛邪是做人的美德。今后如果遇到这种情况,我依然会挺身而出,决不退缩!

徐晓飞，扬州市邗江区个体经营户：

我今年23岁，江苏高邮人。

2013年6月14日上午，我正在自己经营的维修铺里工作，突然传来一阵猛烈的撞击声，原来是百米外的路段上发生了一起严重的交通事故。听到响声后，我迅速向事故现场跑去。

到达事故现场，我发现货车正在河中开始慢慢下沉，司机的腿部被牢牢卡住，同车的另外两个人正拼命地朝车外爬。

一旁有人告诉我：一辆红色卡车准备超车，因避让不及撞上了前方的一辆危险品车，然后又撞上了一辆运输电缆的货车，结果导致装有电缆的货车侧翻河中。

看着危险品车上滚落的氧气瓶和正在下沉的货车，我感到情况十分危急。

时间就是生命。

我毫不犹豫地跑回店内拿来撬棍，跳入河中展开施救。司机的左腿被方向盘卡住，右腿被车门卡住，动弹不得。我不顾车子在继续侧翻下沉和自己有被砸伤的危险，在水中奋力撬动已经变形的车门，终于将司机救出驾驶室。随后，我又将爬上车顶、不会游泳的一名女青年和一名中年男子分两次救上岸。

见义勇为是中华民族的传统美德，也是体现当代社会文明的高尚之举。我作为一名90后，只不过做了一件应该做的事情，却得到社会各界如此关注和关爱。我是外地人，可当地人并不见外，给了我这么高的荣誉，这是我没有想到的。

我会通过自己的实际行动，来带动身边更多的人自觉加入见义勇为的行列之中。

张建顺，扬中市公安局新坝派出所保安联防队员：

我今年44岁。1995年，我从老家湖南涟源只身来到扬中打工，1997年，通过社会招聘加入保安联防队伍。

我虽然是个外乡人，但我热爱江苏，热爱保安联防这个平凡岗位。十余年来，我始终怀着一颗感恩和正义之心，全身心地协助公安机关维护社会稳定，直接抓获违法犯罪嫌疑人累计223名，协破各类刑事犯罪案件186起，其中摧毁盗窃犯罪团伙4个。

记得2008年7月的一个早晨，我在联丰村巡逻时，发现王某的暂住地有大量的铜皮，便主动前去探究铜皮的来源。

王某支支吾吾答不上来，并乘我不备，抄起一根木棍猛击我头部。我被击倒在地，疼痛难忍，但我还是强撑着身子爬起来，全力夺下其手中的木棍，与他进行搏斗，后在周围群众的帮助下将王某制伏。

经派出所民警审查，并顺藤摸瓜，经由王某破获了5起撬盗企业公司金属原材料的案件，挽回经济损失数万元。

多年来，像这样与犯罪嫌疑人正面交锋搏斗的经历，我就遭遇了八次，其中四次受伤。为此，我多次受到镇江、扬中两级公安机关和见义勇为基金会的表彰奖励，2006年、2008年，我还先后被评为"扬中市青年杰出卫士""扬中市道德模范"。

多年来，我早已把江苏扬中当成我的第二故乡。我决心把现在的荣誉作为新的起点，把领导的希望作为更大的动力，在今后的工作和生活中，继续为社会、为他人多做好事、多做善事，始终信守和践行一个公民应有的良知、道义和责任，用自己的正义之举影响和带动更多的人，共同营造见义勇为的良好道德风尚，为维护社会稳定和谐尽自己最大的努力。

记得若干年前的一天,参观一处名胜古迹,为我们做精彩讲解的是一位白发苍苍的老奶奶,她那渊博的史学知识和深入浅出的讲解令人折服,我们个个聚精会神,听得津津有味。

结束时,她微微一笑算是打了招呼,就默默地走了——她说要去接孙子。工作人员告诉我们,她是一位退休多年的大学历史教授,在这里做志愿者。

志愿者是指志愿贡献个人的时间及精力,在不为任何物质报酬的情况下,为改善社会服务、促进社会进步而提供服务的人。志愿服务是服务人民、服务社会的生动实践,是不拘形式的自愿付出和无私奉献,志愿者们凭借自己的双手、知识和爱心开展着各种志愿服务活动。

在关键的时候无偿帮助那些处于困难或救援危机中的人们,这样的志愿服务者在江苏被统称为"见义勇为志愿者"。

见义勇为志愿者,付出的是良心和勇敢,传播的是道义和美德,把满满的正能量洒向人间。在江苏大地,有许许多多见义勇为志愿者,常年活跃在社会基层,在忙忙碌碌、无私奉献中为见义勇为事业发光发热,增光添彩。借创作本书的契机,我有幸走进他们当中,聆听他们的动人故事,感受他们的温暖情怀。

第十章

无悔"志愿者"

王爱东

古黄河畔"萤火虫"

他患有心脏病,是提前病退的人民检察官。王爱东和他率领的黄河水上志愿救援队,常年坚守,水中救生,被人们赞誉为古黄河畔的"萤火虫",平安之河的"守护神"……

王爱东

王爱东，1958年10月26日出生，江苏省宿迁市宿城区人。几十年来，他做好事400余件，多次见义勇为。自2009年以来，他和他的黄河水上志愿救援队常年默默坚守古黄河畔，参与紧急救援和重大救助100余次，成功救助76人，成全了上百个家庭的幸福；参与维护社会治安66次，协助公安机关直接抓获或协助抓获犯罪嫌疑人33人，协助破案46起；救助交通事故伤者或危急病人9起共11人；参与志愿活动逾万次，总志愿服务时长超过73000小时。

他在八年军旅生涯中多次立功受奖，曾被评为"雷锋式好战士"；在宿豫区人民检察院工作二十余年，先后六次立功，被授予市"十佳检察官""学雷锋标兵"；2009年因心脏病提前病退后，组建"黄河水上志愿救援队"，全身心地在古黄河岸边实施义务巡逻、救援，维护社会治安，宣传安全知识，服务群众，救人于危难。

他先后蝉联2012、2013年度"宿迁市十大见义勇为模范人物"，入围"感动宿迁人物"和"中国好人"评选；2013年，被江苏省人民政府授予"江苏省见义勇为先进分子"；2014年，被评为"宿城最美人物"、"宿迁市优秀共产党员"、"五一劳动奖章"获得者、"江苏好人"等；2015年，被评为"宿迁市群众身边优秀共产党员"；2016年，被评为"江苏省优秀共产党员"……

宿迁，位于江苏省北部，是江苏省最年轻的地级市。美丽的古黄河穿城而过，宛如一条碧绿的丝带展示她清婉灵秀的风姿。

从湖滨路进入黄河公园，走过绿地广场，向下几级台阶就是古黄河岸边步行道。右边紧挨步行道外侧的两间简易夹心板房，便是"黄河水上志愿救援队"值班室。

说是值班室，其实是一间"救援小屋"。不到18平方米的简陋板房，被隔开两小间。

里面的一间，进门右侧的木架上，放着几排正在充电的对讲机和一大摞大大小小因救援时进水而损坏无法使用的旧手机；里边靠窗一块用木板钉起的台子上，零星放置着文件架、救援杂物等；一台电脑的屏幕上，可显示古黄河沿岸以及桥墩下、护坡边等盲区36个摄像头的实时监控情况；进门左侧放着一张只能睡得下一个人的木制小床，低矮的蚊帐下方拴有一根连接两头的绳子——救人时腰部受伤的王爱东，每次就靠这绳子带力，才能坐起来下床；小床里侧挂着一个听诊器，枕头边放有几盒心脏病急救药物。

外面的一间，顶着窗户放有一张不足一米宽的高低床。上面的铺位，堆满了救生衣；下面狭窄的铺位，是夜间值班队员的临时栖身之处；竖在床头的木架上，满是救生用品。架子旁边，最显眼的是王爱东和队友们获得的66本荣誉证书、9枚金光闪闪的奖章和数十条红艳艳的获奖绶带。

夏天的时候，"救援小屋"内温度很高，闷热难当；梅雨季节，室内地面潮湿、霉味扑鼻，还有蚊虫叮咬……王爱东和黄河水上志愿救援队的队员们，就是在这异常艰苦的条件下，坚守春夏秋冬，完成了一次次生命救援，谱写了一页页动人篇章。患有严重心脏病二十余年、多位医生诊断结论为"随时有猝死可能"的王爱东，就是在这样的环境里，长年累月地守候在古黄河畔，救人于生死场！

此景此情，令人震撼！心生敬意，也酸楚绵绵……

眼前的王爱东，一副经过军营锻造的好身材。虽是60岁的人了，仍然眉清目秀，看上去精神饱满、精明强干，让人感觉他身上有永远使不完的劲。不知情的人，根本看不出眼前的他是一个心脏病患者。他的胸部粘有好几个心电监控导电纽扣，布在胸脯上的几根医疗导线连接到挂在腰间的心脏动态监护记录仪上。他不无幽默地说："你看我的样子，像不像当年炸碉堡的董存瑞……"

望着他总是笑容可掬的面庞，我的脑海中不时浮现出他英勇救人的情景，我不禁遐想：是一种什么样的精神支撑他那带病的躯体在每一个生死攸关的时刻都能挺身而出、义无反顾？又是怎样的动力源源不断地让他数十年如一日舍生忘死、奉献他人？生活里的王爱东和英雄王爱东，会是怎样的一个人？他，又有着怎样的内心世界？……

这一切的遐想，竟让我在满满崇敬之余也产生瞬间的疑惑：从人性的角度，这种"拼命"救援生命、近乎"自残"式的奉献，是否值得提倡？而肩负写作使命的我，又该用怎样的基调和笔法去完成对英雄主人公的讴歌和塑造？

我甚至在心灵深处叩问自己：作为普通人的我和被称为"英雄"的他，对生存与生活、痛苦与快乐、索取与奉献等一个个人生命题，在理解和认知上究竟有什么不同？"常人"和"英雄"的道德差距到底在哪里？而我，一个普通的作家，能否真正解读眼前这个英雄人物的心灵密码？……

"古黄河"，亦称"淤黄河"，或称"故黄河"，特指现位于淮河流域北部至黄海"废黄河口"的一条黄河故道。

古黄河是宿迁的母亲河，她为人们带来美丽享受的同时，也由于河面宽广、水域复杂，加之人们安全意识淡漠，常常存在一些不安全因素。以前，每年因各种原因而导致的落水意外事故多达30余起。王爱东他们深刻地感到，古黄河畔需要有人守护和关注。

"这河水面最宽处有近百米，最深的地方有5米多哦！"在值班室门前的救援队专用码头，我登上"智刚号"巡逻快艇，溯河而上，和王爱东他们一起巡逻。王爱东指点着告诉我："古黄河在市区这一段总长有13.5公里，我们黄河水上志愿救援队日常巡逻的河岸段有四五公里，黄河公园、河滨公园和黄河一、二、三号桥都在其中。不怕河宽，就怕坡滑。你看这两边的护坡都是水泥和石头砌成的，斜面都是青苔，一般人滑下去很难再爬上来。"

王爱东说，特别是黄河公园这一带，岸长、坡陡、河深，曾经发生过多起老人垂钓滑下河、孩子嬉戏掉下水的事情，而横跨两岸的三座桥上,甚至还有过跳河轻生者。

就是在这里,王爱东和他的黄河水上志愿救援队,每天或是开快艇在河面巡逻,或是徒步在岸边察看。每当有人落水,他们总是在第一时间展开救援,将那些意外落水者或轻生者营救上岸。

队友们穿上救生衣,拿上对讲机,登上救援艇,在古黄河上巡逻观察,看看有没有什么意外情况,还有哪些需要提醒和注意的,并时刻保持着联系,随时准备实施救援。像这样的巡逻,每天都在重复地进行着。

他们就是这样,不分春夏秋冬,无论严寒酷暑,一直默默地坚守着。这里的人们赞誉他们是古黄河畔的"萤火虫",平安之河的"守护神"。

王爱东上身穿着红马甲,背后印有"黄河水上志愿救援队"字样;上衣左边口袋插着一部用绳子拴住的对讲机,右边挂着用绳子拴住的手机,他说这样在巡逻或救援时就不会掉到水里;他用的手机屏幕很大,他说手机大,内存多、看得清。

他告诉我,队员们平时巡逻都带有"三件宝":手机、对讲机、强光手电筒。为了更好地实施救援,他们明确规定:"两机"(指手机和对讲机)如衣随,联动第一位;争分又夺秒,生命最珍贵;吃饭坐门口,停车头朝外;夜班不脱衣,不关显示器;手机要畅通,随时去救援。

哦!"顺口溜"——好记。对此,王爱东显然烂熟于心。王爱东说,救援队有许多经过总结提炼的体会、感想或提示、口号,类似顺口溜简单易记、朗朗上口,例如:人遇危难需要帮,雪中送炭都渴望;和谐需要共努力,社会需要热心肠;即使是只萤火虫,也要释放正能量……

王爱东谈笑风生,思维清晰,对于救援队的故事他津津乐道。"救援队志愿者不断增加。我们正在整合队伍,要点是凝聚爱心,有利联动;力所能及,各尽所能;立足防范,救防并重。尽可能发挥最大效能,探索志愿者队伍管理的科学机制,形成卓有成效的战斗力。既利于当前,也利于长远;既凝聚人心,也在这个平台上释放爱心;并努力激发群众的志愿服务热情，积极调动和维持志愿者长期参与和坚守的积极性……我们的最终目的就是实现队友们'想为、能为、有为'，并'智为、善为、巧为'，市民们'想安全、懂安全、会安全'，从而实现社会重视安全、保障安全，人人讲安全、家家都平安的真正祥和幸福。"

是啊！"志愿性、无偿性、公益性、组织性"，是志愿服务的基本特征。"互相帮助、助人自助、无私奉献、不求回报"，是志愿服务开放出的最美丽的人性之花。而志愿服务的个人化、人性化特质，可以有效拉近人与人之间的心灵距离，对完善社会管理、促进国家稳定、保障人民安全等，都具有一定的积极作用。

说话间，对讲机传来呼叫。

"有事请讲，我是'黄河'！"王爱东抓起对讲机就是这句话。志愿者分批次或定点每天在岸边巡逻、在码头值班，一旦发现情况，就立即报告；发现有人落水，便迅速实施救援。而救援队以王爱东为首，代号"黄河"。平时，队员们都亲切地称他为"王队"。

"岸边护坡上有孩子在玩，你们要不要派人看一下。"对讲机那头是个志愿者。

"收到，谢谢！你们继续观察。"王爱东当即通过对讲机安排人员前去巡查。

沉着淡定，应对从容；调兵遣将，指挥若定。这样的过程极像电影里的镜头。而这样的镜头，在救援队里每天都会上演许多遍，也留下了一个个生命救援的动人瞬间。

有一名怀孕7个月的女子，因为和丈夫离了婚，又欠下债务，竟一时想不开选择跳河轻生。幸好被王爱东巡逻时看见了，他和队友兵分两路，岸上水上同步进行，大家合力把她拉上了岸。

还有一名妇女，丈夫常年在上海打工，她经常遭受公婆打骂，一时想不开，便带着两个孩子欲跳河结束这一切。王爱东、王寒青（王爱东之子）

及队友王淑敏、赵晶晶、唐斯军等发现后立即跑到河边,把母子三人救了上来。事后,王爱东想,家庭矛盾不解决,这个事也不算完,救人就要救到底。于是,他多次上门做工作,通过反复调解,那个妇女与公婆的关系渐渐好了起来。

"黄河水上志愿救援队"这个名称里有"救援"二字。救援本身就意味着见义勇为,也意味着必然身处险境,有时甚至流血牺牲。像这样因为救援而加重病情或身体负伤的境遇,在王爱东身上就不止一次。

2010年6月3日上午9时许,一名中年人在黄河一号桥跳河轻生。王爱东带上队友驾驶快艇前去营救。水流湍急,水面上搜索不到轻生者的身影。王爱东带头跳进河里,与到场的公安民警一起反复潜入水下,可搜寻了一个多小时也没有结果。累了,他就浮出水面喘口气;心脏难受了,他就趴到船边含上几粒救心丸,再下水……当王爱东准备再次潜水搜寻时,终因疲劳过度、心脏病复发而晕倒在河水里,幸被迅速救起并紧急送往医院,经抢救4个多小时才苏醒过来。

2011年8月20日晚22时许,有几名少年在河边嬉戏,其中一名不慎落水,王爱东迅速赶来实施救援。他一个猛子扎进河内,胳膊、大腿多处被乱树根刮伤,至今还留有一道道疤痕。也就是这一次,王爱东腰部严重扭伤,结果落下腰疼、不便弯腰的病根。

2013年3月6日,王爱东和他的救援队还参加了震惊全国的"宿迁全城警民接力大营救"。

当晚22时许,黄河二号桥下,有一名年轻女子跳河轻生,优秀退伍军人张森第一个下河救人,不幸当场壮烈牺牲。冰冷的河水里,那个轻生女子和另外两名下河施救的市民吴陪阳、张广成,还有宿城区公安分局幸福路派出所的一名民警,都已经筋疲力尽,四人均危在旦夕。

危急关头,又是王爱东和队友王寒青、唐斯军、周长青等人火速赶到现场。他们采取"拉、托、顶、捧"的科学施救方法,用尽九牛二虎之力,终将四人一一救起,从而避免了一场群死群伤的悲剧。

王爱东得知英雄张森还沉在水里后,他又全力投入紧急搜救。由于腰部有伤,他一会儿跪在船头,一会儿趴在船尾,用竹竿和特制的钩子,小心翼翼地在河里一遍遍搜寻。3月7日0时30分,他们终于将英雄张森的遗体打捞上岸。

张森不幸牺牲的英雄事迹传遍整个宿迁城。宿迁市宿豫区委追授张森为"优秀共产党员",共青团宿迁市委员会追授张森为"2012年度宿迁市新长征突击手",宿迁市掀起了学习英雄张森的热潮。

2013年4月1日《中国青年报》头版头条刊文《宿迁:平民英雄点亮城市灯塔》,宣扬英雄张森的英勇事迹,并以"主动接力承担社会责任"专题报道了王爱东和他的黄河水上志愿救援队,赞扬救援队以实际行动为宿迁建设平安和谐社会做出了应有贡献。

也就是从这一次,王爱东与他率领的黄河水上志愿救援队开始走出宿迁,享誉全国。然而,也就是这一次,差点让王爱东丢了性命。那天,王爱东带病实施救援、打捞英雄遗体,连冻加累,老病复发,又被紧急送往医院,住院四十三天。

我从王爱东那里看到一份"黄河水上志愿救援队部分见义勇为事例索引",里面简要记载了他们每一次生命救援的经历:

2010年4月18日,王寒青、赵晶晶、唐斯军、方建云四名队友救起一个落水小女孩,用衣服、被褥裹住她,并联系其家人来带小女孩回家。

2012年5月6日上午,四名小学三年级学生在河滨公园岸边下水捞风筝,不慎滑落水中。王爱东、唐斯军等队友跳入河中,逐一将他们救起,并严肃耐心地对其进行了安全教育。

2012年12月4日深夜,寒风凛冽,河面结冰。王爱东巡逻时听到微弱的呼救声,和队友们一起从黄河二号桥下,救起几乎冻僵的一对中年夫妻。

2014年8月16日上午9时左右,王爱东发现一名年轻女子在黄河二号桥西头底下河边哭泣,且拒绝交流。为了安全起见,他便安排王淑敏、陈冬梅、刘艳芹等三名女志愿者和男志愿者孙广永一起对其进行劝说并做好防范,自己则开着快艇在附近准备时刻应急。整整耗了一个上午,最终把该女子劝离河边并护送回家。

2015年7月20日下午5时26分,王爱东率领正在值班的陈强、樊骏捷、邱宏伟、孙广永和刚刚加入志愿者队伍的冯文华,驾驶两艘救援艇,拼尽全力,从古黄河子母岛西侧120米处的深水中,成功救起三名落水者……

据"索引"记载,王爱东和他的黄河水上志愿救援队曾参与救援行动超过100次,共有76人在成功救援中脱离生命危险。当然,王爱东他们挽救的不仅仅是落水者的生命,更有人们对社会向善、见义勇为的美好信念。

王爱东和他的救援队不仅坚持水中救生、参加社会志愿服务项目,还积极参与社会治安管理,与坏人坏事做斗争。作为一名退伍军人和曾经的检察官,一身正气浸透在王爱东的骨子里。他所率领的黄河水上志愿救援队,同时也是"黄河水上治安志愿者服务队",很多队员都有治安志愿者会员证书。王爱东本人也多次在遇到违法犯罪行为时挺身而出,数十次及时制止打架斗殴行为,多次协助民警抓获犯罪嫌疑人,经常为警方提供案件线索及嫌疑人犯罪证据。宿城公安分局刑警队朱队长评价王爱东说:他维护治安,见义勇为,浑身有使不完的劲。

有记者曾追问王爱东:"一个人的一生,可能很少遇到生死事件,你怎么会遇到这么多次生死救援呢?"王爱东一时语塞。

采访时,王爱东对我说,他至今也无法给出答案,因为那样的生死瞬间是他最不愿意看到的。

是啊!经历一次次生死事件,目睹一个个生命无常,谁能掂得出挂在英雄心头的那份沉重?更何况王爱东本人就是一个心脏病患者,每一次生命救援,每一次勇斗坏人,每一次服务群众,他都是拖着病躯甚至冒着生命危险完成的呀……

王爱东患的心脏病，医学上叫"心脏频发室性早搏"。正常人心脏跳动每分钟70次左右，如果一分钟内有6次以上的早搏就称为"频发早搏"，也称心律失常；据医学解释，早搏时心脏不能正常工作，人会感到憋气、胸闷、心慌、无力、难受。王爱东的心脏病严重时，每分钟高达38—42次早搏，多家大医院诊断后给出"随时有猝死可能"的结论。这绝非耸人听闻，完全来自医学实践和医疗实例。

王爱东的病情久治不愈，救援队队友们一直牵挂在心。2015年6月，我和救援队队友们曾经利用微信互动发起了"攻坚战"，劝说王爱东早日住院就医。大家苦口婆心磨破嘴皮，他终于答应前往治疗。可王爱东到上海的医院只待了两天，便迫不及待地回到他痴心眷恋的古黄河畔。

又在古黄河岸边看到他高大的身影，依然见到他蹲在救援队码头上捧着大碗狼吞虎咽吃饭的样子，浮现在他脸上的依然是那永远乐哈哈的笑容……王爱东啊王爱东！你哪里像一个"随时有猝死可能"的心脏病人……你洋溢在脸上的笑意分明是世界上最美好、最舒心、最快乐的笑容，然而，也是让我们最揪心的无奈……

是啊！只有生命在，才能更好地服务社会，服务大众。英雄王爱东，我也许无法读懂你对生命救援的痴情，但是我绝不赞成不到万不得已而以牺牲健康或生命为代价的一味付出。我珍惜你的奉献，敬佩你的高尚，赞美你的伟大，但是多想你能换一种方式前行，真正实现救援和健康两不误。你是享誉省内外的见义勇为英雄，但你也是一个上有父母、下有儿孙、家有老伴且疾病缠身的普通人；你的家人们在为你焦心，你的队友们在为你担忧，宿迁人民牵挂你，一切敬爱英雄的善良的人们都期盼你健康、平安。我知道守护古黄河畔人民群众的平安是你一直以来的追求和寄托，你不会因为疾病、因为生命安危而停止救援的脚步，但是，在今后的日子里，祈求你悠着点，好吗？

王爱东率领的救援队，是以"黄河"命名的。细说起来，与古黄河救援结缘,也是他经历多次救人于危险中后而萌生的念头。

2008年11月,还是在校大学生的王爱东的儿子王寒青和另外两名同学带着创业梦想,在黄河公园兴建了一座类似梦幻城堡的"水上乐园"。当初的目的就是创业,并不带有救援的性质。

当年寒假,三名大学生都在创业点上忙活时,突然桥下有个7岁小女孩落入水中。王爱东看到一名大学生连衣服都没有脱就跳了下去,几经摸索,才摸到孩子。

还有一个星期天的早上,习惯每天早起转转的王爱东散步到水上乐园附近时,听到有人呼救,原来是一位在岸边洗菜的中年男子不慎滑入河中。第一时间,又是这三名大学生跳下去救人,可护坡太滑,他们和落水者在水中挣扎很久也无法上岸,情势非常危急。王爱东正想跳下去,突然想到都下水可能不妥,应该还有更好的办法。于是,他赶忙找来一根竹竿,竭尽全力将他们一个个拉上了岸⋯⋯

河大水深,难免发生意外。以后再有人落水怎么办?

王爱东后怕不已。就在当天晚上,王爱东领着三名大学生连同另外两名志愿者,作出了一个重大决定:成立"黄河水上乐园义务救援队"。这支小小的救援队,正是现在"黄河水上志愿救援队"的雏形。

没有专业教练,他们互相交流水下救生心得;缺乏专业设备,他们就因陋就简,水上乐园出资购买的一艘两冲程老式快艇是他们的全部家当。尽管这样,次年第二季度接连发生的三起落水事件,既让他们亲身感受到了水火无情和救援队的责任重大,也让他们为在救援中力不从心而满怀纠结。

王爱东说:"水上救援的黄金时间就是几分钟,每次我们都担心老式快艇出状况。第二年5月那次救援,快艇开出去20米就熄火了,真把人急死了!后来我们找来维修人员,人家检查后说快艇档次太低,根本不适合搞紧急救援。"

此后的日子里,王爱东和队友们多次实施救援,专业救援设备缺乏的弊端一次次显现出来:不仅给救援速度带来影响,也给救援队员自身安全带来隐患,甚至有时候救援队员只能眼睁睁地看着落水者因得不到有效救援而失去宝贵生命。

"有一次,有个轻生女孩从黄河二号桥上跳了下去,救援队闻讯立即出发去救援,快艇3分钟只开出300米,中途还出了故障。眼瞅着离桥墩越来越近,我一个猛子扎进水里,游了过去。依我的水性,憋一口气下水能摸5平方米左右;换口气再下去,仍然没有摸到人。如是三次,筋疲力尽的我也'吃水'了。危急时刻,是队友唐斯军和警察救了我的命。"2010年6月3日那次救援的失败,至今还是王爱东心头的痛。

王爱东哽咽着说:"当时,如果快艇能再快点,或者不出故障,如果有先进的水下探测设备,那个轻生女孩也许不至于丢掉23岁的年轻生命。联想到那天深夜,如果有更好的设备保障,英雄张森的遗体也许可以早一点被打捞上来……"

说到这里,王爱东捂着脸伤心地抽泣了两三分钟。

王爱东心中留下太多抹不去的遗憾。他一直期盼,能有更科学的组织和更优良的设备去救援更多的人,同时能有更多的好心人参与志愿救援,去帮助更多的人。

想到,就要努力地去做到。科学组织救援队伍和尽快完善救援装备,成了王爱东最为关注的焦点和努力的方向。

在宿城公安分局领导大力支持下,先进模范人物、时任辖区派出所所长唐明清四处奔走,尽力为救援队解决难题。"迅哥有约"网站主办人、"全国最美警察"陆迅,在网上发起倡议,呼吁更多的爱心人士参与和支援救援队。

人心交汇,爱心凝聚。提起那些无私关心和无偿支援救援队的感人故事,王爱东如数家珍,感动、感恩之情溢于言表。

"我浑身上下都是铁,也打不了几根钉,还是众人拾柴火焰高啊!社会各界的大力支持、人民群众的爱心援助,不仅改善了救援装备,提高了训练频率和效果,而且增强了我们的信心。"

今非昔比。目前,黄河水上志愿救援队已有 36 支分队,志愿者达 6300 余人。救援设备也有了一定改善,现拥有应急救援车 1 辆、救援快艇 3 艘、遥控救援艇 1 台、水下搜救摄像定位仪 1 套、专业救生圈 126 只、对讲机中继站 1 座、专业对讲机 28 部、电脑主机 8 台、高清监控摄像头 56 个。还在爱心人士李海滨、唐春霞、孙奇瑞等帮助下,添置了为孩子们上安全知识课的大彩电、可以投送救生圈救人的无人机等器材。

在我们这个社会里,还是好人多,善良是主流。

见义勇为事业暖人心、得人心。正义事业总是能得到社会的认可,得到好心人、爱心人的理解和支持。人们从中更看到了新的希望——人心向善、社会向好。

2013 年 3 月,"黄河水上乐园义务救援队"正式更名为"黄河水上志愿救援队"。"咔嚓!"随着一声清脆的相机快门的声响,先后吸收进来的 27 名救援队员那一张张灿烂的笑脸定格在黄河水上志愿救援队的第一张"全家福"上。他们来自不同行业,之前素昧平生。这些救援队员们有的定时过来值班,有的周末前来巡逻,有的则在自己生活和工作中尽普及生命安全常识的责任。他们心中都有一个共同目标:让古黄河成为平安、欢乐之河。

说起救援队的发展与壮大,王爱东也有一番感慨。

"开始的时候,我总觉得救援队员必须会游泳、胆子大。发展对象锁定为年轻人、退伍兵和渔民。结果,前四年中,才发展了 27 名志愿者。后来有朋友启发我:你哪是在招志愿者呀,那是在招'特种兵'哦!我想想也是这个理,哪怕不会游泳,如果能及时喊一嗓子,不就是参与救援了吗?广招志愿者,让他们管好身边的人,教会群众注意安全、珍惜生命,防患于未然,这也是在救人啊!"

王爱东他们很快意识到,只有从源头上提高安全和热爱生命的意识,才能更好地达到珍惜生命、避免危险、及时救助的目的。从此,救援队志愿者队伍放开了加入的条件:只要你有一份爱心善意,就欢迎加入。只要能在关键时刻尽一份绵薄之力,就是志愿者!

志愿工作内容和职责,没有教条式的限制,只是一个开放性的框定:关注治安与安全情况,宣传安全防范知识,传播科学自救互救技能;关心古黄河畔安全,有条件、有空闲时,参与值班巡逻,发现险情及时报告并及时阻止危险事故的发生;动员或积极推荐正直善良、富有爱心的亲朋好友参加志愿者,共建平安古黄河,共同营造温馨文明和谐宿迁。

思路一变,大不一样。

以前,救援艇来回巡逻和训练所产生的声响和水波,曾让古黄河两岸的少数垂钓者感到不满。他们认为没必要天天巡逻,有时还会唠叨一两句,甚至有人出言不逊。每当这时,队员们要么耐心给予解释,要么只能忍气吞声。

现在不一样了。喜好垂钓的市民钱银贵说:"以前在岸边钓鱼时,总觉得救援队的行为是多此一举,甚至有些反感。但多次目睹了他们舍己救人的事迹后,我非常感动,便加入了救援队,没事的时候就在古黄河两岸巡逻。"

孙广永和胡殿伟是两名职业渔民。他们自愿参加救援队以来,已参与救助过四名落水者,这让他们感到非常自豪:"我们每天都会一边捕鱼,一边注意黄河桥,观察岸边、河面的动静,留心防范,随时准备救援。"

90岁的关吉祥大爷说:"我眼不花、耳不聋,平时都在河边转,遇到情况及时通知你们,是不是也能救人?"

54岁的安徽人陈兴才,在黄河一号桥头从事修车生意。他目睹了救援队救人的场景后,主动报名成了志愿者,救援队给他配备了对讲机和救生圈。自此他每天一边修车,一边盯着河边,只要附近有意外发生,就快速联系救援队。他说:"能尽自己的能力去挽救别人的生命,我觉得很有意义。"

黄河二号桥西侧"古月居"老板郭凯是内蒙古人,他主动承担起观察、巡逻的职责,并在门市外墙配置了两个救生圈以备急用。

远远望去，河面上飘荡着三三两两的游艇，宛若一朵朵盛开的莲花，使得古黄河之水灵动而有朝气。在救援队码头上，我和身边几个人聊起家常并慢慢地熟悉起来。他们都是救援队的志愿者。

方建云，丈夫在外地工作，女儿在江苏警官学院就读，其本人在宿迁一所汽车学校任办公室主任，2009年加入救援队。她说以前想做好事，找不到地方，现在每个月来几次，什么事都做，也会开快艇去巡逻。

王立红，30多岁。她戴着一副墨镜，头戴一顶凉帽，打扮入时，虽已经是两个孩子的妈妈，但看上去"萌萌哒"。她的丈夫是一家上市公司的副总，她本人在一家保险公司工作。她的一家对救援队给予了很多帮助，在她动员下，她的朋友圈中有20多人都成了救援队的志愿者，而她本人也一直是救援队的主力。就在我采访过后不久，王立红又向救援队捐赠了60件马甲。

邵红友，20多岁，安徽人，黄河公园"天津包子店"小老板。他说自己靠得近，为救援队做事方便，也习惯了。交谈之际，他见我们人多，便跑到店里提来一大扎矿泉水，无偿供大家饮用。平时，为了给救援队提供方便，他也经常这样慷慨付出。

周长清，68岁，原药材村党支部书记。他说自己完全是受到志愿者们无私奉献精神的影响，经常来这里，到河边转转，自我感觉很充实，很开心。

施素馨，宿迁论坛版主、爱心作家，加入救援队后加班加点，帮助整理和归类队员信息登记等资料，非常热心。

赵跃，26岁，是一个家庭农场主，也是救援队创建时年龄最小的队员，常年参加巡逻，多次参加救援，被评为"江苏省群众身边好青年""宿城区十大杰出青年"。

邵佰强，64岁。他笑着说："我是半个南京人，半个宿迁人。1969年，作为知识青年被下放到此地，当过兵。2003年，从工厂下岗，就在河滨新村附近摆了一个修车摊子。现在修车摊不摆了，又帮助别人维修下水管道。2014年底，我加入救援队。工作之余，就来到古黄河岸边，参与值班巡逻。我一辈子没有做过什么大事。现在我是受王爱东的影响,参加志愿救援队挽救他人的生命,感觉人生更有意义了。"

泗洪县广播电视台资深播音员王芳,其所在地相距救援队70多公里,她加入救援队的过程,很具有戏剧性。她和王爱东的相识纯属偶然,开始她将信将疑,后来亲自去探访后感动不已,最终也成为救援队的一员。她为救援队录播了大量防范提醒和普及安全知识类稿件,多次为救援队捐款捐物。她经常前往古黄河参与值班巡逻,平常坚持用微信和"美篇"及时编发并广泛宣传英雄王爱东和救援队的先进事迹,还组建了"黄河水上志愿救援队爱心群"。她带头倡议"爱心送清凉"活动,动员很多无法赶到现场值班巡逻的队友,共同支援"前线",一切为了救援,每人每天捐出1元钱。这项活动自开创至今,从来没有中断过。王芳深有感触地说:"我至今都有一种光荣感和自豪感。能为英雄王爱东和他的志愿救援队助力,能在有生之年多做一些有意义的事情,我觉得很幸福……"

救援队的每一名志愿者,都有一段属于他们自己的故事,也有其独特的精彩人生和心路历程。目前,救援队志愿者队伍里,有平日在河边垂钓的老人,有常年在此工作的水面保洁员,也有沿岸各商户的老板、保安;有工人、农民、军人,也有老师、学生、医生;有老领导、老干部、工程师,也有网络版主、媒体记者、高校教授;还有在职党委书记、局长、厂长、广播电视节目著名主持人和私营企业老板等。其中,年龄最大的92岁,最小的只有14岁。

志愿服务既是在帮助他人、服务社会,同时也是在传递爱心、传播文明;既是"助人",亦是"自助";既是"乐人",也是"乐己"。在王爱东和他的黄河水上志愿救援队搭建的平台上,志愿者们深藏心底的善良和弥足珍贵的爱心,在这里得到凝聚和释放;人性美好的一面,在这里得到展现和升华;而志愿者在志愿服务过程中凝聚的进步精神显得更为珍贵。

进步精神是志愿服务精神的重要组成部分,志愿者通过参与志愿服务,使自己的素质、能力得到提高,同时也促进社会的进步。这样的进步精神,在王爱东和黄河水上志愿救援队的志愿者们那里得到了验证。

王爱东说:"救援队的志愿服务工作,既是担当,更是责任。我们不祈求人人都是救援队员,但期盼人人都是热心人。在人民群众遭遇意外或不幸时,大家都能及时伸出援手,尽其所能挽救生命,化解危难,维护治安。这样,我们的家乡才会更加美好,社会才会更加和谐温馨。"

救援队的见义勇为志愿者们常年坚守古黄河畔,无怨无悔地度过了多少洒满汗水的日日夜夜,又经历了多少忙忙碌碌的酸甜苦辣,恐怕连他们自己也记不清了。难能可贵的是,默默奉献的他们,又是那么甘心情愿,乐此不疲,自得其乐。

黄河水上志愿救援队先后荣获"江苏省群众身边好青年(团队)",入围"感动宿迁群体";2016年,被授予"江苏省见义勇为志愿者先进集体";2017年,被授予全国学雷锋志愿服务"最佳志愿服务项目"。

这支队伍在工作中,涌现出以王爱东、王寒青、唐斯军、孙广永、赵跃、赵晶晶、王淑敏、邱红伟、方建云、王芳、吴云香、李永、蔡地、邵佰强、周群、靳鸿菊、李海滨、王德峰、孙军贤、张利群、戈利娜、陈哲、杨金才、徐承庆、马殿友、胡殿伟、蔡绍平、徐其明等为代表的先进典型。他们当中,有的入围"中国好人榜",有的入选"江苏好人""江苏省十佳治安志愿者""江苏见义勇为新市民""江苏省最美基层共产党员",有的获得"感动宿迁十大见义勇为模范人物""宿迁市优秀共产党员"等荣誉称号。其中,王爱东和儿子王寒青曾同时受到宿城区政府和宿城公安分局表彰。据说,像这样的见义勇为父子俩一同受表彰在宿迁尚属首例。

是的,志愿者的本质就在于出于自愿,力所能及。而所有力所能及的志愿奉献,都值得崇尚和敬佩!

只要人人都用心相助,这个世界就不会冷漠。所见所闻,让我真切地感受到浓浓的爱心在黄河水上志愿救援队这个英雄群体中传扬,我对加入其中的每一个大写的人都充满了敬意!为此,采访王爱东的时候,我也郑重申请加入了救援队,现在的我也是这个救援队志愿者队伍中的一员,我愿意以自己的方式,与黄河水上志愿救援队队友们的心融在一起，不仅为救援队员们加油，也以此接受心灵的滋润和爱的洗礼。

有道是，英雄不问出处。我倒是认为，英雄必有出处——英雄绝不是天生的，一定有只属于他的人生足迹和优秀特质。英雄的出现，一方面是历史的选择，即"时势造英雄"；另一方面，也需要个人的长期历练，即"仁者出英雄"。

英雄王爱东，顺应时势，仁义为怀，有阳光般的爱心和钢铁般的意志。那么，钢铁是怎样炼成的？

王爱东从小爱劳动，爱学习，肯助人。他说，是鲜艳的红领巾和伟大的共产主义战士雷锋的精神哺育了自己的心灵成长。

上中学时，一天晚自习放学的路上，王爱东看到一名伤者在漆黑的乡间小路上步履艰难、走走停停，他主动推着自行车，深一脚浅一脚地把这位病人送回十几里外的家中。从此，王爱东的心里就扎下了乐为他人排忧解难、助人为乐多做好事的根。他这一做，就把好事做了四十余年。

二十五年前，两岁多的白凤（化名）被一锅滚烫的稀饭烫伤，奶奶孙云霞捧着生命垂危的白凤，从乡下来到市区一家大医院治疗，可由于没带够钱而被拒之门外，坐在医院门口伤心无助地哭泣。路过此处的王爱东，问明情况后抱上孩子就去急救室，用身上仅有的几十元钱和检察官工作证做担保，恳请医生给予救治，随后自己跑出去借钱垫付医疗费。那次，白凤住院期间的医疗费一共花了 2000 多元钱，都是王爱东筹借的。白凤出院后，王爱东多次前去看望，还主动承担起她的部分学费。长大了的白凤，把王爱东当成父亲一般来孝顺，逢年过节，就送来米、面，聊表心意。可每次从王爱东家带回去的东西，总比她送来的还多。

1995 年 12 月，王爱东出差途中从电视上看到青岛市 11 岁女孩瑶瑶（化名）父亲病故，母亲重病在床，生活十分困难。他几经周折联系到对方，每月寄去 100 元，连续资助十年。还带着家人和两名爱心人士，长途跋涉去瑶瑶家看望，两次前往共当面捐助 8000 元。在他们的帮助下，瑶瑶顺利读完大学,走上了工作岗位。王爱东至今收藏着瑶瑶每年春节寄来的贺卡,字里行间跳跃着一颗受助者永远感恩的心。

2007年6月,一个偶然的机会,王爱东认识了时年29岁的男青年程斋(化名),此人没有职业,游手好闲,整天玩牌、下棋、喝酒,当时刚刚离了婚。王爱东多次与其谈心,发现程斋知识不多,但思路敏捷、口才尚好,就建议他学习法律知识,程斋也居然答应了。之后,王爱东精挑细选送去八本法律书籍,又请一位律师朋友带着程斋学习法律业务。两年多的时间,王爱东热心帮,程斋认真学,后来程斋就在一个法律服务所代理普通民事案件和提供法律咨询。程斋也在王爱东的影响下学着他做好事,常常免费为困难家庭提供法律和生活上的帮助。再后来,程斋不仅买了房子,重新组建了家庭,还加入了志愿者队伍。提起王爱东,程斋说,自己遇上了一个天底下最好最好的人!

2013年10月7日晚,家住市区东大街的侍全,发现一向守时的八旬老父于下午外出后至深夜仍未归,他当即报警,并四处寻找,晚上10时依旧毫无所获。家人焦急万分、不知所措之际,遇到了志愿者王爱东。王爱东调取监控帮助寻踪,发动队友四处打探,最终获知老人在黄河公园门前因病昏迷,被送往医院抢救,而到底是哪家医院,没有人说得上来。王爱东迅速赶到多家医院寻找,最终在宿迁市人民医院太平间获知噩耗:老人不幸猝死。料理完老人后事,侍全决定购买救生圈赠送给救援队以表谢意,全家还一起加入了王爱东的志愿者队伍。

王爱东见义勇为,助人为乐,几十年如一日。平时他走到哪里,就会把好事做到哪里。见义勇为、助人为乐,早已成为他的习惯。

每做一件善事,都是王爱东的爱心奉献。而每一次奉献,都是在播下爱的种子。

接受中华文明的历史传承,是王爱东爱心满满的重要源头。王爱东说:"我始终认为,孝道、敬业、诚信、善良、友好……都应当是做人的基本要求,也是成年人、成熟人的基本标准。古人推崇'救人乃读书人之本分',我们堂堂现代人、文明人,难道还不如古人?羊有跪乳之恩,鸦有反哺之义。我们有幸生活在这样的大时代,已经得到生活的很多恩赐。用实际行动回报社会,应该是每一个华夏子孙应有的境界。"

是的,王爱东的精神境界很高。他满腔热情地为他人排忧解难,是以不求回报、无私奉献做铺垫的。

因为做好事,管"闲事",在工作岗位上,他几乎付出了八小时之外所有的时间和精力。病退后,他更是一门心思当志愿者,助人为乐。

虽然常在河边却从不钓鱼,虽然身在公园却从不玩牌,当志愿者以来,王爱东没看过一个完整的春晚。儿子从小到大,很少享受过父亲的特别关照;爱人和自己没有一件像样的衣服,日子过得很是清贫。可是这些年来,王爱东做好事为他人花的钱、捐的款,加起来有十几万元之多。作为"红二代",他生活简朴、为人低调、不事张扬,以至于很少有人知道,他的父母都是经历过枪林弹雨的老八路、参加过抗日战争的离休老干部。

有些人对此不理解:一个令人羡慕的"红二代",一个二十余年的心脏病患者,一名曾经的优秀检察官,一个到了花甲之年、好事做了四十余年还热情不减的"活雷锋",到底图的是什么?为的是哪般?

有人说他出风头、图功名,也有人说他爱冲动、不成熟。对此,王爱东思考过,也无奈过,但他继续做好事,带动更多人一起来做好事的信念,从来没有动摇过,更从来没有放弃过。

王爱东说:"有人说我是图名,我图的是共产党员的名声,只想用持之以恒的实际行动,为'共产党员'这四个字增光加彩,因为咱举过拳头宣过誓;有人说我老了还在逞能,我倒觉得善举创造快乐,社会需要爱心,做好人、做好事,养神、养心又养生,只要身体能行,就把好事永远做下去,倒也要倒在志愿救援的古黄河畔;有人说这样做是不成熟,我无怨无悔。做好事、献爱心,严格意义上讲,是文明和谐的需要,是公民的义务、社会的趋势。只要诚心做好事,就不要顾虑太多。有不同看法,说明社会多元思维的活跃。只要你真心实意,持之以恒,多数人不仅接受,而且会志同道合、爱心相聚。还有一点无可争议,见义勇为行为高尚,好人好事永不落伍。我的体会很简单,献爱心,多担当,你就会更充实、更快乐、更自豪。"

王爱东就是这样,永远像一团火,温暖着周围的人。宿豫区检察院原副检察长王太章说:"他的热情带动了更多的人见义勇为,去温暖别人。"

1995年10月,由江苏人民出版社出版的《为了闪亮的国徽》一书,曾收录了王爱东的先进事迹,其中有一段话,堪称王爱东的真实写照:"做好事不图回报,为人民只讲奉献,一身正气可见,无私无畏可嘉,真正体现了一名优秀检察官的风采。"

王爱东,也许这个名字中有了一个"爱"字,注定了他在人生历程中一次次向社会捧出赤诚之爱。这"爱"字的背后,是他自愿去做的一件件小事、好事,而每个故事里都有他热血与汗水的凝聚和无私、无畏、无悔的付出,甚至不惜多次以生命的冒险为代价。

如果说美丽中国是一幅浓墨重彩的山水画,那么"爱"无疑是不可或缺的底色。王爱东,用大写之"爱",画出了美丽中国的一隅;用无私之爱,诠释了人间真情;用忠诚之爱,彰显了军人的特质和中国共产党人的本色。

从心底崇敬英雄,用行为仿效英雄,是王爱东砥砺前行的人生动力。他说,除雷锋精神的熏陶之外,自己很荣幸遇到像唐明清这样优秀的英模人物,并备受其崇高精神的影响。

王爱东深情地说:"唐明清是'全国优秀人民警察'、公安部二级英模,原所在辖区一个普普通通的派出所所长。他多次临危受命,不顾个人安危,从高楼、从水里、从火中、从车轮下,救助了很多人的生命。我曾经作为唐明清的事迹亲历者,参加他的事迹演讲。我几次讲不下去,全场有很多人都热泪盈眶……他是我们身边真正的英雄……"

王爱东回忆起一件往事:一天深夜,自己带领救援队前往救助落水者时,看到唐明清已经在水中全力搜救,于是跳入河中和他一起连续搜救几个小时,但还是没能挽回落水小伙子的生命,救援中落得伤痕累累的自己和唐所长都悲痛万分。可事后,唐明清却莫名其妙地被不明真相、悲愤至极的死者家人重重地抓伤。受了这么大的委屈,可他没有争辩一句话,那是怎样的一种度量啊。

是啊!凡人好做,英雄难当,包括要心胸大度,"能容难容之事"。好人做好事,不图有回报。做了善举却被误解的事,王爱东也经历过几回。

1993年秋天的一个傍晚,县城五金公司门前,一个姑娘被自行车撞得血流满面,昏倒在地。正巧路过的王爱东赶紧跑到五金公司经理办公室,请求派车送伤者去抢救。在医院里,王爱东一边掏钱垫付医药费用,一边联系伤者的家人。

姑娘得救了。可她的家人却不让王爱东走:"找不到撞人的人,你就说不清,你就不能走!"在场的医生、护士齐刷刷地站出来斥责姑娘的家人,并告诉对方:王爱东救人已经不是第一次了,这一回,如果不是他把姑娘及时送来就很危险了……

这才为他解了围。事后,一些人劝王爱东今后少管这些"闲事",王爱东只是坦然一笑:"误解是暂时的,见死不救那还是人吗!"

2014年5月22日上午7时许,在市区某幼儿园实习的女青年俊俊,上班途中骑车路过青年路与太湖路交会处时,与一辆汽车相撞,后脑勺着地重重摔倒在路上,一度失去知觉。

那天,王爱东去泗洪县城办事,行驶中发现有人倒在路边,便下车上前查看。看到女孩昏迷不醒,很可能有生命危险,也没有见救护车来,他便想把伤者抬到自己的车上,尽快送到医院。但由于以前救人时腰部受伤落下病根,他一个人难以完成这样的动作。这时,一个女子正好经过,王爱东就请她帮忙抬一下。令他没想到的是,对方边摆手边说:"我凭什么帮你抬?你找医生抬呀!"

几分钟后,救护车赶来,在俊俊身边放好担架,由于王爱东弯腰使不上力,便单膝跪地、半蹲着用双手托起俊俊,协助医护人员把她抬上担架,送上了救护车。因为担心女孩不能说话,王爱东又开车跟着救护车一起向医院驶去。到医院后,王爱东又到缴费窗口为俊俊支付了近800元的急救费用。

俊俊的父母急匆匆赶来。起初以为王爱东是肇事车主，俊俊的父亲上前一把抓住王爱东："孩子是你撞的？"一旁的知情人赶忙解释："你误会了！他是做好事的，还替你们垫了急救费呢！"俊俊的父亲立刻松开王爱东，转而紧紧握住他的手，一边道歉一边感谢。

说来也巧。路边救人时，王爱东的车没有熄火，车上的行车记录仪完整记录了现场情景，这段视频在电视节目中播出后感动了全城。媒体以"年轻女孩遭遇车祸，好心市民'跪'施援手"为题宣扬王爱东的行为。有网友把王爱东的这段视频发到网络媒体上，一时间引起网友的热议，正能量扑面而来。宿迁论坛针对那个冷漠过路人的话语发表评论："冷酷的女人，你丢掉了什么？"

事情过去几年了，谈起俊俊父亲一开始的做法，王爱东已经很平静："当时很快有人帮我澄清了，所以并没有太多不愉快。"但每每想起那个路人女子冷冰冰的话语，王爱东还是心绪难平："当时我的心就像一下子掉进了冰窟窿。她的那句话就像一根锈迹斑斑的铁钉，深深地刺痛了我的心。我认为，这句话与现在的文明社会反差太大、格格不入。"

在我的面前，王爱东几近哽咽地说："我到现在想起这件事，心里都在滴血。我是一名退伍军人、共产党员，觉得人们互相帮助是应该的。特别是在他人遭遇不幸之时，也许举手之劳能起到很大作用，甚至就能挽救一条珍贵的生命。但那个路人女子竟然说出那样的话，这相当于在受伤女孩伤口上撒盐，也往我的心上捅刀子啊！"

我问："现在很多人怕被'讹诈'，而不敢做好事，你对此怎么看？"

王爱东说："凭良心讲，我很怕看到社会上这样的负面报道，因为真的只是极少数。在别人需要帮助的时候，我的人生字典里没有患得患失的字眼，永远想的只是如何更快、更好地救人。我们救的看似只是一个人，但影响的却可能是一个家庭，甚至是社会的和谐稳定。"

志愿者蔡啸泉说得好："黄河水上志愿救援队，是弘扬正能量的一面旗帜。在物欲横流的今天，这面旗帜不受风雨阻拦，依然迎风招展。这面旗帜，可以把乌云阴霾驱散。在这面旗帜指引下，无数个志愿者在践行和弘扬社会主义核心价值观。"

共产党员不仅是一个身份，更是沉甸甸的责任。在新形势下，执政的中国共产党如何保持与人民群众的血肉联系？光荣的共产党员又该怎样践行全心全意为人民服务的宗旨？应该如何解读共产党人的责任和担当、奋斗和奉献这些与我们息息相关的重大命题？所有这些，都可以从英雄王爱东平凡又不平凡的行动中找到完美答案。危难见精神，危难考验信仰，哪里有危险哪里就有共产党员。"王爱东们"为我们交出了满意答卷。我们可以看到，信仰就是向上、向善的最大力量，也是我们不忘初心、负重前行，共创复兴伟业的真正优势。

英雄王爱东的人生传奇和黄河水上志愿救援队的动人事迹传播千家万户，让更多善良的人们从中深切感受到平凡与伟大，感受到正义与坚守，感受到奉献与快乐，感受到和谐与美好。

我渴望全社会的人们都崇尚英雄，学习英雄，争当英雄，把自己的温暖洒向身边的人们，洒向脚下的大地。

2016年7月22日，我愉快地接受邀请，作为一名志愿者和黄河水上志愿救援队的一员，成为江苏电视台城市频道《德行天下》栏目王爱东专访专题的特邀嘉宾之一，并接受了采访。就在本期节目中，我以饱满激情朗诵了一首题为《赞美你啊！英雄王爱东》的诗。这首小诗是我自己创作的，我不是诗人，也不会写诗，只是有感而发，其实这也是我阅读英雄事迹、心灵和学习英雄王爱东后的肺腑之言：

你是老八路的后代，
共和国大厦的一块好砖；
你从军营走来，
成了一名人民检察官。

你快到60岁了，
病退也有了二十多年。
你，为什么退而不休？
我懂啊，你把自己许给了生命救援！

你是个重病患者，
为救人加重病情你住院四十三天。
为什么你要这样玩命地干？
我懂啊，你把救生当作了千斤重担！

你上有九旬父母，
下有儿孙绕膝前。
可你为什么七年不在家过年？
我懂啊，你在用另一种爱的方式与亲人陪伴！

你说，一千个感慨不如一个行动，
而服务群众是最直接的体现。
哦！你用爱民亲民为民的形象，
把爱的春风吹进百姓的心坎！

人们赞赏你的伟大，
更敬重你的平凡。
我深情地感受着你啊！王爱东——
一个平凡的生命到底能走多远……

王 新

事故现场"大救星"

他与事故现场结下不解之缘,哪里有危难,哪里有召唤,哪里就有见义勇为志愿者王新的高大身影……

王新

网民们称他是见义勇为"达人",媒体赞誉他是见义勇为"英雄",群众口中他是"王大胆""王好人",而他自我评价最多算是"见义勇为志愿者"。

事故现场,他是急救员;水中救生,他是打捞员;火灾现场,他是消防员;助人为乐,他是好心人;见义勇为,他是一个勇士……

王新,是一个"谜"——"谜"一样的人物,"谜"一样的故事,"谜"一样的动人传说,"谜"一样的精彩人生……

眼前的王新,身高1.75米,体重92公斤。他的脸型活像个笑陀佛,总是笑眯眯的脸上,呈现出发自心底的那种乐观、满足、善意和大度。也许是过多的操劳和付出,凭他的年纪,头发不应该过早地有那么多花白。

王新的人生履历,似乎很简单:1973年6月出生。高中毕业后,到上海第一警校学习汽修;学成后回到海门,在一家大型汽修厂工作,年年被评为先进个人。十年前回到老家修车铺,同时兼做驾校教练员。几年后,小小修车铺发展成了汽修厂;再后来,正式挂牌"南通鑫驰汽车服务有限公司",自任总经理。

父亲王松林,是个有四十多年党龄的老共产党员,也曾当过村干部。他平生刚正不阿、热心助人,用自己的言传身教感染教育儿子:做一个好人,做一个有用的人。在这样的家教中,一天天长大的王新,从来就是个热心肠。

通吕公路,穿镇而过。无情车祸,时有发生。

因为修车的缘故,又因为热心助人,王新跟许多交警成了好朋友,事故救援现场常常可以看见他忙碌的身影。而一次次救援时车祸伤者的痛苦呻吟也每每牵动他的心。

第一次救人,是在1990年。那天,王新在回家的路上,遇到一起严重交通事故:三车相撞,死伤多人,一些人被卡在车里直喊"救命"。那惨烈的一幕让现场不少围观者晕吐了,王新也感到恶心,但还是咬咬牙主动上前协助交警,将一个个伤者抢救出来。从那以后,许多车祸和火灾现场,王新都踊跃施救。然而,单枪匹马,势单力薄,救援成效甚微。

于是,2006年,王新自费购买道路救援车等相关装备,成立了"事故救援队",与当地110联动,正式成为道路事故抢险中的一员。

作为汽修老板兼任救援队长,王新将见义勇为志愿服务延伸到各种车祸灾难现场。从此,义务事故救援便成了他工作和生活的常态。

事故救援,是在与生命赛跑。为了抢时间、救生命,王新夫妻和女儿在厂里一住就是近十年,而他们的家其实就在附近不远处。

有一次,海门四甲镇附近发生一起交通事故,5分钟不到,王新就赶来了。当120救护车到来的时候,王新已将伤员成功救出险境。

打开王新自费购买的救援车,齐全的装备,让人大开眼界。圆锥筒、工具箱,甚至还有潜水服。王新说:"这是专门用来下水打捞的。不过,很多时候救援紧迫,根本来不及穿。"事实也确是这样。

2014年农历正月初七,新复村十组境内有一辆轿车掉入河中,现场情况紧急,不容耽搁。寒风凛冽、河水刺骨,王新来不及穿潜水服就急着跳入河中进行打捞。

一天夜里,两辆轿车相撞,其中一辆翻入河里,扎进污泥,司机生死不明。王新下水施救,从晚上8时一直忙活到第二天早上5时。河里水草蔓生,还有碎玻璃等,一不小心就会被缠住、划伤,但他毫不在意,腿上被划伤了好几处,一只耳朵因灌进水留下后遗症,至今还嗡嗡作响。

2013年5月25日上午10时30分，翟女士开着新买的轿车来到四甲镇余合村的娘家。匆忙之中，停车时竟忘记拉手刹。就在翟女士刚下车离开之时，轿车顺坡向西溜去。瞬间工夫，轿车撞坏了土墙，一头栽进西侧的沟里。惊骇之余，翟女士急忙报了警。民警赶到现场，组织打捞。王新也闻讯前来救援，不仅成功将坠河轿车用绳子固定并打捞出水，还为事主从水里捞出装有2000余元现金和信用卡的钱包以及一部苹果手机。

2013年9月15日，羊贩子金某不慎连人带车栽入一条超过20米宽的河中。意外时刻，王新他们又迅速前往，帮着救出了人、捞上来车，还抢救出20只小羊。

2015年2月25日，天下着雨。下午2时许，新复村十组境内，由于雨天路滑，一位年轻女车主驾驶失控，轿车栽入河里，警方联系王新请其帮助打捞。打捞现场，路面狭窄，大型救援吊车开不进来，更无法实施作业，唯一的办法就是下河穿绳子，再用小挖土机拖上来。天气寒冷，谁都不敢轻易下河。关键时刻，又是王新挺身而出。

正当做下水救援准备时，王新手机响了起来，是镇宣传委员打来的电话，问他在不在厂里，事先约定采访他的央视七套节目组工作人员马上就要到了。

此时此刻，岂能脱身。王新将情况如实相告，得知事故后的节目组调转车头，直奔现场。

风雨中，王新脱掉衣服，抓过一瓶自带的白酒，一仰脖子喝下了一大口，然后带着绳子向河里游去。接近轿车后，他连扎几个猛子潜入水底，牢牢地将两根粗绳系在两只车轮上。

"一、二、三！一、二、三！……"随着一声声整齐的口号，站在岸上的志愿者和村民用力将轿车向岸边拖来，王新则在水中用力往前推车。轿车徐徐向岸边靠近，人群中发出一阵阵欢呼声。

这样的场景，被急匆匆赶到的央视记者们用长枪短炮似的照相机、摄像机一一收录到镜头里。他们以媒体人的新闻敏感，记录了英雄王新真实感人的救助行为。

像这样的事故救援,频率之高,令人吃惊。我在搜集资料的时候发现,仅在2014年1月,王新就参与交通事故救援8起,每一起都有惊心动魄的过程。

灾祸无情人有情。在老板王新的影响下,汽修厂的员工也变成一支拉得出、打得响的应急队伍。厂里常年备着数十只灭火器,关键时也充当"消防队",救人于水火。

2012年10月4日,晚上8时30分许,货隆镇有余村七旬老人李德新独自一人在儿子家的三楼上睡觉。睡梦中,听到外面传来呼救声。他连忙起床一看,只见楼后自家三间平房上空浓烟滚滚,厨房间还能看到有火光。

接到报警电话的货隆派出所民警和包场消防中队人员立即向现场进发。不料,疾驶而来的两辆消防车因道路太窄,无法进入。情急之中,民警赶紧联系王新。

接到民警电话后,王新领着本厂10余名职工和周围邻居共20余人,分乘3辆面包车,像天降奇兵般出现在火灾现场。他们拎着20余只灭火器,对准肆虐的火苗喷射。

大火像疯了似的从厨房间烧到屋顶,并向四周蔓延。房顶上不断掉下正在燃烧的木料和碎片。随着"噼噼啪啪"的响声,一条火舌向由平房接至前排楼房的电线烧去。关键时刻,冲在前面的王新,用湿毛巾掩着自己,钻进浓烟中,找到电表箱,拉下了电闸。经过20多分钟的奋力扑救,一场大火终被扑灭。除一间厨房被烧毁外,其余两间平房和一幢小楼都被保住了。

一次次事故救援,一名名伤员救护;多少回慷慨前往,多少年持之以恒;甚至不顾及危险时刻的个人生死……要知道这一切,不是所有人都愿意去做并都能够做好的啊!

如果说这样的行为因为有警方联动而算是临危受命，那么王新主动见义勇为的事迹，同样精彩而感人。

有一次，一户人家发生建房事故，一名工人被垮塌下来的楼板压住了，楼板纵横交错，事故现场险象丛生，周围的人都不敢上前。危急关头，仍是"王大胆"王新冒着危险，用工具撬起楼板救出伤者，又用自己的车把伤者送往医院。

2013年4月10日，晚上9时30分许，王新还在车间忙碌。

突然，一阵凄惨的呼救声传来。王新立即丢下手中的工具，冲出门去。借着微弱的路灯灯光，他发现不远处的马路上躺着两个人。

不好，出车祸了！王新箭一般地冲过去。

只见撞在公路隔离带上的一辆摩托车支离破碎，倒在地上的一对男女浑身是血，男子的一条大腿已被撞断。见此情形，王新急忙开来自己的面包车，赶紧送伤者就医。

2015年2月12日傍晚，王新在回家路上目睹一场车祸。卡车、农用车、三轮拖拉机三车连环相撞，四名伤者躺在路边，另有三人被困驾驶室，还有不少百元大钞散落在路面。

王新一边打电话报警，一边和闻讯赶来的村民一起，撬开变形的驾驶室救出被困者，将受伤人员送往医院，又把伤者遗落在现场的物品和现金全部交到交警手中……

王新的善行岂止在车祸、火灾现场，还有市场、医院、田头……被他赶上了的急事、难事、危险的事，都少不了王新的身影。

2014年4月30日下午5时许，在外地工作的彭氏兄妹，回到启东吕四镇老家，本想一家人开开心心过个"五一"节，却发现父亲不见了。

母亲告诉他们，当日早上，老头子和她拌了几句嘴之后，便不知去向，只留下一张纸条：我出远门，到海门包场镇去了。

79岁的父亲彭某，患有中风和轻微痴呆症。彭家在包场镇没有亲戚，他会到哪里去呢？

焦急之中，兄妹俩叫上亲戚一起寻找。通过询问，他们找到了当地一个做搭客生意的三轮车夫。车夫称，4月30日早上6时许，老汉坐他的车到吕四车站去了。

根据这一线索，兄妹俩又通过熟人，找到了从吕四开往南通头班车的司机。司机证实，老汉确实是坐了他开的车，但是到海门四甲镇货隆红绿灯处就下车了。

当晚7时，兄妹俩开车来到货隆派出所，向民警求助。值班民警先后调阅了辖区多个监控录像，最后锁定：老汉确实是在当天早上6时37分，从货隆红绿灯处下车，坐一辆黄色的三轮车去了通州方向，接下去就没有线索可循了。看着一筹莫展、人生地不熟的兄妹俩，民警想到了王新。

接到民警电话和了解情况后，王新开着私家车带着兄妹俩，开始在当地寻找那辆黄色三轮车。几个小时过去了，他们在排除了五辆做搭客生意的三轮车后，又来到了有余村的梁某家。

敲开院门后，他们发现梁某家里停着的一辆黄色三轮车和监控录像里的车子一模一样。经梁某回忆，当天早上，他的确载过一名老汉去了通州三余镇。根据他描述的体貌特征，兄妹俩确认这名老汉就是他们的父亲。

次日凌晨，王新他们找到了通州区三余派出所请求帮助。民警通过调阅监控，发现乘坐黄色三轮车的老汉从车上下来后，向三余菜市场方向踽踽独行，之后画面就消失了。

要找的人，一步步接近。王新带着彭氏兄妹一路向菜市场找去。凌晨2时许，几乎找遍了整个市场的王新他们，被一阵狗叫声吸引。循声找去，结果发现一名老汉正蜷曲着身子靠在一堵墙边，兄妹俩上前一看，正是他们"失联"了20多个小时的父亲。顿时，兄妹俩紧紧拥住父亲，激动的眼泪夺眶而出……

有灾难，有险情，要找就找"王大胆"；有急事，有难事，要问先问

"王好人"。这是当地群众和周围人们的"共识",也是他们不约而同的选择。事实上,哪里有危难,哪里有召唤,哪里有需要,哪里就会有王新出现。

王新说:"对于我来讲,出手相助是条件反射,伸出援手是本能反应,乐于助人是我的习惯。"

哦!当乐于助人成为一种习惯时,这是何等崇高的境界!

"不做好事,心里就憋得慌。"采访中王新的这句表白乍一听有点玄乎,可真真切切地道出了他的心声,也表明他早已把做好事当作生命中的一部分。我的采访本上记录了2014年8月1日至8月4日的四天时间里,王新连续所做的四件大好事,从中便可略见一斑:

8月1日。上午8时许,四甲镇新西路上发生一起严重车祸,两辆汽车相撞时,将路边一名骑电动车的年轻女子撞倒,电动车也飞出去好远。赶到现场的王新,将倒在血泊中的女子抬上救护车,全然不顾自己身上沾满了血迹。在报废的电动车旁,他发现一只皮夹静静地躺在草丛中,他立即捡起送到民警手中,里面有受伤女子遗落的1200余元现金和几张银行卡。

8月2日。因线路改造,四甲镇货隆镇区全天停电。当天早上,易买得超市老板李寅松来到机房,准备将多日不用的发电机发动起来自行供电,可捣鼓了好一阵子都没成功。该超市是海门北部乡镇最大的超市,经营的生鲜产品一旦因缺电无法制氧、制冷,损失一定不小。眼看鱼池里的鱼因缺氧浮了上来,急得大汗淋漓的李寅松想到了平时乐于助人、对机电业务娴熟的汽修老板王新。一个电话刚打完,王新很快就带着厂里一名技工赶到超市。几经周折,发电机终于发动起来,通上了电的超市内一片清凉。望着被汗水浸湿的王新他们,李寅松连忙掏钱酬谢,却被王新婉言谢绝。

8月3日。上午9时许,风雨交加中,金跃村姜青(化名)的轿车栽进了臭水沟里,电话请求王新快来帮忙。像往常一样,王新立即开出牵引车,同时通知汽吊车赶往现场。只见他仅仅穿着一条短裤,下到淤泥没膝的臭水沟里,然后用绳子一头系住轿车车轮,另一头挂上汽吊的钩子,没过多久,轿车被吊上了岸。"哎呀,我的钱包不见了,可能掉在水里了。"姜青急得直跺脚。王新二话没说,再次下到臭水沟里,手脚并用。淤泥中没有,王新又在长满浮萍和水花生的河道里搜寻,最后,终于摸到了那只绿色的钱包。

8月4日。两天前昆山发生爆炸事故,19名伤员陆续被送进南通大学附属医院和南通市第一人民医院救治。王新通过媒体了解到这一情况后,萌生出"做一点事情,为抢救伤员尽一份力"的想法。他深知在发生重大人员伤亡事故的时候,献血是伸出援手的最好办法。近年来,王新有过多次献血经历。2013年,同镇货隆村一村民家突发煤气爆炸事故,一家三口大面积烧伤,在医院抢救时急需输血,王新闻讯赶紧喊上20余名工友来到医院,共献血1900毫升,大家还当场捐出1000元,而王新又悄悄将3000元钱塞在了那个村民的床头。玉树地震,王新也赶到海门无偿献血,支援灾区……这一次,王新带领11名亲戚、朋友,又走进海门市中心血站,一滴滴鲜红的血液随即被送到医院,缓缓流进昆山受伤同胞的躯体……

据不完全统计,二十余年来,王新参与事故救援1800余次,救助伤者2000余人,为此投入资金数十万元。至于他到底做了多少好事,包括他自己在内,没有人能数得清。媒体和群众只能这样描述:"中国好人"王新,好事做了一箩筐!

王新相继获评"温暖海门十大人物""最美南通人""海门市见义勇为先进分子""南通市见义勇为先进分子""中国好人""中国十大责任公民"等荣誉称号;2014年7月,王新成为一名光荣的中国共产党党员;2015年6月,王新荣获"江苏省见义勇为道德模范"荣誉称号,并入围第五届"全国道德模范"提名。

鼓励更多人加入见义勇为行列,一直是王新深藏内心的一个强烈愿望。他想让更多的人参与其中,去帮助更多需要帮助的人。2015年初,经申请批准,由王新为法人代表的"见义勇为志愿者服务队"正式成立,包括其家人、工友、朋友乃至素昧平生的好心人,共有100余名志愿者汇聚在他的身边。

王新说:"我只是尽了自己的绵薄之力,成绩微不足道。我将牢记'责任'二字,多做好事,乐做好事,一辈子做好事。"

在入围"全国道德模范"候选人网络评选时,给予王新的"道德点评"是:

一个人做一件好事不难,难的是做一辈子好事。一回回无私的善举,一件件义务的帮忙,一次次的亲力亲为,都让人们逐渐记住了这位海门最美私营业主——王新。他将自己的爱心与工作结合在一起,利用自身所长竭尽所能地帮助身边需要帮助的人,用自己的行动向我们展示了助人为乐的精神内涵。

采访过后,王新给我的感觉可以这样形容:他在做这一切的时候,几乎到了"痴迷"的程度——痴迷地把做好事当"日子"过,当事业干;痴迷地对见义勇为心无旁骛,舍身忘我!

"痴迷",是人生的一把扶梯,是生命的一抹精彩。

"痴迷",是事业的一种状态,是英雄的一种情怀。

"痴迷",是所有志愿者们献身公益事业的一种甘心情愿,一生执着追求……

陈友宽

社区治安"啄木鸟"

他带领的"啄木鸟"义务巡防队,成为社区治安的第一道防线。年逾古稀的见义勇为志愿者陈友宽说,只要我还走得动,会一直干下去……

陈友宽和"啄木鸟"义务巡防队队员

连云港市海州区秀苑路11号,新海街道办事处一栋呈"L"型的办公楼,矗立在四周全封闭的宽敞院落内。院落东侧是一片菜地,菜地西边、离院子大门里侧十余米处一间低矮的平顶小屋,就是陈友宽夫妇的"家"。

这间小屋原本的设计用途是街道办事处值班室,但一直没有启用。这一对老夫妻住进这里已经七个年头了。

陈友宽以前也是借住朝阳路27号小区的传达室,夫妻俩在那间只有12平方米的小屋里住了十一年。后来因小区管理需要设立了门卫,他们也只能另觅住处。新海办事处领导为解决他们的困难,清理了堆放在原本想做值班室内的杂物,让陈友宽把"家"搬到了这里。

这是我平生所见过的最为简陋的家——不到10平方米的小屋,被分隔成两个小间。

里间的空间只够摆得下一张床。那张摇摇晃晃快要散架的木床,是十多年前一户人家当作废弃物送给他们的;木床顺墙南北摆放,床上摊着一床被子,被面是用颜色不一的旧布拼接成的;低矮的床下,用长短不一的木板分隔成小柜,存放杂物;靠床里侧墙壁上,歪歪斜斜地搭着一排没有门的"吊柜",里面堆放着衣物、被褥;几件换洗衣服,用衣架挂在床北头墙壁的钉子上。最显眼的是挂在床南头墙上的一床花被,那是江苏省委政法委的一位领导前来看望老人时的慰问品。陈友宽说舍不得用,留着做个纪念。

外间,北侧墙角明显有漏雨的痕迹,上面挂着一台跟随主人二十多年的华宝牌老式空调;外间的宽度正好够放一张三抽屉的写字桌,那个写字桌到处裂有缝隙;桌面右边是一台老式21寸电视机,左边花瓶里插有几朵绢制的大红花,旁边放着一摞巡防日志,每一本都是厚厚的;再旁边就是陈友宽获得的一大摞荣誉证书:"连云港市爱心市民""治安积极分子""见义勇为先进分子""江苏省见义勇为先进分子"……

此情此景,让我对眼前这位"草根英雄"充满敬意。同时,我也不禁遐想:他本可以好好享受生活,可为何竟如此清贫度日?二老都是古稀之人,本该含饴弄孙、安度晚年,为什么还要在这里操心劳碌?到底是一种怎样的信念,支撑他老骥伏枥、奋斗不息?……

新孔社区主任办公室,就在新海街道办事处院外左侧。我径直走了进去,社区主任、党支部书记张春芹起身招呼我:"你问陈友宽呀,他的事迹三天三夜也讲不完。居民群众称他为社区'守护神',菜场业主说他是市场'调解员',派出所民警当他为治安'报警器',政府表彰他为见义勇为'老英雄'……"听得出,张书记话语中充满了对陈友宽老人的崇敬和赞美。

她刚说到这里,一群臂戴红袖章、巡逻归来的大爷、大妈鱼贯而入。听说我来采访陈友宽的事迹,他们争先恐后地向我娓娓道来:

杨学标大爷:我 79 岁,陈友宽比我小。我们相处十一年了,我最清楚他为维护小区治安与坏人坏事做斗争的事迹,他三次遇险的经历让我印象特别深刻。第一次是遇上蟊贼作案,老陈的头被打破,嘴角都出血了;第二次是小偷偷空调,老陈制止,对方拿扳手打他;第三次,看见有人在盗窃钢管,老陈穷追不舍,搏斗中他的上衣和裤子都被撕破了。

陶阿姨:老陈的心太善良了。2009 年 7 月,社区里 11 岁的小玉(化名)父亲因偷盗被判刑入狱,母亲离家出走不见踪影。为了给她找个安身之所,老陈和郁警官一起走访好多户居民,好话说了一箩筐,可就是没人肯收留小玉。在警务室里,老陈流泪拉着小姑娘的手说:"你要不嫌爷爷家条件差,就到我家来吧。今后,你就是我的小孙女。"

我们都知道,老陈家的日子过得紧巴巴的。平时他们老两口吃饭,经常只炒一个素菜。可是小玉来了以后,他和老伴一日三餐变着法地给她做好吃的。他的亲孙女有时嫉妒地对他讲："爷爷你偏心，凭什么好吃的总是先给她？"

老陈对我们说过："小玉是服刑人员的孩子，更需要关爱。把她照顾好了，她的爸爸就能更好地接受改造。"这件好事，老陈坚持了两年多，直到小玉的父亲服刑期满得以释放，把她接走。

王阿姨：老陈不仅乐于助人，而且处处为居民群众着想。小区内丁字路口和拐弯路口比较多，雨雪天常有人摔倒，交通事故时有发生。他就找来木块，做成小牌子，竖在醒目的地方，提醒大家注意安全。有一栋居民楼下水道经常堵塞，脏水漫得四处都是，他主动联系施工队疏通下水道。

平时，老陈得到一些小奖金，就买些洗发水之类的日用品分发给大家。2010年，他被评为"江苏省见义勇为先进个人"，得到2万元奖金。他收入微薄，家境困难，这对他来说是一笔数额不小的资金。但让我们感动的是，他用这笔奖金为我们巡防队买了两辆电瓶摩托车，还为我们每个队员添置了棉大衣。有了摩托车，大伙儿平时巡逻就多了"两条腿"，小区治安巡逻的效率大大提高。后来，电瓶摩托车还派上了新用场，我们将各类科普书籍、报刊和展板放到车上，在社区边走边做科普宣传，让科普知识融入居民的日常生活中。

冬天，天气冷，我们巡防队队员年龄都比较大，有很多人要在夜里巡逻，披上老陈给我们买的棉大衣就暖和多了。2011年春节，老陈先后收到9000元慰问金，他又想办法筹了一些钱，最后花13000多元买来一辆四轮巡逻车。老陈说："天寒地冻的冬天，两轮摩托车晚上骑着还是很冷。大家能坐在四轮车里巡逻，不仅更暖和，也更安全。"

郑阿姨、赵阿姨：老陈没有退休工资，也没有其他生活来源，但他从来不计报酬，做见义勇为志愿者勤勤恳恳、认真负责，我们对他很佩服、很尊重。老陈与社区、街道、派出所配合得很好，我们与老陈配合得也很愉快。防火防盗、治安巡逻、纠纷调解、搜集反映社情民意、调查管理流动人口等，在他的带领下我们为社区做了很多有益的工作。我们都老了，家庭生活都很安定、顺心，我们没有别的想法，都和老陈一样，想用我们的行动带动更多的人，共同爱护美好的家园……

听着一串串发自肺腑的话语，看着一张张充满自信的容颜，我不禁深深地为之所动。其实，每个人都有自己美好的生命过往，也有只属于各自的成就和曾经的辉煌。一如陈友宽和眼前这一拨大爷、大妈，还有其他未及谋面的"啄木鸟"巡防队队员们，他们中不少人已经年逾古稀，有的已步入耄耋之年；有的是老干部、老领导，有的是老专家、老商人，也有的曾经是舞蹈、歌唱演员；他们中也不乏举手宣过誓的中国共产党党员……

莫道桑榆晚，为霞尚满天。

我在心里暗暗猜想他们当年风采的同时，也虚幻着当年的他们是怎样用智慧和勤劳为我们建造了今天的幸福家园。

陈友宽，1944年12月生，皮肤黝黑，个子高高的，看上去一脸的憨厚，让人倍感亲切。老伴张学桥和他同年。

陈友宽老家在连云港海州区新坝镇浦安村，在那个60平方米的老宅里，夫妻俩生下三个儿子。如今老人已经有了两个重孙子。

当年，他们与当地多数农民一样，卷起铺盖来到城里，开辟自己的新天地。进城三十多年了，他们在市区打过零工，后来到一个工厂做起了保洁工，再后来，陈友宽帮助派出所做一些杂事，类似于辅警的工作。

2011年，经街道、区政府和区、市见义勇为基金会等各级领导多方协调，陈友宽家申请到了一套50平方米的廉租房。陈友宽说太远了，不便为社区巡逻，就留给了孙子做婚房——他们的大孙子30多岁了，也在派出所做辅警。

说起来，陈友宽一家经历了很多磨难。大儿媳英年早逝，留下两个当时还未成年的男孩；二儿媳不幸患有肾衰竭，雪上加霜的苦难夫妻还要抚养两个孩子；陈友宽的妻子张学桥，早年患上糖尿病，十多年饱受折磨，二老全靠派出所每月发给陈友宽的1020元劳务费和街道办事处按月发放的600元补贴清贫度日。

新孔社区是20世纪80年代中期成形的一个开放式老小区。当时，社区没有物业管理，楼栋之间四通八达，出出进进小偷顺手牵羊的事时有发生。社区下岗待业职工多、刑满释放人员多、侵财性案件多、社会矛盾纠纷多、出租房屋多和流动人口多，这"六多"特点让群众一度缺乏安全感，加上靠近西城、江山两个农贸市场，人流量很大，社区治安形势极其复杂。

陈友宽看在眼里急在心头，主动请缨要求为社区安全保驾护航。2004年9月，陈友宽与社区主任张春芹、民警郁恒涛，通过调查和筛选，把杨学标、李长连等热情高、责任心强、真心愿意义务为社区奉献的治安积极分子挑选入队，共同组建了"啄木鸟"义务巡防队，陈友宽自任队长。

按照陈友宽的说法："树上有虫子，啄木鸟就捉。我们这个社区，哪里有坏人，哪里有嫌疑人，我们就去逮。"然而，真正实践谈何容易！做"啄木鸟"，也是要付出代价的！

2007年9月的一天凌晨，陈友宽在自己住地附近义务巡逻，在一栋居民楼前，他发现两个人很可疑：深更半夜，拖着平板车，车上还装有大量铁管。他连忙上前："喂！你们是什么人？车上的东西是哪里来的？要拉到哪里去？……"

陈友宽的突然出现，惊跑了那两个心虚的蟊贼，他们撒退就跑，陈友宽哪肯轻易放过坏人！

他一阵快跑，追上其中一人，与其扭打起来。由于年老体弱，陈友宽被这个人高马大的家伙压在了身下。

"听到我家老头子好像在和人争吵，我就出去找他了。"一直对老伴孤身巡逻放心不下的妻子张学桥说，幸好她及时赶到，老夫妻俩一起将小偷制伏后，才发现陈友宽身上的衣服都被小偷撕烂了。

2009年春天的一个中午，一个40多岁的中年人拉着平板车，窜到新孔社区某单位院内，乘人不备将一堆钢材装上车。这一反常举动，恰巧被义务巡逻到此的陈友宽夫妇发现。面对这名身强力壮的大汉，陈友宽毫不畏惧，上前一把抓住他的胳膊，老伴则死死抱住对方的一条腿。两人合力用劲，硬是把那个中年大汉摔倒在地。

像这样的事情，陈友宽经历过几次。

有一年冬季的一天，陈友宽带领队员巡逻，抓住了正在行窃的李某。不料李某竟持刀行凶，陈友宽冒险夺下刀子的同时，自己的手臂也被刺伤了。

在为社区安全履行职责的同时，见义勇为的陈友宽也势必成了一些不法分子的眼中钉、肉中刺，甚至有人图谋寻机报复。

一个夏天的晚上，巡逻到深夜2点才回家的陈友宽，走到离家不到10米的地方时，对面猛然驶来一辆摩托车，直冲他而来，陈友宽扔开推着的电动车，迅速闪到墙根，眼看着自己的电动车被撞坏。后来，肇事人被派出所抓获，审讯时其招供：原来他在实施盗窃时，曾经被陈友宽当场逮住过，他这一次蓄意用摩托车撞人，就是想给陈友宽一点颜色看看。

可每次事情一过，陈友宽就又出门义务巡逻去了。因为放心不下，老伴一同加入了义务巡逻的行列，他们的三儿子也经常在晚上陪他一起巡逻。

2005年以后的一段时期，新孔社区不知不觉间成为连云港市一些不法传销人员的"老窝"。被游说、诱惑而来的各地群众知道受骗后，也想逃走，但又怕传销组织报复、殴打，许多人不敢到公安机关报案，只好私下偷偷找到陈友宽反映情况。

为了社区安定，陈友宽带领队员先后抓获及扭送传销头目5名，数次护送被骗群众60多人到辖区派出所报案。在打击非法传销的专项行动中，"啄木鸟"义务巡防队协助公安机关，仅在新孔社区就驱散非法传销人员500余名，使49名传销头目落入法网受到处罚，最终清除了长期寄生在社区的这块"毒瘤"。

据民警介绍，被处罚的非法传销头目在交代时说道："我们怕警察，更怕那些戴红袖章的老头老太。好几次，我们刚换了比较隐蔽的住处，他们马上就向警察汇报了。"

据相关统计，陈友宽在义务巡逻中，当场制止可防性案件190余起；当场抓获涉嫌违法犯罪人员30余名，其中逃犯3名；为公安机关提供有价值线索 370 余条……

陈友宽说："正义总不能被邪恶压倒。我这把老骨头，还有什么可怕的呀！我的出发点就是要让坏人在我们社区站不住脚，让居民过上安稳的好日子。只要我还走得动，会一直干下去。"

"啄木鸟"义务巡防队，主要由退休职工和党员老干部组成。他们每天分成白班、小夜班、大夜班和机动班，坚持 24 小时不间断巡逻，用小喇叭提醒居民"车辆入库、防火防盗、提高防范意识"，并在群众中开展治安常识宣传。

为营造浓厚的社区治安氛围，让居民最大限度减少财产损失，在陈友宽带动下，巡防队除义务巡逻外，还实行"包楼、包片"，由巡防队队员担任所在楼楼长，并推选队员担任所在片区的组长。义务巡逻中，他们发现有嫌疑的人就主动上前查问清楚；发现有未锁的自行车、电动车及摩托车就帮忙看护，等车主前来；发现盗窃嫌疑人能抓就抓，能喊就喊。

最近，陈友宽又把一些热情高、责任心强的队员划片安排在社区内，确保重要路段有专人"站"、案件高发区有专人"看"、热闹地段有专人"管"。

十余年来，陈友宽和他的"啄木鸟"义务巡防队，不论春夏秋冬，不分刮风下雨，日夜维护着社区的和谐、安宁，社区每个角落里都活跃着他们的身影。

一次，小区南边的一个小超市，有三个人半夜开面包车实行偷窃，小超市的烟酒、衣服等都搜刮空了，店主却还在睡大觉。

这家店怎么夜里还开门呀？陈友宽和队友感觉奇怪，就上前去看个究竟。那三人见到戴红袖标的巡防队员来了，慌忙跳下车拔腿就跑，连车子也没有来得及熄火。事后清点，那些差点被偷走的衣服和烟酒价值近 8 万元。店主说："多亏你们来了，要不我这几万块钱的货物就不翼而飞啦！"

有一天晚上，陈友宽和另一个义务巡防队队员一道巡查，在西小区 2 号楼发现有人盗窃道板砖，陈友宽大喝一声，几个盗贼亮出了明晃晃的尖刀恐吓他，但最终还是被闻讯而来的其他队员和群众吓跑了。

连云港市丰运公司负责人葛志桂说:"我们这个市场人流量确实不小,小偷小摸现象也比较多,自从有了'啄木鸟'义务巡防队,从早上一直到深夜,都有队员来巡逻,我们放心多了。"

义务巡防队厚厚的巡逻日志,是陈友宽和杨学标老人戴着老花镜一笔一画记下的。每一页都记录了很多车牌号码。陈友宽解释说:"这些都是白天和夜间发现的,有忘记熄火的,有熄了火但忘记拔钥匙的,有的是包遗留在车上的。这些车和车上的东西都有被盗的可能。我们有时候会等着车主来,有时候夜间实在找不到车主,就将车钥匙或贵重物品放到警务室,第二天再通过各种渠道通知车主来取车、取东西,并提醒他们下次注意。"

人人都知道"有困难找警察",在新孔社区,居民们都知道,有些困难只要找到陈友宽,他就会力尽所能施以援助。

平日里家长里短、鸡毛蒜皮的小事,只要找到陈友宽,或者被他碰上了,都能得到及时、圆满的解决。居民周大娘说:"有道是清官难断家务事,可老陈每次都能帮助别人把家务事处理好,令人信服。"

平时有的居民要办理户口,因忙于工作没有时间到派出所去办,只要找到陈友宽,他准会热情帮助办好;有人赶不上时间去取邮件包裹,只要跟陈友宽打个招呼,下班回到家时,他早已手捧邮包在楼下等候;社区里有些居民工作忙,有时候顾不上给孩子做饭,陈友宽夫妇就把那些孩子领到自己家里来吃饭。

据不完全统计,"啄木鸟"义务巡防队成立以来,当场调解各类纠纷370余起,发现未锁或锁了但未拔下钥匙或遗留有手提包等自行车、电动车、摩托车45300余辆。

在他们的努力下,仅2008年,新孔社区刑事案件较往年下降52.1%,2009年又下降了35%,2010年曾连续两个月创造了"零发案"的纪录。

这支"啄木鸟"义务巡防队也被评为"基层群防群治先进集体",他们的先进事迹被多家媒体宣传报道。

如今,这支队伍越来越壮大,在他们的坚持下,必将给社区带来新的面貌。

张　猛

水上救生"专业户"

被誉为"水上漂"的张猛,凭着极好的水性和勇气,四十余年来,先后从水中救出23条人命。这一切,都源于他把见义勇为当成了人生的一种责任……

张猛

见义勇为志愿者，以不拘形式的志愿行动服务大众、慰藉人民、感动社会。这种志愿行动的前提是甘心情愿，落脚点是为他人服务。

他们中有的人更是利用自己的优势或特长，自觉践行志愿服务精神，彰显着凡人义举，传递着爱心和正能量。

这里要说的是"水上漂"张猛，他凭着高超的游泳本领和无所畏惧的勇气，坚持见义勇为，成为水上救生的"专业户"。自7岁时从河中救出一个同伴算起，四十余年来，他共从水中救出23条人命。

张猛留给我的印象很深刻，48岁的他中等个头，乍看上去表情很严肃，脸绷得紧紧的，我甚至想象不出生活中的他笑起来的时候会是什么样子；说话时的那种认真劲儿，让我感觉他心里似乎只有工作和救人，别的什么都不在意。可说到动情处，这个铮铮铁骨的男子汉也会泪眼汪汪。

我想不出用什么更合适的词汇来形容他，只感觉他是那么纯真、坦诚、坚韧、执着、英勇、无畏……他没有豪言壮语，是一个实实在在的草根英雄。

据我所知，在我的周围，很少有人能像他那样获得过那么多荣誉：被评为"南京市优秀共产党员""南京市道德模范""南京好市民""南京市见义勇为先进个人""南京市十大优秀杰出志愿者""江苏省道德模范""江苏省百名优秀志愿者""江苏省见义勇为先进分子""全国十大见义勇为英雄""中国好人""全国当代大学生心目中的超人"，荣获"感动南京十大年度人物"提名奖，入围"全国百姓英雄"候选人……

这每一项荣誉背后，都有一个动人的故事。

在南京，在江苏，在全国，张猛见义勇为的事迹广为流传，感人至深。而他自己说，这一切都不是他的目的，他只想在他人危难之际伸出援手,救人生命,他最希望这个世界上的人们更好地保护自己的生命,平平安安于日常。

张猛,是南京市溧水区住房建设局执法大队副大队长,工作之余,他最大的爱好就是游泳,一年四季,从不间断。甚至是寒冬腊月,他也坚持冬泳。

"我就喜欢游泳,几乎每天泡在水里。"张猛说,他出生在秦淮河边上,小时候每到夏天,便和小伙伴们一起去河里玩耍,常常因此遭到大人呵斥。就这样,顽皮的他和小伙伴们在与水的亲密接触中学会了游泳。

参加工作以后,离单位不远有个中山水库,那里成了他的天然"游泳池"。在那里,张猛练就了一身游泳绝技,曾经创造了平躺水面8个小时不下沉的超凡纪录。正因为如此,他被当地群众誉为"水上漂";又因为他是众多溺水者的"救星",他成了家喻户晓的"水上英雄"。

中山水库,水面开阔。沿岸风景优美,一直是市民纳凉消夏和戏水、泳乐的好去处。

据介绍,尽管有关部门不提倡在此游泳,但碧波荡漾的湖水还是吸引了很多游泳者,夏天来此游泳者最多时一天超过300人。前些年,每年都会发生溺水死亡事故,警方苦于水域面积太大,救助力不从心。幸好有张猛这个"水上漂",在这一块特殊水域积极参与救助志愿活动,让游泳者有了安全感。

张猛说,要讲水中救人,他从小就有过一回经历。

7岁那年,张猛和同伴们一起到城南门河边拾河蚌,12岁的周武(化名)一不小心滑入河里。都是孩童,哪见过这种场景,有的跌跌爬爬地回去喊大人,有的被吓住了,傻傻地站在河边。

张猛却没有慌张。环顾四周,计上心来,他抓起一根树枝,扑通一声跳进河中,将树枝伸向周武:"快抓住那头,我拉你上来!"

等周武拽住树枝,小张猛使出全身力气往回猛力划水,终于将周武拖回岸边。

两人后来成了生死之交,延续至今。提起往事,已过天命之年的周武感慨万分:"当初要不是张猛机智相救,你们现在都看不到我了……"

张猛说,没想到因为会游泳,他能够救那么多人。被张猛救护的溺水者当中,年龄最大的55岁,最小的只有7岁。其中,绝大多数是在游泳中出现抽筋、呛水或乏力等险情。当然,也有不慎溺水者,甚至还有轻生者。

1989年夏天,20岁的在校大学生章伟(化名),在与同伴下湖游泳时,不料在湖中突然抽筋。他极力调整,但是抽筋越来越厉害,不听使唤的身体在湖中沉浮,求生的本能驱使之下,他发出大声呼救。

此时,张猛正"漂"在水上。听到呼救声,他猛地翻转身体,似水中蛟龙迅速扑向快要沉到水中的章伟。翻过身、托起头、抓胳膊、拖着游……一连串娴熟的动作,张猛将章伟救上了岸。

多少年过去了,站在中山水库边上,章伟望着碧波荡漾的水面,仍感到阵阵后怕。他说,那次"遭罪"后,每次走到湖边便发怵,也深知水中救人是多么艰难和危险。也正是因为那次生命救助,他和张猛成了莫逆之交。

对于那些呼喊"救命"的溺水者,张猛从来都是英勇相救。对于那些拒绝救助的轻生者,他也同样热心救援。

2005年端午节中午,张猛像往常一样,来到中山水库游泳。"快来人啊,有人跳下水啦!"刚下水不久,张猛便听到岸边传来急促呼救声。

张猛看到不远处有个人在水中扑腾,浮上来的时候隐约可见淡绿色的衣服、长长的头发。"是个女的!"张猛来不及多想,一个猛子扎进水中,迅速向落水的女子游去。

"快把手给我!"张猛游到溺水者旁边给出指令。此时,女子脸色煞白,嘴里不断地吐水,人也快沉下去了。见女子没有反应,张猛迅速抓住了她的胳膊,准备往岸上拖。但是,女子并不配合,一次又一次意欲挣脱张猛的手,并用微弱的声音呵斥张猛离开。

"你到底想干什么？"看这情形,张猛明白了一大半,这名女子是要轻生！

溺水者救了很多,但跳水轻生者还是第一次碰到,张猛不知道该怎么办了。"无论如何,我不能让你在我面前沉下去！"张猛不顾女子挣扎,在水中反手一扣她的脑袋,将她控制住并迅速向岸边游去。张猛好不容易将女子拖上岸,这时女子的男友骑着摩托车也赶到了现场,抱起女子便往医院跑。

"后来听说她是失恋了,一时想不开才跳水自杀。要是这样就结束生命真是太轻率了,不管她愿不愿意,对我来说都必须尽力。其实,差不多每次救人都有生命危险,我们这样辛辛苦苦地冒险救人,她却那样不负责任地说跳就跳,何必呢？"对这样的一次救人经历,张猛一直心存感慨。

2006年3月17日晚7点多钟,当人们收看中央电视台《新闻联播》的时候,一个熟悉的身影出现在荧屏上。

"这小伙子不是张猛吗？"人们惊喜地喊道,小小的县城沸腾了。荧屏上的年轻人正是张猛。他的背后就是水域浩渺的中山水库,这是他多年来搏击风浪、强身健体的地方。面对记者的镜头,他说:"我最痛心的,就是见到那些见死不救的场面。人最宝贵的就是生命,在人的生命面临绝境的时候,任何人都理所应当挺身而出。"

张猛对我说,中央电视台报道的那次水上救生是他印象最深刻的一回,也是他水上救人经历中最危险的一次。

那天,水库近岸有许多人在水中嬉戏,不时传来欢声笑语,水面上洋溢着欢乐的气氛。忽然,在离水库堤岸大约200米的地方,传来声嘶力竭的喊声:"救命啊……"

张猛循声望去,只见有个人在水中,两只手拼命挥舞,拍打着水面,无助地挣扎。

只见张猛像离弦之箭朝溺水者游去，"哗哗哗……"矫健迅猛的泳姿溅起串串洁白的水花。他机智地从溺水者身后包抄上去，一把抓住他的头发，朝他喊道："别抱住我，把手搭在我的肩上，两只脚尽量轻轻划水，要配合我！"

溺水者的手不再胡乱扑腾，规规矩矩地把手搭在张猛的背上，张猛带着他吃力地往岸边游去。在这个过程中，因为溺水者体重过重，事发地点距离岸边较远，张猛体力严重透支，被救者和救人者在深不见底的湖水中几度沉浮，险象不断，好在最终脱离险境，化险为夷。

良久，被救上岸的溺水者在现场施救下回过神来，可那位救他上岸的英雄早已不见人影。

面临险境的周先生，是江苏省常州市一家中日合资企业的员工。那天，他在享受游泳快乐的时候，突然腿部抽筋，深水中不能自制。好在张猛及时相救，才转危为安。

打那以后，周先生一直挂念着那位不留姓名的救命恩人。一天，他看到《金陵晚报》上面有一篇关于张猛在水库中救人的见义勇为事迹报道，他这才发现自己的救命恩人原来就是张猛。

很是激动的周先生特地找上门来，要重金感谢张猛的救命之恩。但张猛婉言谢绝："别说我是共产党员，就是普通老百姓也不能见死不救。我不能接受你的钱，生命不是金钱能买到的，你和我都好好的，比什么都强。"

后来，这位周先生为表示感谢，特地把《金陵晚报》的这篇报道张贴在公司的宣传橱窗内，并写上了一段文字，希望大家学习张猛见义勇为的精神。

重提这件往事，张猛的眼圈红红的："那是一名体重有90多公斤的肥胖者。当时看到他那么胖，我也心里直打鼓。不过我还是咬咬牙游了过去，总不能看着一个活人沉下去不救吧，再危险也得把他救上来呀……刚开始,我想背着他游,没想到却被他牢牢抓住,使我处于很危险的境地。后来,我赶紧挣脱闪到旁边,先托起他,让他把手搭在我肩上。吃力地把他救到岸边,可把我累得够呛。那次,我高估了自己的能力,快上岸的时候,自己也感觉力气耗尽了。到现在想起来我还有点后怕——如果被他一把缠住,我也许就跟着沉下去了……"

聆听张猛的故事,我的眼圈也跟着湿润了。我无法准确揣摩张猛的心情,但我深知"洪水猛兽",救人不易,水中救生的英雄恩重如山,义薄云天。

挺身而出,谈何容易!水中救人历来是很危险的事。对绝望中的被救者而言,哪怕抓住一根稻草也是好的,事实上,被救者紧紧地抱着救人者,导致彼此都不能生还的悲剧屡有发生。据张猛说,多年前,该县的一个小镇就发生过一位叫栾克平的青年因救人时被溺水者死死缠住而不幸献身的事……

如果说张猛一开始救人只是游泳时"顺便"的举动,那么发展到后来,张猛已经将其当成一种责任。

"原先都是碰巧救人。后来觉得不放心,就主动去水库看看。如果因为我的疏忽出现什么意外,我自己心里会很难过。"张猛说,一年到头,他几乎每天都要去水库转转,"哪天不能去水库,我就会浑身不自在,心里不踏实,生怕出什么事情。"

于是,张猛从"顺便"救人,发展到自觉到中山水库"巡逻",一年365天,几乎从未间断。很多人对于张猛的这种"不放心"不屑一顾:"别人落水和你有什么关系?你每天在水库边转悠,图个啥?"

对此,张猛说了一番掏心窝子的话:"我游泳技术好。遇到水里救人的事,我不去,谁去?况且,我每天多跑几步、多花一点时间、多担一点风险,就能减少一些悲剧的发生,我觉得值!"

多年来,他把"救人一命,胜造七级浮屠"作为自己的人生信条,把水中救护别人当作自己的使命,也日渐成为他生活的一部分。

他认为，溧水境内河流和湖泊纵横，游泳者众多，当务之急是要让大家会游泳、会施救，并且壮大水上救援队伍。正是出于这种考虑，2005年底，张猛和几位热心"泳迷"一起，筹备成立了溧水游泳爱好者协会，目前拥有会员100余人。他们把"遇到落水者求助时，要及时救援"写进了协会章程。

　　在此基础上，张猛又以"泳迷"为基本骨干组建了水上救生队，并将"救人为荣"作为这支队伍的行动准则，以帮助更多的溺水者。

　　2012年7月28日，为适应溧水水系丰富、河流众多的实际，作为当地人民武装部立足于防大汛、抢大险、救大灾的一项具体举措，依托溧水游泳爱好者协会和大金山国防园民兵骨干组建的、由张猛担任连长的"民兵水上应急救援连"隆重成立，宣告溧水第一支"应急水军"正式诞生。

　　"应急水军"按照"平时服务、急时应急、战时应战"的总要求，迅速建立起来一整套备战制度、组织制度、工作制度、训练制度，积极普及舟船设备操作训练以及特殊环境下的打捞和救护等基本常识，水上救援能力迅速得到提高。仅在成立后的20天当中，民兵水上应急救援连就参与了三起水上救护，成功避免了三个家庭的悲剧。

　　张猛说："一个人的力量毕竟有限，我希望越来越多的人能够加入救护溺水者的队伍。"

　　"你为什么总是去逞能呢？万一有个意外怎么办？我们娘俩也要生活啊！"妻子邢明月每次听说丈夫的"壮举"后，心里都很不是滋味。

　　"不过，直到现在，我都认为他这么做是对的。"邢明月说。其实每次数落丈夫以后，她又不得不叩问自己：要是我遇到那种情况，是不是就能眼睁睁地看着一个人沉入水中，活生生地死去？

　　不能！邢明月多次叩问自己后的答案只有这两个字。再想想当初从恋爱到结婚，她所看中的不正是张猛的好心肠吗？想想一个个被救者那感激的眼神，感受着张猛坚持水中救人的那执着精神，就更让她理解和关心丈夫,以至于每天都要在丈夫耳边多念叨几遍"注意安全"。

事实上,张猛除坚持水上救生以外,日常生活中还做了许多见义勇为的好事。他主动参与火灾救援,保护群众财产免受更大损失;在一辆四轮农用车发生后溜时,他急中生智搬石抵挡,保住了车头一个四岁小孩的生命;他曾热情护送迷路孩童回家,也曾帮助落魄路人返乡;他曾将事故伤者及时运往医院,还曾资助过不少经济窘迫的人……

张猛说:"作为一名共产党员,在人民生命财产遭到威胁时,一定要挺身而出,要用自己的实际行动让危难者感到人间还有真情在。所以,我有义务去做这样的事,而且,我相信每一位党员和每一位有正义感的人都会去做这样的事。别人的理解和支持让我很欣慰,同时也激励我要更多地去关爱社会,关爱生命。我真诚希望,有更多的人能参与到助人为乐、见义勇为的行列中来,让社会更加和谐。"

从张猛深情的目光里,我分明看到了一位"水上英雄"对人民群众生命安全的满满牵挂和对社会向善的殷殷期待。这一切,都源于他把见义勇为当成了人生的一份责任,将"义"和"勇"融进了自己的血液。

"义"和"勇"是见义勇为的主要特征。义,是指正义、道义;勇,是指勇敢,不顾个人安危。中国人自古以来就把这两个字看得无比重要、无比高尚。以"义"为重,以"义"为荣,以"义"为追求;崇尚勇气,崇尚勇为,崇尚惩恶扬善。这些都是中华民族五千年灿烂文明的精髓。

孔子说:"见义不为,非勇也。"孟子说:"生,亦我所欲也;义,亦我所欲也。二者不可得兼,舍生而取义者也。"两位圣人启示的意思就是,见到正义的事情,明知有危险,也要勇敢作为;哪怕舍弃生命,也要践行对道义的追求。

采访结束的时候,张猛特意借我的笔呼吁和倡导见义勇为,也希望大家见义智为、见义众为。张猛叮嘱道:

——游泳者在下水之前一定要做好热身运动,这样可以防止出现抽筋现象;水性不好的人不要到深水区戏水、游泳;即使是会水的人,也尽量不要单独到水情不明的水库、河塘游泳;一旦发生意外,千万不能慌张,要做好自我救护或大声呼救。

——在水中救人,要胆大心细,讲究策略,尤其是在水情不明时,要更加小心。人在水中一旦遇到危险,容易乱扑腾、穷挣扎,遇到东西会死死抓住不放。如果救人者被溺水者紧紧抱住,那就很危险,甚至可能发生更大的惨剧。

——救人者万万不能被对方死死抱住。可以让其趴在背上,或者搂着溺水者的脖子。这就要求施救时,尽量从旁边或是后面靠近溺水者,用手托住对方的身体,然后让其把手搭在救人者的肩上,或拉住溺水者的胳膊,一起划水,游回岸边。当然,如果溺水情况严重,对方不省人事,也可以背着溺水者往岸上游……

朱金荣

自愿捐献"熊猫血"

身上流着稀有血,捋袖救人不含糊。"熊猫侠"朱金荣十余年无偿献血 3200 毫升,他以这种特殊方式见义勇为救人性命……

朱金荣

他，是一个奇人，全因为他体内流淌的血型极其稀有而珍贵。

他，又是一个好人，甘心情愿地多次把自己珍贵的血液无偿献给急需的患者，以这种特殊的方式救人于危难。

59岁的朱金荣，系江苏省常州市钟楼区新闸街道前进村人，现居住新闸花苑安置小区。他个子不高，黝黑的面庞上总是带着憨厚的微笑；厚厚的嘴唇，即使不开口说话，似乎也能让人感觉到他的淳朴；他腿脚有些不便，走路时略微有点瘸——那是他见义勇为救人时落下的后遗症。

说起朱金荣第一次献血，那还得追溯到2004年8月1日。那天，朱金荣去市中心逛街，在南大街百货大楼门口看到常州中心血站的采血车上挂着血库告急的横幅，热心的他便主动上前咨询献血的事。

经过初步检验，医务工作人员惊喜地告诉他："你是少有的Rh阴性B型血，十万个人中才有一个，像大熊猫般珍贵，俗称为'熊猫血'，我们现在正缺呢！"

"哦！那你们就抽吧！"朱金荣一听，立刻捋起袖子，第一次就义无反顾地献血400毫升。

一个星期之后，血站工作人员打来电话告诉朱金荣，他所献的血已被运到广州，成功地输给了一位急需的重病患者。这个反馈电话，让朱金荣深感震撼："我人没去广州，血已经到广州了，还救了人命！我听了，心里特别开心，觉得有一种说不出的自豪感。那是我第一次听说'熊猫血'，也是第一次知道自己血型珍贵。"

人类的血型除A、B、O、AB型外，其实还有数十种类型或系统。临床医学家认为，上述四种血型，再加上Rh血型系统，是临床上应用最广也最为重要的人类血型。

Rh 阴性血，是 Rh 血型系统的一种。Rh 阴性血又分为 A、B、O 和 AB 型。Rh 阴性血因为极其罕见，故被称为"熊猫血"。由此，拥有稀有血型、自愿献血救人性命的热心人，在网络上被昵称为"熊猫侠"。

为了帮助更多人得到援助，一些地方的稀有血型者自发建立了"稀有血型之家""稀有血型联盟"之类的公益组织，倡导稀有血型者互帮互助。朱金荣也慷慨地把自己的血型、联系方式等相关资料，留在了全国"熊猫血"QQ 群里。

从第一次献血之后，朱金荣的献血生涯一发不可收，他的手机也成了"生命热线"。只要有"救命电话"打来，他就会立即跑去献血站无偿献血，火线救援。甚至没人找上门时，他也时常会主动踏上采血车。

2012 年 1 月 4 日，平时总是下午 4 点前就到家的朱金荣，一直到晚上都不见人影，手机也打不通，老伴朱桂秀急得哭了起来。等到晚上 8 点，他总算回家了，在朱桂秀逼问下，他才道出自己赶去南京献血了。

原来，当天上午朱金荣接到江苏电视台城市频道的求助电话，说是有一个 15 岁的女孩患了白血病，急需 Rh 阴性 B 型血，血站在搜寻资料时发现朱金荣的血型正好相符，便向他"火线求助"。说来也巧，就在前一天晚上，朱金荣还在电视上看到过有关这个白血病女孩的报道，当时他就希望自己能帮上忙。

可是他在不久前刚刚献过一次血，这次再去献血，他害怕妻子知道后会心疼，于是就没告诉家人，接到电话后就直接去了火车站。平日里十分节俭的他，咬牙买了一张高铁票，当天中午就往南京赶，然后直奔原南京军区总医院。因为他年底刚刚献过血，血站工作人员这次只抽了 300 毫升，朱金荣却担心："这一点血够不够孩子用呢……"

下午 3 点多钟献完血，朱金荣又自购车票匆匆赶回常州，在回来的路上只买了一个烧饼填肚子充饥。其实对于他来说，来回路费已经是一笔不小的开支，可朱金荣却说："只要我的血能救活一个人，自己吃点苦、吃点亏没啥大不了的。"

第一次献血时,朱金荣也没有告诉家人,他怕家人知道了会为此而担心,直到隔了半个多月后,妻子朱桂秀在抽屉角落里翻到献血证才知道此事。朱金荣说:"开始,老婆、女儿都反对我献血,担心我的身体吃不消。为了打消家人的顾虑,我经常找一些献血知识、资料念给她们听。现在,家人都支持我这么做了。"

多次无偿献血,朱金荣从未张扬。2012年初,新闸街道以及市残联和市、区见义勇为基金会相关负责人找上门,才"挖"出了这位见义勇为的"熊猫血"持有者,一直默默伸出援手救助他人的"熊猫侠"。经媒体报道后,朱金荣的事迹才为人所知。

血型稀有,血性可贵,朱金荣因而对自己的"熊猫血"也格外珍惜。为了保持血液纯净度,他狠狠心把烟戒了。朱金荣说:"以前我最多的时候一天要抽两包烟,自从参与献血以后我就一根都不抽了。当时我就想,这么珍贵的血,一定要好好保护,将来能救更多的人。"为此,他甚至连豆浆、牛奶也很少喝了,因为他听医生说,这些东西喝多了,血液里会有沉淀物。

为了保持健康,朱金荣每天早上坚持跑步。朱金荣告诉我,他早就超过了55周岁,按国家规定不能再献血了,但因为他是"熊猫血",只要有需要,他还是愿意伸出胳膊。他说:"知道自己的血很宝贵,更明白献血的重要性,我就坚持锻炼,希望延缓衰老,希望能保持自己血液的纯净度,以便帮助更多的人。我这种想法未必科学,可我觉得自己必须这么做。只要身体条件允许,只要能挽救生命,我愿意一直献下去……"

一个铁制的饼干盒子里,保存着朱金荣的六本无偿献血证,证书颜色深浅不一,但清楚地记录着他这些年献血的时间和数量:2004年8月,400cc;2005年6月,400cc;2006年3月,200cc;2010年4月,400cc;2011年5月,400cc……累计献血共3200毫升。他多次用自己特殊的Rh阴性B型血给了他人以生的希望!

"多次献血时,即使我不知道需要血的那个人是谁,他身在何方,但我知道自己的血在别人的体内流动,能带给别人第二次生命,我心里总有一种说不出的自豪感。"尽管没读过多少书,但朱金荣的这段心灵独白却具有诗一般的意味。

有记者问他:"坚持十余年,义务献血这么多,你心里是怎么想的?"朱金荣说:"救人还需要理由吗?这是比天还要大的事呢!"

曾经有人问:"你的血这么珍贵,肯定很值钱,别人给过你谢礼吗?"朱金荣不以为然地说:"我是为了救人。要钱不就成了卖血的吗?"

在当选"常州好人"时,给朱金荣的颁奖词是:身上流着稀有血,挽袖救人不含糊。他很朴实,没有豪言壮语,却能用他的行动昭示一个常州人的精神高度。

朱金荣不光献血,一直以来也做过很多好事、善事。在钟楼区新闸街道,朱金荣是家喻户晓的"活雷锋"。多年来,他做过的好事举不胜举,小到帮邻居补车胎、修家电,大到为救小孩被汽车轧断左腿,落下终身残疾。

1974年的一天,村里有个小男孩落水,朱金荣下河救人的时候,脚底被树枝戳伤,结果缝了八针。

1991年夏季的一天,朱金荣正在田里插秧,听到大家在喊"有孩子掉进河里了",他立刻冲了过去,看到一个四五岁的孩子正在村前的小河里挣扎,眼看就要沉下去了。朱金荣没有多想就跳下河去,用尽全力把孩子捞了上来。

1993年的一天,有个骑摩托车的小青年,半路上摔倒在地,趴着半晌没起来。路过的朱金荣上前把小青年翻了个身,抱在自己的怀里,并叫来急救车送到医院。医生说如果再晚一刻,可就很危险了。

同年,同村一个怀孕5个月的孕妇,在路上被拖拉机撞倒,是朱金荣把她送到医院,终保母子平安。

而他的腿伤则是在1991年落下的。那天,一个小女孩在新前路马路中间玩耍,眼看着前面一辆疾驶而来的农用三轮车就要撞上孩子,朱金荣一个箭步冲上前把小女孩推了出去,自己反被三轮车碾伤,结果导致右腿大腿和小腿骨折,被鉴定为三级肢体残疾,留下了病根。

朱金荣说:"救人是一种本能,当你看见身边的人有难时,真就不能放下不管。我想,自己就应该是那种在别人危难时能挺身而出的人。能帮一个人,每救一个人,我就觉得很开心。不求回报,别人快乐我也快乐,这就是我最真实的想法……"

朱金荣先后被评为"新闸好人""道德模范""钟楼好人""常州好人";2012年度,他被评为"常州十大好人""江苏好人",最终荣登"中国好人榜";2013年6月,他又被授予"常州市见义勇为积极分子"的荣誉称号。

朱金荣是位失地农民,每月领取的失地农民保障金不足200元;妻子患有脑梗死,需要长期治疗,而每月只有约500元的退休工资,家庭生活相当拮据。了解情况后,钟楼区见义勇为基金会、区残联和新闸街道把朱金荣作为他们的重点帮扶、鼓励对象,为他申请了全市优待乘车证和优待就医证。

2013年6月,常州市文明办特聘朱金荣担任市文明巡访员,他将自己的精力投入到城市文明建设上。有一次,朱金荣乘公交车经过新闸街道绿地小区,意外发现一个窨井没有盖,便折返回来查看。一路上,他共发现了三个无井盖的窨井,认为有很大的安全隐患,便立即打电话给主管部门,主管部门承诺来补上。可隔了两天,朱金荣又去绿地小区查看,发现还有一个窨井没有盖上。于是他再打电话,并站在那里等待,直到他们把最后一个井盖补上,他才放心离开。

还有一次,朱金荣路遇一辆自行车与汽车抢道,双方都不肯让步,造成马路拥堵。路口虽有协管员,但双方都不听劝。朱金荣上前将双方一顿"数落",并提醒:"上路不要抢道,抢道要出人命。"他说得在理,对方心服口服。他一面动员双方让出车道,一面指挥其他车辆通行。

在新闸当地，朱金荣的事迹正在潜移默化地影响和带动身边群众。前进村委工作人员沈凯介绍，从去年开始，朱金荣就有关问题对周边各村委、社区提出数条建议并全部得到采纳，使一系列问题得到及时解决。在朱金荣的影响下，村上的好人好事也明显多起来，不文明行为大幅减少。

村民徐大爷说，对于不文明行为，正需要像朱金荣这样的"名人"来督促，既容易见效，又具有带头作用。

从"熊猫侠"到"文明先锋"，朱金荣说，自己以前献血多，但能帮助到的人毕竟少，而作为志愿者，做文明巡访员一年多来，帮身边居民解决了不少实实在在的问题，帮助到的人更多了。与一个人学雷锋比起来，号召身边人都向雷锋学习，他认为这样显得更有意义。

结　语

　　初秋,雨后。大地一片清新。有微微夜风拂面而过,掠过一丝凉爽的感觉。俯瞰掩映在夜幕中我生活的这座城市的轮廓,依然霓虹闪烁,依然车水马龙。街灯和车灯交织成流动灯带,在一条条市井道路边飘荡,那是城市繁华周而复始的脉动。

　　本书写到这里告一段落。见义勇为英雄事迹让我感动、感佩,也让我感叹、感慨。停笔遐思,总有一些复杂的情绪在心头涌动。

　　理解英雄,关爱英雄——

　　例如,我在采访王爱东的时候,为他的拳拳爱心深深感叹,但是,对英雄王爱东满满的崇敬之余,我不禁也产生疑惑:从人性的角度,类似王爱东"拼命"救援生命、近乎"自残"式的奉献,一如带病坚持工作、节假日照样上班、三过家门而不入等,这种牺牲精神固然令人敬重,但是否值得提倡?战争年代,冲锋陷阵,不怕牺牲,那是取得胜利所必须,可和平时期,类似王爱东这样有病在身的英雄,是不是必须拿命去拼,能不能寻找到更佳的救援途径?鞠躬尽瘁,死而后已,固然伟大;可是,鞠躬尽瘁,活而后已,是不是同样可敬?

这一个个问号就像沉沉的石块,重重地压在我的胸前,又好像有千斤石滚从我的心头碾过,有一种被挤压、被碾碎的疼痛,我为一名英雄的生命安危而深度纠结。我决不能眼睁睁地看着一位身患心脏病的英雄,一次次在古黄河救援他人的风口浪尖上"提着自己的生命跳舞";我不忍心冷冰冰地漠视英雄家庭的一个个至亲骨肉,一天天为英雄的生命安危"牵肠挂肚而提心吊胆";我必须响亮地向爱心浓浓的社会和一切善良的人们发出呼吁:行动起来吧!好好地呵护活着的英雄……

维护时代的英雄旗帜,应实实在在为活着的英雄"减负"。中华民族是一个英雄辈出的民族,爱英雄、学英雄、做英雄,激励了一代又一代人。中华人民共和国成立以后,由战争年代转入和平时期,历史的惯性让人们更习惯膜拜牺牲了的英雄。新时代引领新风尚,在新时代的征途上,英雄是一面旗帜,理解英雄、善待英雄、呵护英雄,也是为了时代旗帜更鲜艳,当然,时代也在呼唤对活着的英雄要给予更多理解和人性关怀。"英雄"两个字贵若千金,活着的英雄是社会的宝贵财富,但是,从社会和公众层面,不能用完美的苛求让"英雄"二字成为枷锁,也不能以无限的期待让英雄增加负担,压垮英雄的身躯,活着的英雄也要主动为自己"减负",放下包袱轻装上阵。

相对于民族英雄、战斗英雄,见义勇为英雄是新时代的英雄群体,他们的背后有时是鲜花和掌声,有时是无尽的泪与痛。在"英雄"的光环之下,见义勇为者身上有与普通人一样的人性弱点,也与普通人一样有喜怒哀乐和民生需求。因此,迫切需要社会和人们更多地理解英雄,更好地关爱英雄,加大抚慰和帮扶的力度,保障英雄和其家庭也能过上平常人的好日子。

宣传见义勇为英雄事迹,必须做到客观真实。和平时期,需要更多的见义勇为英雄面对邪恶敢于出头、捍卫正义,需要更多的见义勇为英雄在危难之时施以援手,造福于众。

见义勇为英雄行为的普遍意义不仅仅在于除暴安良或生死相救,也不仅仅在于普度苍生或化险为夷,更是在于更高层次上的对社会失范的救赎和社会示范的榜样力量。他们是一盏又一盏的道德明灯,照亮人类相互扶持、共同前行之路。

在我们的社会意识形态里,有时候之所以有感动,是因为有麻木;之所以要提倡,是因为有缺失。因此,宣传、表彰见义勇为的英雄人物和先进事迹,也是为了集聚强大的正能量,在更大范围内影响社会和带动人们更加自觉、广泛地参与见义勇为伟大事业。

英雄也是普通人,做的都是平凡事,其高尚和伟大之处在于许多人不想做、不愿做、不敢做的事,他们却自觉自愿地去做了,而且不图回报。事实上,见义勇为英雄往往诞生于一瞬间,在成为"英雄"之前,他们原本就是平凡人一个,在成为"英雄"之后,他们仍然是一个平凡人,怎么能苛求他们一下子就变得完美无缺,甚至期待他们十全十美,时时、事事、处处都是"楷模"?君不见,在这种视角下,对英雄的宣传在"层层包装"中出现过多少天花乱坠、啼笑皆非的"荒唐",又有多少逝去或活着的英雄经历过有悖初衷、有损尊严的尴尬。

为此,我们必须舍弃并反对那些对见义勇为英雄做虚假夸大、无端矫情的宣传,即使出于高度赞美之必须,也应该尽可能追求与事实最大的"近似值",绝不可再搞"高、大、全"那一套。可以说,对见义勇为英雄的宣传哪怕有一点点夸大其词,小则混淆视听影响宣传效果,大则影响人们对正义的认知,甚至祸害见义勇为事业……

见义智为,同样可嘉——

见义勇为是社会风气的晴雨表,是社会道德的风向标。如果危难关头人人挺身而出、见义勇为,必然使整个社会正气浩荡。相反,如果危难关头人们视而不见、麻木不仁,社会风气必然是江河日下。见义勇为英雄,为了他人舍生赴义,在所不辞。但我们也应看到,有的牺牲是可以避免的呀!

见义勇为值得尊敬,见义智为更值得提倡。例如,有位老人为制止小偷盗窃行为,被砍六刀还死死抱住歹徒不放,其事迹确实感人。然而，我想说的是，像这样的见义勇为行为应该奖励，但是请不要鼓励——每一个人的生命都是珍贵的，都必须珍惜；英勇无畏是对的，可是见义勇为的时候是不是可以利用"最优方式"？就像这位老人，遇到偷盗应该制止，但是据媒体透露，小偷行窃地点就在小区里，而小区里就有保安。当小偷拿出刀子的时候，这位老人最好的办法是呼叫附近的安保人员；退一步讲，即使不呼叫安保人员，当歹徒第一刀砍下来的时候，老人"理智地放开手"也是不错的选择。试想，在这个处处都有摄像头的时代，警察抓住"砍了老人一刀"的小偷应该是轻而易举的事情。由此可见，"理智地放开手"不是向不法者低头，而是在保护自己的基础上，换一种方式与不法行为做斗争。用智慧实施见义勇为行为，同样是一种崇高和伟大！

天地之间需要正气，也应强调自我保护。奋不顾身、不惜生命、不怕牺牲的见义勇为精神是中华民族的美德，值得称道和点赞。但是，在见义勇为的同时，保护自己也同样重要，因为人的生命是均等的。例如英雄王爱东，他的生命与每一个被救者的生命同样宝贵，为什么每一次救援都要让这个心脏病患者冲锋在前？我在这里提出这样的问题，真的无意曲解英雄的情怀，只是对英雄换一种敬爱的方式。我说上面一段话的本意是，舍生忘死救援生命一直是英雄王爱东的甘心情愿，但对身患疾病、生命朝夕不保的他来说，见义智为更显得重要，组织大家更科学地实施救援或许比每一次都自己去拼命更加可行。还有，王爱东和队友们在救援中要自我保护，那些不幸落水者能不能在平时就加强自我防护意识，从而降低英雄救援的风险，那些轻生者如果真正懂得珍惜自己的生命，也是在珍惜救援者的生命、珍惜英雄的生命，那该多好……

亡羊补牢，时犹未晚。在这里我还想说，平时居安思危，关键时刻就会少一点牺牲。例如，张志成跳河救人的英勇事迹的确令人感动，但是，从留下的现场图片来看，原先的那座乡间小桥并没有护栏，再联系到张志成先后四次跳河救人的经历，说明事发地本身就存在着很大的安全隐患。如此，不禁令人深思：为什么宁愿悲剧一次次出现，而不去从根本上排除安全隐患?

　　再如,泰州"最美教师"杨向明英勇救助落水儿童却不幸离世的感人事迹背后,我们该不该思考今后如何尽量避免这类不幸的发生?学校能否开设游泳课,让孩子们在锻炼身体的同时,也学会自防、自救;在社会上,能否开设游泳或救护教程,不仅教会人们游泳,也普及基本救生技能和救护常识。

　　还有,人类能够对火进行利用和控制,这是文明进步的一个重要标志。但是,人们在用火的同时,更应不断总结火灾发生的规律和特点,尽可能地减少火灾,减少火灾对人类造成的伤害,尽可能地避免因火灾救援造成更多的人员伤亡……

　　珍爱生命吧!任何牺牲换来的救赎,都是沉重的警钟。人类要学会自我保护,遵守生命常识,这是我们能做的,也是该做的。

　　恪守正义,人人有责——

　　和平年代,莺歌燕舞。人们有幸在平安祥和的祖国大家庭里,平静地过着自己想要的日子,即使有过波澜不惊的经历,也很少有人想到自己的生活会与见义勇为有关。

　　殊不知,生命有太多偶然。在风的轻柔、草的葱绿、花的芬芳里聆听生命的律动,谁能阻止社会生活百花园中的花开花落?谁能保证自己的一生总是顺风顺水、万事无忧? 当身处险境或深陷灾难时,又会怎样急切地盼望有人伸出援手、化险为夷? 这样的时刻,见义勇为者又何尝不是"及时雨""大救星"!

　　幸福,有时候很简单。因为总有人深深在意你的幸福,也有人在默默守护你幸福的梦。反之亦然,关键时刻你不为正义站起来,某一天或许你就得为邪恶陪葬。因此,在如火如荼的社会文明建设中,有血性的你怎么可以忍心只当一个冷如冰霜的看客? 当需要你挺身而出的时候,你又怎么好意思只做一个袖手旁观的懦夫?

　　见义勇为者层出不穷,并不意味着社会管理问题越来越多,而恰恰说明敢于伸张正义的勇者、好人越来越多。可以肯定地说,在我们生存的这个人世间,恶人坏事、天灾人祸,终会越来越少,因为人类自我完善、自我管理会越来越趋于完美;而好人好事、见义勇为总会越来越多,同样也因为人性自我觉醒、人类彼此守望更趋于完美。人生征程漫漫,见义勇为崇高,说不定,哪一个偶然的时刻,你也义无反顾地成了救人于危难、雪中送炭之人。

　　良好道德素质和社会风气的养成,是一个潜移默化、循序渐进的过程,需要每一代人、每一个人坚持不懈的努力。社会文明的进步和公民道德建设的推进,需要全体国民主动参与和共同努力。因此,每一位公民都不是局外人,我们应见贤思齐,力求将"善心"化为"善举",将正义化为行动。

　　也许我们很难有机会经历生死关口的考验,也未必有力量做出舍己救人的壮举,但我们每个人都应该尽自己所能,传递社会正能量。也许我们不会有惊世骇俗的英雄事迹,但我们可以在平凡岗位上无私奉献,在普通生活中坚守爱心,因为我们每一个"小善"的"微行动",都是在为中华民族的道德大厦增砖添瓦。也许形成风尚,需待时日,但新风尚的形成总是要有人带头,从我做起即是最好的行动。

　　我们的社会不仅需要敢于与邪恶势力较量、正气凛然的勇士,也需要一切把爱心、道义、诚信作为行为准则的好人。一个身边好人越来越多的中国,一个公平正义占据社会主导的中国,一定坚不可摧!

　　上善若水,静水深流。你我共同坚守一颗向善之心,共同恪守一片"正义"之"仁",在凡人善举、久久为功的神州大地上,必将催生出更为馥郁的文明芬芳……

　　见义勇为,方兴未艾——
　　这是一个激情燃烧与冷漠并存的时代。
　　不知从何时起,一些人热情不再,无奈的唏嘘中慢慢习惯了扼腕哀叹而对眼前事端无动于衷;见死不救的冷酷时有耳闻,"做好事难"的现象变得普遍起来，不少人有善心而不敢有善举；面对跌倒在地的老人，到底是"扶"还是"不扶"，这看似简单的问题，却因种种顾虑扩散成为一个社会关注的问题……

马丁·路德·金曾经说过："最大的悲哀不是坏人的嚣张，而是好人的过度沉默。"

从国家层面，把"过度沉默"的人们，从"过度沉默"的死寂中重新唤醒过来，于是便催生了见义勇为事业的横空出世，并以其越来越高的组织性、示范性，点亮心灯，散发光辉，照耀朗朗乾坤。见义勇为事业的蓬勃兴起，以强劲之势涤荡尘埃，其不断涌起的热潮，汇入具有中国特色社会主义道德建设的滚滚洪流，强力推动新时期共和国巨轮扬帆远航。

正义、正气，是社会进步的灵魂和标志，也是社会主义核心价值观重要道德元素之一。近年来，以习近平同志为核心的党中央关于治国理政一系列新思维、新策略、新布局和新路径，为见义勇为事业提供了极好的发展机遇。

2015年2月28日，习近平总书记在一次重要讲话中指出：一个国家，一个民族，要同心同德迈向前进，必须有共同的理想信念作支撑。我们要在全党全社会持续深入开展建设中国特色社会主义宣传教育，高扬主旋律，唱响正气歌，不断增强道路自信、理论自信、制度自信，让理想信念的明灯在全国各族人民心中闪亮。

与中国改革开放同行，与江苏"两个率先"同行，与新时期公安工作同行，蓬勃发展的江苏见义勇为事业，铺就了宽广延绵的正义之路。

在这条正义之路上，江苏见义勇为事业充满蓬勃生机。常抓不懈的基层基础工作，历经多年苦心经营，实现了全省市、县（市、区）见义勇为基金会组织机构全覆盖，并延伸到基层乡镇和街道；贯穿始终的长效机制建设，成就了江苏见义勇为工作制度化、规范化、常态化的显著特色；靠政府扶持和社会募捐获得并不断增长的见义勇为基金，既凝聚了7800万江苏人民对见义勇为人员的崇敬和关爱之情，也以较为充足的资金保障，促进见义勇为事业可持续发展。

在这条正义之路上，江苏见义勇为工作更加富有特色。坚持在继承中创新，在创新中发展，见义勇为工作内涵不断得以更新和丰富，"党委重视、政府负责，公安牵头、社会协同，公众参与、法律保障"的见义勇为工作新局面初步形成，见义勇为事业逐步迈上全面发展的快车道。

在这条正义之路上，江苏人民见义勇为积极性显著提高。各级党委、政府大力倡导见义勇为精神，为见义勇为事业的发展提供了组织保证；社会各界把弘扬见义勇为精神作为应尽的社会责任和义务，为见义勇为事业的不断发展注入了新的动力；各级公安机关和见义勇为基金会切实履行工作职能，广大见义勇为工作者殚精竭虑默默付出，为见义勇为事业的发展做出了积极贡献。

在这条正义之路上，江苏见义勇为英雄人物层出不穷。溯根求源，可以说，没有这条正义之路，江苏就不会有这么多见义勇为英雄产生出来继而被认定、表彰，美名远扬。

美丽江苏，正处在见义勇为事业蓬勃发展的春天。

新时代，新作为。见义勇为、惩恶扬善，彰显了中国精神、中国价值、中国力量。经济越发展、社会越进步，越是呼唤正气正义，越是需要敢于"路见不平一声吼"的平民英雄。在新时代新江苏的建设征程上，我们更加需要一个安全稳定的社会环境，更加需要发扬见义勇为精神。欣欣向荣的新时代，见义勇为工作已经关乎人心向背、社会和谐，关乎党和政府的威望，关乎中华民族伟大复兴的崇高理想和信念！

让见义勇为持续闪光，不能仅靠人们自发的善念和善举，最根本的还是要依靠各方合力和机制保障。一方面，见义勇为不能局限于个别人或小群体的"单打独斗"，而要见义众为、政府作为。另一方面，我们的见义勇为工作不仅要让见义勇为者感到光荣，更要让他们无后顾之忧；不仅要奖励他们、宣传他们、学习他们，更要真诚地关心他们、关爱他们、帮助他们，努力在全社会营造崇尚见义勇为精神、尊重见义勇为英雄、争当见义勇为英雄的浓厚氛围。

当然，从长远来看，作为社会文明建设组成部分的见义勇为事业，最终要综合运用法律、行政、教育、舆论等手段,引导人们知荣辱、讲正气、尽义务,形成扶正祛邪、惩恶扬善的社会新风尚。

见义勇为事业也是在重塑社会的公德。因此,发展见义勇为事业最根本的还是要通过综合施策,再造信仰——人类唯有找到生存的信仰,才能卸下与世界的对抗;唯有用信仰的力量重塑信心,才能成功抵御灾难的袭击;同样的道理,唯有树立正确人生信仰,见义不为者才能越来越少,见义勇为者才会越来越多!

天地有正气,祥瑞满乾坤。

见义勇为,正义所在。正义事业,任重而道远。

在江苏,在全国,正义之路在延伸……

一路感动（代后记）

  从动议到成书,经历了整整四载。四年四个春夏秋冬,每个季节都有属于自己的美丽,就像每一位见义勇为英雄,都有只属于各自的人生履痕。他们穿越时光轮回,花开成景,芬芳而烂漫;他们花落成诗,唯美而从容……

  一路采访,收获一路感动。已经久远的那些人、那些事,是那么惊心动魄,令人荡气回肠。一个又一个见义勇为英雄的名字和他们的事迹铭刻在我的心底。

  潜心写作中,有文学难度,有现实困惑,也有人性的折磨和情感的煎熬。我追随英雄的足迹,重温他们的人生,于感慨万千、浮想联翩中一次次情不自禁,热泪盈眶……

  带着爱与痛,带着歌与泪,采访和写作中,我时常与感动同在。这些看似寻常的人和事,一次次震撼我的心灵。

  维护社会正义,推动文明进步,应如何从我做起?在日常社会生活里,平凡的我们该怎样保持做人的良知,又该怎样安放自己的良心?我们说感恩,应该是发自内心的,我们哪天不在接受社会和他人的服务与恩典？我们说担当，单靠嘴说无疑也过于苍白，难道我们不该想想如何用行动予以回报？又该为社会、为他人做些什么？面对见义勇为英雄，我们应怎样面对生命里的得失、荣辱？又该如何面对人生中的是是非非、生死无常？

"正能量"是真善美的高度浓缩和凝聚，是对人生价值取向的崇高认知。社会生活中，也许并不需要每个人都去为公众或他人利益献出宝贵生命，但绝对要求人们与发展的时代同频共振，并绝对鄙视与人类进步离心离德的行为。如此一来，真该仔细想一想，我们身上到底有多少"正能量"？在日常生活里，我们能不能像见义勇为英雄那样，默默地尽本分、行善事、做好人？又该怎样把自己的人生、小小的自我融入灵动的社会，融入火热的生活？

人的生命是宝贵的。珍惜自己的生命，是对生命的一种尊重；珍视他人的生命，也是对生命尊重的一种。而在两者发生冲突、需要取舍的时候，我们会怎样抉择？特别是在生死攸关的紧要关头，能不能像见义勇为英雄们那样义无反顾、舍生取义，让生命发出"最耀眼的闪光"？

记忆是一种非常奇妙的东西。有些人、有些事可能经常在眼前晃动，但只留下一些模糊的碎片。而有些人、有些事或许只闪现一次，却能在人们心里烙上永恒的印记。一如本书中提及的一个个见义勇为主人公，他们的名字，连同他们的故事、他们的事迹、他们的精神，注定永远留在我人生记忆中，融进我平凡生命里。

本书作为讴歌英雄和反映见义勇为事业的现实题材作品，用文学的眼光，通过报告文学的形式，从一个全新视角反映精神文明建设和江苏改革开放成果，被正式列为2017年度江苏重大题材文学作品创作工程入选项目，这是我文学生涯值得引以为自豪的事。

这样的光荣感，不仅来源于自己创作的作品具有"填补空白"的意义，也不仅因为见义勇为基金会设在公安机关，而我正好又是警察，并有幸有三年担任江苏省见义勇为基金会副秘书长的经历，从而有如此接近创作资源的便利来操作这个意义重大的题材，更重要的还在于能够有幸承担本书编著任务,让我在文学创作征途领略新的美景,多了一分自豪。因为我知道,不是每一个作家都能有机会走进见义勇为这个神圣的创作领域,也不是每一个人都能有这样的机会去体验、去感受这块领地的旖旎风光。

是的！这里展露人性,这里充满感动,这里可以充分诠释人类的"义"与"勇"、"爱"与"恨"、"善"与"恶"、"血"与"歌"……

本书采访及写作过程,对于我来说是一段终生难以忘怀的经历。

从省见义勇为基金会调取历史档案,采访中搜集、汇总相关信息资料,花费了很多的时间和精力。大海捞针般地阅读沉睡在历史资料中的有关见义勇为英雄的海量文字；依据采访获得的第一手材料,进行仔细梳理,在反复比较、甄别、核实中,尽可能真实还原人物的全貌,尽可能准确揭示事件的真相,并绞尽脑汁把它们变成书中的文字、段落和篇章,使之成为"文学"……对我来说,这样的一个过程和难度,不亚于做一个理论研究的课题。

写入本书的人物众多,而实际采访的人员远远不止这些。由各地见义勇为基金会推荐、选定采访对象过后,我能拿到手上的一般只有简单的事迹材料或当时的新闻资料,大量的创作素材还得靠艰难的采访去获得、去挖掘。采访中也遇到不少困难,都得自己想办法去一一克服。

分布在全省各地近 100 个见义勇为基金会、近 2000 个见义勇为工作站,我不可能面面俱到,但采访 13 个省辖市、部分县(市、区)级见义勇为基金会和工作站,采访部分见义勇为先进典型,那是必须的。在"连轴转"的采访中,我们放弃了许多可以休整的机会,甚至为了能卡在上午上班之前赶到目的地、如约进行采访,我们时常在早上四五点钟就起床,急匆匆从甲地赶往乙地,长途奔袭中只能在疾驰的车子上再"眯"一会儿。而到了目的地,有时候顾不上填饱肚子便得投入采访活动,因为有那么多人事先约好了时间,正在等待着接受采访呢,我又怎么忍心耽误他们的宝贵时光？

众多舆论媒介、新闻记者和媒体人,为见义勇为事业做出了重要贡献。在见义勇为事业发展的各个时期,每当见义勇为行为发生、每当见义勇为英雄涌现的时候,都有他们的及时报道见诸社会。他们以勤奋的工作状态、敏锐的新闻嗅觉、优美的文字叙述,忠实记录了江苏见义勇为事业的发展历程,生动记载了见义勇为英雄的先进事迹。

不过,大量媒体资料的搜集、比较、甄别、核实的过程,也是纷繁复杂的。媒体资料大多是应时的、零碎的、片段式的,有的出于当时情况掌握有限,匆匆的报道与事件的事实时有出入,有的新闻报道之间,诸如人名、时间、地点、情节、细节、对话、评介等也有矛盾交叉甚至相互抵触的情况,如此等等,都需要我在深入采访、占有资料的基础上去做大量的案头工作。

尽管如此,并不影响当初凝聚着媒体人智慧和辛勤劳动的一件件新闻作品,如今成为一篇篇弥足珍贵的历史资料。其中,许多真实场景、有趣情节、生动叙述以及记者与采访对象的真实对话等等,都在本书中得到了引用。对此,我很珍惜,并尽可能准确地保留他们的原意。从某种意义上可以说,作为一部受命编著的主旋律文学作品,这本书正是众多媒体人和我共同完成的,而我不过是一个执笔者,或者说我只是一个做了案头工作的编辑。需要说明并感恩的是,因为见义勇为的过程大体是固定的,不可能再造,所以本书场景描述等个别之处分享当时的新闻成果便不可避免,而我又无法一一列出新闻媒体的名称和新闻作者的名字,只能在这里一并顿首致谢了。好在我们都是本着同一个目的——为讴歌伟大的见义勇为事业,为赞颂平凡的见义勇为英雄,为记录我们这个如火如荼的时代。

除此之外,谋篇布局、章节行文突破简单叙事模式,重在挖掘细节、写人写情、昭示正义行为之源,这是我对本书的创作追求,尽管这样的过程绝非易事。其中遇到的周折、付出的心血以及经历的情感涨落、良心折磨,只有我自己心里最清楚。当然我更知道,"真实"是报告文学创作"非虚构"性质最基本的要求,也是一部报告文学作品的灵魂和生命力所在;

对事实负责、对受众负责，其实也是对采访对象负责、对英雄人物负责、对历史过往负责，更是一个正直的作家应尽的创作责任。

对此，我已经尽己所能。

用见义勇为的精神，写见义勇为的事迹，我不仅收获了留在本书中的数十万文字，更收获了一次刻骨铭心的灵魂洗礼和一份滋润人生的精神营养。

本书由江苏省见义勇为基金会策划，全省各辖市见义勇为基金会集体参与，受托由我执笔编著。

全省各级见义勇为基金会积极提供相关资料、优选推荐英模事迹、组织安排采访、核实并审阅书稿等，做了大量具体工作。南通市见义勇为基金会专门整理提供《拟采编南通市见义勇为人员事迹材料汇编》《南通市见义勇为工作新闻报道汇编》；扬州、南京、泰州、宿迁、淮安、连云港等市见义勇为基金会精心准备和提供相关历史文献以及见义勇为英雄模范人物的先进事迹材料，并精心安排采访日程，积极联络被采访对象；常州、镇江、无锡、苏州、徐州、盐城等市见义勇为基金会理事长或副理事长欣然接受访谈，有的还亲自陪同采访；无锡市见义勇为基金会副理事长兼秘书长边宪华，中断在香港探望女儿的原定日程，及时赶回无锡，亲自组织采访工作；正在南京住院的徐州市见义勇为基金会副秘书长石丽丽，没等病愈出院就带病返回岗位接待采访，并及时安排、联络采访之事；各市见义勇为基金会对本书中涉及该市人物和事件相关内容进行了最终审核。

江苏省委政法委、江苏省公安厅主要领导同志对本书创作高度重视，多次作出重要指示。江苏省见义勇为基金会理事长弘强还热情为本书作序。

时任江苏省见义勇为基金会理事长王寿亭、常务副理事长朱义泉等领导同志自始至终对本书创作给予极大关注。在酝酿创作本书伊始，时任常务副理事长朱义泉同志提出了明确的创作指导思想和具体创作要求；采访结束后，他专门听取采访情况汇报，就江苏见义勇为工作经验的概括和表述、拟写入书中的见义勇为先进模范人物的遴选、本书创作中需要着重把握的重点问题等，都作出了明确指示。本书初稿完成后，他先后两次召集杨卫平、郭建新、萧树祥、倪红娟、王学权、梁斌等有关同志以及省见义勇为基金会办公室全体人员，进行集体讨论、修改，集思广益，使之更趋完善。本书定稿之前，他逐字逐句对全书进行审阅并做了修改。

江苏省见义勇为基金会副理事长郭建新，是本书创作的发起者和组织者。尤其让我感动的是，他在百忙之中精心撰写万余字书面回忆材料，为本书提供了珍贵的第一手资料和值得挖掘的重大线索。接受采访时，他又详细介绍了江苏见义勇为工作的历史渊源、发展历程及目前总体概况和见义勇为英雄的典型事迹，为本书创作提供了宝贵的史实和珍贵素材。此外，他还对本书初稿进行了仔细审核和勘误。

我在部队时的老领导黄春增，关注我每一部作品的创作。这一次，他带着老花镜逐字逐句为本书初稿勘误，纠错若干，光是批注就有100多处，有的一条批注便长达数百字。他如此认真的态度和深厚的战友情谊，让我感动不已。

承蒙我国报告文学研究和审读专家，南京师范大学教授、博士生导师王晖，对本书给予文学指导，并欣然为本书写下序言。

江苏省公安厅副调研员、资深作家王学权，在百忙之中为本书做了多处修正，最终润色，精心统稿。

屈靖宇，受省见义勇为基金会委托，具体负责为本书摄影配图并陪同采访。她放下繁重家务，自始至终参与采访活动，不辞辛苦地搜集、拍摄了大量精美图片，为本书增添了光彩。陪同采访中，她在车辆调度、上下联络、日程排定以及数据收集、资料拷贝、核对事实等方面，对我的采访、创作给予了极大支持和帮助。

江苏省见义勇为基金会秘书长倪红娟，工作人员皇甫平、李焕福、赵燕彬等，协助联络采访，积极提供相关文字和图片资料，对本书创作给予了很多具体帮助;司机张鹏,多次为我们驾车到基层采访,安全服务,起早贪黑,来回奔波,十分辛苦。

南京师范大学出版社总编辑徐蕾、人文社科图书研发部主任郑海燕,为本书的出版发行给予了鼎力相助。责任编辑庞昊、许晓婷,为编辑完善本书倾注了宝贵心血。

我懂得,一本书的问世,一定是众多人共同努力的结晶;所有的支持和帮助,所有的恩惠和情意,所有的感怀和感恩,都渗透在本书中。我,无法一一表达。

值此,谨一并致以深深的谢意!

赵长国

2018 年 11 月 18 日于南京